저자약력

민 경 배

연희대학교, 영국 애버딘대학교, 장로회신학대학교, 영국 런던대학교, 日本 京都 同志社大學, 神學博士. 연세대학교 신과대학 교수, 서울장신대학교 총장, 한국교회사학연구원장, 동북아 교회사학협의회 상임의장. 현 백석대학교 석좌교수, 연세대학교 명예교수.

〈저서〉

한국기독교회사, 한국민족교회형성사론, 한국크리스천 아카데미10년사, 새문안교회 80년사, 경동교회사, 연합신학대학원 25년사, 대한예수교장로회백년사, 순교자 주기철 목사, 한국기독교사회운동사, 알렌의 선교와 근대한미외교, 역사와 신앙, 일제하 한국기독교민족 신앙운동사, 서울YMCA운동 100년사, 한국교회찬송가사, 월드비전 한국50년운동사, 정인과와 그 시대, 한국현대사론(공), 대한민국사(공), 韓國キリスト教會史, アジア キリスト教史(共), 神の榮光のみ, *A History of Christian Churches in Korea* 등.

〈역서〉

존 녹스의 생애와 사상(J. S. McEwen), 에큐메닉스(J. A. Mackay), 세속도시(H. Cox)(공역), 목회신학원론(S. Hiltner), 세계의 종교들(H.. Smith)(공역), 세계기독교회사(W. Walker)(공역)

개정판

한국교회의 사회사(1885~1945)

저자 민 경 배

펴낸곳 **연세대학교 출판부**

등 록 1955년 10월 13일 제9-60호

주 소 서울시 서대문구 성산로 262

전 화 2123-3380~2

팩 스 2123-8673

E-mail ysup@yonsei.ac.kr

홈페이지 http://www.yonsei.ac.kr/press

인 쇄 (주) 태화북스

2008년 12월 30일 1판 1쇄

ISBN 978-89-7141-864-2(93230)

값 28,000원

개정판

한국교회의 사회사

(1885-1945)

민경배 지음

연세대학교 출판부

머리말

한국의 기독교는 그 선교되던 첫날부터 병원이나 학교와 같은 통로를 개척하고, 거기 따라 교회를 세운, 그런 역사를 형성해왔다. 그 설립과 발전의 선후관계는 반드시 명료하게 체계화되지 아니하였지만, 복음과 사회는 늘 병행하였고, 따라서 기독교의 민족적·사회적 공헌은 한국교회의 사회사(社會史)를 형성하게 할만큼 엄청난 것이었다.

선교초기 신앙유형이나 신학은 그런 의미에서 사회를 구원하는 동력의 표현으로서 형질화하여 갔고, 당연히 한국사회의 반응은 그런 역학에 흡수되는 경로를 밟게 되었던 것이다. 개화추진력으로나 근대화의 현실적 통로가 그때만 하여도 기독교밖에 없었다는 사정도 있었지만, 사회개혁적 선교 형태는 어차피 한국사회의 요청도 있고 해서 불가피한 것이었다. 이것은 초기 한국교회에 개신교 선교를 시작한 미국선교사들의 정교분리 원칙이나 경건주의적 자세에서는 설명하기 힘든 상황전개였다.

사회 풍습의 인도적(人道的) 혁신이나 우리나라 문화 전통에 대한 긍정적 평가, 사회폐습에 대한 개혁과 도덕적 기품의 향상, 인지의 개발과 건강한 생활의 창달, 가난한 농민들에 대한 농사개량 방법의 전수라든가 생산 증대, 새로운 품종의 소개와 개발, 과수 및 목축 산업의 개발, 산업 발전에 대한 합리적 사고와 조사, 이런 농산업경제에 대한 기독교의 공헌은 한국 근대사 전역에 걸쳐 널리 퍼져 있었고 또 두텁게 뻗쳐 있었다. 정치적으로는 인간 자존(自尊)의 기상과 일본제국의 한국 침략초기에 대처한 민족의식과 애국심의 계발, 겨레와 국토(國土)에 대한 전에 없던 의식과 사랑, 그리고 정신적으로는 초월적 가치와 절대적 진리, 거기 대한 외경과 삶의 방향정립, 이런 데 대한 성서적 메시지는 그 첫날, 교회의 설교, 전도, 및 성서를 통해서 우리 겨레 생활과 정신 속에 깊이 뿌리 내리기 시작하였던 것이다.

한데 둘째 단계에 가서, 다시 말하면 1905-1920년대에 가서, 교회는 천황(天皇)기축의 신정정치(神政政治)와 식민통치의 압제, 그리고 포악한 군국주의 침탈 앞에서, 강력한 근대적 민족의식의 발상지로서 항일(抗日) 정서에 정당성을 부여하는, 민족교회로서의 과업을 지속적으로 수행해나가고 있었다. 따라서 일제에게 그 통치에 대한 도전으로 간주된 교회는 세계 양식에 충격을 일으킬 만한 잔학성으로 감행된 근절책에 시달려야 했고, 그럴수록 교회는 예언서나 묵시록을 읽으면서 의인의 고난을 체험하며 신앙에 더 깊이 이를 수 있었다.

3·1독립운동의 경우도 사회적 해석이 필요한 국면이 있다. 독립운동의 구호 중에 도덕적 퇴폐 곧 유곽(遊廓)이나 주초(酒草) 및 아편과 같은 사악으로 민족을 해체시키려한 총독정치의 악랄한 의도가 질타된 사실이 그것이다. 이런 사회악을 정치적으로 만연시킨 사실은 국제사회에도 공람(供覽)되었다.

하지만 1920-1940년대까지의 한국교회 사회운동은 역사의 대세를 따라, 민족교회로서보다는 사회교회로서의 면모로 그 체질이 바뀐 현상으로 보는 것이 좋다. 그것은 세계의 추세였다. 사회 공산주의의 영향도 무시할 수 없었을 것이다. 그러나 세계교회 역시 예루살렘에서 국제선교협의회를 개최하여 사회적 문제에 교회의 메시지를 집중한다는 결의를 다지고 있었다.

그래서 우리 교회 역시 그 사회운동은 사회봉사, 사회사업, 사회개선, 그리고 당시 민족 사활의 문제로 등장한 농촌운동, 이런 것으로 선교형태를 조절하고 있었다. 그 배경은 이러했다. 곧 일제의 동양척식(東洋拓殖)이나 식산은행 및 금융조합이 조선 농민의 무지와 빈곤을 이용하여 수많은 토지를 수탈하였다. 따라서 농촌사회의 궁핍이 가속화하여, 민족 단위의 채무(債務)와 소작농의 급증, 막막한 호구지책(糊口之策), 일본 본토 중심의 미가(米價)정책과 거기 의한 쌀값의 폭락, 이렇게 해서 골이 깊어진 절망, 이런 농촌 몰락 현상이 암울하게 세상을 덮고 있었다.

교회에는 땅 잃고 절량(絶糧)의 아픔을 참다못하여 집 떠나 멀리 만주나 시베리아로 정처 없이 흘러가는 이민의 행렬로 그 문을 닫는 교회 수가 적지 아니하였다. 교회는 교회대로 그 찬란한 자립 자급정책의 전통이 동요되고, 그 경제적 핍절이 가중하여 역사상 처음으로 "교회의 누출현상"이 교회 생존마저 위협하고 있었다.

거기 더하여 동시에 기승을 부리기 시작한 사회 공산주의가 반제(反帝) 민족해방과 무산대중의 해방을 외치면서 부르주아 청년과 궁핍한 농민들 사이에 동시에 침투해 들어갔다. 그리고 다른 한편에서는 불가지론과 유물론 그리고 무신론으로 물든 소위 지식인들이 교회 타도를 외치면서 정면으로 다가서고 있었다. 그들은 교회가 부르주아 기성층과 밀착하고 있으며, 그것은 일제의 체제에 동조하는 구조를 가지고 있다고 모함하고, 일제의 주구(走狗)라는 말을 서슴치 아니하였다. 한 걸음 더 나아가 이런 신진세력들은 신앙의 초월성과 그 초자연적 경건이 반동(反動)과 보수(保守)라고 몰아세워, 격렬한 반종교 운동과 교회 핍박을 국내외에서 무자비하게 전개하고 있었다.

여기 교회가 잠잠하고 있을 수만은 없었다. 사화과학적인 인식을 갖추고 사회선교 구도를 설정하여 사회농촌운동에 나서지 않을 수 없었다. 이것은 초기 선교의 사회적 기여의 선교와는 다른 차원의 운동이었다. 개인구원에서 사회구원으로의 전환이 그 핵심인데, 구원을 현실적인 차원에서 보는 것이라든가, 죄를 개인문제로서보다는 조직과 구조의 문제로 보고, 의인(義認)을 그 제도 개혁의 과정에서 보려고 한다든가, 선교형태를 조직제도의 구조로 형성한다든가, 개인의 도덕적 승화나 신앙적 성화를 차치(且置)한다든가 하는, 이런 것들이 그 특징이었다. 그런 것들이 그 이전의 사회구제적 선교와 구별되었던 것이다.

이런 사회운동의 판도가 대개 농촌운동을 중심으로 짜여 지고 있었다. 하지만 거기 혼란과 저항이 없지 아니하였다. 그런 신학이나 그 운동을 위한 조사연구나 신학이 자생적이 아니라, 1928년의 예루살렘 국제선교협의회(International Missionary Conference)나 국제 YMCA에서 수입되었다든가, 그래서 한국농촌문제를 보는 자생적 구조가 취약하였다든가, 그 사업 기금이 외자(外資)에 의존한다든가, 전통적인 한국교회 다수가 여기 반발하였다든가, 더구나 그 사업의 현실성 때문에 조선총독부와의 협력 내지 용역(用役)이나 하청(下請)을 피할 수 없다는 의구심이라든가, 그 반대로 이 운동이 민족독립운동의 둔갑이라고 혐의를 거는 일경(日警)의 매서운 취체라든가, 농촌운동 추진군의 개인적인 스캔들 한 두 케이스라든가, 이런 것들 때문에, 이 농촌운동은 커다란 시련을 겪었다.

본서는 기독교의 메시지가 역사 안에서 파급되어 나가는 영향권(影響圈)을 측정하고, 동시에 전통문화와의 대결이 있었으면 어떤 것이었는지, 식민통치 기구인 조선총독부와의 긴장 관계는 어느만큼 심각하였는지, 과격 혁신의 사회 공산주의와는 어떤 국면에서 대결하게 되었었는지, 교회 안의 신학적 신앙적 이견(異見) 집단과는 어떤 자세로 교섭하였는지, 이런 네 가지 시각에서 검토하는 방법을 취하였다. 그리고 교회의 사회운동이 메시지의 내연적(內燃的) 동력 표출형식인가, 아니면 역사적 도전에 대한 교회의 준비된 응전인가, 하는 문제가 다루어질 것이다. 사회운동 전개 양식이 시대별로 이분(二分)이 가능한가 하는 문제도 따로 취급될 것이다.

더구나 이런 기독교의 외향적 운동들이 주로 교회 변두리의 단체인 YMCA나 YWCA, 여자기독교절제회, 면려청년회, 연합기관인 조선예수교연합공의회, 그리고 교회 안에 자리 잡고 있었던 민족주의계 신앙집단, 비교적 자유로운 신학적 입장을 가졌던 신앙인들, 대개 이런 부류에 의해서 주도된 데 반해서, 대 교회 곧 장로교회나 감리교회 안에서는 소극성과 일시성으로 일관했던 점, 그리고 보수주의 경건주의계의 반발이 끈질겼다는 사실, 이런 것들이 다루어야 할 문제들로 우선 손에 잡혔다.

본서는 이런 문제들을 중심으로 한국교회의 사회사를 체계화하려고 한다. 사회운동을 다루는 본서와 같은 연구는 개척적인 분야이다. 따라서 전체적인 구도의 문제라든가, 자료 해석상의 사회과학적 문제들이 제기될 수 있다고 본다. 하지만 후학을 위해 한 디딤돌을 놓는다는 마음으로 이 책을 내놓는다.

이러한 연구가 본서의 제1부를 이룬다. 제2부는 해방 이후 오늘까지로, 이 방면에 이미 훌륭한 저술을 많이 내놓으신 김용복 박사께서 별책으로 집필하셨다. 제1부와 제2부의 역사적 관점이나 신학 및 방법론의 차이는 현저하리라 본다.

1983년 2월 3일

민경배 씀

……

이상은 글쓴이가 1983년 이 책을 처음 대한기독교출판사에서 낼 때의 서문이다.

이제 여기 그 개정판을 내면서 한문을 한글로 바꿔 쓰는 형태로 본서를 다시 내기로 하였다. 필요한 곳마다 보완이나 수정을 가하는 기회도 되어서 다행으로 생각한다.

다만 아직도 1945년 이후의 한국교회 사회사가 집필되어 간행되지 않고 늦어지는 것을 아쉬워하지 않을 수 없다. 우선은 그 기간에 걸친 기독교의 사회운동 역사의 무게가 크니만큼, 하루속히 그 역사 집필이 누군가에 의해서 이루어졌으면 하는 기대가 조급할 만큼 크다.

이 개정판 간행의 일을 흔쾌해 허락하여 주신 연세대학교 출판문화원장 김하수 박사님께 진심으로 감사의 말씀을 여기 전해 드린다. 언제나 자상하게 대하여 주시는 전일용 과장님과 최석철 선생님, 그리고 언제나 성심을 다하여 교정에 땀 흘려주시는 김성수 선생님께 여기 진심으로 감사의 말씀을 남기고 싶다.

연세대학교 전 이사장 이천환 주교님과 필자를 석좌교수로 채용하여 주신 백석대학교 총장 장종현 박사님, 그리고 한국교회사학연구원의 이사장 박옥선 목사님, 중앙신학대학원대학교의 총장 백기환 박사님, 이 분들께는 잊을 수 없는 신세를 진 분들이어서 여기 새삼 감사의 말씀을 남기고 싶다. 한국교회사학연구원의 여러 동려들, 그리고 인내와 사랑으로 언제나 기도로 격려하여 주는 아내와 가족들에게도 여기 고맙다는 말을 써 놓고 싶다.

2008년 1학기를 그렇게 보람 있고 즐겁게 함께 지낸 백석대학교

대학원생들, 기독신학교의 학생들, 중앙신학대학원의 학생들을 잊지 못하고 여기 고맙다는 글을 하나 남긴다.

2008년
연희동에서 민경배 씀

▌차 례▌

I 한국교회 초기 사회운동의 원형

이것은 진실입니다. 곧 가장 중요한 사회개선의 작용요소는 개인의 심정(心情) 속에 심겨진 살아 있는 복음입니다.
— James S. Dennis, 1897.

1. 제임스 덴니스의 선교신학

한국에서 기독교가 해방 이전 사회혁신의 동력을 어떤 신학적인 입장에서 어떠한 방법으로 전개시켰는가 하는 것은 대개 그 시기를 크게 둘로 나누어 생각해 볼 수 있다.

그 첫 시기는 선교 초기로부터 1920년대 중반으로 대개 사회운동을 선교의 자연스러운 소산(所産)으로 간주하던 시대로 볼 수 있으며, 다음은 1920년대 중반부터 해방될 때까지의 일로서, 개인구원도 중요하지만 사회구원, 곧 사회악을 제거하고 사회구조의 모순을 변혁하며 궁핍과 고초의 겨레들을 그 육신의 환난에서 헤어 나오게 하는 시대, 이렇게 크게 두 시대로 나누어 생각해 볼 수 있을 것이다.

한데 제1기의 시대적 정신과 그 선교의 원형을 제공하였던 사회신학자가 제임스 덴니스(J. S. Dennis)였다. 가령 1898년의 『*The Korean Repository*』[1]는 그 2월호에서 그가 1897년 간행한 그의 대저 『*Christian Missions and Social Progress*』에 대한 절찬의 서평을 편집자가 직접 쓰고 있었다.

---

1) *The Korean Repository*는 1897년 창간으로 H. G. Appenzeller와 Geo. H. Jones가 편집인이었다. 둘 다 감리교인.

> 이 책은 대단한 업적입니다. 그 주제가 탁월하고 그해석 방법과 논리적 전개 역시 괄목할 만합니다.[2)]

한국 초기 선교의 선구자들로서 한국 선교방향과 그 유형 결정에 결정적인 영향을 주었던 두 감리교 선교사 곧 아펜젤러(H. G. Appenzeller, 亞扁薛羅 1858-1902)나 존스(G. H. Jones, 趙元時 1867-1919)가 "깊은 빚"을 졌다고 할 만큼 찬탄을 아끼지 아니하였다고 한다면, 이 책의 영향범위를 절대로 과소평가할 수 없을 것이다.

이들 초기 감리교 선교사들이 덴니스 신학에서 받은 영향은 대개 다음 두 가지인 것 같다. 하나는 선교의 사회적 결실에 대한 사회학적 확증이고, 다른 하나는 비기독교 세계에서 악을 제거하는 초자연적 동력이 기독교의 복음이라는 확신이 그것이다.

그런데 복음선교의 사회적 결실에 대해서는 다섯 가지 요소가 눈에 띄었다. 곧 기독교의 진리를 떠난 세속교육으로서는 사회개선을 할 수 없다는 것, 물질문명 곧 현실적 부강이라든가 생활의 심미감(審美感)이나 상업적 발전 같은 것을 가지고는 비기독교사회의 도덕적 갱신을 기약할 수 없다는 것, 기독교화한 공중관념 없이 국민 훈련이나 기강(紀綱)은 사회정의 실현에 적절한 방법이 될 수 없다는 것, 애국심만 가지고는 비기독교사회의 민중을 도덕적으로나 정치적으로 개혁할 수 없다는 것, 그리고 민족 내지 종족종교를 가지고는 사회개혁과 개선의 추진력이 주어지지 않는다는 것, 이런 것들이었다.

다시 말하면, 비기독교 세계의 악을 제거하는 힘은 반드시 초자연적이어야 하는데, 기독교회만이 완전하고도 궁극적인 해결방법을

2) Christian Missions and Social Progress, a book Review, *The Korean Repository*, February 1898, p. 64. 향후 내한 선교사들이 필독(必讀)할 것을 권고.

제공한다는 것이었다. 동서를 다 훑어보아도 기독교만이 인류의 도덕적 경험에서 참신하고도 강력한 동기를 제공할 수 있다는 것이 확증되었다는 것이었다. 기독교회만이 어떠한 종족종교에서도 이루지 못한 근본적인 개선과 향상을 도모하여 왔다는 것이었다. 사회구원에는 복음의 능력밖에 없었다는, 경험적 사례들을 나열하는 데 그 분량이 엄청났다.

그렇다면 한국의 초기 선교사들이 이 저서에서 받은 "깊은 인간적 영향"이나 "결정적인 사상의 자극"[3]은 무시할 수 없다. 조선에 나오는 신참 선교사들에게 반드시 읽어야 할 책으로 권고한 데에서도 덴니스의 사회선교 신학이 이 나라 선교 사업에 얼마나 큰 영향을 끼쳤는지 짐작하기 어렵지 않다.[4]

한데 핵심적인 것은 사회발전에 대한 선교의 영향파급 기점은 개인구원의 복음전도에 있다는 것이 덴니스의 확신이다.

> 사회운동의 결과는 부차적이오 간접적인 성격의 것입니다. 따라서 개개인의 삶이 어느만큼 변화되었느냐 하는, 그 성취도를 헤아림으로써 그 사회적 영향의 범위가 측정되게 되어 있는 것입니다. 이런 것들은 선교의 한 흔적으로 후속(後續)되는 것입니다. 따라서 그것은 한 개인의 회개에 따라 오는 현상보다 더 어렵게, 그러나 더 천천히 나타나는 것입니다.[5]

하지만 이러한 정신과 윤리의 전개는 기존의 기구나 관습을 최소

---

3) *The Korean Repository*, Feb. 1898, p. 69.

4) 그것은 그의 초월적 신앙에 기초하고 있었다. 이 초월적 요소에 사회개혁의 원초적 규준이 있다고 보았고, 따라서 그것은 역사적으로 보편성이 특징이었다. J. S. Dennis, *Social Missions and Social Progress*, New York, Fleming H. Revell, Vol. I, p. 455.

5) *Ibid.*, 1897, Vol. I, p. 24.

한도 안에서만 교란시키는 방향으로 추진하다는 것이 덴니스의 철저한 입장이었다. 여기 과격한 사회혁명이라든가 그 이념이 시종 경계되고 있음이 보인다. 사회발전의 선교는 결코 비민족화(非民族化)하거나, 기존사회 환경과의 불필요한 갈등을 자극해서는 안 된다고 보았다. 기독교가 서양기독교문명의 본체이기 때문에, 그 사회혁신으로 동양사회에 부담을 주거나 위협을 준다면, 복음 그 자체의 선교가 어렵게 된다는 판단 때문이었다.

실제로 초대 한국교회 선교사들이 조선의 전통적인 종교나 사회적 관례의 틀을 구조적으로 혁신하겠노라는 의지를 공언(公言)한 기록은 없다.[6] 이것이 바로 1920년대부터의 우리 교회 사회운동과 초대교회의 사회개선 선교와의 사이에 놓여 있는 근본적인 차이점이다.

하지만 결국 기독교가 가진 도덕적 우위성과 그 탁월성에 대한 신념은 선교신학의 한 중추적 신념으로 근대선교의 여러 과정에 계속 표출되고 있었다.[7] 복음의 씨앗이 뿌려지고 나서야 비로소 그 사회의 묵은 악들이 노출되고, 지금껏 아무 의심 없이 수용되고 있었던 악습에 대한 도전이 시작되고, 몸에 배에 있어서 의식되지 아니하였던 폐습들이 가려내어져서 비판을 받고 교정된다는, 그런 확신이 거기 있었다.

> 기독교회가 사회를 형성해 나가는 데에 그 거대한 힘을 발휘하지 아니하고서는 차원 높은 윤리가 실현되지 못한다는 것, 그것이 역사의 실

6) T. S. Soltau, *Korea the Hermit Nation and its Response to Christianity*, London, World Dominion Press, 1932, p. 37.

7) 이러한 입장은 다음 저서들에서도 강조되고 있다. 곧 E. H. Lecky, *Democracy and Liberty*, 2 Vols, New York, Longman and Green, 1896; M. Dods, *Mohammed, Buddha and Christ*, London, Hodder & Stoughton, 1893; H. van Dykes, *The Gospel for the Age of Doubt*, New York, Macmillan, 1896 등.

증입니다.[8)]

실제로 인간사회를 이끌어가는 근원적인 질서나, 한 사회 성원들을 피차 유기적으로 얽히게 하는 긴밀한 인간관계, 인류 복지를 지향하는 모든 고귀한 활동, 박애의 정신을 불태우는 구호들, 이 모두가 다 기독교의 복음에서 연원하지 아니한 것이 하나도 없었다.[9)]

2. 네비우스 선교방법론

2.1. 네비우스 선교방법의 핵심

한국교회 성장에 결정적인 영향을 미친 선교방법 가운데 다른 하나가 "네비우스 선교방법"(Nevius Method)이란 것이다. 이 방법은 미국 남・북 장로교 선교부에서 채택하였던 것이다. 하지만 향후 미국 북장로교 선교지역의 파격적인 발전 때문에 그 대세를 몰고 간 한국 장로교회 신앙형태 형성에 미친 영향은 실로 엄청난 것이었다.

이 네비우스방법이란 것은 중국의 지푸(芝罘)에서 오래 활약하던 미국 북장로교 선교사 존 네비우스(John L. Nevius 1854-1893)박사의 이론[10)]을 거의 그대로 활용한 것이었는데, 한국교회와 미국 선교부는

8) James Dennis, *op. cit.*, Vol. I, p. 46.

9) H. Kraemer, *World Culture and World Religion: The Coming Dialogue*, London, Lutterworth Press, 1960, pp. 348, 369. C. Dawson, *The Dynamics of World History*, New York, Mentor Omega Book, 1962, pp. 256ff.

10) J. L. Nevius 박사는 그의 이론을 상해(上海) 간행의 정기간행지 *The Chinese Recorder*에 발표한 일이 있으며, 1886년에는 단행본으로 *Methods of Mission Works*가 간행되었고, 1899년에는 미국 북장로교선교부에서 *Planting and Development of Missionary Churches* (Philadelphia)로 간행.

1890년 그를 초청하여 그와 함께 의논하고 이 방법을 한국교회에 엄격하게 실천한다는 결정을 내렸던 것이다.

그런데 이 선교정책에 대하여 여러 문서에 따라, 비록 대동소이하다 할지라도, 상당한 부분에 있어서 그 강조점이나 순서가 약간씩 차이가 난다는 것이 눈에 뜨인다. 하지만 그때 함께 지내면서 네비우스의 경험담을 들었던 언더우드(Horace G. Underwood, 元杜尤 1859-1916)가 요약한 것도 있지만[11] 네비우스의 원칙을 깊이 연구하고 방대한 저서까지 내놓았던 클라크(Charles A. Clark, 郭安連 1878-1961)가 정리한 것을 보면 대개 다음과 같이 9개 항목으로 요약하고 있다. 곧,

1) 선교사들의 복음전파는 광범위한 순회전도 방식을 취한다.
2) 자립선교: 신자 한 사람 한 사람이 다른 사람의 교사가 된다.
3) 자립행정.
4) 자급(自給).[12]
5) 모든 신자들을 위한 체계적 성서공부.
6) 성서적 교훈에 의한 엄격한 치리(治理).
7) 다른 교파, 그리고 최소한도 같은 지역 안에서의 다른 교파, 이들과 협조하고 협력하도록 한다.
8) 소송(訴訟)관계에서는 피차 간섭하지 않는다.
9) 토착민들이 심각한 경제적 어려움을 겪을 때는 일반적인 도움(general helpfulness)을 줄 수 있다.[13]

---

11) H. G. Underwood, *The Call of Korea*, New York, Fleming H. Revell, 1908, pp. 109-110.

12) 중국의 소위 삼자교회(三自教會) 역시 이 자립선교, 자립행정, 자급, 이 삼자(三自)의 원칙을 그대로 말하고 있다.

13) C. A. Clark, *The Korean Church and the Nevius Methods*, New York, Fleming H.

이런 것들이었다. 그런데 이들에게서 몇 가지 핵심적인 요소를 찾아낸다고 하면, 개인선교의 중요성, 일상생활 속에서의 선교행위로서의 소명, 자치, 자급, 토착화, 성서 중심의 신앙, 엄격한 치리, 피차의 협력, 최소한도의 인도적 협조, 이런 것들이었다.

이 네비우스방법이 그 이후의 한국교회에 끼친 폭넓은 영향은 한국에 들어오는 선교사들이 그 입국 이전에 반드시 읽어야 할 지침서로 사용되었다는 점만 보아도 넉넉히 알 수 있다.[14] 실제 1927년 베어드(W. M. Baird, 裵偉良 1862-1932)는 다음과 같은 말을 남겼던 것이다.

> 그(네비우스)의 생각은 우리 선교사업 초창기에 있어서, 선교사역의 원칙과 방향을 결정하는 데 결정적인 영향을 미쳤습니다. 만일 선교사들이 그 방안을 충실하고 진지하게 합심하여 실천한다면, 그들 사업은 반드시 커다란 결실을 맺을 수 있을 것임에 틀림이 없습니다.[15]

이 네비우스방법은 한국교회 복음주의 선교에 사회개혁적 차원을 연결시킨 독특한 형태로 발전한 사실이 주목된다. 그것은 1893년의 선교정칙 확정 과정에 여실히 나타났다. 거기에는 이 선교정책이 10항 정도로 요약되어 있는데, 그 1항에 선교 대상을 민중층 곧 하류층과 부녀층(婦女層)에 집중한다는 것과, 마지막 항에 의료선교에 치중한다는 것, 이런 것이 첫 눈에 띄도록 되어 있다.

사회 하류층에 대한 선교는 "개인"의 강조와 함께 자연히 그들에게 자아의식의 계발과 책임감, 그래서 인간존엄으로 연쇄발전을 유도할

Revell, 1930, pp. 33-34.

14) R. E. Speer, *Report on the Mission in Korea of the Presbyterian Board of Foreign Missions, in 1897.* p. 10

15) W. M. Baird, Our Mission in Korea, *Women and Mission*, February 1927, p. 406.

수밖에 없었다.[16] 그런데 하류층이나 부녀자들은 지적인 중산층보다는 훨씬 더 힘들여야 하는 대상이었다. 지식인들은 이해가 되면 믿는다. 하지만 부서층은 그 심령 안에 가진 정서의 골이 하도 깊어서 그것을 뚫고 들어간다는 것이 쉽지 않은 것이다.

선교사들이 이들을 상대로 하였다는 것은 한국선교의 승패를 가늠할 만한 대상을 선택하였다는 말과 다름이 없었다. 결국 이들을 자급, 자치, 자립의 정신을 키워주어서 사회적으로는 자아와 그 책임의식을 동반한 부르주아 근대 시민 계층으로 부상(浮上)하게 하는 역할을 한 것이다. 치리(治理)를 강조한 이유는 이들 계층의 중류층으로의 부상을 확인하는 절차 형색을 가지는 것이다.

다른 하나, 이 정책은 일제치하 한국인 전체가 피치의 민중층으로 취급되는 상태에서 그 통치를 견디어 낼 수 있는 자세의 정립을 미리 준비한 것으로 그 공헌이 평가될 수 있다.

이러한 현상은 사회학적으로 계층의 상향(上向)이동이라 할 수 있다. 그렇다면 네비우스 선교방법은 근대선교에서 계층의 사향이동이라는 막강한 운동의 전원(電源)이었다는 말이 된다. 이 점을 네비우스 이전에 선교신학적 체계로 정립하였던 인물이 영국 교회선교회(Church Missionary Society) 총무 일을 보던 헨리 벤(Henry Venn 1796-1873)이다. 그의 공헌은 두 가지였다. 하나는 근대선교에서의 사회적 동력을 중요시하고, 선교가 아세아나 아프리카에서 부르주아 계층을 형성하는 운동이었다는 사실을 입증한 것이었고, 다른 하나는 교회는 선교를 받자마자 곧 토착교회로 정착하여야 한다는 것이었다.[17] 그런데

16) G. H. Jones, The Growth of the Church in the Mission Field, *The International Review of Missions*, March 1912, pp. 417-426.

17) 1841-1874년 CMS의 총무 일을 보았다. 그이 토착교회이론은 1974년 Lausanne Conference에서 널리 사용되기 시작하였다. 그는 또 Euthanasia of Missions이라는 용어를 처음 사용한 인물로도 잘 알려져 있는데, 그 말은 선교사는 임시직이지 영구직이

문제는 이런 동력들이 실상은 복음 자체 안에 본질적으로 내재하고 있다는 것이었다.[18] 그는 엄격한 복음주의자였다는 사실이 여기 들어난다.

2.2. 초기 선교에서의 의료선교의 역할

교육이나 의료선교의 경우는 사회의식의 구체적 운동으로서보다는, 선교 초기에 민중 접촉의 창구를 설정하는 역할로서 복음전파 착수의 전초역할이라는 점이 밝혀지고 있었다. 심지어 언더우드는 그런 의료선교의 역할을 "복음전도자의 충실한 시녀(侍女)"[19]라고까지 표현하고 있었다. 초기 선교사 중의 한 사람인 기포드(D. L. Gifford, 奇布 ?-1900)는 단호한 입장이었다.

> 의료선교사들이야 말로 복음전도자 형제들의 대업을 가능하게 하는 예비적 사역을 한 개척자들입니다.[20]

그런 것이 바로 최초로 우리나라에 입국하였던 의료선교사 알렌(H. N. Allen, 安連 1858-1932)이 해 놓은 역사적 공헌이라고 본 것이다. 알렌은 1884년 12월 4일의 갑신정변(甲申政變) 때에 치명상을 입은, 민비(閔妃)의 양아들격인, 민영익(閔泳翊 1860-1914)을 탁월한 서양의 술로 완치하게 한 것이 그 기폭제였다.

그 시술로 이 나라에 복음전파의 탄탄대로를 개방할 수 있었고, 왕

아니라는 것이었다.

18) W. Knight, *The Missionary Secretariat of Henry Venn*, London, 1882, p. 425.

19) H. G. Underwood, *loc. cit.*, pp. 100-101.

20) D. L Gifford, *Every-Day Life in Korea*, New York, Fleming H. Revell, 1898, p. 142.

실과 상류층은 말할 것도 없지만 대중층과도 그 의료활동으로 인간적 접촉이 원활하게 이루어져서, 마침내 복음의 깃발이 도처에 드높이 휘날릴 수 있었던 것이다.

그런데도 역시 복음 전도가 우선이라고 하는 원칙은 계속 확인되고 있었다.

> 하지만 선교부가 이 격증하는 의료예산의 액수를 특별히 주의 깊게 살펴보아야 하리라고 믿습니다. 우리 의료사업의 궁극적인 목적은 조선 사람들을 예수 그리스도에게로 인도하는 것이요, 거기서 구원을 받게 하는 데에 있기 때문입니다. 따라서 이 모든 봉사의 가치는 이 목적에 우리 사업이 어느만큼 직접 공헌하였느냐에 따라서 헤아려져야 할 것입니다.[21)]

미국 남장로교선교부 무즈(J. R. Moose, 茂雅各 1864-1928)는 1910년에 이르러, 병원 안에서는 의료행위만 수행된 것이 아니고, 구원의 소식이 전파되며 영혼의 치로가 더불어 수행되어 왔고, 거기서 결국 복음의 씨앗이 뿌려지고 수확되는 것이라고 보고하고 있었다.[22)]

> 우리는 이 (조선)땅에서 의료선교사로서보다는 선교사의사(宣教師醫師)로 와 있습니다. 우리가 여기까지 와서 제일 먼저 할 일은 우리 주님의 영광스러운 복음을 위해서 사는 것, 그것입니다.[23)]

이런 문제들은 초기 선교에서 우리나라 사람들이, 복음을 통한 구

---

21) The Report of Medical Committee, *The Minutes of Korea Mission Presbyterian Church in the United States of America*, 1903, p. 44.

22) J. R. Moose, *Village Life in Korea*, Nashville, Publishing House of the Methodist Episcopal Church, 1922, p. 236.

23) J. H. Wells, Medical Impression, *The Korean Repository*, June 1896, p. 240.

원보다는 의료나 교육 내지 산업발전에 끼친 기독교의 영향을 복음보다 더욱 중요시할 가능성, 그런 것을 염려한 생각들이었다.

3. 헐버트의 정치신학[24)]

1904년에 시작된 노일전쟁(露日戰爭)이 다음 해에 일본의 대승으로 막을 내렸을 때에 일본제국의 조선 침탈은 이제 국제적 인정을 받으면서 악랄하게 진행되고 있었다.

이때 선교사들의 한국 내 위상이 미묘하게 전개되는 양상이 눈에 띄었다. 일본의 한국보호조치(을사늑약)를 시인한 워싱턴의 입김을 그 나라 출신 선교사들이 전혀 외면하기는 힘들었다. 그래서 선교를 무난하게 계속하기 위해서는 동경(東京)과의 불필요한 마찰을 피하는, 정교분리의 원칙을 표방하면서, 일제와의 가능한 대결 구도가 어떤 형태로든 조성되지 않도록 하는 정책을 펴나갈 수밖에 없었다. 그런 현상이 일부에게는 선교사들이 일제의 조선보호조치를 환영하는 것으로 비쳐지는, 그런 일도 있었다.[25)]

그런데 1906년 필경 미국 북장로교 해외선교본부에서는 일제의 조선 내 토지 수탈에 대한 『*The Korea Review*』의 계속적인 고발과 비판에[26)] 대해서 노골적으로 난색을 표시하고, 그들 연례모임에서 대

24) H. B. Hulbert는 1886년 개원한 육영공원(育英公院) 교사로 초빙되었던, 뉴욕 유니온 신학교 출신의 감리교 목사. 그는 고종의 밀사로 1905년 워싱턴에, 1907년 해아(海牙)에 각각 다녀온 참여파 선교사. *The Korea Review*(1901-1906)를 편집하였고, 저서로는 *The Passing of Korea* (1906), *The History of Kore*a (1905) 등이 있다.

25) F. A. McKenzie, *The Tragedy of Korea*, London, Hodder & Stoughton, 1908, p. 210.

26) 가령 「Kennan and Korea」 (June 1906), 「The Pyeng Yang Land Case」 (July 1908), 「The Japanese in North」 (August 1908), 「Japan in North-East Asia」, 「Japanese Immigration」 (September 1906) 등이다. 〈Editorial Comment〉 (September 1906)는 노

일자세에서의 정치 불간섭을 천명하는 결의를 내리게 되었던 것이다. 그리고 그 결의문을 헐버트(H. B. Hulbert, 訖法 1863-1949)에게 하나 발송하면서 그 공간(公刊)을 요구하였다. 그 결의문은 대개 이러하였다.[27)]

미국 북장로교 총회본부에서도 이런 결정을 환영하고 있었다. 일본의 한국 보호조치가 "특별히 섬세하고 복잡"하다고 보고 그 문제를 면밀히 검토하고 나서는, 워싱턴의 관변측(官邊側)에서도 역시 한국 내 선교사들의 결정이 바람직한 것이었다고 전달해온 사실을 총회록에 수록하도록 결의하였던 것이다.[28)]

헐버트는 그때 정의감에 불타고 있었던 청년이었다. 그래서 그는 미국 북장로교의 결의는 한국 북녘 땅에서 이 겨레가 겪고 있는 모진 아픔과 그 비하(卑下)를 공개하지 못하게 하는 비겁이나 다름없다고 통박하고, 의분과 사랑으로 기독교의 선교라는 것이 무엇인지를 새삼 깊이 생각하게 되었다고 반론을 폈던 것이다.[29)] 한국 안에서의 사회문제에 대한 선교사의 관여는 정도의 차이를 가지고 다룰 문제가 아니라고 본 것이다. 어떤 기본적인 자세의 문제라고 보았던 것이다. 정의에 대한 요구가 "간섭"이라고 한다면, 인간의 존재 그 자체에서 눈을 돌리는 것이 되는 것인데, 그것은 종교문제를 너무 단순화하는 것이라고 본 것이다.

그렇다면 문제는 "정치"라고 하는 말에 달려 있었다. 헐버트는 확고한 신념에 서 있었다. 백성의 생활과 관계된 것이면 다 정치적이라

골적인 반일친한의 논필(論筆)이다.

27) H. B. Hulbert, Missionary Work in Korea, *The Korea Review*, October 1906, p. 361.

28) *The Minutes of the General Assembly of the Presbyterian Church in the USA*, 1906, p. 330.

29) H. B. Hulbert, *op. cit.*, p. 363.

고 본 것이다.

> 한 나라의 종교는 정치에 대해서 뚜렷한 관계를 형성하고 거기 영향력을 행사합니다. 시민의 모든 행동이 다 정치적 행위인 것입니다. 따라서 로빈슨 크루소가 아닌 다음에야 정치에서 떠날 도리가 없습니다.[30]

그는 한국에서의 복음화가 정치적 의미가 하나도 없다는 그런 형태의 논리와 주장을 몰역사적(沒歷史的)이라 비판하였다. 그는 강한 어조로 다그치고 있었다.

> 선교사들이 정치에 영향을 끼쳐서는 안 된다고 한다면, 선교사들은 두말할 것 없고, 그들이 가르치는 성서와 소책자들 그리고 기독교가 가르치고 있는 모든 가르침을 이 나라에서 다 거두어 가야만 합니다.[31]

토지 늑탈 때문에 한국인들이 겪고 있는 고통에 대하여 정교분리의 냉담으로 무관(無關)을 고집한다면, 그것은 선교가 아닐 뿐만 아니라, 성서의 기본적인 가르침에도 어긋난다는 것이고, 그것은 더 나아가 기독교에 대한 능욕이요 한국인에 대한 불의라고, 그는 외치고 있었던 것이다.

덴니스나 네비우스의 복음주의적 선교방법론과 이 헐버트의 소위 정치신학적 선교론 사이에 표면적으로 현저한 차이가 있는 것처럼 보일는지 모른다. 하지만 우리가 초기의 대표적인 선교론으로 이 세 사람의 경우를 선택하여 살펴본 바에 의하면 이들의 바탕은 결국 다

30) *Ibid.* p. 364.
31) *Ibid.*, pp. 364-365.

기독교의 복음이 도덕적 동력을 그 기조로 해서 사회개혁과 발전의 추진력이 된다는 원칙에 동의하고 있음을 곧 발견할 수 있다. 다만 그 동력과 그 진행된 발전 사이에 시차(時差)가 있어서, 전자의 경우에는 그 과정을 더 길게 잡는다는 것이 차이점으로 지적될 수 있을 것이다.

II 선교 이전 한국의 사회상황

한국에서 상류층은 한없이 게을러빠졌고, 중산층은 그들 정력을 쏟을만한 직업과 기회가 없으며, 하류층 농민들은 늑대를 문밖에 세워 문안으로 들어오지 못하게 할 정도의 일밖에는 하지 않습니다. 모든 것은 뒤떨어지고 가난하고 저급한 수준에 머물러 있습니다. 관리들에게는 정의가 없고, 일반인들에게는 번 돈을 안전하게 보전할 방도가 없습니다. 왕실은 부패하였고, 미신(迷信)은 가공할 만한 정도로 깊이 뿌리박혀 있습니다. 실로 한국은 바닥난 상황에 빠져든 지 이미 오래입니다.
농사꾼들은 일을 할 수 있어도 호구(糊口) 정도의 소출밖에는 내지 않습니다. 그 이상 소출을 냈다가는 영락없이 가렴주구(苛斂誅求)되기 때문입니다. 좋은 집은 지을 염두도 내지 않습니다. 관가에 불려가 빈사상태가 되도록 매를 얻어맞고, 재산 다 빼앗길 것이 뻔하기 때문입니다.
무관심과 나타, 냉담과 무력감, 의욕상실, 이런 무서운 경지에 빠지지 않을 수 없는 곳이 바로 오늘의 조선입니다.

— Isabella B. Bishop, 1894.

1. 한 선교사가 본 한국의 실정

근세조선에 뒷날 아름다운 추억으로 회고되며 긍지를 느끼게 할 만한 미덕과 양속(良俗)이 없지 아니하였다. 중국에서 오래 선교하던 영국 선교사 알렉산더 윌리암슨(A. Williamson)[1]은 한국인이 용감하고 성실하며, 전략과 방어에서 탁월한 재질을 보이고 있으며, 깨끗하고 명랑한 품성, 발명을 많이 하는 명석함, 그러면서도 심미(審美)감각에 뛰어난, 그런 민족이라 하면서, 한국은 위대한 가능성의 나라라

1) 청국에 머물던 스코틀랜드 국립성서공회 파견원. 1866년에 Robert J. Thomas에게 많은 성서 책을 주어 한국에 가지고 가게 했었다.

고, 침이 마르도록 추켜세우고 있었다.

> 그 (한국)민족에 대해서는 훌륭한 말들을 하지 않을 수 없습니다. 그들은 지적인 데다가 정확하며 명석한 사람들입니다. 더구나 그들은 성품이 곧고 결단력이 있습니다. 거기다 기후는 온화하고 자원은 농산에서나 광산(鑛產)에서 다양하고 풍부하며, 수운(水運)은 편리하고 ... 그래서 희망이 차있습니다. 다만 없는 것은 ...[2)]

다만 "없는 것!" 그것은 기독교와 그 서양의 문명이라는 것이었다. 따라서 우리는 근세조선에 넘쳤던 자랑할 만한 일들을 차치(且置)하고, 기독교가 들어와서 개선해야 했던 사회적 도덕적 폐습, 비리(非理)인 줄 알면서도 개선할 길이 막연하였던 악습이나 몽매, 헤어나오기 힘들었던 가난과 비위생, 그런 것들을 기독교에 비쳤던 모습 그대로 우선 살펴보고 지나가려고 한다.

2. 사회악의 여러 형태

2.1. 불결과 질병

극동의 세 나라, 곧 일본과 중국 그리고 한국을 비교하면서 대개의 외국인 관찰자들은 한국이 가장 불결한 나라로 보고 있었다.[3)] 가령 의사 알렌은 처음 한국에 왔을 때, 집 대문 옆에 퇴비(堆肥)를 만들려고 마련한, 오물과 인분(人糞)을 보고는, 그 지저분한 구덩이에 역

---

2) A. Williamson, *Journeys in North China, Manchuria and Eastern Mongolia with Some Account of Corea*, London, Smith, Elder & Co., Vol. II, pp. 293, 302, 306, 310.

3) J. S. Dennis, *op. cit.*, Vol. I, p. 233.

겨워한 일이 있었다.[4] 그는 "조선이 오물과 악취의 나라라는 오명을 씻을 수 없는 인상"을 주었다고 술회한 일이 있으며,[5] 그 비위생적인 상태에 대하여 이런 글을 남기고 있었다. 곧 조선사람들은 오랜 경험으로 이런 냄새에 익숙해져 있으며, 사방 8피트의 작은 안방에서 그 해로운 공기를 어떻게 들이마시며, 거기 불을 때고는 여섯 내지 여덟 명의 식구들이 함께 자면서 어떻게 생명을 유지해 나갈 수 있는지, 놀라운 일이 아닐 수 없다는 것이었다.[6]

이런 불결한 비위생적인 환경에서 질병은 무섭게, 다양하게, 번져 가고 있었다. 에비슨(O. R. Avison, 魚丕信 1860-1956)은 1897년 두 번에 걸친 논문 「Diseases in Korea」에서, 그가 1893년부터 서울 광혜원(병원) 임상치료 결과 한국에서의 질병이 "불결한 습관과 청결의 결핍, 빈약한 음식물, 협소하고 빽빽한 안방에서 여럿이 함께 자는 것" 때문에 생기는 것이라고 지적한 일이 있었다.[7]

그에 의하면 당시 한국에 가장 흔한 병으로는 매독과 같은 성병, 가렴증의 피부병, 머리부스럼, 심한 안질, 백내장과 같은 질병들이 있었는데, 그것들은 다 불결과 그 오염 때문에 생기게 되었던 것들로서 결과적으로는 심각한 난치의 병환으로 옮겨진 경우라고 보았던 것이다.[8] 매독의 경우는 서울의 경우 "가경(可驚)할 만큼 다수"였다.[9] 더

---

4) H. N. 알렌, 신복룡 역, 『조선견문기』(*Things Korean*, 1908), 서울, 박영사, 1979, p. 109.

5) *Loc. cit.* Cf. 윤치호, 『윤치호 일기』, IV, 국사편찬위원회, 1975, p. 19.

6) H. N. Allen, *op. cit.*, p. 110

7) O. R. Avison, Diseases in Korea, *The Korean Repository*, March 1897, p. 90. 에비슨의 인물과 의료선교에 대하여서는 A. D. Clark, *Avison of Korea, The Life of Oliver R. Avison M.D.*, Seoul, Yonsei University Press, 1979 참조. 특히 한국재래의 질병조사에 대하여서는 Chap. VI 참조.

8) *Ibid.*, p. 91. 이들 환자 대부분이 비교적 초기에 병원에서 붕산(硼酸) 세제로 쉽게 치료된 사실을 지적하고 있다. 조기치료가 필요하다는 뜻.

구나 채소재배에서의 인분 사용, 우물가의 시궁창과 도랑 그리고 변소 등은 음료수의 오염과 함께 심각한 병인(病因)으로 지적되었으며,[10] 장질부사 역시 시궁창이나 밀집한 집들과 그 불결, 그리고 통풍이 잘 안 되는 주거 공간, 이런 것들이 그 원인이라고 판단하고 있었다.[11]

이 밖에도 한국인의 질병조사에 나타난 것으로는 궤양성 편도선염, 성홍열(猩紅熱)과 같은 전염성 열병[12], 그리고 발진(發疹)티푸스 같은 것들이 있었는데, 이것들은 특히 가난한 사람들에게 흔한 병환으로 집계되고 있었다. 학질 곧 말라리아는 한국에서 가장 보편적인 질병 가운데 하나로 보고 있었다. 알렌은 이 학질이 대개는 4일열 형이 가장 많았다고 보고하고 있었다. 천연두(天然痘)는 너무 흔해서 한 집안에서는 어린아이들이 천연두 곧 마마를 앓고 난 다음에야 이름도 지어주고, 이제는 살았구나 해서 한 식구로 인정했다는 것이다.[13] 한국인 의원(醫員)들은 한국인 사망자의 반수 이상이 천연두 때문이라고 말하더라는 것이다.[14]

문둥병은 비록 흔하지는 않았지만 남한 지역에 비교적 많았고, 결핵은 "실로 다수"에 이르고 있었다. 1896년에만 하여도 제중원(濟衆院)병원에서는 만여 명에 이르는 환자들이 치료를 받고 있었다.[15] 루

---

9) H. N. Allen, J. W. Heron, *The First Annual Report of the Korean Government Hospital for the Year ending April 10th 1886.*

10) *Loc. cit.*

11) 알렌 역시 이런 말을 남기고 있다. 곧 "이들의 병은 대단히 무서운 상태에 와 있었는데, 이로써 조선사람들이 얼마나 가공할 만한 비위생 상태에 무방비로 노출되어 있는지 알 수 있습니다." *United States Foreign Relation Papers*, Washington, D. C., US Department of State, New York, Obis Books, 1890, p. 33.

12) 당시에는 이것이 Yinpyung(염병)으로 통칭되고 있었다. O. R. Avison, *op. cit.*, p. 93.

13) O. R. Avison, *op. cit.*, II, *The Korean Repository*, June 1897, p. 207.

14) H. N. Allen, J. W. Heron, *loc. cit.*

관(瘻管) 역시 임상 치료에서 많이 목격되었다.[16] 언청이나 비강(鼻腔) 폴립(polypi), 중이염, 그리고 히스테리도 있었던 것으로 보고되었다. 가장 흔한 것은 위장병, 소화불량, 기관지염, 천식, 탈장(脫腸), 설사, 이질, 백일해, 이런 것들이 초기 의료선교사들에게 목격된 질환들이었다.[17]

결국 선교사들은 사랑의 사도들로서 이러한 병고에서의 구제를 목전의 사명으로 알고 심혈을 다 기울여 헌신하는 사랑의 봉사자로 나서지 않을 수 없게 만들었다. 질병 실태의 이만한 조사와 임상적 통계는 우리 겨레의 생활양식이나 그 환경 및 생활의식 구조에 대하여 커다란 도움을 주었던 것이다.

2.2. 조선 전래의 치료법

한 가지 우리나라 전래의 치병(治病) 방법은 근대의학의 전문적인 지식과 기술을 갖춘 선교사들에게는 실로 "넌더리나서 말도 할 수 없을"[18] 정도의 것들이었다. 불결한 바늘로 쿡쿡 찌르는 침술(鍼術)은 보통 사용되는 방법이었지만, 목에 잘못 찔러 골수를 뚫어서 즉사케 된 경우를 알렌은 눈앞에서 본 일이 있었다.[19] 공수병(hydrophbia)에는 호랑이 두개골 가루를 내복(內服)하면서 마늘 가루로 된 파포제(巴布劑)를 상처에 바르고 있었다.[20] 종기에는 암소의 배설물을 짓이

15) O. R. Avison, *op. cit.*, II, p. 209.

16) *Ibid.*, p. 210.

17) J. H. Wells도 1896년 6월에 대동소이한 의학보고를 하고 있었다. 그의 Medical Impression, *The Korean Repository*, June 1896, pp. 238-240.

18) J. B. Busteed, The Korean Doctor and his Methods, *The Korean Repository*, May 1895, p. 191.

19) H. N. Allen, 『조선견문기』, p. 216.

20) J. B. Busteed, *op. cit.*, p. 189.

긴 헝겊을 사용하였고, 기관지염에는 모충(毛蟲)을, 그리고 정신착란증에는 구더기를 이용하고 있었다고 한다.[21)]

뜸질 역시 흔히 많이 이용되었다. 어린아이들의 가슴 위에까지 뜸이 태워지고 있었다. 염병에 걸리면 그것이 역신(疫神)의 침입 때문이라고 해서 환자를 떠다 메어 동네 밖에 내버려 거기서 죽게 하기가 일쑤였다.[22)] 갑신정변(1884) 때 민영익(閔泳翊 1860-1914)이 심한 자상(刺傷)을 입었다. 급히 그 치료를 위해 달려갔던 알렌은 깜짝 놀랐다. 한국의원들이 그 상처에 시커먼 송진액을 부으려는 것을 목도하였기 때문이다.[23)] 총알로 관통상을 입은 청국군의 한 장교는 그 상처에 방금 죽인 개 가죽을 감고 찜질을 하고 있었다.[24)]

하지만 한 가지 눈에 뜨이는 것이 있다. 기독교의 의료선교사들은 한국의 재래 치료방법이 모름지기 다 몽매하고 상식을 벗어난 것이라고 몰아친 일이 없다. 인삼이나 한양제의 사용에서 얻어진 효험에는 놀라움과 찬탄을 아끼지 않고 있었다. 1931년에 이르러서도 세브란스병원에서 오래 일하던 반 버스커크(J. D. van Buskirk, 潘福基 1881-?)는 한방의 치료처방이 3천 년 전래의 것이니만큼, 거기 치유의 비결이 없을 수 없다고 믿었으며, 히포크라테스(Hippocrates)가 한국의 의원들과 대담하였다면 마음 편했을 것이라고 인정하고 있었다.[25)] 서양

---

21) F. H. Harrington, *God, Mammon and the Japanese*, University of Wisconsin Press, 1944, 이광린 역, 『개화기의 한미관계』 서울, 일조각, 1973, p. 69.

22) O. R. Avison, Diseases in Korea, *op. cit.*, I, p. 94.

23) H. N. Allen, Greetings, *Quarto Centennial Jubilee Papers*, p. 8.

24) H. N. Allen, 『조선견문기』, p. 211. 이밖에도 그런 실례들에 대해서는 L. H. Underwood, *Underwood of Korea*, p. 41; J. S. Gale, *Korean Sketches*, pp. 34-36; W. E. Griffis, Corean Medical Science, *Overland Monthly* new series, I, pp. 44-46 등 참조.

25) J. D. van Buskirk, *Korea, Land of the Dawn*, Missionary Education Movement of the United States and Canada, 1931, pp. 99-100.

의술의 지나친 우월감에 조심하라는 것이었다.

2.3. 미신과 굿, 거기 드는 비용

앞서도 살펴보았지만 한국인들은 무서운 역병(疫病)이 사신(邪神)에 의한 것이라는 미신에 사로 잡혀 있었다. 더구나 천연두의 경우는 "마마"란 역신(疫神)이 달라붙어서 생긴 병이라고 여겨서 치료는 차치하고 오히려 그 역신에게 제사를 드려 치유를 기원하는 형편이었다. 낫지도 않고 오래 앓다가 죽는 무서운 병이어서 그랬을 것이다.[26] 유행성 전염병도 그 "마마"의 거처가 청나라이기 때문에 거기에 왕래하는 사람들에 의해서 전염된 것이라고 믿고 있었다.

이처럼 옛 한국에는 미신과 우상이 넘쳐 있었다. 덴니스는 한국이 "만신(萬神)의 옥토요 사귀들의 집단 서식처"[27]라고 말한 일이 있다. 다 닳아서 구멍 난 짚신에도 귀신이 달라붙어 있다고 한다면 그 귀신은 실로 무소부재였음이 확실하다. 한국인의 삶에 언제나 신경쇠약과 공포심에 질리고, 불안감에 쫓아다니는 가련한 모습은 다 여기 그 근원이 있었다. 그것은 인간다움의 상실, 혹독한 가난의 원인, 그리고 발전적 가상의 굴절을 가져오지 않을 수 없게 하였다.

> 이들 귀신은 한국인의 생 모든 시점 모든 분야에 다가서고 있습니다. 그래서 계속 그 귀신들을 달래, 수없는 일들을 계속하여야 합니다. 만일 그런 일 어느 하나라도 생략한다면 그때는 무자비한 잔악성으로 앙갚음을 당하게 된다고 무서워합니다.

---

26) O. R. Avison, *op. cit.*, II, p. 208. Cf. The Korean Mudang and Pansu, *The Korea Review*, April 1903, pp. 145–149; May, 203–208; June, pp. 257–260; July, pp. 301–305; August, pp. 342–346; September, pp. 385–389.

27) J. S. Dennis, *op. cit.*, I, p. 315.

> 이렇게 해서 출생에서 사망에 이르기까지 한국 사람들은 이 가공할 만한 족쇄에 매어져서 그 귀신의 채찍아래 갇히어 살고 있는 것입니다.[28]

이처럼 질병이나 불행 그리고 재난이 다 이 귀신들의 노름이라고 한다면 축사(逐邪)는 필연이고, 그리고 그것은 모름지기 굿에 기대고 있었기 때문에 무당이나 판수의 수입이 엄청났던 것은 말할 것도 없다.[29]

이런 미신적인 제의(祭儀)는 엄청난 재물의 손실을 백성들에게 가져다주었고, 살림은 늘 쪼들리게 하였다. 한데 거기 소모된 재원이란 것은 그것을 전국적인 규모로 보았을 때 실로 천문학적인 것이었다. 1890년대 굿에 드는 비용은 아무리 낮게 보아도 1년에 2천5백만 달러라는 계산이 나왔다.[30] 이것은 무당에게 드는 인건비만 계산한 것이고, 굿이나 설비 음식 등에 드는 비용은 여기 포함되어 있지 않았다. 이들 굿의 비용은 그보다 많으면 많았지 덜하지 않았을 것이다. 그런데 1897년 거대 한국장로교의 1년 헌금액이 971달러였다고[31] 한다면, 무당굿에 소비된 막대한 금액에 놀라지 않을 수 없다.[32] 그 해 우리나라 총예산액은 4,527,476달러였었다.[33]

하지만 문제는 그 당시 형편에 정확한 전국적 통계를 낸다는 것이 가능하지 않았다는 데에 있다. 가령 『*The Korean Repository*』에는

---

28) I. B. Bishop, *Korea and Her Neighbours*, London, John Murray, 1898, p. 404

29) H. N. Allen, Some Korean Customs, *The Korean Repository*, April 1896, p. 163.

30) I. B. Bishop, *op. cit.*, p. 403.

31) The Presbyterian Annual Meeting, *The Korean Repository*, September 1897, p. 342.

32) 우샹론, 〈죠션그리스도인회보〉, 1897. 4. 14일자. 논셜, 〈독립신문〉, 1896. 5. 7일자. 나라의 근본, 〈독립신문〉, 1899. 9. 12일자.

33) The Budget for 1898, *The Korean Repository*, February 1898, p. 70.

당시의 무당굿 비용을 1천2백만 달러로 보고 있었다. 그리고 그것은 조정 세입의 3배에 이르고 있었다.[34] 얼마나 잘못된 나라인가 하는 것이 여기 분명하게 나타난다.

그런데 안타까운 문제가 하나 더 눈에 뜨인다. 당시 전국의 농토 평가액이 4백만 달러였다. 그렇다면 무당굿으로 1년에 전국의 농토의 3배가량 되는 돈을 허비하고 있었다는 말이 된다. 1년에 전국의 농토가 3개가 날아가 버린다는 말이 된다. 이러고서도 나라가 제대로 갈 수는 없었다. 그대로 둘 수 없는 악습이요 망조였다. 단일 항목으로 이런 막대한 재정경비는 이것 밖에 없었을 것이다.

> 사ᄅᆞᆷ이란 거ᄉᆞᆫ 업슬수록 허ᄒᆞᆫ 거ᄉᆞᆯ 밋고, 리치 업ᄂᆞᆫ 일을 ᄇᆞ라ᄂᆞᆫ 거시라. 그런고로 무당과 판슈와 선앙당과 풍슈와 즁과 각ᄉᆡᆨ 이런 무리들이 ᄇᆡᆨ셩을 속이고 돈울 ᄲᅦ시며 ᄆᆞᄋᆞᆷ이 약ᄒᆞᆫ 녀인네와 허ᄒᆞᆫ 거ᄉᆞᆯ 밋ᄂᆞᆫ 사나희들을 아혹히 유인ᄒᆞ야 ᄌᆡ물을 ᄇᆞ리고 악귀ᄅᆞᆯ 위ᄒᆞ게 ᄒᆞ니 그거ᄉᆞᆫ 다름이 아니라 사ᄅᆞᆷ들이 몰나서 이러케 속ᄂᆞᆫ 거시오.[35]

이러한 미신의 편만은 필경 나라의 근본을 해친다고 보았던 것이 바로 기독교이다. 따라서 민생을 어지럽히고 그 살림을 핍절하게 하는, 퇴치되어야 할 악으로 이 미신이 이단시된 것이다.

일상생활 여기저기에서 일거수일투족 매사 관여하는 미신의 뿌리 깊은 악습을 제거하는 곳에 비로소 백성들의 생활이 정상을 되찾고 그 기백도 환기된다고 믿었던 한말(韓末) 양심의 호소가 이렇게 애절하였다.

---

34) He is a Farmer, Editorial Department, *ibid.*, June 1898, p. 232.

35) 논셜, 〈독립신문〉, 뎨일권 심ᄉᆞ호, 건양원년(1896) 오월 칠일, 수요일.

2.4. 빈곤

불레어(W. N. Blair, 邦緯良 ?-1970)라는 초대 선교사에게 찾아온 한 한국인이 이런 말을 물었다.

> 이 세상에 우리처럼 가난하고 불쌍한 사람들이 또 어디 있습니까.[36]

1886년 로웰(P. Lowell)은 한국 촌락의 오막살이집들을 바라보면서 이런 말을 남긴다. "멀리 바라봅니다. 그러나 지형이 높고 낮은 지평선을 따라 기복한 그 높이 이상 솟아난 집이란 없어 경관에 변화가 없습니다."[37] 여행자들의 눈에는 가난의 모습이 이 "고요한 아침의 나라"의 첫인상이었다. "조선의 가옥들이란 짚을 넣은 흙덩이로 쌓아 올린 헛간 같고, 통풍은 전혀 되지 않습니다."[38]

1895년 2월 12일 아침 윤치호(尹致昊 1864-1945)는 10년간의 미국유학 생활을 마치고 귀국하여 제물포(濟物浦-인천) 항구에 닿았다. 그때 그는 흐느껴 울고 있었다.

> 우리 조선 일꾼들, 희고 너덜너덜한 옷은 더러워 깜해졌고, 집들은 땅보다 높다할 게 없고, 쌓여있는 오물에서 풍기는 역한 악취는 사방에 널리고, 차마 볼 수 없는 가난, 무지, 멍청한 사람들, 헐벗은 산야(山野), 이 모두가 다 지켜 줄 이 없는 이 조선의 가련한 모습을 대변하고 있구나.[39]

---

36) W. N. Blair, *The Korean Pentecost and Other Experiences on the Mission Field*, The Board of the Presbyterian Church in the USA, n.d., p. 13

37) P. Lowell, *Chosen the Land of Morning Calm*, New York, Becker, Ticknor & Co., 1886, p. 181.

38) W. R. Carles, *Life in Corea*, London, Macmillan, 1888, p. 27. Cf. H. N. Allen, Greetings, *op. cit.*, p. 5.

게일(J. S. Gale, 奇一 1863-1937)은 한국의 이러한 가난의 원인이 한국인들의 턱없이 선량한 성품에 있다고 보았다. 가난한 사람들은 친지 중 돈 있는 사람의 집에 다 몰려가서 얹혀먹다가, 그 집이 마침내 똑같이 가난해질 때까지 기식(寄食)하는데, 그때가 되면 다시 딴 곳으로 옮겨 거기서 기식하고, 그리고 또 딴 곳으로 가서, 다 함께 가난해지기를 계속한다는 것이다. 누구도 여기 반발하거나 불평하거나 하는 이 없이 이런 식으로 살아가는 것이 한국의 관습이라고 보았는데, 그래서 그는 한국에 쌀은 없을망정 거지는 없다고 단언할 수 있었다.[40]

하지만 이 빈곤에 대한 좀 더 예리한 분석이 서울 주재 영국 총영사였던 힐리어경(Sir W. Hillier)에 의해서 다음 세 가지로 지적되고 있었다. 곧 그 첫째가 토착자본의 결여와 웬만한 토착산업의 부재, 그 둘째가 관리들의 착취와 그로 인한 산업의 축소, 셋째가 농사꾼들이나 일꾼들의 의욕상실인데, 일해 보았자 그 애써 거둔 결실이 관리들의 가렴주구에 다 몰수된다고 하면, 입에 풀칠할 정도의 일만(absolutely necessary for their daily want) 하겠다는 생각은 누구나 하게 될 것임에 틀림없다.[41]

> 조선 관리들의 탐욕과 포악은 재산을 모아보자는 생각을 아예 아무도 가지지 못하게 합니다. 따라서 이 나라에 중산층이란 생겨날 수가 없습니다. 애써 얻은 결실로서의 안락과 안전은 누릴 수 없고, 그 소산(所産)이 관리들의 권세와 포악에서 보호받을 방법이 없기 때문입니다.[42]

---

39) 윤치호, 『일기』, IV, 국사편찬위원회, 1975, pp. 18-19.

40) J. S. Gale, Korean Civilization, *The Japan Mail*, April 18th 1896, *The Korean Repository*, June 1896, p. 253.

41) W. Hillier, The Cause of Poverty in Korea, *The Messenger*, Shanghai, January 1895, pp. 347-348.

어떤 사람은 한국 조정은 전제 왕실과 부패한 소수 독재정치의 가장 흉악한 혼합체라고 비방한 일이 있다.[43] 물론 우리는 선교사들이 아닌 일부 외국인들의 저술이 일본의 외교문서를 보고 쓴 까닭에, 일본의 대(對)한국 폄하의 자료들을 그대로 옮겨 써서, 본의 아닌 한국 비판을 자행한 경우를 찾아볼 수 있다.[44]

3. 도덕악(道德惡)

3.1. 노비

조선에서는 노예라는 것이 제도상으로 존립해 본 적이 없다.[45] 다만 노비가 고조선 시대에 "기자팔조금법(箕子八條禁法)"에 따라 존속되었던 것이 사실이지만, 그것은 천인(賤人)계급의 형식이어서 가혹한 학대나 공개매매의 대상으로 취급받은 일은 별로 없었다.[46] 조선시대의 노비가 공천(公賤)과 사천(私賤)으로 구분되면서부터는 공천이 사천을 이끄는 일이 있었고, 그래서 더러는 양민(良民)의 행세까지 한 일을 보아 이 제도에 탄력적 여유가 있었다는 것이 입증되고 있다.

42) H. Norman, *Peoples and Politics in the Far East*, London, T. Fisher & Unwin, 1895, pp. 347-348.

43) *The Messenger*, November 1894, p. 162.

44) 가령 J. S. Dennis는 일본 외무경(外務卿) 이노우에 가오루(井上馨)의 조선재정 비판문(*The London Mail*, 1895. 8. 25일자)을 그대로 인용한 일이 있다.

45) C. C. Vinton, Slavery and Feudalism in Korea, *The Korean Repository*, October 1895, p. 366.
선교사들의 노비 역사 연구로는 H. B. Hulbert, Slavery in Korea, *The Korea Review*, April 1902, pp. 149ff. 그는 근세조선에 노예는 한 사람도 없었다고 단언.

46) *Ibid.*, p. 372. 그의 해석에는 분류상 몇 가지 잘못된 해석과 이해가 있다.

1894년에는 "공사(公私)노비제"가 폐지됨으로써 실질상의 "종"이란 것은 사라지게 되었던 것이다.

3.2. 여성의 위치

선교사가 처음 들어왔을 때, 그들의 눈에는 조선의 여성들이 남자들보다 열등하며, 남자 앞에서 여성이 취할 태도는 복종과 심지어 굴종밖에 없다는 사실이 널리 받아드려지고 있다는 사실을 목도하였다. 그래서 여인네들에게는 격리가 강요되어 안방에 유거(幽居)하게 하고, 교육의 기회를 제공하지 않아 지적훈련에서 제외하고 있을 뿐만 아니라, 법률적 권리는 전혀 주어지지 않고 있었다.[47]

이러한 불평등의 유교사상과 관습은 남자위주의 유교적 교리, 보장없는 여성의 권리, 무학(無學), 거기다가 여성에 대한 경멸까지 겹쳐, 여성들은 남성 밑에서 기를 못 쓰고 살아가도록 관례화되고 있었다. 1900년대 초에 무즈(J. R. Moose)는 남편들에 의해서 사형(私刑)을 받아 코가 짤리고, 발이 화상을 입으며, 거리에서 순검(巡檢) 면전인데도 빈사상태로 구타를 당하는 여인의 구슬픈 이야기들을 기록한 일이 있다.[48]

> 세샹에 불샹ᄒᆞᆫ 인ᄉᆡᆼ은 죠션 녀편네니 우리가 오ᄂᆞᆯ날 이 불샹ᄒᆞᆫ 녀편네들을 위ᄒᆞ야 죠션인민의게 말ᄒᆞ노라.
>
> 사ᄅᆞᆷ이 야만과 다른 거ᄉᆞᆫ 졍의와 례법과 의리를 알아 ᄒᆡᆼ실을 ᄒᆞᄂᆞᆫ거시어ᄂᆞᆯ 죠션 사나희가 녀편네 ᄃᆡ졉ᄒᆞᄂᆞᆫ 거ᄉᆞᆯ 보거드면 졍도 업고 의도

---

47) G. H. Jones, The Status of Woman in Korea, *The Korean Repository*, June 1896, p. 223.

48) J. R. Moore, *Village Life in Korea*, Nashville, Publishing House of Methodist Episcopal Church, 1911, pp. 232-234.

> 업고 례도 업고 춤 사랑ᄒᆞᄂᆞᆫ ᄆᆞᄋᆞᆷ도 업시 ᄃᆡ졉ᄒᆞ기를 사나희보다 쳔ᄒᆞᆫ 사ᄅᆞᆷ으로 ᄒᆞ고, 무리ᄒᆞ게 압제ᄒᆞᄂᆞᆫ 풍쇽과 억지와 위엄으로 ᄒᆡᆼᄒᆞᄂᆞᆫ 일이 만히 잇ᄉᆞ니, 그 녀편네들을 ᄃᆡᄒᆞ야 엇지 불샹ᄒᆞ고 분ᄒᆞᆫ ᄆᆞᄋᆞᆷ이 업ᄉᆞ리오.[49]

〈독립신문〉[50]은 여인들의 사회적 불우에 동정을 하면서 아울러 남자들을 야만이라고까지 다그쳤던 것이다. 불란서의 달레(Ch. Dallet, 1829-1878)는 조선에서 여성의 지위가 "불쾌하리만큼 천하고 열등한 상태에"[51] 있다고 개탄한 바 있다. 남녀칠세부동석에서 오는 성적 간격과 그 죄악시에 기인한 건강한 가정생활의 파괴, 개가(改嫁)의 금지와 열녀(烈女)의 추앙으로, 일종 자살 권장에 방불한 악습의 강압, 그리고 중매결혼의 자의성, 조혼(早婚)의 폐해,[52] 이런 것들이 조선여성들이 일생을 거쳐 살아가야 했던 눈물겨운 환경이요 운명이었다.

하지만 선교사들은 일도양단(一刀兩斷)식으로 조선의 구습들을 부정하기만 한 것이 아니었다. 우선 고려하여야 할 것이 조선의 특수한 상황이라고 보았다. 가령 지방이나 계급, 인간성의 차이 같은 변수를 함께 생각하여야 한다는 것이었다. 그런 의미에서 헐버트(H. B. Hulbert, 訖法 1863-1949)의 긴 논문 「The Status of Woman in Korea」[53]는 실로 심도 있게 조선 사회사정을 분석 연구하고, 그리고

---

49) 논셜, 〈독립신문〉, 건양 원년(1896), ᄉᆞ월 이십일일.

50) 서재필이 창간하고 발행한 한국 최초의 순 한글신문. 윤치호 역시 후에 발행을 맡았고, 따라서 처음부터 기독교적인 논조가 뚜렷. 최준, 『한국신문사』, 서울 일조각, 1893, pp. 51ff 참조.

51) *Historie de L'Eglise de Coree*, Paris, 1874. 안응렬 역, 최석우 역주(譯註) 『한국천주교회사』 상, 서울, 분도출판사, 1979, p. 183.

52) *Ibid.*, pp. 184, 188-189.

53) *The Korea Review*, December 1901, pp. 529-534; January 1902, pp. 1-9; February

는 긍정적 자세로 그 전통에 대한 이해를 피력하고 있었다는 점에서 유의할 만하다. 그는 여인들의 격리, 직업, 교육, 처벌, 재산권, 유언에 의한 권리, 이혼, 구혼과 결혼, 종교와 그들의 신앙문제, 이런 여러 항목에 걸쳐서 자세하게 분석하고 연구해서 적극적인 결론을 내리고 있었다. 가령 조선 여성의 안방 격리가 서양의 표준에서는 낯설게 보일지 모르지만, 그 시대적 상황이나 당시의 도덕적 의식으로 판단하건대 오히려 여인들에 대한 "축복"이요, 따라서 그 즉각적이 격리 해소는 향상보다는 혼란을 가중할 것이라고 경고하였던 것이다.[54)]

3.3. 아편

1892년 초에 북장로교 선교사 모페트(S. A. Moffett, 馬布三悅 1864-1930)는 이런 공개서한을 발표한 일이 있다. 곧 그 전 해에 의주(義州)를 방문하였을 때 아편(阿片)이 상품으로 유통되고, 또 여럿이 이미 중독되어 있는 사실에 놀라, 단호한 조치가 꼭 있어야 한다고 보았던 것이다.[55)] 아편은 중국 상인들에 의해서 밀수되어 그 지방사람 백여 명이 이미 그 폐해에 젖어 있었다는 것이다. 실제 모페트가 유숙했던 여관에서도 아편이 마구 매매되고 있었다. 그는 서울에 돌아가자 곧 수소문하여 그 아편 상점망(網)이 서울과 제물포에까지 뻗쳐 있는 것을 발견하였던 것이다. 선교사들이 별일을 다 했구나 하는 생각이 든다.

아편은 본래 영국의 동인도회사가 인도에서의 전매권을 가지고 치부하고 다시 1773년 청국에 처음 수출하면서부터 급속하게 퍼진 마

---

pp. 53-59; March pp. 97-101; April pp. 155-159.

54) *Ibid.*, December 1901, p. 530.

55) S. A. Moffett, To the Editor, *The Korean Repository*, January 1892, p. 35.

약이었다. 영국은 청국 관변(官邊)의 극렬한 반대에 부딛쳤으나, 1860년 천진조약(天津條約)에 의해서 아편 무역을 청국 안에서 자유롭게 할 수 있게 되었던 것이다.[56] 1832년 우리나라에도 충청도 앞마다에 찾아왔던 귀츨라프(K. F. A. Gützlaff, 郭實獵 1803-1851)가 탑승했던 선박 역시 아편상사였던 제데인 매더슨(Jardine Matheson)의 아편선이었다.[57] 우리나라 선교들과도 친숙하였던 런던선교회의 그리피스 존(G. John)은 아편의 도덕성 마비라든다 인신의 파괴와 생명의 단축 등을 들어서 아편 상역에 크게 반발하였고, 영국의 일반 양식에 눈물로 호소하기에 가진 힘을 다하고 있었다. 그러나 아편상역에서 오는 수익이 워낙 막대하였기 때문에, 그의 음성은 가서 닿을 곳이 없었다.[58]

어쨌든 근세조선에서 아편흡연은 청국(清國)을 왕래하는 상인들과 접촉하는 비교적 부유한 사람들을 중심으로 퍼져나가다가,[59] 1905년경에 이르러서는 나라가 떠들썩할 정도로 "심각한 문제"[60]로 만연되고 있었다. 그해 서울에서는 순검(巡檢)들이 아편 소굴을 급습해서 청국상인들과 일대격전을 벌인 일도 있었다.

> 대뎌 아편이라는 거슨 사름의게 비샹보다 더 독훈 거시라. 이거스로

---

56) C. Holocombe, *China, Past, Present, and Future, The Story of the Land and its People*, Kilmanock, John Ritchio, n.d., pp. 151-162.

57) P. W. Fay, *The Opium War 1840-1842*, University of North Carolina Press, 1975, p. 89. 귀츨라프는 이 선박에 3일 $1,000의 수당으로 탑승. 통역, 안내역이었다. 이런 사실 때문에 미국 선교사 출신 외교관 S. W. Williams와 가끔 논쟁. *Ibid.*, pp. 89-169.

58) 영국여왕 빅토리아 재위 시의 인도에서의 아편 수출량은 284,582톤으로, 매년 반(半)톤의 대(對)청국 수출이었다. 1902년도의 대 청국 수출량은 매주 55.5톤. C. Holocombe, *op. cit.*, p. 235.

59) Trade and Commerce in Korea, *The Korean Repository*, December 1897, p. 447.

60) News Calendar, *The Korea Review*, May 1904, p. 216.

> 집안이 패ᄒᆞ고 몸이 죽고 나라히 망ᄒᆞᄂᆞᆫ 거시니 사ᄅᆞᆷ이 갓가히 ᄒᆞᆯ 거시 아나라. ...(중독된)후에ᄂᆞᆫ 사ᄅᆞᆷ도 ᄇᆞ린 몸이 되려니와 ᄌᆞ연이 이로 집안 ᄌᆡ산을 다 탕패ᄒᆞ고 필경은 적신만 ᄂᆞᆷᄂᆞᆫᄃᆡ 죠셕은 굴물자언정 ... 거즛 말이 ᄉᆡᆼ기며 도적질을 ᄒᆞ다가 그제ᄂᆞᆫ 제가 ᄭᅳᆫ흐려고 ᄒᆞ여도 못ᄒᆞ고, 이로 목숨을 ᄇᆞ리ᄂᆞ니 년젼에 청국에서 아편독에 죽ᄂᆞᆫ ᄇᆡᆨ셩이 ᄆᆡ년 팔십 만명이더라 ᄒᆞ니, 장ᄎᆞ 이러ᄒᆞ고 보면 몃ᄒᆡ안에 나라ᄇᆡᆨ셩의 씨가 업서 지겟ᄂᆞ뇨. 슬프다.[61)]

1905년 을사늑약(乙巳勒約)이 체결된 다음 해인 1906년에는 아편 문제가 전혀 다른 양상을 띄고 나타났기 때문에 더욱 심각하여졌다. 북부지역에서 이 아편은 이제 "자리를 잡고" 있었다. 선교사들은 이런 만연에는 반드시 외부의 어떤 어두운 손길이 있다고 판단하고 있었다. 알고 보니 놀랍게도 그것이 평양 소재 일본인 경영 아편상이었다.[62)] 하루 평균 30원의 매상고였다. 더구나 문제는 그 매매가 공공하였다는 점이다. 평양의 기독교병원에서는 다 죽게 된 중독자들은 한 달 평균 35명을 치료하고 있었는데, 선교사들은 그 수가 천여 명에 이르리라고 추정하고 있었다.[63)] 서북지역을 특히 겨냥한 일제의 악독한 상술이었다. 그 지역은 기독교가 치성한 지역으로 일제가 백안시하던 곳이다.

여기서 한국 "보호"를 외치던 일본 제국주의의 도덕적 패역과 그 위선에 대해서 선교사들의 질타가 거셌다. 일본 국내의 아편엄금이 조선에서는 방치되고, 심지어 정부가 묘한 수법으로 장려하는, 그런 국가적 차원의 악덕을 보고는 장차 조선의 사회개혁운동이 민족운동 곧 항일운동의 맥락으로 필연적으로 연결되는 새 국면을 목격한 것이

---

61) 논셜, 아편금홀론, 〈그리스도신문〉, 1901. 4. 4일자

62) H. B. Hulbert, Opium in Korea, *The Korea Review*, July 1906, p. 248.

63) *Ibid.*, p. 249.

바로 선교사들이었다. 교회는 일본제국이 조선의 가장 훌륭한 자원인 "한국인" 그것을 파괴하고 있다는 것을 꿰뚫어 본 것이다. 그리고 단호하게 외쳤던 것이다. 곧 그런 악행은 세계 어느 나라에도 없는 "사악한 범법"(monstrous outrage)이라는 것이었다.[64]

64) *Loc. cit.*

III 초기 선교의 사회개혁적 정신과 성격

사ᄅᆞᆷ마다 예슈교만 실노히 밋을 디경이면 군신과 부ᄌᆞ와 쟝유와 붕우 사이에 의리와 졍의가 잇서 일국이 ᄐᆡ화세계가 될터이니 우리나라 동포들은 힘써 예ᄇᆡ당을 차져가서 젼도ᄒᆞᄂᆞᆫ 말도 ᄌᆞ세히 듯고 셩경도 만히 보아 … 나라를 문명부강케 만들기를 우리는 진실노 ᄇᆞ라노라.

— 〈ᄆᆡ일신문〉 1898.

1. 서양문명과 기독교 — 개화의 자극

한국 초기 선교사들은 서양문명의 거대한 후광을 현실적으로 안고 조선에 입국하였다. 그리고 그러한 사실을 스스로 의식하고 있기도 하였다. 그것은 조선조야(朝野)가 그만큼 미국에 기댄 폭이 넓었다는 말도 된다. 군사교관의 우선 파견을 요청한 것이라든가[1] 의료사업에 대한 후원, 워싱턴에 대한 외교교섭의 채널, 그리고 고종(高宗 1892-1919) 개인의 선교사들과의 친근, 궁정의 미국공관 부근 부지확보의 의욕,[2] 왕실의 계속적인 선교사들과의 접촉 희망, 이런 것들에 이르기까지 소박할 정도의 신뢰, 기대, 친밀이 그 첫날을 선교의 밝은 전망으로 인도해 가고 있었다.

---

1) F. H. Harrington, *God, Mammon and the Japanese*, University of Wisconsin Press, 1944, 이광린 역, 서울 일조각, 1973, pp. 231-232.

2) H. N. Allen, Greetings, *Quarto Centennial Jubilee Papers*, read before the Korea Mission Presbyterian Church in the USA, 1909, p. 6. News Calendar, *The Korea Review*, March 1901, p. 121. Cf. *R.F.M.E.* for the year 1898, p. 264. 고종은 실제로 담너머로 선교사집들을 "부러운 눈으로" 바라보고 있었다.

이때 선교사들은 서양문명이 기독교 신앙과 그 윤리의 결실이요 그 필연적인 축복임을 시위하여야 했다. 일부 반선교사적 논조는 이러한 논리에 대한 반발이기도 하였다. 가령 로마가톨릭교회나 희랍정교회의 성직자들이나 선교사들에 비해서 미국 개신교 선교사들이 훨씬 호화롭고 여유 있게 살아간다는 비판이 그 하나였다.[3] 일제 역시 교회를 통한 생활의 현실적 혜택을 바라보고 입교하는 수가 늘어난다는 비난을 퍼붓고 있었다.[4]

아펜젤러(H. G. Appenzeller, 亞扁薛羅 1858-1902)는 1887년 4월에 부산세관의 헌트(J. Hunt)와 함께 평양에 여행을 하고 온 일이 있었다. 서양인들로선 처음 있는 먼 여행이었다. 그들이 여행한 이수(里數)는 185마일이었고, 물건을 싣고 함께 떠난 말들이 여덟 필이었다. 그때 싣고 간 물건들이 흥미롭다.

> 침대, 담요, 이불호청, 고무코트, 신발, 양복, 바늘, 실, 핀, 단추, 양복멜빵, 일본 우산, 완전한 한 세트의 변기, 와이셔츠, 와이셔츠 칼라, 잠옷, 손수건, 여행모자, 고무장화, 잼, 버터, 우유, 차(茶), 알콜 난로, 주전자, 설탕, 통조림 고기, 건육(乾肉), 과자, 칼, 포크, 스푼, 프라이판, 스튜냄비, 소금, 밀가루, 초(酢), 고추, 후추, 일회용 컵, 살충제 ...[5]

이것은 일종의 박람행각(博覽行脚)이었다. 반드시 시위 의도가 없었다고 할지라도, 이들을 보는 사람들의 마음속에는 이러한 서양 사람들의 생활양식에서 개화사회에 대한 자극을 받지 않을 수 없었을 것이다.

---

3) H. B. Drake, *Korea of the Japanese*, London, John Lane, 1930, pp. 165, 172, 174.

4) News Calendar, *The Korea Review*, June 1901, p. 267. Cf. A. Hamilton, *Korea*, London, Wm. Heinemann, 1904, p. 265f. 하밀톤은 친일 영국인.

5) E. N. Hunt, Jr., *Protestant Pioneers in Korea*, New York, Orbis Books, 1980, p. 70.

선교사들의 비교적 수준 높은 생활도 이런 각도에서 생각해 보아야 할 것이다. 의사 알렌의 가족들은 상당한 분량의 식료품들을 미리 다수 구입해 저장해 두어서 꼭 "시골 식료품 가게"를 방불케 한 일이 있었다.[6] 더구나 일부 선교사들은 실제 어떤 상사의 특약점과 같은 일을 한 경우도 있었다. 가령 빈톤(C. C. Vinton, 賓頓 1856-1936)과 같은 선교사는 재봉틀 100대를 수입한 일이 있었고, 언더우드는 석탄, 석유, 농기구 등을 수입한 일이 있었다고 한다.[7] 실제로 한국에 나와 있는 미국상사들과 선교사들 간의 친밀관계는 낯선 땅에서 당연할 수밖에 없었다.[8] 그런 것을 백안시하는 것이 오히려 부자연스러웠다.

> 죠션에 잇ᄂᆞᆫ 외국 사ᄅᆞᆷ들 즁에 ᄯᅩᆨ 죠션ᄇᆡᆨ셩만 위ᄒᆞ야 와서 잇ᄂᆞᆫ 사ᄅᆞᆷ들은 각국 교ᄒᆞᄂᆞᆫ 이들이라. 죠션사ᄅᆞᆷ들이 이 교회에 본의ᄅᆞᆯ 알 것 ᄀᆞᆺ흐면 이 교ᄒᆞᄂᆞᆫ 이들을 ᄎᆞᆷ 곰압게 녁이고 ...
>
> 이 더럽고 위티ᄒᆞ고 친구 업ᄂᆞᆫ 만리 타국에 ᄌᆞ긔 돈 드려 의복 음식 거쳐ᄅᆞᆯ 쥰비ᄒᆞ고 다만 ᄇᆞ라ᄂᆞᆫ 거ᄉᆞᆫ 불샹ᄒᆞᆫ 죠션ᄇᆡᆨ셩들이 ᄌᆞ기나라 사ᄅᆞᆷ과 ᄀᆞᆺ치 되야 구셰쥬 예수 크리시도를 밋고 그 셩쥬의 ᄀᆞ르치심을 본밧으라 ᄒᆞᆷ이니, 이 본의를 ᄉᆡᆼ각ᄒᆞ면 엇지 감격치 안ᄒᆞ리오. 셰샹에 교가 만히 잇ᄉᆞ되 예슈교 ᄀᆞᆺ치 ᄎᆞᆷ 착ᄒᆞ고 ᄎᆞᆷ ᄉᆞ랑ᄒᆞ고 ᄎᆞᆷ 남을 불샹히 녁이ᄂᆞᆫ 교ᄂᆞᆫ 세계에 다시 업ᄂᆞᆫ지라.[9]

---

6) F. H. Harrington, *op. cit.*, 한역, p. 59

7) I. B. Bishop, *Korea and Her Neighbours*, London, John Murray 1898, p. 4. A. Hamilton, *Korea*, pp. 263-265.

8) 이런 일련의 사건 과장(誇張)은 친일외국인들, 아니면 상역관계 인사들에게서 선전용으로 나온 것들이었기 때문에 왜곡되거나 과장된 일이 많았다. 이런 일을 일반화하는 것은 위험하다.

9) 논셜, 〈독립신문〉, 건양원년(1896) 8월 20일자.

초기 선교사들에게서 선의와 희생밖에 볼 수 없었다는 것이다. 한데 선교사들의 선교방법 가운데 하나는 개화에의 자극, 그리고 그 동력의 근원인 신앙에 이르도록 하는 데 있었다. 한 선교사는 말했다.

> 조선사람은 외국사람 집을 방문하기를 좋아합니다. 그들은 외국인의 안락한 가정생활을 보고 감탄해 마지않습니다. 집안에 들어가서 그들은 인간의 현재 생활을 이렇게 풍요하게 해주고, 좀 더 안락하게 하여주는, 그런 종교에 대하여 깊이 생각을 하게 됩니다. 조선사람들은 우리의 행복한 모습과 또 우리들이 즐거움을 누리면서 사는 것을 보고, 그 원인이 어디 있는가를 알고 싶어 합니다. 그들은 서양과학의 성과에 대한 이야기에 귀를 기울이고 열심히 경청합니다.
>
> 이 모든 것이 우리 기독교의 결실이요 또 그 발전이라는 것을 알았을 때, 기독교의 현실적인 가치는 그들에게 강한 매력을 느끼게 하여 주는 것입니다. 따라서 우리 선교사들이 때로는 안락한 집에서 호사하면서 살고 있다는 것이 수치가 될 수 없는 것입니다.[10]

이러한 기독교문명의 결실의 시위는 강열한 자극을 일으키고 있었다. "이제 조선사람들은 손 뻗쳐 그들이 가지고 있지 못한 것을 더듬어 찾고 있습니다. 그들은 그들의 오랜 잠에서 깨어나 전진하는데 도움이 될 그 무엇을 찾아야 한다는 필요성을 느끼고 있습니다."[11]

> 지금 세계 각국에 문명ᄀᆡ화ᄒᆞᆫ 나라들은 다 구교(舊教)나 야소교(耶穌教)를 밋ᄂᆞᆫ 나라인직 이걸 보거드면 그리스도교가 문명ᄀᆡ화ᄒᆞᄂᆞᆫ ᄃᆡᄂᆞᆫ 긴요ᄒᆞᆫ 것이라. 크리스도교 ᄒᆞᄂᆞᆫ 빅셩은 언제든지 올코 공변되고 의리잇ᄂᆞᆫ 일을 ᄒᆞ거드면 하ᄂᆞ님이 보아 주시ᄂᆞᆫ 것을 밋ᄂᆞᆫ 연고요.[12]

---

10) G. W. Gilmore, *Korea from its Capital*, Philadelphia, Presbyterian Board of Publication and Sabbath School Work, 1892, p. 716.

11) H. G. Appenzeller's Report, 1885. E. N. Hunt, *op. cit.*, p. 59.

사회개혁과 개화에 대한 초기 선교의 강력한 의지는 확립되고 있었다. 교회를 통하지 않고는 새로운 질서, 합리적 국민생활 그리고 부강하고 자주적인 나라의 건설이 쉽지 않다고 다들 확신하고 있었다. 그때 기독교가 들어온 섭리는 절묘하였다.

2. 기독교의 사회개혁 동력

한국 초기 성서번역에서 전인미답의 공헌을 남긴 스코틀랜드 선교사가 있었다. 그는 만주에서 일하던 존 로스(J. Ross, 羅約翰 1842-1915)인데, 조선의 사회관습을 연구한 그의 훌륭한 저서에서 이런 말을 남기고 있었다.

> 기독교만이 조선에 있는 부녀자들을 정당한 사회적 위치에 올려놓을 수 있습니다. 기독교만이 그들에게 그 위신을 확보해 줄 수 있습니다. 즐겁고 덕스럽게 그 의무를 수행하고 그 영향력을 발휘할 수 있는 위치에 올려놓아 줄 수 있습니다. 기독교만이 그들을 구원해 줄 수 있습니다.[13)]

기독교만이 조선사회의 구조적 모순을 개파(改破)해서 문명과 부강의 새 시대를 열어갈 수 있다는 간절한 생각은 복음전파 첫날부터의 기대요 확신이었다. 정치적 사회적 구원도 이 기독교에서만이 그 근거를 찾을 수 있다고 다들 외치고 있었다.[14)]

---

12) 논설, 〈독립신문〉, 광무 원년(1897) 12월 23일자.

13) J. Ross, *History of Korea, Ancient and Modern*, London, Elliot Stock, 1891, p. 353.

14) L. H. Underwood, *Fifteen Years among Top-Knots, or the Life in Korea*, New York, American Tract Society, 1904, p. 297. Cf. 〈대한그리스도인회보〉, 광무 2년(1898) 6월

이 시대의 배경을 분석하였던 그리피스(W. E. Griffis)는 여기 대하여 다음과 같은 인상적인 글을 남겼다.

> 새로운 종교(기독교)에 직면한 지각 있는 조선사람들은 생각과 행동하는 면에서 새로운 용기를 얻게 되었습니다. 그들 가슴 속에는 기독교가 숨어들자 그들 자신 이외에 다른 나라, 다른 민족을 생각하게 되었습니다. 그리고 거기서 자기 자신의 위치와 심정을 탐색하게 되었고 자신과 이웃의 복리 증진을 생각하게 되었습니다. 세계와 인류에 대하여 새로운 견해를 가지게 되었습니다.[15]

그는 여기 전에 모르던 새로운 한국이 탄생되는 모습을 보고 있었다. 한국에 천연자원은 풍부하였다. 새로운 형태의 상역(商易)과 농업진흥이 목전의 과제 중의 하나였다. 다만 그 개발을 위한 손길만을 기다리고 있었다. 하지만 당시 어디를 둘러 보아도 그런 손길이 뻗어나올 만한 근원이 보이지 않았다. 그런 것을 기독교가 자극하고 준다고 하는 것이 그의 확신이었다.

그리피스는 우리나라에 들어왔던 선교사가 아니었다. 東京帝國大學의 전신 카이세이(開成)학교에서 물리학을 강의하던 미국인이었다. 그런데 그는 한국에 관해서 4권의 책을 썼고, 여기 보인 것처럼, 한국에 대하여 선교사 못지않은 관심과 열정으로 그 미래를 축복하고 있었다.[16)]

12일자.

15) W. E. Griffis, *Corea the Hermit Nation*, New York, Charles Scribners, 1907, 신복룡 역, 『은자의 나라 한국』, 서울, 탐구당, 1976, III, pp. 191-192.

16) 1843-1928. 1869년 미국 Rutgers University 졸업, 1870년 도일(渡日), 1874년까지 東京帝國大學에서 강의. 1872년 Rutgers University 석사, 1877년 뉴욕 유니온신학교 졸업, 회중교회 목사로 시무. 1884년 Rutgers에서 D. D. 학위. 1885년 『*Corea the Hermit Nation*』 간행, 1899년 Rutgers에서 L. H. D. 학위, 1907년 일본정부에서 4等 旭日章

그리피스가 본대로 기독교는 실로 근세조선에서 도덕적 개혁의 추진력으로는 유일하게 그 주도권을 잡을 수 있는, 그런 참신한 신앙이었다.[17)]

3. 한국교회의 사회운동 추진형태
— 내연·외연(內燃·外延)의 동력

근세조선에서 기독교의 사회운동 추진력은 시종 복음주의적인 개인구원과 그 도덕적 변화, 그래서 자선이나 교육과 같은 과정을 통한 온건한 파급이 그 특징이었다. 다만 그런 형태의 사회운동이 전개될 때의 동기가 두 시기로 구분되는 사실이 주목된다.

첫째 단계는 전술한 바 있는 것과 마찬가지로, 덴니스나 네비우스 및 헐버트의 선교신학 방법에 따른 원칙 적용의 단계였다. 그것이 바로 지금 여기서 우리가 다루어야 할 운동과 그 발전의 성격이다.

하지만 둘째 단계는 1895년을 경계로 한 일제 개화사회 추진 운동과의 간격을 설정한, 온건 사회개혁의 복음주의 확인의 단계였다. 그런데 이 시대의 문제의 범위가 크고, 또 그 역사적 해석의 정확을 기하여야 할 복잡한 문제들이 많기 때문에, 다음에 한 장(章)을 따로 떼어서 살펴보도록 하겠다. 그래서 여기에서는 다만 기독교에 대한 도전이 아직은 없는 상태에서의 활동 단계를 주로 검토해 보고자 한다.

수여. 1926년 3等 旭日章 수여. 1928. 2. 5일 서거.

그는 1876년 *The Mikado's Empire* 발행 이후 총 51권의 저술을 냈으며, 한국에 관해서는 *Corea the Hermit Nation*(1882), *Corea, Without and Within*(1885), *A Modern Pioneer in Korea: The Life Story of H. G. Appenzeller*(1912), *Korean Fairy Tales* (1992) 등 넷이 있다.

17) 『은자의 나라 한국』, III, p. 260.

어쨌든 처음부터 한국교회의 사회혁신 추진은 도덕적 차원, 곧 변화된 개인의 도덕적 영향의 구체화(具體化)라는, 일종의 내연·외연(內燃·外延) 과정을 그 원형으로 묵수하고 있었다.

> 나라를 다ᄉᆞ림이 나무를 심으ᄂᆞᆫ 것과 ᄀᆞᆺᄒᆞ니 몬져 구 ᄲᅮ리를 ᄇᆡ양ᄒᆞᆯ지라. 나무ᄂᆞᆫ 곳 나라 집이오 ᄲᅮ리ᄂᆞᆫ 곳 교화와 법률이오 가지와 입ᄉᆞ귀ᄂᆞᆫ ᄇᆡᆨ셩의 산업이오 루루ᄒᆞᆫ 열ᄆᆡᄂᆞᆫ 국가의 ᄌᆡ졍이오, ...
>
> 그 나무의 ᄲᅮ리ᄂᆞᆫ 도학이니 학도가 몬져 하ᄂᆞ님의 ᄎᆞᆷ 리치로 그 ᄆᆞᄋᆞᆷ과 셩품을 ᄇᆡ양ᄒᆞ야 신덕이 견화ᄒᆞ고 ᄒᆡᆼ실이 단졍ᄒᆞᆫ 후에 여러 가지 학문을 ᄇᆡ왓시면 일후에 법률을 ᄒᆡᆼᄒᆞ며 ᄇᆡᆨ셩을 다ᄉᆞ릴 ᄯᆡ에 반다시 공평ᄒᆞ고 신의를 ᄒᆡᆼᄒᆞ려니와 만일 근본을 힘쓰지 아나ᄒᆞ면 부뎡ᄒᆞᆫ 심술과 교만ᄒᆞᆫ 셩품이 잇서 권세룰 잡을 ᄯᆡ에 ᄉᆞ혐으로 법률을 ᄒᆡᆼᄒᆞ고 ... 근원이 흐린 물과 ᄀᆞᆺᄒᆞᆫ지라.[18]

내적 변화와 견고한 신앙이 개인에게 성취되면 "자연" 외연(外延)해서 밖으로 표출하여 사회가 갱신되고 나라가 부강해진다는, 그런 내적 신앙을 우선하는 철저한 확신이었다. 헐버트(H. B. Hulbert)는 기독교로 말미암아 초래된 여러 근대적 사회개선과 국가적 향상을 열거하고 나서, 이런 결론을 내릴 수 있었다.

> 이 모든 결과가 개인의 주체성과 그 확립에 박차를 더해 영향을 미쳐서 마침내 조선의 모든 사회적 구조를 혁신하는 능력을 준 도덕적 정신적 변화라는 것을 안다면![19]

인격적 변화가 기초가 되어서 비로소 사회구조, 그것이 개화 향상

---

18)「본을 힘쓸 것」, 〈대한그리스도인회보〉, 광무 4년(1900) 2월 15일자.

19) Editorial Department, *The Korea Review*, June 1901, p. 263.

된다는 확신이 1913년대에 와서 이런 정형(定型)으로 굳혀졌던 것이다. 기독교라는 것이 어떤 것이며, 왜 믿는가 라고 하는 것을 정리한 글이 하나 있었는데, 그것은 대개 다음 9개항으로 분류되어 있었다.

1. 하ᄂᆞ님의 성결ᄒᆞᆷ과 인ᄋᆡᄒᆞᆷ과 지혜와 능력을 엇고자 ᄒᆞ여
2. ᄌᆞ긔 죄를 깁히 ᄭᆡᄃᆞᆺ고 온젼히 회ᄀᆡᄒᆞ고
3. 온젼ᄒᆞᆫ ᄆᆞᄋᆞᆷ과 힘으로 긔독을 구쥬와 밋 즁보자(仲保者)로 신앙ᄒᆞ며
4. ᄌᆞ기 죄를 샤ᄒᆞ신 ᄒᆞᄂᆞ님의 ᄉᆞ랑ᄒᆞᄂᆞᆫ ᄆᆞᄋᆞᆷ이 불붓듯ᄒᆞ여 그 결과로 깃븜과 화평과 인ᄂᆡ와 겸숀과 진심ᄒᆞᆷ과 근졀ᄒᆞᆷ의 아ᄅᆞᆷ다운 덕ᄒᆡᆼ이 드러나고
5. ᄆᆞᄋᆞᆷ가운데 츙만ᄒᆞᆫ 이 졍신이 밧그로 ᄉᆡᆼ활에 발표되여 리웃 ᄉᆞ람 ᄉᆞ랑ᄒᆞ기를 ᄌᆞ긔 몸과 ᄀᆞᆺ치ᄒᆞ며 온젼히 하ᄂᆞ님의 일에 헌신 쥬의를 힘쓰며
6. 이 ᄂᆡ부(內部)에 잇ᄂᆞᆫ 정신과 외부에 드러ᄂᆞᆫ ᄉᆡᆼ활은 곳 우리 밋음의 근본이니 졈졈 기독의 모범을 좃차 완젼ᄒᆞᆫ 디경에 이르고
7. 이 종교ᄂᆞᆫ 둔세(遯世) 쥬의를 가진 종교가 아니요, 이 셰샹에서 하ᄂᆞ님을 위ᄒᆞ여 활동ᄒᆞᄂᆞᆫ 종교가 되며
8. 이 종교ᄂᆞᆫ ᄀᆡ인이나 국민의 성격에 ᄃᆡᄒᆞ야 비샹ᄒᆞᆫ 뎍합력(適合力)과 팽챵셩(膨脹性)이 잇고
9. 불완젼ᄒᆞᆫ 이 셰샹의 진보ᄂᆞᆫ 죄악의 결과를 일우되, 긔독교의 목뎍은 하ᄂᆞ님의 나라ᄅᆞᆯ 완전히 셜립ᄒᆞᆷ에 잇ᄂᆞ니라.[20]

이것이야말로 조선교회 사회운동에 대한 신학적 매니페스토라 해도 과언이 아니다. 여기 신앙의 본질, 기독론, 사죄와 은총의 감격, 그러한 종교적 신앙의 필연적인 외연 표현, 역사적인 참여 신앙, 인격 형성에서의 신앙의 역할, 그리고 신앙만을 통한 사회건설의 이상, 이

20) 샤셜, 기독교는 무엇이뇨, 〈그리스도회보〉, 1913. 3. 8일자.

런 것들이 정리되어 있기 때문이다.[21]

그런데 우리의 관심이 당기는 곳은 5항, 6항이다. 거기 초대 한국교회의 신앙이 어떠한 것이 되어야 하는가에 대한 원론이 뚜렷이 내세워져 있기 때문이다. 여기 조선사회에서 내적인 동기의 신앙 변화를 경과하지 아니한 개화에 대한 강한 저항과, 근원적 생명력에 대한 거듭된 강조를 읽을 수 있다.

21) 〈그리스도회보〉는 W. G, Gram 발행, 편집; 박동완 인쇄; 김병현 발행의 남감리교계 신문.

IV 일본의 개혁과 기독교의 개혁

> 민비시해(閔妃弑害), 이것이 일본이 조선에 들어오면서 북을 치고 깃발을 휘날리면서 약속하였던 개혁과 문명화의 꽃다발인가. 말해 보라.
>
> — 윤치호, 1895.

1. 한국의 전통과 사회선교

1.1. 개혁방법의 모색

초기 선교사들 지간에 사회개혁 추진의 방법이나 방향에 대해서 아직은 암중모색, 그래서 이견(異見)이 많아 결말이 쉽게 나지 않았다.

가령 전술한 바 있는 알렉산더 윌리암슨(A. Williamson)은 비록 조선에 선교하기 위해 직접 온 일은 없었지만, 영미(英美)와 같은 강대한 기독교 국가들이 무력으로라도 조선을 개방하여 기독교문명을 전파하여야 할 것이라고 공언하고 있었다.[1] 전쟁이라는 것이 악이기는 하지만 조선의 도덕적 · 지적 · 정신적 발전을 위하여 계기를 마련하여 주는 것이라면, 그 보상은 "제한 없이 상쇄"된다고 낙관하고 있었다. 전형적인 근대 제국주의의 관념이었다. 그 시대정신은 거기까지가 있었다.

그러나 어쨌든 알렉산더 윌리암슨 유형의 기독교선교는 확실히

---

1) A. Williamson, *Journeys in North China, Manchuria and Eastern Mongolia with Some Account of Corea*, London, Smith Elder & Co., 1870, p. 310.

1884년부터 시작한 한국선교와는 천양지차(天壤之差)가 있는 것이었다. 이러한 방법이 어떤 형태로든 다시 반복되었을 때, 다시 말하면 일본에 의해서 개화 선정(善政)의 이름으로 자행되었을 때, 선교사들과의 갈등은 말할 것도 없고 한국인들과의 적대관계는 치열할 수밖에 없었다.

한데 우리나라에 들어와서 선교한 수많은 선교사들은 선교에 사회운동의 국면이 없는 것은 아니지만, 그것이 반드시 반(反)전통적인 작업이 아니라는 점을 처음부터 천명하고 있었다. 가령 마가레트 베스트(M. Best, 裵貴禮 1867-1942)라는 여자선교사는 여성교육이 무엇이었는가 회고하면서 이런 말을 한다. 곧

> 우리들은 조선여인들을 만나거나 교육할 때에 환경과 주변을 "조선적"인 것으로 보존하노라 애썼습니다. 혼란을 일으키고 마음을 산란케 하는 외국 요소들을 소개할 생각은 없습니다. 일관된 우리 선교교육의 목적은 미국화가 아니고 기독교화, 그것이었음을 여기 재삼 확인할 필요가 없습니다.[2)]

스크란톤(M. F. Scranton, 1832-1909) 여사도 이화학당(梨花學堂)의 교육목표에 대하여 "그들 여성들이 조선적인 것을 자랑스럽게 여기고, 나아가서는 조선이 그리스도와 그의 교훈을 통하여 훌륭한 나라가 되기를"[3)] 바라는 데 있었다고 밝힌 일이 있다. 선교활동에서 조선적인 것에 대하여 긍정적인 자세를 가진다는 것이 어떤 것인지 당장 그 개념이 잡히지 않는 것이 사실이다.

---

2) M. Best, Development of Work Among Woman, *Quarto Centennial Jubilee Papers*, 1909, p. 47.

3) *The Gospel in All Land*, for 1888, p. 373. 백낙준, 『한국개신교사』, 서울, 연세대학교 출판부, 1973, p. 135에서 인용.

그런 이유가 있어서 그랬을 것이다. 미국은 아주 조심성이 많았다. 미국은 관변(官邊)이나 선교사들 사이에서도 조선 통치자에 대한 존경, 법의 준수, 그리고 진실과 정직을 처음부터 표방하도록 손을 쓰고 있었다.[4] 미국 북장로교 해외선교본부의 총무 엘린우드(F. F. Ellinwood)는 언더우드에 경계삼아 이런 글을 써 보낸 일이 있다. "당신, 조심해야 하오."[5]

그러나 이런 말을 다하고서도 꼭 해야 할 말이 있다. 그것은 절대적인 전제였기 때문이다. 우선 선교 동기의 근원적인 확신이란 것이 있었다. 근대선교 자체가 세계 여러 죄인들의 영혼을 구원해야 한다는 촉박한 말세론적 사명감을 가지고 출발한 운동이었다.

이렇게 넘치는 확신과 사명감은 시간적으로 여유가 없는 것으로, 절대 미룰 수 없는 목전의 과제라고 보았다. 더구나 이러한 확신에는 독특한 신학적 전제가 뿌리 내리고 있었다. 한 나라의 관례나 그 전통, 그 사회윤리나 기강에는 결국은 이교(異教)의 신관(神觀)이 그 중추가 되어 있다는 것이 밝혀지는 것이다. 따라서 이들의 충돌은 병존(竝存)을 그대로 두지 못하게 하는 구조로 되어 있는 것이다. 따라서 기독교 서구문명의 조선 도입(導入)은 "지금까지 조선을 외국문화나 종교의 접근에서 안전하게 막아주던 마지막 방파제를 붕괴시켜 놓는 역할"[6]이 되지 않을 수 없었다.

초기에는 일부에서, 그리고 한때, 이러한 과격한 언동이 눈에 뜨이기도 했다. 가령 알렌(H. N. Allen)은 그의 칼빈주의적 경세론에도 불구하고 조선의 서민 대중들이 "그렇게도 불결하고 나타하고 도적 같다"[7]고 혹평한 일이 있으며, 아펜젤러(H. G. Appenzeller)는 화난 사

4) W. N. Hunt, *op. cit.*, p. 18.

5) F. F. Ellinwood's *Letter* to H. G. Underwood, 1885. 6. 22일자.

6) 〈*The New York Times*〉, 1883. 7. 19일자.

람으로밖에는 안 보일 정도로 "조선사람들이 절간 생쥐처럼 가난하고, 개처럼 게을러빠지고, 돼지처럼 더러우며, 늑대처럼 앙숙을 품고, 위선자처럼 교만하다"[8]고 핀잔을 준 일이 있었다.

선교사들 입국 당시 조선의 도덕적 형편은 말이 아니었음이 사실이다. 윤치호는 그 신앙 초기에 있었는데 조선의 그런 형편에 눈물을 멈출 수가 없었다.

> 조선의 지금 사정은 이렇습니다. 위로 임금님의 용안에 수심이 넘치고, 아래로 백성들에게는 짐승 같은 심술이 가득 차 있습니다. 그래 민생은 도탄에 빠져있는 것이 마른 땅에 고기 떼가 널려 있는 것 같고, 도적은 횡행하며 벌들이 숲속에서 왕왕 날아다니는 것 같습니다. 군사가 있으나 오합지졸이요, 나라의 재원이 말라 외적을 막을 길 없으며, 나라 안의 환난은 물이 넘치듯이 점점 깊어가고, 나라 바깥의 우환은 날로 성해서 불길이 타오른 것 같습니다. ... 조선이 어찌 이렇게 심한 지경에 이르렀습니까.[9]

도덕적 비리에 대한 고발은 과도한때가 없지 아니하였다. 가령 헤론 부인(H. E. G. Heron ?-1908)은 잠시 미국에 되돌아갔을 때 그곳 신문에 대고 고종(高宗 1852-1919)이 후궁 3백여 명을 거느리고 있다고 흠집 낸 일이 있다.[10] 또 무어(S. F. Moore, 牟三悅 1860-1906)는 고종에게 "무례 지극한" 편지를 띄워 죄를 참회하라고 요구하는가 하

---

7) H. N. Allen's *Letter* to the Mission Board Secretary, Presbyterian Church in the USA, 1884. 10. 1일자.

8) E. N. Hunt, *op. cit.*, p. 59에서 인용.

9) 윤치호, 『일기』, I, p. 152.

10) H. N. Allen's *Letter* to F. F. Ellinwood, 1886. 10. 18일자. Allen's MSS, New York Central Library 소장. 알렌은 이 기사에 불만을 품고 민영익(閔泳翊)에게 헤론의 조정 접근을 막으라고 진언한 바 있다.

면, 자신은 전지전능자의 사자(使者)라고 자처하면서 대궐문을 박차고 들어가려고 한 일이 있었다. 그는 1900년 지방에 순회 전도를 나간 길에 한 절간에 들어가서 석가여래상을 우상이라 하여 이를 때려부신 일도 있었다.[11]

1.2. 조선 사회문화 전통에 대한 긍정적 접근

기독교 선교는 처음부터 조선의 사회문화와 전통에 대하여 긍정적인 자세로 일관하여 왔다. 그것은 알렌의 저서 『*Things Korean*』(1908)이라는 제목 자체에서도 여실히 입증되고 있었다. 그것은 이를테면 "있는 그대로의 한국"이라는 뜻을 가진 것으로, 있는 그대로를 쓴다는 자세였음이 들어난다. 그것은 동시에 한국에 관해서 서술할 때에 구태여 하나하나 선악을 가려가면서 쓰지 않겠노라는 의미도 되는 것이다.

가령 그는 미국인들의 생활이 서울에서 사뭇 안락하다는 사실을 시인하면서 이런 글을 써 놓는다. 곧

> 동양에서의 생활은 묘하게도 보람이 있습니다. 미화(美貨)로 한 달에 3불이면 하인을 고용할 수 있고 그들을 먹여 줄 수 있는 나라에서, 적은 비용으로 하인을 시키면 다 잘 할 수 있는 일을 선교사 부인들이 스스로 하노라고 아까운 시간을 낭비한다는 것은 어리석은 일임에 틀림없습니다.[12]

---

11) F. H. Harrington, 『개화기의 한미관계』, p. 111. 해링톤은 선교사들에 대한 악재료들을 많이 수집하여 책을 낸 전형적인 반선교 기질의 미국사학자. 무어 선교사는 사실 한국 백정 해방의 은인.

12) H. N. Allen, *op. cit.*, p. 178.

더구나 무당에 대한 언급에서는 이런 말까지 한다.

> 어떤 점에서 무당이 두드리는 북소리를 듣고, 그 환자가 아직 약으로 효험을 보지 못한 것을 알게 되었을 때에, 조선사람들이 도와달라고 나를 찾아오는 것을 방해하는 저들의 정신적 확신에 일말의 흥미를 느꼈으며, 나의 동료 의사들도 그들이 굿을 잘하기를 바라고 있었습니다.[13)]

이런 투의 말로 무당굿을 평하고 있었다. 여유 있는 모습이다. 문화적 혐오감이나 사회학적 비판과 비하의 기미는 찾아보기 힘들다. 『*The Korean Repository*』에 낸 한 논문 속에서도 그는 무당의 기나긴 역사를 기술하면서 조선 건국의 이태조(李太祖)와 무당과의 관계를 전설 그대로 흥미와 관심으로 서술하고, "무당이 조선의 오랜 제도요, 그 무의(巫醫)의 치료방법은 상하층에서 다 소통되고 있다"[14)] 고 해서 그것을 당장 우매시하거나 미신시하지 않고 있었다. 또 조상숭배를 십계명에서 해석하면서 "못마땅한 점도 있지만 좋은 점도 있고, 당연한 것"[15)]이라고 평하기를 주저하지 않았다.

게일(J. S. Gale, 奇一 1863-1937)의 경우는 조선 전통과 사회인습, 그리고 우리 민족에 대한 애정과 친밀이 선교사들 지간에도 널리 알려져 있었을 정도였다. 그는 이 나라의 일군(coolie)을 "조선의 묘한 역사사적 주제"라고 생각하면서 관찰한 일이 있다. 그들이 누구한테도 구속받고 있지 않으며, 대단한 개성들을 가지고 있어서 이 고요한 아침의 나라에서 가장 흥미로운 주제거리를 제공해 준다고 생각하고 있었다.[16)]

---

13) *Ibid.*, p. 217.

14) H. N. Allen, Some Korean Custom, The Moodang, *The Korean Repository*, April 1896, p. 163.

15) H. N. Allen, 『조선견문기』, p. 181.

> 그의 얼굴 모습, 스스로 극복한 초연함, 그 분(分)을 아는 마음, 사람 좋아 끝내 순수한 눈매, 그의 자세, 무턱대고 좋은 마음씨와 몸가짐, 그런 것은 너무 선량해 차라리 세상에 맞지가 않는구나(unfitness to the world)! 이 모두가 다 그 인간성의 신비를 이루고 있음이 아니던가.[17)]

그렇다면 조선을 서양화하는 것이 옳은가 라고 하는 문제를 심각하게 물을 수 있다. 기독교 문명사회의 미덕과 복리는 다 함께 누려야 할 가치라는 데에는 이의가 없었을 것이다. 하지만 방법이 아직 문제였다. 그것이 조심스러웠다. 그래서 기독교로해서 사회변화가 수행되어 근대 조선의 정신적 도덕적 향상이 눈에 띄게 되고 나서도, 한 선교사는 자성(自省)의 붓을 들고 이렇게 자문(自問)하고 있었다.

> 여러 세기 동안 이들 조선사람들, 그 영혼을 위로하고 피차 결속시켰던 옛 종교, 그것은 지나갔구나! 이 나라의 모든 옛 관습과 풍속들은 바람에 날아가듯 흩어졌구나! 우리는 이러다가 혹시나 부지부식 간에 동양, 그리고 이 조선을 훼손시켜 놓는 것은 아닐는지![18)]

여기 문명사관의 논쟁이 있을 수 있다. 〈The New York Times〉는 조선이 그들 옛 전통에 따라서 비록 가난하지만 행복하게 살아가고 있는데, 문명의 혜택이라고 해서 개화를 억지로라도 추진하는 것이 정당한 것인가를 계속 반문하고 있었다.[19)]

이렇게 본다면 사실 기독교선교 역시 그런 논란에 휩쌓일 수 있다. 기독교를 두 손 들고 반긴 나라는 거의 없었다. 반대에도 무릅쓰고

---

16) J. S. Gale, The Korean Coolie, *The Korean Repository*, April 1896, p. 475.

17) J. S. Gale, *Korean Sketches*, Edinburgh, Oliphant Anderson & Ferrior, 1898. p. 193.

18) J. S. Gale, *A History of Korean People*, Seoul, CLS., 1924, Chap. xxxiii, p. 5.

19) 1880. 6. 11일자, 6. 12일자; 1881. 6. 15일자, 1883. 7. 19일자 등.

순교자들을 내면서, 말하자면, 뚫고 들어간 것이 기독교다. 구원의 메시지를 확신하고 있었기 때문이다. 포스트모더니즘이니 종교다원주의 시대에 있어서라면 이런 문제는 계속 이슈가 될 것이다.

역사적으로는 1890년대의 황급한 개화추진, 그 변혁 강행의 격류 속에서 조선사회를 개편하려는 동력은 요컨대 크게 두 가지가 있었다. 하나는 일본제국을 배경에 가지거나 그런 식으로 개화를 추진하려고 한 과격 급진파요, 다른 하나는 경건주의적인 기독교 선교였다. 일제의 한국개화 추진은 우리에게는 전통파괴와 한국 주체성을 위협하는 것이었다. 다들 바라지 않는 것이었다. 우리를 예속시키는 것이었다.

그러나 기독교는 한국전통과 때로 갈등을 겪고 때로 혼란이 없지 아니하였지만 그 순수한 형태의 민족 갱신 방법과 형태를 모색하며 기독교 독자의 사회개혁을 전개해 나갔던 것이다. 일제와 기독교회, 이 둘의 정면대결은 불가피하였다.

2. 한국기독교의 반일 민족 사회운동

2.1. 기독교의 반일의식 형성과정

기독교회와 일제, 이 양자의 대결구도는 처음부터 명료하게 그 형태가 드러나 있었다. 개신교 선교사들은 한국 천주교의 역사를 알고 있었기 때문에, 체제나 전통에 이질로 경험되어서는 불리하다는 점을 분명히 알고 있었다. 그것은 왜양일체(倭洋一體)라는 우리 민족 상하의 의구심을 해소할 만한 행동 형태를 시위해야 하는 상황이기도 하였다. 왜양이체(倭洋異體)의 역사적 경험을 한국인들이 지체 없이 확인해야 하는 상황이었다. 이것은 기독교가 민족의 반일의식에 공감하

고, 위로는 존왕충군(尊王忠君)의 의지를 공표하는 형식이었다.[20]

이러한 형평이었기 때문에 언더우드가 내한 도상(途上) 일본에 들렀을 때 급진개화세력의 김옥균(金玉均, 1851-1893)을 만났고, 또 그의 소개장을 들고 입국하였다는 사실,[21] 헤론이나 스크란톤(W. B. Scranton 施蘭敦 1856-1923)이 역시 개화 주도 인물로 일본에 피해 있었던 박영효(朴泳孝, 1861-1939)를 만났다는 사실,[22] 이런 것들이 선교사들 사이에서나 교회 안에서 한때 불안한 문제로 부각되어 선교의 앞날을 걱정하게 하고 있었다.[23]

하지만 사태는 섭리 따라 호전되었다. 언더우드, 헤론, 스크란톤과 같은 이들도 알렌과 마찬가지로 조정이나 왕실과 밀접한 관계를 맺게 되고, 아울러 에비슨이나 헐버트 그리고 홀(W. J. Hall, 忽 1860-1894)과 같은 이들 역시 왕실과의 친밀과 함께 천한 하류층 민중들과도 친근감 형성에 성공했기 때문에 사회선교 개진의 문호는 널리 개방된 셈이었다.[24] 이것은 사회개혁이 조선 근대사에서 그 반일성(反日性)을 한 계기로 하여야만 했다는, 상황을 설명해 주는 것이다.

일제는 이런 사태의 발전에 신경을 곤두세우지 않을 수 없었다. 1896년 2월, 서울에서 발행되던 일본신문 〈漢城新聞〉은 춘생문사건과 아관파천(俄館播遷)에 흥분한 일제의 기독교회 비방과 공격의 글을

---

20) J. S. Dennis, *op. cit.*, II, p. 250.

21) F. H. Harringtom, 한역, *op. cit.*, p. 250. 김옥균은 R. S. McLay의 방한(1883)을 도왔던 인물로 일본과 같은 형태의 개화가 선교로 추진되기를 바랐던 사람. Cf. 백낙준, 『언더우드 소전(小傳)』, 서울, 연세대학교 출판부, 1959, p. 5에는 언더우드가 일본에 잠시 들렀을 때 "이수정과 같은 기타 한인 망명객들"을 만났다고 조심스러운 표현 방법을 택하고 있다.

22) F. A. McKenzie, *The Tragedy of Korea*, London, Hodder & Stoughton, 1908, p. 54.

23) G. L. Paik, *The History of the Protestant Mission in Korea 1883-1910*, Pyeng Yang, Union Christian College, 1929, p. 80.

24) H. G. Underwood, Reminiscences, *Quarto Centennial Jubilee Papers*, p. 105.

계속 싣는다.[25] 러시아가 기독교 국가라는 엉뚱한 트집으로 이를 과장하면서 이런 기사를 게재한 것이다.

> 이들 열강은 세계의 기독교 국가들이라고 자처하는 나라들이 아닌가. 기독교국 이외에는 문명한 나라가 없다는 것이 이들이 반복하는 주장이 아닌가. ... 대낮 살인의 야만적 잔학행위는 왜 방치하는가. 편집자는 묻는다. 기독교인들은 그런 만행의 사형(私刑)을 왜 묵인하는가. 그런 것이 옳다고 해서 그러는가.[26]

일제가 교회와 선교사들을 정면 공격한 한 실례이다. 교회는 이런 허구와 중상에 진실과 정의로 맞섰다.

> 1894년 이후 조선민족이 (일제에게서) 겪은 아픔과 혼란, 그보다 더 악화된 상태가 있으리라고 보는가.[27]

일제의 소위 "우호증진과 권익보장"이라는 정치적 허구성에 우리 겨레는 상하가 일치해서 "막바로 목숨을 걸고"[28] 싸울 것이라는 경고가 교회에서 나왔다. 1894년 이후의 조선의 불행이 무엇인지에 대해서는 비숍여사(I. B. Bishop)의 글이 이를 해명하여 준다.

> 1894년 6월, 일본군이 조선에 상륙하였습니다. 그것은 조선의 평화와

---

25) 당시 편집인은 오하야가와(小早川秀雄)로 민비시해의 원인을 일제에 유리하게 기사화.

26) 漢城新聞, 1896. 2. 18일자. Special Supplement to *The Korean Repository*, February 1896, p. 93에서 전재. "대낮 살인"은 김홍집(金弘集), 정병하(鄭秉夏)의 광화문에서의 타살을 말하는 것.

27) Editorial Department, *The Korean Repository*, June 1896, p. 252

28) *Ibid.*, p. 253.

> 질서를 깨쳐 놓았습니다. 그때까지만 해도 서양(기독교)의 누룩이 서서히, 아주 서서히, 지면 아래에서 무루익어 가고 있었습니다. ... 그런데 지난 18개월 동안에 일본군의 무력 점령으로 평화스럽고 선량하던 조선 정부는 네 번씩이나 간섭과 방해를 받고 혼란을 겪어야 했습니다.[29)]

선교사들의 인물이나 활동에 대하여 시종 냉정과 객관으로 비평하고 있었던 비숍은 선교사들의 조용한 선교가 끼치고 있었던 영향력을 실감하면서 조선의 복리에 역행하는 일본의 개화정책을 비판하고 있었다.[30)]

이런 비판은 선교사에게서도 나왔다. 『*The Korean Repository*』는 1896년 2월호에 증보면을 발행하면서 민비시해, 아관파천, 단발령으로 해서 일어난 혼란에 대해 대서특필, 자료들을 광범위하게 수집하여 일제의 만행을 규탄하기를 계속하였던 것이다. 그리고 민비시해 당시의 일본 공사 미우라(三浦梧樓)와 그 시해일당을 히로시마(廣島) 재판에 무혐의로 석방한데 대하여 소리 높여 힐책하고, 아관파천을 통한 국왕의 안전, 그리고 그 파천으로 국왕이 안전한 곳에 피신하였다는 국민들의 안도, 이런 것들을 들어서 반일 격분 그대로 장장 예필(銳筆)을 멈추지 않고 있었다.[31)]

더구나 〈The Japan Daily Mail〉이 1896년 10월, "미국선교사들은 복음전파는 하지 않고, 오히려 조선의 몰락을 재촉하는 악의 요소를 뿌리고 있다"[32)]는 말에는 억장이 무너지는 듯하여 즉각 반박하였다.

---

29) I. B. Bishop, Last Words on Korea, *The Kobe Chronicles*, 1896. 4. 14일자. Editorial Department, Peace and Good Government, *The Korean Repository*, May 1896, p. 212에서 전재.

30) I. B. Bishop, *Korea and Her Neighbours*, p. 65.

31) Editorial Department, The King at the Russian Legation, *The Korean Repository*, February 1896, p. 78.

32) The Situation in Korea, 〈*The Japan Daily Mail*〉, 1896. 10. 31일자.

선교사들이야말로 조선독립의 "최초의 그리고 가장 오래된 벗"이라고 천명하고, 조선 몰락을 말한다면, 그것은 실상 "1년 전에 이미 일본 때문에"[33] 초래된 것이라고 논박하였던 것이다.

> 우리 선교사들은 지난 민비시해 때에 대단한 충격을 받았습니다. 우리는 고종(高宗)의 요청이 있자 곧 그의 뜻에 따라 궁정에 달려가 그의 곁에서 그의 신변을 지키고, 우리의 동정을 완곡하게 표현하였던 것입니다. 그때 그의 곁에는 시해된 민비(閔妃)의 피로 손에 선혈이 자자한 사람들이 둘러싸고 있었습니다.[34]

여기 기독교와 선교사들의 충군성(忠君性), 불의에 대한 단호한 정죄, 일제에 대한 결연한 대처, 국왕과 천민을 한 인간 그것으로 동등시하는 거대한 복음, 그리고 그러한 개혁이 "정당한 인간성의 발로"에서 구현되게 한다는 숭고한 정신, 이런 것들이 눈부신 새로운 세계의 도래를 보여주고 있었다.

2.2. 단발령과 교회의 태도

강요와 자발

일본을 등에 업은 갑오개혁은 급진과 졸속 그리고 과다(過多)가 그 특징이었다. 우선 1894년 6월 28일부터 7월 20일까지 공포한 개혁안이 208건에 이르고 있었으며, 그 다음 김홍집(金弘集 1842-1896)이 제3차로 내각총리대신에 임명된 1895년 음력 8월 24일(음력 7월 5일)부터 민비시해를 겪으며 12월 30일까지 〈관보〉로 반포한 법령은 68

33) Editorial Department, *The Korean Repository*. November 1896, p. 455.

34) *Ibid.*, pp. 455-456

건에 이르고 있었다.

이 중에서 사회개혁 관계의 것들을 추려 보면 다음과 같았다.

> 사색(四色)편당에 따라 인재 추천하는 일을 영구히 혁파
> 문벌이나 반상(班常) 격식의 혁파
> 문(文)과 무(武)의 품계나 존비(尊卑)격식 폐지
> 죄인의 자신 외 연좌법 폐지
> 적첩(嫡妾)을 막론하고 자식 없을 때 양자 허가
> 남자 20세 여자 16세 결혼 허용
> 부녀의 재가(再嫁)는 귀천의 차이 없이 허가
> 공사(公私)노비제를 혁파, 인신 판매 금지
> 역인(驛人), 재인(才人) 및 백정의 면천(免賤)
> 승니(僧尼)의 입성(入城) 금지 폐지[35]

대개 이런 것들이었다. 이것들이 탈(脫)봉건적 근대지향의 사회개혁이란 명분은 현저하였다. 하지만 그 졸속, 그리고 일제에 의한 강제 집행, 민중에게서의 공감 도출 경로의 경색(梗塞), 이런 것들이 그 개혁의 진행을 막았던 것이다.

그러고 나서 1895년 12월 30일(음역 11월 15일)[36]에 소칙(昭勅)으로 양력(陽曆) 사용과 연호 건원(建元)을 쓴다고 공포한 것이다. 그 때 단발령(斷髮令)이 동시에 공표된 것이다. 실상 고종이 상투를 자른다는 문제는 이미 1894년 7월에 "체두양복(剃頭洋服)" 곧 머리를 깎고 양복을 입는다는 소문으로 조야가 흉흉하여 민심이 소란하였던 것이다. 그러다가 이 다급한 단발령이 발표되는 바람에 일대 사회적 흥분과 격동이 야기되었던 것이다. 김윤식(金允植, 1841-1920)은 "다

35) 황현, 『매천야록』(梅泉野錄), 2권, p. 150.

36) 양력으로 1895년 12월 30일.

들 상투를 자른다니 길거리 어디를 보나 슬프고 아픈 모습들뿐이구나"[37]라 읊었고, 매천(梅泉) 황현(黃玹)은 그 날을 뒤돌아보며 이렇게 기록을 남겼다.

> 10월 중 왜사(倭使)가 주상을 협박하여 머리를 자르라 하였으나 주상이 인산(因山) 후이니 미루자고 하였으나 (유)길준(吉濬)을 비롯하여 (조)병하(秉夏)등이 왜놈들을 이끌고 와서 궁성을 포위하고 대포들을 묻고서는 선언하기를 상투를 자르지 아니하는 자는 당장에 도(屠)한다 하니, 주상이 장탄식을 하시며 병하를 돌아보고 네가 내 상투를 자르라 하니, 병하가 가위로 주상의 상투를 잘라 버린지라. 길준은 그때 태자(太子)의 상투를 잘랐다. 이러하니 곡성이 하늘을 진동하였더라.[38]

이렇게 과격한 친일내각의 개혁정책은 우선 유림(儒林) 중심의 전국 의병(義兵)봉기의 원인이 되고 김홍집과 조병하를 노상에서 타살하는, 살벌한 소요사태로 치닫게 되었던 것이다.

개혁과 정의

이때 기독교의 태도가 주목을 끌었다. 이미 을미사변 때부터 한국교회와 선교사들은 한국에서의 반일정서는 정의로운 것이라는 확신에 추호의 의심도 품지 않게 되었다. 더구나 춘생문(春生門) 사건 이후 폭풍 짙은 위난기에 고종이 "외국인 선교사들은 어디 있느냐, 그들을 불러라"[39] 소리 쳤다든가, 언더우드나 헐버트 및 에비슨이 총을 들고 떨고 있는 고종을 신변 보호했다든가,[40] 하는 사실들은 다 기독

37) 김윤식, 『속(續) 음청사(陰晴史)』, 상, 권 718, 고종 32년 11월 16일자.

38) 황현, 『매천야록』, 권 2, p. 191.

39) L. H. Underwood, *Fifteen Years Among the Top-Knots*, p. 162.

40) F. A. McKenzie, *The Tragedy of Korea*, pp. 70-71. Cf. H. B. Hulbert, *The Passing*

교의 조선 밀착, 그리고 그 혈맹관계를 내보여주는 것이었다.

이런 일들은 물론 친일 개화세력이나 일제에 대한 노골적인 저항의 표현이었다. 언더우드가 이 나라에 처음 입국하였던 선배 선교사라는 사실이라든가, 그의 실질적인 지도력을 생각한다면, 그의 태도가 선교사 전체의 행동 규범에 미친 영향력은 막강하였음에 틀림이 없다. 한데 그는 이 친일내각을 가리켜 "음모자들"(conspirators)이라 공격하고, 김홍집 계의 개혁안들에 대해서는 "밉살스러운 폭군의 법령들"[41]이라고 다그치고 있었다. 그리고 그 단발령이야 말로 이 겨레들을 "비하하는 모욕적 책동"이라 비난하고 있었다.

기독자들 일부는 이런 일이 있기 전에 자발적으로 상투를 자른 이들이 있었다.[42] 한데 그때에도 선교사들은 오히려 신앙의 결단이 반드시 구습을 버리는 것이 아니라고 해서 단발을 만류하는, 그런 일도 있었다. 상투와 같은 "긍지의 유산, 존경의 대상, 이 나라가 있기 시작할 때부터 아껴온 전통,"[43] "조선인들의 뚜렷한 표식",[44] 국민성, 전통성, 신성성,[45] 그런 것을 그렇게 단절해 버릴 이유가 없다는 것이었다.

실상 언제부터 교회가 대거 단발을 실천하였는지 그 명백한 시기를 찾아내는 것은 쉽지가 않다. 1907년 조선예수교장로회 평양신학교 제1회 졸업식이 있을 때, 7명의 목사후보생을 배출하였는데, 그 중에서 다만 한 사람 한석진(韓錫晉, 1869-1939)만이 소위 상등머리였고, 나머지 여섯 명은 다 상투에 갓, 그대로였다. 1912년 조선예수교장로

---

of Korea, New York, Double-Day Press, 1906, p. 144.

41) L. H. Underwood, *op. cit.*, p. 166.

42) Editorial Department, *The Korean Repository*, January 1896, p. 321.

43) *Ibid.*, p. 169.

44) H. B. Hulbert, *The Passing of Korea*, p. 146.

45) I. B. Bishop, *Korea and Her Neighbours*, p. 359.

회총회 창립 때에도 대부분의 총회 총대(總代)가 상투차림이었다. 1901년 북감리교의 김창식(金昌植)과 김기범(金箕範)이 목사 안수를 받을 때에도 역사 다 상투에 갓을 쓴 모습이었다.[46)]

여기 반일저항의 강렬한 의지와 사회개혁의 방법 그리고 그 정신이 묘하게 얽혀 있었다. 교회는 조선인의 전통적 표식인 상투, 그 단발은 "그 민족적 주체성을 지워 없애버리고 일본에 동화"하려는 계책이라고 비난하고 있었다. 동화가 본래 목적이라면 그 이상 더 실패한 것이 없다는 것이었다. 왜인배(倭人輩)에 의한 이러한 수모가 겨레의 무력감을 아프게 자극하고, 그래서 모진 항일의 의지로 폭발하게 된 것이라고 판단하고 있었다. 일제가 이러한 "무모하고 불필요한"[47)] 졸속과 강요를 하게 된 이유를 이해하기 힘들다. 지각 있는 사람이라면 때가 되어서 "그 불편함과 비합리성을 깨닫게 되면 스스로 폐기해도 늦지 않을 것"[48)]이라는 생각이 퍼져 있었다. 이런 판단 때문에 선교사들은 삭발을 피해 다니는 사람들을 오래 숨겨두는 일까지 있었다.[49)] 일본인들의 손길에서 보호한다는 의지였다.

조선에 민족주의라는 것이 있었던가. 분명히는 말할 수 없지만, 이때 그런 것이 형성되어 간 것이 아닐까 하는 생각이 든다. 위로 조정 양반에서 아래로 백성 전부가 일치하여 전 민족적 항일의지가 확인되었고, 지켜야 할 민족의 주체성 같은 것, 그 가치, 방어해야 할 긍지가 더 이상 애매하지 않게 되었기 때문이다.[50)] 그러나 더 중요한 것은 이런 것이 다만의 저항이 아니라 어떤 정의감을 갖추게 되었다는

---

46) 한국교회 전체적인 단발은 3·1독립운동 이후의 일이다.

47) x,y,z, The Attack on the Top-Knots, *The Korean Repository*, June 1896, p. 270.

48) *Ibid.*, p. 272.

49) L. H. Underwood, *op. cit.*, p. 170.

50) I. B. Bishop, *op. cit.*, p. 362. Cf. O. R. Avison, *Memoirs of Life in Korea*, typescript, Vol. 3, pp. 26ff.

사실이다.[51] 민족주의에는 이 정의감이라는 것이 구성요소가 되지 않으면 안 되게 되어 있다. 그런데 참 묘한 것은 이러한 정의감이 교회의 "복음전파"를 거친 구국(救國)이념에 연결되고 있었다는 점이다.

이렇게 해서 이미 윤치호(尹致昊)가 1895년 4월에 언급하였던 것과 마찬가지로, "일본은 실질상 조선의 개혁에 실패"[52]하고만 셈이었다. 헐버트는 정곡을 찔렀다.

> 그들(일본)의 개혁이 얼마나 무모하고 불합리했던가 하는 것은 일목요연합니다. 그러한 급격한 변동을 조성한 그들의 환상은 실로 전후가 뒤바뀐 것이며, 확실히 서툰 방법임에 틀림없습니다. 그들은 그들이 기도(企圖)한 여러 개혁들을 조급과 과격으로 강행한 결과 다 실패하는, 그런 과오를 범했습니다.[53]

우리 겨레 전체의 적대감이나 저항을 받는 어떠한 개혁이나 개화도, 그것이 아무리 현란한 것이라 할지라도, 성취될 수 없었다. 거기 구호와 실상이 다르다는 판단이 서 있었기 때문이다. 동기가 문제였다. 정복이 아닌 사랑, 구원이여야 했다.

2.3. 기독교사회운동의 반(反)과격성

기독교인들이 사회개혁과 개화에 대하여 부정적이었다는 말은 할 수 없게 되어 있다. 그들이야 말로 "개화지향적" 일단의 집단이었기 때문이다. 기독교만이 조선의 정치적 · 사회적 향상과 그 구원을 기약할 수 있다고 보고 있었기 때문이다.

---

51) S. J. Palmer, *Korea and Christianity*, Seoul, Hollym, 1967, p. 62.

52) 윤치호, 『일기』, IV, p. 88.

53) H. B. Hulbert, *The History of Korea*, Vol. 3, p. 270.

하지만 기독교의 사회구원은 개화의 모델로 개화파들이 이끌었던, 일본 주도의 개혁과는 전혀 달랐다. 기독교는 개화의 근간과 지엽적인 것을 구분하는 원칙을 내세우고 있었다. 의복의 색깔, 머리모양, 전차(電車), 수도(水道), 철도, 전기, 고층건물, 군함, 군인, 공장, 사치, 호사, 음식의 개량, 이런 것들은 지엽적인 것으로 보고 있었다. 당시 한 언론이 이런 것을 꿰뚫어 보고 있었다.

> 언필칭 ᄀᆡ화로ᄃᆡ 혹 셔국 법이 ᄀᆡ화라고도 ᄒᆞ며, 혹 머리를 ᄭᆞᆨ고 양복 닙ᄂᆞᆫ 거시 ᄀᆡ화라 ᄒᆞ며, 혹 차나 먹으며 지권연 먹ᄂᆞᆫ 거슬 ᄀᆡ화라 ᄒᆞ며, 혹 도ᄅᆡ 젹은 안경이나 쓰고 외국말 마ᄃᆡ나 ᄒᆞ면 ᄀᆡ화라 ᄒᆞ며, 이 몟가지 즁에 남 붓그러운 일이 귀쳔도 업고 로소도 업시 버르쟝이 업ᄂᆞᆫ 것도 ᄀᆡ화라 ᄒᆞ니, 엇지 그러ᄒᆞᆯ 리가 잇ᄉᆞ리오.[54]

이러한 오해나 왜곡은 그 근원에 대한 이해나 그 중요성을 간과(看過)하였기 때문이라고 보았다. 최병헌(崔炳憲, 1858-1927)이 예리하게 그 핵심을 찌르고 있었다.

> 예수교 교리는 서학(西學)이라 지목하여 취하지 아니하고, 다만 서양 사람의 병기와 기계만을 취하야 전화 같은 것이나 그 어학(語學)을 설(設)하니, 이는 그 본(本)은 따르지 아니하고 그 말(末)을 취하는 것이라. 어찌 이러고서 문명을 성취할 수 있을 것입니까.
>
> 여기 법관이 있는데 그 교도(敎道)의 진리는 취하지 아니하고 그 법률만 배우는 자는 하늘의 상제(上帝)를 두려워하지 않기 때문에, 비록 만국의 여러 법을 다 통달하였다 할지라도 정직하게 행할 수 없고, 눈을 떠 볼 수는 있으나 뇌물을 받는 일이 있으니, 어찌 일정한 법을 따른다 할 수 있다 하겠습니까.

---

54) 논셜, 〈ᄆᆡ일신문〉, 광무 3년(1899) 3월 9일자.

> 교회와 정치의 관계가 어디까지나 친하고 밀접하여 마치 입술과 이의 관계와 같으니, 병행 하지 않을 수 없고 불가분리의 관계에 있는 것이라. 그러니 여러분들께서는 이 교(예수교)로 수신(修身)의 본(本)을 삼고, 그 정치로 나라를 다스리는 용(用)으로 삼는다면 이에서 더한 행복이 없을 것입니다.[55)]

본(本)과 용(用)의 차이가 여기 분명하게 밝혀지고 있다. 나무와 가지의 차이 메타포와 다를 바 없다. 그것을 스크란톤은 누룩으로 비유하기도 했다.

> 옛 관습들을 뒤엎는 시련의 나날들, 새 질서를 장착시키려는 긴장된 나날들, 그 날들은 몇 해가 지나서야 누룩처럼 조선 땅 여기저기 두루 퍼져 나갈 것이다.[56)]

개혁은 누룩이 발효(醱酵)해서 골고루 퍼져나가는 것처럼 이루어져야 한다는 것이었다. 대저 기독교에는 성숙 발전의 긴 과정을 그 원천적 신앙이 있고나서 그것이 널리 전개되는 과정으로 보는 역사관이 핵심이었다.

이런 자세가 한때 사회운동 그 자체 프로그램에 가하여졌던 조심스러운 제동의 이유를 설명하여 준다. 1904년 세브란스병원에서의 인퇴(引退) 계획이나 교육에서의 잠정적 불모기(不毛期)[57)]는, 그러한 복음주의적 자세가 한때 전체 교회 분위기를 압도하고 있었다는 설명이 된다.

---

55) 잡보, 〈대한매일신보〉, 1906. 10. 9일자

56) W. B. Scranton, *Gospel in all Land*, p. 329.

57) On Education, Editorial Department, *The Korean Repository*, February 1896, pp.76-78. Cf. W. B. Scranton, Historical Sketches of the Korea Mission of the Methodist Episcopal Church, *The Korean Repository*, June 1898, p. 269.

이런 것은 자세히 들여다보면 개화를 소리 높이 외치며 한국병합을 원격(遠隔)조정하던 일제에 대한 제동기능 역할도 한 것이라는 점이 밝혀진다. 여기 한국초기 선교사들의 경륜에 무릎을 치게 한다. 교회는 그래서 일제와의 개화추진 형태의 차별화를 분명하게 대조시키기 위하여 대놓고 큰 소리를 쳤던 것이다.

우리는 사회개혁에 대하여 아무것도 하는 것이 없습니다.[58]

복음만 전한다는 것이었다. 그것이 자체 동력에 의해서 사회개혁이 되는 것이 복음의 역할이라는 것이었다. 그러면 이 누룩은 무엇인가. 그것은 십자가의 구속적 은사(恩賜) 그리고 죄에서의 구속(救贖)에 대한 감격과 찬송, 내세에 대한 확신과 희망, 그런 것이었다.[59]

2.4. 교회와 독립협회와의 관계

1896년 7월 2일에 “조선사람을 위한 조선”이라는 정치적 슬로건을 내세워온 일단의 인사들이 서재필(徐載弼)의 영도아래 “독립협회”를 조직하였다. 그 본래의 목적과 사명은 조선의 완전한 독립, 그리고 입헌군주(立憲君主) 체제의 민주정부를 수립한다는 것이었다.

기독교와 독립협회는 어느 정도의 관련성이 있었던가. 우선 그 구성원 중에 기독교인이 몇 있었다. 그 지도급 인사인 서재필,[60] 전기준, 윤치호 등이 문서상으로 찾아볼 수 있는 인사들이다. 윤치호[61]

---

58) A. J. Brown, *The Mastery of the Far East*, New York, Charles Scribners, 1919, p. 541.

59) A. J. Brown, *The Nearer and Farther*, New York, Macmillan, 1908, p. 309.

60) “기독교의 종교적 영향은 나의 일생을 통하여 위대한 힘을 주었다.” 김도태, 『서재필 박사소전』, 서울, 을유문화사, 1974, p. 179.

는 그 회장직(1897. 8 – 1898. 2)을 맡았던 일이 있다. 남궁억(南宮檍 1863–1939), 이상재(李商在 1850–1927), 이승만(李承晩 1875–1965) 등은 1901년 그 감옥생활에서 대개 입교하였기 때문에[62] 당시에는 아직 비기독교인들이었다. 따라서 정교(鄭喬)의 말이 옳다고 할지라도 이들의 기독교 입신은 독립협회 해산 후의 일이다. 따라서 독립협회 개혁정신에 복음의 직접적 영향 유무를 추적하기는 이런 면에서 볼 때 어렵다.

우선 그 초창기에 선교사들이나 교회는 이 독립협회가 본질적으로 교육적 사회적 기구요, 정치에는 불간섭이라는 원칙을 지키는 줄로 이해하고 있었다.[63] 그리고 신사(紳士)나 고급관리 및 지사(志士)들의 친선 증진, 그래서 민족의 독립에 필수적인 이들 상호간의 일체감 형성에 그 목적이 있다고 보고 있었다. 가령 주례(週例) 토론회에서의 제목들도 교육, 종교, 풍속, 산업과 같은 것들이었다. 그래서 이들의 행동에 충심으로 찬사를 보내고 있었던 것이다.[64] 소위 고급관리 주도기(1896. 7. 2 – 1897. 8. 28)의 일이었다.[65]

---

61) 윤치호는 민영환(閔泳煥, 1861–1905)과 함께 러시아 니콜라이 II세의 대관식에 가 있었기 때문에 창립 때에는 참여하지 못했다. 그는 1896년 4월 1일 떠났다가 다음해 1897년 1월 27일에 귀국.

62) 이능화, 『조선기독교 급 외교사』, 1928 원판, 서울 신림서림, pp. 203–204.

63) The Independent Club, Editorial Department, *The Korean Repository*, December 1897, p. 437. 그러나 이 점에 있어서는 서재필 생각이 달랐다. 곧 "독립협회에서 토론된 주제들은 정치적이고 경제적인 문제들이었다. 그러나 종교나 교육에 대한 문제도 간과하지 않았다." F. A. McKenzie, *Korea's Fight for Freedom*, New York, Fleming H. Revell, 1920, p. 68.

64) Independent Club, *The Korean Repository*, December 1897, p. 438.

65) 신용하(愼鏞廈)는 독립협회 활동기를 크게 4분: 고급관리 주도기(1896. 7. 2 – 1897. 8. 28), 민중진출기(1897. 8. 28 – 1898. 2. 26), 민중주도기(1898. 2. 27 – 1898. 8. 27), 민중투쟁기(1898. 8. 28 – 1898. 12. 25)로 보고 있다. 신용하, 『독립협회의 개화운동』, 서울, 세종대왕기념사업회, 1976, pp. 29–32.

일제 모델 개혁의 문제

한데 1898년 2월과 3월에 이르러 묘한 두 가지 사건이 터졌다. 하나는 지금까지 회장직을 맡아있던 안경수(安駉壽)가 정변을 모의한 혐의로 체포 위험에 부닥치자 일본으로 망명한 사건이고, 다른 하나는 윤치호가 계속 지도 주축으로 부상하는 데도 불구하고 그 자신 독립협회를 비난한 일이다. 이 두 사건은 공통 인수(因數)를 가지고 있다. 독립협회와 일본과의 접근양상이다. 안경수의 일본 망명은 그의 친일성을 어쨌든 최소한도 입증한 셈이었다.

독립협회가 그 초기에 있어서 반일성(反日性)이 별로 없었다는 사실을 윤치호가 알고 있었는지 이를 확인하기는 힘들다. 그러나 그가 서재필을 계속 인간적으로 불신하여왔다는 것이 서재필의 친일성 때문이 아니었을까 하는 생각은 할 수 있다. 가령 서재필이 세제(稅制) 및 재정 개혁에 대한 논문을 발표했을 때 일제는 여기 열광적인 반응을 보이고, "그의 용기는 가상(嘉賞)할만한 것"[66]이라고 갈채를 보낸 일이 있었다. 독립협회가 그때 "일제의 총애와 지지를 받았음이 명백"하였다.[67] "그 목표와 목적이 바로 일본의 관심과 일치하고 있었기" 때문이다.[68] 실제로 1898년 11월 13일경 독립협회가 해산을 당해서 심각한 혼란에 빠져 있을 때, 그 회원 일부가 사람을 일본에 보내어 그 도움을 받고자 한 일까지 있었다.[69] 윤치호는 그런 방상이 일본의 정치적 농락에 빠질 위험이 있다고 하여 단호히 이를 거절하고 있었던 것이다. 그런데 『미일신문』에 이런 글이 실린다.

---

66) 〈*The Japan Mail*〉, 1896. 5. 16일자. *The Korean Repository*, June 1896, p. 256에서 전재.

67) What Korea Owes to Japan, *The Korean Repository*, August 1904, p. 353.

68) H. B. Hulbert, *The Passing of Korea*, p. 166.

69) 윤치호, 『일기』, V, p. 185. (1898. 11. 13일자).

> 일본서는 외국과 교통ᄒᆞᆫ 날붓터 구습을 일죠에 바리고 ᄂᆞᆷ의 문면ᄒᆞᆫ 나라에셔 ᄒᆞᄂᆞᆫ 일을 ᄯᆞ라가며 힘써 ᄒᆞᆯ식 ...
> 이번에 갈닌 듕츄원 고문관 독립신문 샤장 서재필씨ᄂᆞᆫ 외국 학문도 만커니와 우리 알기 ᄭᆞ지는 그 사ᄅᆞᆷ이 대한에 독립ᄌᆞ쥬의 문명 진보ᄒᆞ ᄌᆞᄂᆞᆫ 쥬의로 ᄋᆡ도 만히 쓰고 일도 만히 ᄒᆞ려ᄒᆞᆫ지라. 만일 우리나라히 ᄒᆞᆫ번 일본 ᄀᆞᆺ치 되어보자면 그 사ᄅᆞᆷ 잇ᄂᆞᆫ 거시 ᄆᆡ우 유죠ᄒᆞᆯ터이요. ... 우리 동포들은 나라히 일본 모양으로 되어야 조캣소. ᄉᆡᆼ각들 ᄒᆞ여 보시오.[70]

개화의 일본 모델 발상이다. 그런 것을 공개한 것이다. 서재필을 실제 그런 모델 기능 실현 가능성을 강조하고 있었다. 사실 독립협회 계의 〈독립신문〉은 명성황후(明星皇后)의 장례식(1897. 11. 21)에 대한 기사에서도 반일의 의분이 현저하게 나타나 있지 않았다. 일제 만행의 언급이 없었다.

> 을미년 팔월에 만고에 업ᄂᆞᆫ 큰변이 ᄉᆡᆼ겨 황후폐하ᄭᅴ셔 불ᄒᆡᆼᄒᆞ게 승하ᄒᆞ셧스니 엇지 대한 인민이의 ᄆᆞᄋᆞᆷ에 통분ᄒᆞᆫ 일이 아니리오.[71]

윤치호의 반일 정서는 그가 일본을 부러워하면서도 역력하였다. 그는 "기독교화 다음에 일본화(日本化)"를 그의 초기 개화사상에 내비치고 있었다. 그러나 그들의 정치적 야욕에는 진절머리가 났다. 민비 시해에 대하여 그는 치를 떨었다.

> 이것이 일본이 조선에 들어와서 북을 치며 깃발을 드높이 휘날리면서 외친 개혁과 문명의 꽃인가.[72]

---

70) 논셜, 〈ᄆᆡ일신문〉, 광무 6년(1898) 4월 26일자. 이 신문은 독립협회 계.

71) 논셜, 〈독립신문〉, 1897. 11. 20일자.

그는 일본과 조선 사이에는 민비의 낭자한 피로 붉게 물들여진 불신과 선입견의 검은 강이 흘러 이제 건너뛸 수 없는 깊은 심연이 되었다고 한탄하였다.[73] "일본은 조선인의 피 한 방울까지 빨고 있다"고 격분하고 있었다.[74] 이런 상황인데 〈독립신문〉이 단발령에 대하여 내건 논조가 눈길을 끈다.

> 이왕에 샹투짜던 사름이 억지로 샹투를 베주는 것과 발서 샹투 벤 사름을 억지로 샹투를 문들어 주는 거시 쪽 마찬가지 일이니 우리 싱각에는 이 일은 빅셩의게 뫼겨 사름마다 하고 스픈듸로 ᄒᆞ는 거시 올코, 군사와 순검들은 다른 빅셩보다 머리 싹는 거시 더 긴ᄒᆞᆫ것시라. ...
>
> 날은 더워 오는듸 병정들과 순검들이 기단 머리를 가지고 양복을 닙고 다니니 보기에 츄ᄒᆞ긔도 ᄒᆞ려니와 그 사름들이 오직 불편ᄒᆞ리오.[75]

> 빅재학당 학원(學員)들이 식로 군복을 ᄒᆞ여 닙고 머리를 모도 쌀게 싹고 길에 ᄃᆞ닐 쩍에도 풀풀ᄒᆞ고 싱기가 잇서들 뵈어, 우리는 천세를 부르노라.[76]

이러한 논조들은 우리가 지금껏 살펴본 교회의 선교 방향과는 일단 상극된 것으로 보인다.

교회의 독립협회에 대한 자세

이러한 요인들 때문이었을 것이다. 감리교 선교부는 〈독립신문〉 인쇄계약을 "끝없이 후회하였다."[77] 어딘지 일본의 개혁 방향에 동행하

---

72) 윤치호 『일기』, IV, p. 88.

73) *Ibid.*, IV. p. 101.

74) *Ibid*, V, p. 173.

75) 논셜, 〈독립신문〉, 건양원년(1896) 5월 16일자.

76) 잡보, 〈독립신문〉, 건양원년(1896) 6월 16일자.

고 거기에 동감한다는 인상을 혹시나 줄 것을 걱정하였기 때문이었다. 더구나 고종(高宗)이 일본 수비대 주둔 철수를 위한 민의(民意) 궐기 형태의 운동을 독립협회에 요청한 일이 있었는데, 그것이 실현되었다는 기록을 찾아볼 길이 없고, 오히려 냉소적 태도로 고종의 책임을 묻고 있는 형편이었다.[78] 반드시 친일은 아니었을 것이다. 하지만 독립협회의 개혁 명제는 반로(反露) 쪽에 훨씬 현저하게 기울고 있었다.

그런데 눈에 띄는 것이 있다. 교회가 독립협회에 대하여 그 입장이 양분되고 있었다는 인상이다. 대개 선교사들과 일부 기독교인들은 반(反)독립협회의 입장을 보이고 있었다. 교회가 1898년 봄에 독립협회에 대해 비교적 냉정한 비판태도를 가지게 된 현상이 그런 상황을 나타내 준다. 그때 교회가 독립협회 구성원과 주도력이 이제 지식중산층과 "정직한 사람들"로 형성된 사실을 지적하였을 때,[79] 그것은 초기의 고급관리들과 신사들의 구성과는 그 성격이 변질된 사실을 지적하는 제스처였다. 그리고 독립협회가 "대한(大韓) 정치에서 유력한 잠재요소"[80]로 등장한 사실을 주목한다고 밝힌다. 그리고는 경원과 냉담의 자세를 비치기 시작한다.

> 독립협회가 대한의 장래에 대하여 어떤 영향을 끼칠는지 그것을 논의하고 싶지는 않습니다. 더구나 현재 그들이 취하고 있는 정책이 최선을 위해 생산적인 것이라 판단을 먼저하고 그렇게 하는 것인지, 그 여부도

---

77) *The Annual Report of the Missionary Society of the Methodist Episcopal Church for the Year 1898*, p. 266. 북감리교선교부는 1898년 5월에 독립신문사의 인쇄시설을 2년간 사용임대 계약했었다.

78) 윤치호, 『일기』, V, p. 160.

79) Editor, The Independent Club, *The Korean Repository*, April 1898, p. 287.

80) *Loc. cit.*

여기 말하고 싶지 않습니다.[81]

기독교인 중에도 일부 인사들과 선교사들은 독립협회 회원들이 "대단한 열정 이외"[82] 가진 것이 없다고 보았다. 고종의 처음 호의를 배반한 것이라고 해서, 그 배은망덕을 나무라기도 하였다. 그리고 이들이 지구력(持久力)이나 인내, 자제력과 기략(機略)을 갖추고 있지 못하다고 단정하고 있었다. 교회가 이들의 내심을 뚫어본 그 판단의 정확성에는 오랜 관찰이 있었기 때문이다.

그런데 교회는 1898년에 이르러 독립협회에 대하여 그 태도가 더욱 강력한 비판 쪽으로 기운다. 그해 초가을부터 그 과격성과 혁명성을 노골적으로 비판하기 시작한 것이다. 독립협회가 고종에게 올린 항의각서가 "격렬"[83]하였고, 그것이 일본에 망명한 안경수 측근의 사주(使嗾)에 의한 것이라고 비방하고 있었다.[84]

교회는 독립협회의 숭고한 초기의 혈성(血誠)을 의심하지 아니하였다. 하지만 그들의 목표는 그 시대로서는 너무나 앞질렀던 것이다. 그런 것은 자연 급진적이라는 인상을 주지 않을 수 없었다. 선교사들은 이 조급하고 무모한 강행과 과격을 경계하였던 것이다. 그리고 거기 가담한 "충동적인 열정의" 기독자들의 가능한 경솔을 염려하고 있었다. 선교사들 특히 알렌이 서재필에게 "혁신의 시기가 상조(尙早)하니 그만 단념하고 미국에 돌아가라"[85]고 권고한 까닭이 여기 있었다.[86] 언더우드 부인은 독립협회가 "희망과 애국심에 차 있어서, 그

81) Editor, The Independent Club, *The Korean Repository*, April 1898, p. 287.

82) H. B. Hulbert, *The Passing of Korea*, p. 151.

83) 윤치호, 『일기』, V, 169, 170. 그 각서는 고종을 비판하는 글로 차 있었다.

84) *Ibid.*, p. 170.

85) 김도태, *op. cit.*, p. 251.

86) 정교(鄭喬), 『대한계년사(大韓季年史)』, 국사편찬위원회, 1957, 상, pp. 187-190.

들 목표와 기대가 결국 잘못된 것을 바로 잡고 불의한 것을 추방하여 대한(大韓)을 하루사이에 자유정부와 자유국민으로 바꿀 수 있다"[87]고 믿고 있는 것 같다고 비판하였다.

과격은 역사를 역행하는 것이다. 하지만 다른 한 가지 문제는 과격만큼 중대한 것인데, 대부분의 민중들이 구경만하고 있었다는 사실이다.[88] 국가 사회를 구성하는 층은 다양하다. 맨 중심에 중추층, 그리고는 기조층, 동조층, 그리고는 다시 주변층, 소의층, 무관층, 적대층으로 확산된다. 사실 애국이라고 하더라도 이 중추층, 기조층 동조층이 나라를 생각하고 이끌고 나간다. 주변층이나 소의층, 무관층은 나라가 이래도 좋고 저래도 좋은 사람들이다. 자기들과는 직접 관계되는 것이 하나도 없었다는 체험 때문이다. 그리고 적대층은 사실 나라의 위험요소일 수 있다. 한데 이들 전체의 무관과 방관은 국난을 일으킬 수 있다.

윤치호는 이러한 개혁 추진의 과격을 경계하고, 또 폭력의 사용도 질타했다.[89] 그들의 친일성과 과격성에는 걷잡을 수 없는 혐오감을 감추지 않았다. 언더우드 역시 기회 있을 때마다 〈독립신문〉을 맹타하였다.[90] 기독교의 이런 반 독립협회 자세는 한 마디로 그들의 친일성, 과격성, 그리고 반왕성(反王性)이었다.

일부 교회의 친독립협회 정서

그런데 다른 한편에서는 친(親)독립협회의 그룹이 있었다는 것이 눈에 띄인다. 주로 지방의 교회들이 그랬다. 가령 인천(仁川)교회와

87) L. H. Underwood, *op. cit.*, p. 210.

88) What disheartens me is the abominable indifference of the general public, 윤치호, 『일기』, V, p. 178.

89) *Ibid.*, V, pp. 179, 189.

90) *Ibid.*, V, p. 160.

평양(平壤)교회가 독립협회와 혈맹관계를 맺은 사실이 있다. 1898년 2월초 독립협회는 척아(斥俄) 곧 반(反)러시아를 외치면서 러시아 군사교관과 재정고문관을 해고하라는 결의를 만민공동회(萬民共同會)에서 채택하여 정부에 진정하기로 한 일이 있었다.[91] 그리고 군권(軍權)과 재정의 주권수호를 위해 집회를 열어 상소하기도 하였던 것이다.

이때 경무청(警務廳)에서 경무관을 보내어 그 집회의 성격을 질의하자,

> 우리가 의리ᄅᆞᆯ 잡고 나라를 위ᄒᆞ야 죽기를 돌아보지 안코 국가를 만분지일이라도 도흡가 ᄒᆞᄂᆞᆫ지라. ...
>
> 이달(3월) 십일에 종로에서 만민이 모여 ᄇᆡᆨ셩된 도리와 직칙을 ᄒᆞ야 내 나라권리ᄅᆞᆯ ᄎᆞᆺ자고 ᄒᆞ얏으니 이 계제를 타서 몸을 ᄇᆞ릴지라도 기여코 ᄌᆞ쥬권리를 ᄎᆞᆺ고 말아야 ᄒᆞᆯ일.[92]

여기 필사(必死) 진명(盡命)의 결의가 기독교인의 충성심에 호소한 것이 분명하다. 인천항(港) 용도교회의 "복경ᄎᆡ" 씨가 독립협회에 편지를 내어 "귀회원이 대한 젼국을 위ᄒᆞ야 죽기로 쟉명ᄒᆞᆫ 것은 나라의 신자(臣子)가 되야 맛당히 ᄒᆞᆯ바이라"하면서 이런 글을 보낸다. 곧

> 이곳에도 ᄯᅩᄒᆞᆫ 한 회가 잇스니 예수 그리스도의 온젼ᄒᆞ신 의지를 밋ᄂᆞᆫ 교회라. 사ᄅᆞᆷ은 몃이 되지 못ᄒᆞ나 귀회원들이 ᄋᆡ국ᄋᆡ국ᄒᆞᄂᆞᆫ ᄆᆞᄋᆞᆷ으로 죽을 ᄯᅢ에 우리 회원들도 귀회원들의 결단ᄒᆞᆫ ᄆᆞᄋᆞᆷ을 ᄉᆞ랑ᄒᆞ야 ᄀᆞᆺ치 죽기를 원ᄒᆞ노라.[93]

---

91) 정교, 『대한계년사』, 상, pp. 182, 183.

92) 「ᄇᆡᆨ셩이 ᄇᆡᆨ셩된 직분을 다ᄒᆞᆫ다」, 〈협셩회회보〉, 광무 2년(1898) 3월 11일자.

93) 잡보, 〈독립협회〉, 광무 2년(1898) 3월 29일자.

이들은 다 독립협회의 회원으로 가입되었다. "복씨들"이라 한 것을 보면 씨족 중심의 교인인 것 같다.

한편 평양의 예수교인들도 만민공동회에서 독립관(獨立館)에 모여 "의리애 쥭기로 동ᄆᆡᆼ"한 데에 동정하여 "서울ᄉᆞ람들이 올흔 일과 츙렬만 가지고 쥭을 것 ᄀᆞᆺᄒᆞ면 우리도 그 뒤를 좃차 ᄒᆞᆷᄭᅴ 쥭음이 ᄇᆡᆨ셩된 즉분"[94]이라 결의한 일이 있었다.

이런 의미에서 선교사들은 극동의 정치적 역학관계를 투시하고, 복음의 정교분리(政敎分離)적 선교를 원칙으로 삼으면서, 결국 1907년의 대부흥운동에서 한국교회 비정치화의 수행을 미리 구상했다고 볼 수 있다.

---

94) ᄂᆡ보, 〈협셩회회보〉, 광무 2년(1898) 4월 2일자.

V 초기 기독교의 사회개혁과 그 영향

> 사실상 기독교는 이 지역(서울, 평양)에서 이미 거대한 세력으로 등장하였습니다. 그것은 마을에서 마을로, 고을에서 고을로 위로는 관찰사(觀察使)에서 아래로는 천민에 이르기까지 모든 계층에 파고들어 온 사회를 변화시키고 재편하고 있습니다.
> 이 세력은 막강하기 때문에 저지할 수가 없습니다.
>
> — C. C. Vinton, 1897.

1. 복음과 도덕적 개혁

1.1. 가정윤리와 여성의 사회신분 신장

1897년 12월 31일, 서울의 정동감리교회 새 예배당에서는 남녀가 자리를 함께 하고 토론회를 가졌다. 당시로써는 실로 파격적인 모임이요 대경실색할만한 사건이었다. 제목도 깜작 놀랄 만한 것이었다. “남녀를 ᄀᆞᆺ흔 학문으로써 교육ᄒᆞ며 동등권을 주ᄂᆞᆫ 것!”[1)]

> 하ᄂᆞ님이 셰계 인ᄉᆡᆼ을 나으실 ᄯᅢ에 사나히나 녀편네나 사ᄅᆞᆷ은 다 ᄒᆞᆫ 가지라. 녀ᄌᆞ도 남ᄌᆞ의 동등권을 가진 인ᄉᆡᆼ에 당ᄒᆞᆯ ᄉᆞ업을 다 각기 ᄒᆞᄂᆞᆫ 것이 도리요. 그러ᄒᆞ거더면 남녀간에 고락을 ᄒᆞᆫ가지로 ᄒᆞ고 ᄉᆞ업을 ᄀᆞᆺ치ᄒᆞ며 ᄉᆡᆼᄋᆡ를 고루게 ᄒᆞ야 나라히 더 부강ᄒᆞ고 집안이 더 ᄐᆡ평ᄒᆞᆯ 터이니 그럴 디경이면 엇지 아름답지 아니ᄒᆞ리오,[2)]

---

1) 논셜, 〈독립신문〉, 광무 2년(1898) 1월 4일자. Cf. 정동 새 예백당에서 힝ᄒᆞᆫ 일, 〈대한그리스도인회보〉, 1897. 12. 29일자. 이때 토론자는 김연근, 조한규, 서재필 등.

2) *Loc. cit.*

놀랍게도 이것이 한국에서 남녀가 공식으로 동석하고 토론도 한 최초의 경우이다. 그런 분위기는 이미 그런 방향으로 기독교에 의해 잡혀가고 있었다. 1898년 7월에는 이화학당에서 학생들을 모집하면서 고시하기를 "남녀동등이 되기를 원함이라"한 일이 생긴다.[3)]

기독교는 남녀의 창조질서 안에서의 인간존엄성과 그 동등성을 설교하고 전파하고 있었다. 스왈렌 부인(Mrs. W. L. Swallen 1863-1945)은 원산(元山)에서 사역하고 있었는데, 그의 선교를 통해서 부녀자들이 사회적으로 진출하면서 가져오는 사회변동에 대하여 이런 감동적인 글을 남기고 있다.

> 가슴에 감동이 와 닿았습니다. 부모와 어린이들이 함께 가정예배 시간에 무릎을 꿇고, 식사 때에 기도하는 것을 보았을 때, 그리고 비록 종이로 칸막이를 하였지만 한 예배당에서 남편들과 여인들이 예배드리는 것을 보았을 때, 가슴에 벅찬 감격이 흘러왔습니다. 기독교는 지금, 최소한 그들 사이에서 다른 개혁운동이 손댈 수 없는, 사회풍습의 악들을 개혁해 나가고 있습니다.[4)]

달라지고 있는 조선의 모습이 역력하였다. 그 새 시대를 기독교가 가져온 것이다. 우리 역사에 새 시대의 서장(序章)이 씌워지고 있었다. 일찍이 이항로(李恒老 1792-1868)는 그의 척사위정(斥邪衛正) 운동에서 서양종교가 이단인 까닭은 그것이 성(性)을 자유롭게 하는 것, 곧 통색(通色)에 있다고 한 일이 있었다.[5)]

---

3) 황현, 『매천야록』, p. 227.

4) Mrs. W. L. Swallen, Women's Work in Gensan, Woman's Work in the Far East, May 1896, Notes and Comments, *The Korean Repository*, June 1896, p. 262.

5) "서양의 학설이 비단 천가지 만가지 말을 한다고 할지라도, 다만 무부무군(無父無君)을 본으로 삼는 것과 통화통색(通貨通色)방법이 꺼림이다." 『화서(華西)선생문집』, (동문사 영인본, 1974), 권15(잡저), p. 12.

하지만 기독교는 여성의 등장을 강력히 밀고 나갔다. 여성에게서 천부(天賦)의 성품, 곧 남자들과는 다른 능력과 강인한 성격이 있음을 발견하고 이를 선양하였을 뿐만 아니라, 그들에게 생의 목표를 제시해주고, 그 마음의 수평선을 확대하여 주며, 그들 손에 할 일들과 책임감을 가득 채워주었던 것이다.[6] 복음이 아니고서는 여성의 인간성과 그 권익의 확보가 어렵다는 것이 선교 15년을 거친 교회의 확신이었다.[7]

여권(女權) 신장에 대한 조심스러운 접근

하지만 교회는 한국 역사에서 여성의 지위나 그 소임(所任)에 대한 판단이 다 부정적인 것만은 아니라는 것을 알고 있었다. 거기 동양적 미덕과 그 나름의 품위가 인정되어 왔다는 것을 알고 있었다. 가령 『*The Korea Review*』는 한국여성의 지위에 대해서 장장 다섯 편의 연재논문을 실으면서, 그 위상이 어떠했다는 것을 때로 낭만(浪漫), 심지어 선망(羨望)으로 소개하고 있다.[8]

그래서 여권문제에 대하여 조심스런 접근을 원칙으로 하였다. 여권의 신장이 전통을 무시하면서 하는 이변(異變)이 아니라는 점을 동시에 설득시키고 있었다. 기독교의 복음에 여성 권리 확인의 뚜렷한 근거가 있다. 하지만 인륜의 깊이에 기왕 뿌리박고 있었던 전통의 질서라고 한다면 그런 것을 기독교가 무시하지 않고 교육한다는 사실 역시 확인되어야했다.

그래서 1913년에만 해도 교회는 예배당의 남녀석을 격리시키는 휘

---

6) M. Best, Development of Work among Women, *op. cit.*, p. 44.

7) Status of Woman in Korea, *The Korea Review*, December 1901, p. 530.

8) *Ibid.*, December 1901, pp. 528-538, January 1902, pp. 1-8, February 1902, pp. 53-59, March pp. 97-101, April, pp. 155-159.

장의 철폐문제를 신중히 다루되, "그 당회에서 형편대로 조심하여야 할"[9] 일로 결론짓고 있었다. 실제로 교회는 개혁의 급격한 변동이 도덕적 혼란을 초래하지 않을까 하는 걱정을 하고 있었던 것이다.[10]

가령 소실(小室)문제에 대한 교회의 개혁에 있어서 전통과의 충돌을 극소화하려는 의지, 역시 그 다른 하나의 경우였다. 베어드(W. M. Baird, 裵偉良 1862-1932)는 두 차례에 걸쳐 "소실을 가진 자를 교회에 받아드릴 것인가"라는 장문의 논문을 『*The Korean Repository*』에 게재한 일이 있다.[11] 그는 방대한 자료들을 다 섭렵하고, 성서를 깊이 읽고, 한국 전래 관습들을 자세하게 검토하고 난 다음, 누가 보든지 아주 객관적인 판단을 내렸는데, 그것은 성서와 교회전통에 의하여 성실하게 일부일처주의를 묵수하고, 소실 있는 자는 세례를 줄 수 없다는, 그런 결론을 내린 것이다. 그는 거기 고통이 있고, 슬픔과 치욕이 여러 가정에 견딜 수 없이 찾아온다는, 그런 인간적인 배려에, 스스로 고통을 이기지 못한 흔적도 보였다.[12]

감리교회는 1895년에 이미 그 연례회의에서 이 문제를 논의하고 다처(多妻)의 교인을 받아드리지 않기로 결의하였다. 그러나 장로교회는 1895년에 며칠을 두고 의논하다가 결론을 내리지 못하고 산회한 바 있다.[13]

장로교의 독로회(獨老會)는 1908년에 가서 "쳡잇ᄂᆞᆫ 사ᄅᆞᆷ은 원입(願入)을 세우지 못ᄒᆞᆯ 일"[14]이라 결정한다. 1896년에 베어드가 소실

---

9) 예수교장로회 죠선총회, 뎨 이회 『회록』, 1913, p. 29.

10) The Status of Woman in Korea, *The Korea Review*, December 1901, p. 530.

11) W. M. Baird, Should Polygamists be Admitted to the Christian Church, *The Korean Repository*, July 1896, pp. 288-292; August 1896, pp. 323-333;. September 350-360.

12) *Ibid.*, September 1896, p. 360.

13) Polygamists In the Church, *The Korean Repository*, September 1896, p. 374.

14) 예수교장로회 대한로회 뎨 이회 『회록』(1908.9), p. 15.

있는 자는 원입교인 정도는 될 수 있다는 제안[15]보다 강경해진 결정이다.

하지만 결국 장로교회도 1900년대 가서는 강경한 입장을 취하기 시작한다. 가령 새문안교회는 남편을 버린 여인을 자기 집에 데려다가 투숙시키며 동거한 교인 유홍준을 6삭(朔) 동안 처벌한 일이 있으며,[16] 노방상을 축첩(蓄妾)혐의로 출교시키고, 또 그 아내가 귀신 섬기며 고사 지낸 일로 역시 출교시킨 일이 있다.[17]

교회의 단호한 여권 신장 추진

교회가 여성을 해방하고자 한 데에는 세 가지 중요한 근거가 있었다. 하나는 여성을 성서적인 해석에 따라서 모성(母性)으로 보고 그 순결을 지키게 하고자 함이요, 둘째로는 여인들이 정서적으로 미신이나 잘못된 신앙에 기울어져 허망한 곳에 마음을 빼앗기는 것을 막고자 함이요, 셋째로는 여성이 가진 신부(神賦)의 재능과 사명을 발휘하게 하기 위함이었다.

모성으로서의 여성은 존귀의 대상이여야 했다. 그래서 교회에서는 소실 문제를 해결하는 사건들이 줄을 이었다. 가령 남양교회의 홍종익이 교인으로 첩 둔 것이 주님 앞에 부끄러운 일인 줄 깊이 깨닫고 소실을 내보낸 일이 있었다.[18] 가정 안에서는 이제 부부의 관계가 정절(貞節)과 충실(忠實)로 바뀌어가는 모습이 눈에 띄기 시작하였다.

지금은 셩경 뜻슬 안즉 동ㄴ 외인들이 흉볼지라도 이후붓ㅌ는 밥먹

15) W. M. Baird, *op. cit.*, September 1896, p. 359.
묘한 것은 소실 자신은 남편이 하나이기 때문에 세례 받을 수 있다고 보았다. *Loc. cit.*

16) 새문안교회 『당회록』, 1910. 11월. Cf. *ibid.*, 1910. 12. 18일자.

17) *Ibid.*, 1910. 12. 18일자.

18) 교회휘문, 〈그리스도회보〉, 1911. 3. 30일자.

> 을 ᄯᆡ에 부인들도 방에 드러와 남편과 ᄀᆞᆺ치 편안이 안져셔 먹기로 쟉졍ᄒᆞ자 한즉 일심이 되야 그대로 ᄒᆞ자 쟉정ᄒᆞ고 ᄯᅩᄒᆞᆫ 내외간에 놉고 ᄂᆞ진 말ᄒᆞᄂᆞᆫ 것도 됴치못ᄒᆞ니 ᄀᆞᆺ흔 말노 ᄃᆡ접ᄒᆞ기로 쟉정ᄒᆞ엿ᄂᆞᆫ지라.[19]

이것은 실제 황해도 평산(平山) 감바위교회에서 일어난 일이었다. 참으로 가슴이 뭉클하다. 아내가 할 일이 얼마나 많았던가. "시집살이"라는 말은 한국에서 여인의 산더미처럼 쌓인 일거리, 눈물과 탄식, 고통, 멸시, 비굴, 바로 그 대명사였다. 밥을 다 짓고 상 다 차려서 방에 드려놓고, 그리고 자신은 부엌에 내려가 쭈그리고 앉아서 먹었다. 그리고는 다시 온종일 집안일을 구석구석 뼈가 닳도록 일한다. 세상 가련한 인생이 한국여인네들이었다. 칠거지악(七去之惡)[20]에 시달리고, 출가외인(出嫁外人)[21]으로 고립되었었다. 이제 그들에게 한줄기 햇살이 비치기 시작한 것이다. 겸상(兼床)을 하기 시작한 것이다. 기독교가 그런 일을 한 것이다.

이 감바위교회에서 예배 후 모여 토론한 주제가 있었다. 곧

> 하ᄂᆞ님이 남녀를 내실 적에 엇지 남ᄌᆞᄂᆞᆫ 귀ᄒᆞ고 녀인은 쳔ᄒᆞ게 ᄒᆞ셧ᄉᆞ리오.[22]

그러면서 교회는 하나님이 남녀를 창조하실 때의 경륜을 확인한 것이다. 하나님이 사람을 창조하실 때에 여자와 남자의 권리를 평등과 동격으로 하셨다는 확인이었다. 더 이상의 이론이 필요 없었다.

---

19) 교회통신, 〈그리스도신문〉, 1901. 6. 20일자

20) 아내를 내쫓는 7가지 이유: 불순구고(不順舅姑), 무자(無子), 음행(淫行), 질투, 악질(惡疾), 구설(口舌), 도벽(盜癖). 동양 봉건시대의 전형적인 남존여비의 악제도.

21) 시집간 딸은 타인이라 해서, 딸들이 시집가서 친정을 바라보고 기댈 생각을 말라는 것.

22) 부부론, 〈죠션그리스도인회보〉, 1897. 8. 4일자.

교회는 부부와 가정의 문제에 있어서 성서적 교훈과 동양 고유미덕을 원만하게 조절하는 형태를 취하였다. 군신(君臣)이나 부자(父子), 장유(長幼), 부부(夫婦), 붕우(朋友)의 질서가 모두 다 부부의 관계에 그 근거를 두고 있다는 새로운 가치관을 제시한 것이다.

> 부부가 업스면 부자와 군신과 쟝유와 붕우가 어디로 조차 나리오. 부창(夫唱)ᄒᆞ고 부수(婦隨)ᄒᆞ야 가ᄉᆞ를 서로 다사리고 서로 도와주어서 서로 알지 못ᄒᆞ난 일이 업고 서로 의논치 안ᄂᆞᆫ 거시 업서야 규문 안에 화평ᄒᆞᆫ 덕힝이 능히 온 집안을 쟝셩케 ᄒᆞᄂᆞ니 ...
>
> 그린고로 ᄌᆞ자 ᄀᆞᆯ아사ᄃᆡ 준ᄌᆞ의 도ᄂᆞᆫ 부부에 비롯ᄒᆞᆫ다 ᄒᆞ시니 사ᄅᆞᆷ마다 맛당히 이 말ᄉᆞᆷ을 깁히 계경ᄒᆞᆯ 거시어늘 ...
>
> 부부가 서로 공경ᄒᆞ니 일노써 사ᄅᆞᆷ이 부모를 ᄯᅥ나 그 안ᄒᆡ와 ᄒᆞᆫ몸이 된지라. 하ᄂᆞ님이 ᄶᅡᆨᄒᆞ신 바를 사ᄅᆞᆷ이 가히 난호지 못ᄒᆞᆫ다 ᄒᆞ신고로 쥬를 밋ᄂᆞᆫ 사ᄅᆞᆷ은 ᄒᆞᆫ 지아비와 ᄒᆞᆫ 지어미로 몸을 맛치거니와...[23)]

이렇게 해서 "음탕ᄒᆞᆫ 정욕과 완픽ᄒᆞᆫ 픙습"의 희생자였던 여인들이 이제 존엄과 인격으로 당당하게 부상하고 있었다. 여성만이 가지고 있는 그들 잠재력과 역량을 발휘하고 사회 역사에 기여할 수 있게 해서 세계가 몰라보게 달라지는 그날을 앞당기는 데 교회의 역할이 이만큼 컸다.[24)]

여권 신장을 위한 개혁들

그 하나가 우선 가정의 순결과 신성성 그리고 행복을 유지하기 위하여서 음담패설의 해독이 경계되었다. 그런 악담의 제거는 그것이

---

23) 부부론, 〈죠션그리스도인회보〉, 1897. 8. 4일자.

24) C. Trollope, *Mark Napier Trollope, Bishop in Korea 1911-1930*, London, SPCK., 1936, p. 112.

여인의 인격존중을 위해서 두말할 것 없지만, 자녀들의 교육 및 언어의 순결과 교양을 위해서 아주 중요하다고 본 것이다.[25]

다음은 조혼의 폐습을 없이한 것이다. 조혼은 오래된 고유의 구습이었다. 하지만 그 폐습이 선교 초기 당시, 특히 1900년대를 전후해서 갑자기 성행하는 이변(異變)이 있었다. 일제가 혼인세를 징수한다든가, 또는 일본이 한국 여자들을 탈취한다는 괴이한 소문이 퍼져서 조혼이 갑자기 성행한 것이었다. 여기 교회는 그런 괴상한 소문에 밀려서 조혼을 하는 것이 저항의 한 모습으로 비쳐지는 폐단을 경고하고, 이런 폐습 자체의 폐해를 알려주지 않을 수 없었다.[26] 곧

1. 조혼이 민족을 잔약(孱弱)하게 만든다는 것. 20세 이전에 생산(生産)했을 때 그 소생이 잔약하고 병이 많다는 것.
2. 조혼이 백성을 무식하게 만든다는 것. 남녀가 20세 전에 교육을 받게 되어 있는데, 그전에 조혼하면 공부에 방해요, 또 실제 가사에 얽매여 공부할 수 없다는 것.
3. 조혼이 집안을 불화하게 한다는 것. 유치한 아이들이 부모의 압제로 성혼하였다가 지각이 든 뒤에는 금실이 계속되기가 힘들다는 것.
4. 조혼이 백성의 음란한 풍속을 기른다는 것. 부부의 불화 때문에 음분(淫奔)한다는 것.
5. 조혼이 결국 이런 모든 이유 때문에 백성을 멸망하게 한다는 것.

혼인 연령을 남자 만 17세, 여자 만 15세로 정하고 성례(成禮)하도록 교회가 의결한 것은 1914년의 일이다.[27]

---

25) 음잠패셜을 금할 일, 논셜, 〈그리스도신문〉, 1901. 4. 11일자.

26) 조혼의 폐단, 샤셜, 〈그리스도회보〉, 1911. 3. 10일자.

27) 예수교쟝로회 죠션총회 뎨 삼회 『회록』, 1914, p. 29. Cf. 뎨 륙회 『회록』, 1917, p. 17.

그런데 장로교회는 이 밖에도 수양남매(修養男妹)의 관계를 어긋난다고 보고 이를 금단하였다. 전교회가 실질상 그리스도 안에서 한 가족이 된 것과 마찬가지이기 때문에, 무의무탁한 자선적 사업의 경우 외에는 의남매(義男妹)라든가 수양남매라든가 하는 친근한 관계를 따로 만들 필요가 없다고 하여 이를 철저히 금지하였던 것이다.[28] 더구나 데릴사위나 민며느리 같은 것을 두는 가정은 반드시 견책할 것이라고 경고하였던 것이다.[29] 이런 조치는 교회 안에서의 조례였음이 밝혀진다.

더구나 놀라운 것은 혼인 당사자들이 부모의 간섭 없이 서로 배우자를 선택하고 사랑하여 결혼한 사실이 1899년 광고된 일이 있는데,[30] 이는 실로 엄청난 변화를 기독교가 초래하였다는 증거가 되는 것이다.

그런데 다른 하나, 여성의 지위향상은 무지와 천대에서의 해방이 동시에 진행되어야 했다. 그들 스스로의 해방이 필요했다. 언제나 세상은 두 가지가 있어서 일이 성취된다. 하나는 밖에서 오는 힘, 다른 하나는 안에서 나오는 힘이다. 예수님 말씀이 바로 그런 것이다. "율법에 뭣이라 기록되었으며, 네가 어떻게 읽었느냐."[31]

그런 여성해방은 여성들이 그들 운명을 한탄하는 비애 때문에 빠지기 쉬운 미신에서 놓이는 일이 급선무였다.[32] 재래 무속(巫俗)의 폐해는 대개 여성의 문제였다. 우리는 이 미신타파와 여성의 문제를 다음 장에서 자세히 다루기로 하겠다.

---

28) *Ibid.*, 뎨 사회 『회록』, 1915, p. 33.

29) 예수교쟝로회 뎨 ᄉᆞ회 『회록』, 1910, 부록, p. 20. Cf. 뎨 이회 『회록』, 1908, p. 15.

30) 희한ᄒᆞᆫ 일, 〈대한그리스도인회보〉, 1899. 7. 19일자.

31) 『누가복음』 10: 26.

32) 〈대한매일신보〉, 1905. 2. 8일자. Cf. 논셜, 〈독립신문〉, 1896. 5. 7일자.

1.2. 주초(酒草)의 금지운동

금주(禁酒)문제

교회는 술에 대하여 그 선교 초기부터 이를 철저히 금지해 왔다. 1897년 4월의 〈죠션그리스도인회보〉는 제주도에서 한 교인이 단주(斷酒)한 사실을 들어 "참으로 새로 난 사람"[33]이라 환호로 보도한 일이 있었다. 술의 폐단이 하도 컸기 때문에, 예수를 믿기로 결단하는 계기를 그 단주에서 보고자 한 교회의 바람이 거기 있었다.

> 오직 슐은 다만 사ᄅᆞᆷ의 혈긔만 도아 조곰 취ᄒᆞ면 호협ᄒᆞᆫ 긔운이 나서 겸손ᄒᆞᆫ 뜻이 업고 크게 취ᄒᆞ면 심심이 혼몽ᄒᆞ야 무례ᄒᆞᆫ 일도 ᄒᆞ며 일의 시비와 말의 곡직을 능히 분면치 못ᄒᆞᄂᆞᆫ지라.[34]

교회가 이렇게 강경한 입장을 취한 것은 술이 개인이나 사회에 끼치는 손실이 막대하다는 것을 뼈아프게 느끼고 있었기 때문이다.

> 슐은 바른 ᄉᆡᆼᄋᆡ로 수고ᄒᆞ야 모흔 ᄌᆡ산을 ᄲᆡ아스며 죄인을 만들고, 집을 망(케)ᄒᆞ며, 협잡과 뇌물과 사졍[35]을 셩ᄒᆡᆼ케 ᄒᆞ야 사물을 그르치고 국ᄌᆡ를 람용ᄒᆞ며 부셰를 무겁게 ᄒᆞ고 유익ᄒᆞᆫ 일에 쓸 돈을 여러 ᄇᆡᆨ만금씩 ᄒᆡ로운 일에 허비ᄒᆞ야 ᄒᆞᆼ상 궁ᄭᆡᆨ하게 ᄒᆞ니, 만일 슐에 업ᄉᆡ는 ᄌᆡ물을 일용지물에 쓰면 사농공상이 다 흥왕ᄒᆞ고 돈 업서 어려워ᄒᆞᄂᆞᆫ 괴로움이 구름ᄀᆞᆺ치 헛터줄지니 경제상으로나 도덕상으로 보면 슐은 업시ᄒᆞᆯ 불건이어ᄂᆞᆯ 오ᄂᆞᆯ날 ᄭᆞ지 그ᄃᆡ로 두니 괴이ᄒᆞ도다.[36]

---

33) 회중신문, 〈죠션그리스도인회보〉, 1897. 4. 7일자.

34) 계쥬론, 〈죠션그리스도인회보〉, 1897. 6. 23일자.

35) 투기나 노름.

36) 업시ᄒᆞᆯ 물건, 〈죠션그리스도인회보〉, 1897. 11. 29일자.

감리교회의 존스(G. H. Jones, 趙元時 1867-1919)는 전도인과 권사 그리고 속장들을 모아놓고, 술 마시는 교인들은 "즉시 출교"한다는 방침을 고수하라고 권한 일이 있다.[37] 장로교회에서는 일찍부터 술 마시는 교인들을 치리(治理)하고 있었다. 가령 새문안교회는 교인 이기용이 음주한 사실이 알려져 당회가 소환하여 물었더니, "약으로 먹고 시장하여 먹었다"해서 형편 참작하여 위로하고 기도하였지만, 그 말이 거짓임이 밝혀져 책벌한 일이 있다.[38]

교회는 음주의 죄를 네 가지로 지적하고 있었다. 하나는 하나님께 범죄하는 것이고, 다음은 교회법을 어기는 것이고, 다음은 부모형제 처자에게 막된 말을 쏟아내어 상심케 하는 것, 그리고 넷째로는 죄를 지어 자기 몸을 망하게 한다는 것, 이런 것들이었다.[39] 당시만 해도 교인 중 더러 술을 마시는 이들이 있었기 때문에 교회법을 참조하면서 계주(戒酒)를 엄격히 다스리고 있었다.

금연(禁煙)문제

금연에 대한 교회의 금기(禁忌)는 그 사회적 폐해도 문제였지만, 그것이 신체 건강에 미치는 해독 때문에 더 엄격하게 한 것으로 나타난다. 새로운 인간을 만들고 거기서 새롭고 힘 있는 사회를 건설해 나가는 여명의 근대사에서 허약한 실의의 병약자들, 결단력이 부족한 사람들을 용납하기는 어려웠다. 그것이 도덕적 인격파탄과 연결되었을 때에는 더욱 예민했다.

담ᄇᆡ를 먹ᄂᆞᆫ 사ᄅᆞᆷ은 쥭을 ᄯᅢᄭᆞ지 불평(불편?)ᄒᆞᆫ 거시 만흐니라. 이런

---

37) 교회법에도 술 먹지 못ᄒᆞᆯ 거시 분명ᄒᆞᆷ, 〈대하그리스도인회보〉, 1900. 3. 7일자.

38) 새문안교회 『당회록』, 1910. 11. 19일자.

39) *Loc. cit.*, Cf. 「술이 무서운 즘생보다 더ᄒᆞᆷ」, 〈대하그리스도인회보〉, 1899. 2. 8일자.

> 사름은 여러가지 병이 잇나니 힘쥴이 악ᄒᆞ고 가슴이 답답ᄒᆞ고 념통이 더 벌덕벌덕ᄒᆞ고 슈전증이 나고, 안력에 대단히 해롭고, 여러 가지 병이 만흐니라.[40]

1910년대에 이르러서 미성년의 흡연현상이 만연되자 교회는 여기 깊은 우려를 나타내게 되었다. 한국교회 사회의식 촉발력은 실로 신속하였다. 북감리교 연회가 흡연금지를 결의한 것이 바로 1910년의 일이다. 흡연이 영혼과 정신 그리고 신체에 엄청난 해독을 끼친다는 우려가 태산 같았다. 그 이유를 몇 가지 들었다. 곧

> 1. 흡연이 신체에 해됨이니 지권연[41]은 사람의 몸에 활동력을 감하며 미성년자의 신체로 하여금 발양(發養)치 못하게 하고
> 2. 흡연이 총명에 해됨이니 지권연 속에 니코틴이라는 독질이 있어서 신경과 뇌력(腦力)을 약하게 함이요.
> 3. 흡연이 도덕에 해됨이니 지권연이 먹는 자로 하여금 목이 조(燥)하고 갈하게 만드는 고로 술 마실 생각을 가지게 하기 쉬우니, 이로 인하여 우리 영혼의 거룩한 집이 더럽히는 것이요.
> 4. 흡연이 경제에 해됨이니 금 같은 시간을 허비하여 금전을 내버리며 정결한 방속과 아름다운 의복을 글어서 못쓰게 만듦이라.[42]

이런 것들이었다. 도덕적, 지적, 신체적, 경제적 손실과 그해독이 교회 금연 캠페인의 주요 동기였다. 따라서 1907년 진행된 단연(斷煙)구국운동의 일환이었던 국채보상운동(國債報償運動)과의 관련은 여기 분명하게 나타나 있지 않다.

---

40) 담븨의 해로움이라, 〈그리스도신문〉, 1897. 5. 7일자.
41) 종이로 싼 큰 담배. 전에는 긴 담뱃대로 피웠다.
42) 흡연의 해되는 증거가 무엇이뇨, 〈그리스도인회본〉, 1911. 7. 15일자.

교회의 단연실천 운동은 1910년대 와서 심화되었다는 인상이다. 그 이유를 정확하게 가려내기는 힘들지만, 조선총독부(朝鮮總督府) 1912년 회계(會計)를 보면서 그런 결단을 내린 것이 아닌가 하는 생각이 든다. 그해 세입부분에서 담배전매의 세입이 220,553원이었음에 비해 관립학교 이외의 학교교육부분 세출이 23,582원에 불과한 사실[43)]을 보고는 충격을 받았음이 분명하다. 따라서 여기 심각한 사회윤리적 파행(跛行)이 있구나 하는 생각을 하였을 것이다. 실로 그때의 주초(酒草)관계 세입은 430,638원이었다. 총독부 총세입 11,347,536원의 3.8퍼센트에 이르고 있었다. 이것이 1914년도에는 주초세입 1,142,188원으로 세수 16,537,486원의 7퍼센트로 급상승하고 있었다.[44)] 1907년의 추산으로는 1인당 연간 흡연비가 5원이었다.[45)]

도덕적 문제만이 아니라 민족경제에 대한 교회의 책임감은 예민해질 수밖에 없었다. 그래서 교회의 단연 움직임은 가속화해갔다. 1912년 인천 내동(內洞)교회 영수급 인사들과 속장들이 단연한 일이 있고,[46)] 영종도의 후소리교회 교인 다섯 역시 단연한 사실을 밝혔다.[47)] 황주(黃州)에서는 단연한 금액으로 유기복과 이용성 두 사람을 전도인으로 세웠던 일도 있다.[48)]

사실 당시에는 사회개혁 추진과 사회발전을 위한 조직이나 자본이나 메카니즘이 없었다. 근대 개화기에 있는 것은 인재뿐이었다. 인재를 찾아내고 교육시키고 필요한 곳에 배치 활용하는 일이었다. 근대

---

43) Estimate of Revenue of the Government-General for the Fiscal Year of 1911 and 1912. *The Annual Report on Reform and Progress in Chosen, 1911-12*, p. 260.

44) *Ibid.*, 1913-1914, p. 160.

45) 단연동맹회 취지서, 상무회 의회, 〈대한매일신보〉, 1907. 3. 7일자.

46) 6씨 단연, 〈그리스도회보〉, 1912. 4. 30일자.

47) 연초거절, 〈그리스도회보〉, 1913. 5. 27일자.

48) 단연전도, 〈예수교회보〉, 1913. 5. 27일자.

사회발전기에 가장 성공한 일본의 경우도 시부자와(澁澤榮一)나 후쿠자와(福澤諭吉)가 인재 양성을 그 첫 근대화의 목표로 삼았던 것이다. 한국의 경우 기독교가 인간의 영적 갱생을 추구한 데에는 복음주의 구원관의 문제도 있었지만 사회적으로는 이러한 인재 배출의 의도가 컸던 것을 알 수 있다.

한데 이러한 개혁추진 에너지인 기독교인의 수적 통계는 1896년의 경우 다음 표와 같았다. 북장로교와 부감리교만의 것이다.

기독교 교세표(1896년 현재)

	선교사	학습교인	세례교인	세례성인	세례유아	기독교학교생도	주일학교	주일학교학생	주일학교교사	헌금($)	선교부예산	환자치료
북장로교	33	—	932	—	—	405	9	545	—	921	39,080	10.308
북감리교	14	587	230	48	94	—	7	512	24	—	—	—

* Table of Statistics for the Korea Mission Presbyterian Church in the USA, 1909 의거

* (—) 표는 불명확 표시

하지만 이 통계의 불확실성, 다시 말하면 1896년 현재 장로교회와 감리교회의 교인 합계가 1,844명에 불과하였겠는가 하는 사실은 다음 사실에서도 밝혀진다. 곧 1897년 3월 서울 새문안교회 교인수가 150명이요 학습교인이 100명에 이르고 있었다.[49] 그리고 평양 대동문안교회에 모이는 교인들만도 600여 명에 이르고 있었다.[50] 따라서 이 두 교회의 교인만 합쳐도 750여 명이 된다는 말이었다. 그렇다면 선교부의 이 숫자들은 정식 세례까지 받고 등록한 조직교회의 교인들만을 정확하게 추려서 산정(算定)한 것이라고 할 수 있다. 그런데 이

49) 회중신문, 〈죠션그리스도인회보〉, 1897. 3. 7일자.

50) *Ibid.*, 1897. 3. 10일자.

소수의 정련(精鍊)된 교세가 바로 1896년의 한국 근대화 사회변혁의 동력원이었다는 말이 되는 것이다.

2. 사회개혁의 여러 형태

2.1. 우상과 미신의 타파

게일(J. S. Gale)은 한국인의 역사를 깊이 연구하고 나서, 우리나라 사람들의 지적 우수성과 우리들의 문화적 공헌을 알아내고는, 깜작 놀란 일이 있었다. 선교사 입국 당시의 전국적 빈곤과 무기력증 그리고 사회적 불안을 보고는, 그 이전 역사가 찬란했던 것과는 비교가 되지 않았기 때문이다. "뭔가 큼직한 힘이 이들을 이러한 정황에 끌어내린 것이 확실하다."[51] 그는 결론을 내리고 있었다. 그것이 바로 풍속의 저변에 갈려 있는 우상과 미신이었다.

> 젼국 인심을 보건ᄃᆡ 활발ᄒᆞᆫ 모양과 영ᄆᆡᆼᄒᆞᆫ 무긔가 조곰도 업고 유약ᄒᆞ며 나타ᄒᆞ니 슯흐고 슯흐도다.[52]

이런 것은 모름지기 "요망ᄒᆞᆫ 무당과 간활ᄒᆞᆫ 소경" 때문이었다고 본 것이다.[53] 교회는 미신에서 몽매와 무지에 더하여 효(孝)의 왜곡까지를 본 것이다. 교회는 이 미신과 우상의 타파를 결행하려고 한 것이다. 1897년 4월 황해도 백천(白川)의 교인 김만보의 아내가 무당이었

51) J. S. Gale, Korean Civilization, 〈*The Japan Mail*〉, 1896. 4. 18일자.

52) 대한론, 〈대한그리스도인회보〉, 1900. 2. 15일자.

53) 우샹론, 〈죠션그리스도인회보〉, 1897. 4. 14일자.

는데, 전도를 받고 "마귀를 다 제 손으로 불살라"[54] 버린 일이 있으며, 그해 7월에는 기독자들이 서울 남산에 있는 국사당 안에 있는 "잡동사니 화상은 다 빼여 소화"[55]시켜 버린 일도 있었다. 그 국사당 안에는 이태조의 어진(御眞)도 있어서, 국왕을 우상들 사이에 모실 수 없다는 애국심도 여기 함께 발로되고 있었다.

평양에서는 판수 노릇을 하던 사람이 예수를 믿고 "과연 젼일에 거즛 말을 ᄒᆞ야 눈 감은 사ᄅᆞᆷ이 눈 ᄯᅳᆫ 사ᄅᆞᆷ들을 속여 미혹케 ᄆᆞᆫ들어 유슈ᄒᆞᆫ 돈을 헛되이 ᄡᅵ아서 먹은 일"[56]을 후회하고, 그 죄상을 참회하는 뜻을 글로 써서〈독립신문〉에 보낸 일이 있었다.

교회는 또 부모의 기일(忌日)에 대하여, 그날이 슬픔으로 지내야 할 날인데도 오히려 음식을 차려 손님을 청하는 것이 마땅치 않다고 여겨, 그런 것이 "죄"의 문제까지 일으키는 경우는 치리하기로 하였던 것이다.[57]

미신에 대하여서는 그것이 요컨대 허탄한 것이고, 우리 현실과 도덕적 양식에서 떠나있었다고 본 것이다. 도학(道學)의 근원인 창조주에게서 떠나 사리와 시말(始末)을 뒤엎고, 인간의지를 비겁과 몽매로 해이(解弛)시키고, 신선한 기력을 좌절시키며, 그렇게 해서 사회를 암담하게 하는 것이 큰 죄악이라고 본 것이다.

> 하ᄂᆞ님이 세상 만물을 내신 ᄶᅵ에 사ᄅᆞᆷ의게 ᄌᆞ유ᄒᆞᄂᆞᆫ 권리를 주시고 만물을 임의로 다ᄉᆞ(리)며 일용산업에 취ᄒᆞ야 쓰게 ᄒᆞ셧스니, 하ᄂᆞ님의 도를 존경ᄒᆞᄂᆞᆫ 사ᄅᆞᆷ이라야 릉히 ᄌᆞ유의 권리를 ᄂᆞᆷ의게 ᄲᅢᆺ기지 아닐 거시오. 사ᄅᆞᆷ마다 ᄌᆞ유의 권을 닐치 아니ᄒᆞ면 나라이 반다시 ᄌᆞ쥬 권세가

54) 회중신문, *ibid.*, 1897. 4. 28자.
55) 잡보,〈독립신문〉, 1897. 9. 14일자.
56) 논셜,〈독립신문〉, 1897. 9. 14일자.
57) 대한예수교장로회 뎨 사회『회록』(1915), p. 34.

단단홀지라.[58]

미신 이상 인간을 부자유하게 하고 예속하게 하는 것이 다시없다는 것이었다. 따라서 그 몽매에서 해방하여 인간의 자유를 행사할 수 있는 길은 미신을 떠나는 길밖에 없다는 것이었다.

2.2. 자립정신, 책임 시민의식의 형성

자립과 자급의 시민상

앞서 네비우스방법을 언급할 때에 이미 밝혀졌지만 한국교회는 처음부터 책임 시민의식, 그래서 개인의 자립정신을 함양하는 동력으로 현존해 왔다. 그리스도를 구주로 모신 감격의 체험은 다른 사람에게 구원의 소식을 전해야 한다는 사명감을 가지게 하였고, 따라서 교인의 자격이란 다른 사람에게 전도해야 한다는 책임감이 있느냐 없느냐 하는 데에 달려 있었다. 일종의 자립정신의 실천이었다.[59] 개인 기독자들이 부름을 받은 현장에서 각각의 생업에 충실하면서 그리스도인으로 살아간다는 결의가 마침내 한국교회 안에서 평신도의 사도적(使徒的) 직책을 형성해 갔을 뿐만 아니라, 교회와 같은 막강한 전국적 조직을 대의적(代議的) 정치로 운영해 나가는 자치(自治)능력을 갖추게도 해 주었던 것이다.[60] 이런 것이 기독교인의 "정상적인 신앙의 과정"이라고 본 것이다.[61] 자립정신이 없는 기독교인은 참된 의미의

---

58) 나라의 근본, 〈독립신문〉, 1899. 9. 1일자.

59) M. P. Beach, *A Geography and Atlas of Protestant Mission*, New York, Student Volunteer Movement for Foreign Missions, 1901, p. 250.

60) H. G. Underwood, *The Call of Korea*, New York, Fleming H. Revell, 1908, pp. 109-110.

61) T. S. Soltau, *Korea the Hermit Nation and Its Response to Christianity*, London,

기독교인이 아니라는 것이었다.

이런 정신은 자급(自給)정신에서 추진되기 시작하였다. 가령 북장로교 선교지역의 경우 1909년에 교회건물이 840 정도 있었는데 그중에서 20교회 정도만이 선교비의 도움을, 그것도 일부, 받고 있었을 뿐이었다. 589개 처의 초등학교 시설들은 모두 한국교회 자체의 지원만으로 설치되고 운영되고 있었다. 그리고 1,052명의 교직자들은 94퍼센트가 한국교회 전액 자체 보급이었다.[62)]

1909년 장로교회 교인 수는 119,27명이었다. 그런데 그들이 낸 헌금은 81,075달러에 이르고 있었으며, 이것은 한화로 41,000원에 해당하는 액수였다.[63)] 조선총독부의 1911년 교육비 예산은 388,263원이었다. 1909년 장년 세례교인 25,010명의 이만한 헌금액은 자립정신의 두드러진 모습이었다. 그해 교회 경상비 총액은 200,643원이었다.

이런 조선장로교회 헌금 형편을 미국교회와 비교하면, 당시 우리교회의 높은 자급정신과 자립의 의지를 역력히 읽을 수 있다. 1908년 7월에서 1909년 6월까지의 교회헌금은 81,075달러 17센트였고, 병원에서의 수입까지 합치면 95,180달러 45센트였다. 이 시기에 미국선교부는 128,333달러 34센트를 보조하였다. 전체 교회관계 재정에서 조선교회의 헌금이 차지하는 비율은 63.2퍼센트였다. 병원수입까지 합친다면 그 비율은 74퍼센트에 육박하고 있었다.

그런데 미국 북장로교회는 장년세례교인 1,300,329명이 같은 시기에 낸 헌금이 18,424,835달러였다. 1인당 15달러 48센트의 비율이었다. 하지만 미국인의 하루 봉급 평균 1달러 50센트인데 반해, 조선인의 것은 일당 20센트 정도에 불과했다. 이것을 시세로 환산한다면 조

World Dominion Press, 1932, p. 37.

62) S. A. Moffett, Evangelical Work, *Quarto Centennial Jubilee Papers*, 1909, p. 23.

63) 대한노회 총회 총계, 1909. p. 31.

선에서의 1달러는 미국에서는 7달러 50센트에 해당되는 것이었다. 이런 비율로 계산한다면 조선교회의 이 시기 헌금액은 608,063달러 77센트요, 병원수입을 덧붙였다면 713,853달러 46센트였다. 이를 다시 장년세례교인 25,010명으로 평균해보면 1인당 24달러 30센트라는 셈이 나온다. 이것은 미국교회 1인당 헌금 액수에 70퍼센트 이상 더 내고 있었다는 계산이 나온다.[64)]

교회당 건물들도 대개 다 자급으로 지어졌다. 2천여 명이 들어가는 평양의 장대현교회는 그들 교인들의 힘으로만 건축한 교회당이었다. 그렇게 지은 교회당들은 또 그 건축양식이, 경비 문제가 있어서 그렇기도 하였겠지만, 자연히 한국식으로 짓게 되어서 기독교 신앙접근에 친근도를 더해 주고 있었다. 선교사들이 처음 찾아간 지방인데도 거기 이미 큼직하게 세워진 교회를 보는, 그런 경우가 허다하였다. 선교사들이 세계에 타전한 글들 속에는 이렇게 해서 놀란 선교사들의 감격과 경탄이 넘치고 있었다. "어떤 면에서 한국교회는 세계 선교지역에서 가장 훌륭한 본을 보여주는 교회입니다"[65)] 한 선교사는 외치고 있었다.

이 교회 자급정책에 대하여서 지방별과 교파별의 차이가 없지 아니하였다.[66)] 가령 서북지방의 장로교회와 서울지방 교회의 발전 양상을 보면 거기 현격한 차이가 나타나고 있었다. 하지만 그런 차이는 기독교신앙이 한국에 굳게 자리를 잡아갔다고 하는 사실을 입증하는 실로 근소한 차이에 불과한 것이었다. 원칙은 고수되고 있었다.[67)]

---

64) C. A. Clark, Financial Item of Interest, *Quarto Centennial Jubilee Papers*, 1909, pp. 126-127.

65) J. R. Moore, *Village Life in Korea*, p. 212.

66) 서명원, 이승익 역, 『한국교회성장사』, 서울, 대한기독교서회, 1966, 제5, 7장 참조.

67) Editorial Department, *The Korea Review*, October 1901, p. 459.

책임시민의식

이러한 정신이 당시 인도(印度)의 참혹한 기근에 대한 나이 어린 조선교회의 의연금 전달에서도 나타났다. 생활의 궁핍이 심각했던 조선말에 이름도 잘 알려지지 아니한 나라 백성들에 대한 인도적(人道的) 시혜(施惠)의 관념은 쉽게 성립할 수 있는 것이 아니었다. 한데 그것이 일단의 기독교인들에 의해서 수행된 것이다. 1897년 늦봄 인도의 기근으로 아사(餓死)가 휩쓸 때, 우리나라에서 처음 스스로의 힘으로 세워진 황해도의 솔내(松川)교회에서 56원 84전을 모아[68] 〈그리스도신문〉편에 탁송하였고, 현금이 없는 여인네들은 금가락지를 빼어 네 쌍을 연보하였다. 이 금가락지들은 27원 50전에 팔려, 결국 합계 84원이 송금된 것이었다. 그해 4월에는 서울 교회들이 60여 달러를 이미 전달한 일이 있었다.

> 수만리 타국에 ᄒᆞᆫ번도 보지 못ᄒᆞᆫ 사ᄅᆞᆷ을 위ᄒᆞ여 이러케 ᄒᆞᄂᆞᆫ거ᄉᆞᆫ 예수를 밋어 성령의 감화ᄒᆞ심으로 거ᄃᆞᆸ나지 아니ᄒᆞᆫ 사ᄅᆞᆷ이면 엇지 이러ᄒᆞᆫ 일이 잇ᄉᆞ리오.[69]

인도 기아 구제를 위한 연보는 계속 모집되어 보내졌다. 여기 변화된 우리 겨레의 기상이 보이고, 세계를 향한 확대된 인간애의 발로, 세계 시민으로서의 책임감, 그런 것들이 보이고 있었다. 그런 것들은 우리나라에 전에 없었던 새로운 경험과 보람을 안겨 주었다.

이웃사랑과 자선의 표현 역시 이러한 신앙의 기류를 타고 확산되어

---

68) Korean Sympathy for India, Editorial Department, *The Korean Repository*, May 1897, p. 196. 이 금액은 미화 $56.84였다.

69) 인도국 연보전, 〈그리스도신문〉, 1897. 5. 29일자.

갔다. 가령 여주(驪州)의 맹골교회 김춘조는 1911년 정월 동네 빈민 13호(戶)에 대하여 세찬으로 매호마다 쌀 한 말씩을 주고, 춘궁기에는 4석씩 준 일이 있었고, 1912년에는 21호에 대하여 그만한 자선을 베풀고 있었다.[70] 또 1912년 말에는 인천 개포교회의 전도사 허진일이 전도하러 다닐 때 "성신의 인도하심으로" 자선심이 일어나 기한(飢寒)에 외로운 빈민 32명에게 백미 한 가마와 수수 한 가마, 의복 10여 환(圜) 해당의 옷가지들을 나누어 준 일이 보도되고 있었다.[71]

신앙으로 말미암아 변화된 책임시민으로서의 실례도 많았다. 가령 고양 벽제(碧蹄)의 유승근은 강원도 깊은 산 속에서 전도하다가 금화(金化)에서 폐결핵으로 세상을 떠난 전도인이었다. 그런데 그는 한때 일하던 인천 주전소(鑄錢所)에서 사취한 돈 20원을 탁지부(度支部)에 반환하고 영수증까지 받았던 인물이다. 이런 양심전(良心錢)을 바친 일은 "죠션역사상 처음 되는 일"[72]이었다.

우리 사회는 다른 곳에서 찾아볼 수 없는 "훌륭한 시민, 영특한 학자, 선량한 사람들"[73]을 기독교회에서 찾아볼 수 있었다. 자주와 자립, 독립과 위엄, 성실과 근면의 시민상(市民像)을 거기서 볼 수 있었다. 이러한 시민상은 갑오경장과 그 이후에 계속된 일제의 굴욕적 만행, 곧 을미사변, 단발령, 을사늑약(乙巳勒約), 정미조약을 거치면서 교회 안에서 더욱 예민하고 건전하게 형성되어 가고 있었다.

---

70) 김씨 ᄌᆞ션심, 〈그리스도회보〉, 1912. 7. 15일자.

71) ᄌᆞ션심이 진리로 좇차남, 〈그리스도회보〉, 1913. 4. 21일자.

72) 양주삼 편찬, 『조선남감리교회 30년기념보』, 조선남감리교회 전도국, 1929, pp. 53-54.

73) L. H. Underwood, *Fifteen Years among the Top-Knots*, p. 274.

2.3. 의료선교

한국에서 기독교의 첫 소개는 의료를 통해서 수행되었다. 알렌의 광혜원(廣惠院)[74]이 그런 역할을 한 것이다. 처음 들어온 선교사들 곧 언더우드(H. G. Underwood, 元杜尤 1859-1916)나 스크란톤(W. B. Scranton 施蘭敦 1856-1923) 및 헤론(J. W. Heron, 惠論 1856-1890)과 같은 이들의 한국 정착도 이런 사업과의 관련 명분이 있어서 가능하였다.

교회계 병원으로는 감리교회의 정동제일병원(1885), 제중원의 여자부(1896), 감리교의 보구여관(普救女館 1887), 성공회의 인천병원(1890)과 서울 마태병원(1892), 장로교회의 "휴 · 오닐2세기념진료소"(1894), 평양의 감리교 기홀(紀忽)병원(1894), 부산의 젠컨기념병원(1897), 원산 구세병원(1898), 감리교의 평양 광혜여원(廣惠女院)(1898), 장로교회 진주 페이톤기념병원(1902), 평양 칼로라인 라드병원(Carloline A. Ladd) (1905), 감리교회의 해주구세병원(1910), 개성 남성(南星)병원, 이런 것들이 그 일부였다. 선교사들의 의료사업은 이밖에도 선천(宣川), 원주, 재령(載寧), 전주, 군산, 광주, 목포, 강계(江界) 등 여러 곳에 퍼져 있었다. 이 의료선교가 남긴 이 사회개혁적 공헌은 여러 가지였다.

미신의 추방

그 하나는 몽매한 전근대적 미신의 폐습과 무의(巫醫)의 폐해를 근절하였다는 사실이다. 의료선교는 아픈 사람들을 고쳐주고, 사람들의 고통을 덜게 하여 주었다. 그러나 그런 과정에서 그렇게 널리 퍼져 있었던 무소부재 미신의 어두운 힘을 추방한 공헌을 남겼다.[75] 귀신

---

74) 1885년 4월 10일 창설, 23일 제중원(濟衆院)으로 개칭한 왕립병원(王立病院). 연세대학교 의료원 전신. 1894년 7월부터 장로교 선교부에 이관.

이 병을 일으킨다고 하는 두려움 때문에 생기는 여러 부담과 불행은 심각하였다. 그리고 거기에는 그 고통에서의 출구가 없었다. 이런 비극과 참담함에서 이 백성들을 구원한 것이 바로 이 기독교의 의료선교였다.[76)]

상하층을 관통하는 사랑

다음으로는 이 의료선교가 위로는 나라의 어른이신 고종(高宗)으로부터 아래로는 천민에게 이르기까지, 그리고 궁중의 여자들로부터 서민 대중의 부녀자들에까지, 전혀 차이를 두지 않고 그 손을 뻗쳐 시료(施療)하고 있었다는 사실이다. 이것은 우리 사회 계층 간의 간격이나 그 차별의식을 제거하는 데 엄청난 작용을 한 것이다. 그것이 강제적인 제도로서가 아니라 사랑의 손길로 가 닿았다는 데에, 그 계층 연결의 더할 수 없는 촉매력이 빛났다. 실제로 에비슨은 고종의 시의(侍醫)였다. 하지만 그 옥체(玉體)를 만지던 바로 그 손으로 가난하고 불쌍한 사람들을 다시 만지고 치료하였던 것이다. 그 소문은 폭발력을 가지고 있었다.

우리나라 의료선교는 본래 "가장 불쌍한 계층"에 있는 사람들을 상대로 해서 치료한다는 원칙이 있었다.[77)] 상류층이나 왕궁에 대한 의료는 다만 형편에 따른 것이었다.

---

75) *The Annual Report of the Foreign Missions, Presbyterian Church in the USA.*, 1910, p. 274.

76) O. R. Avison의 수기(手記), 1895. 7. 8일자. 『연세대학교사』, p. 53에서 인용.

77) *The Annual Report of the Missionary Society of the Methodist Episcopal Church for the Year of 1886*. p. 268. Cf. *Ibid.*, 1886, pp. 269, 274, 313; 1887 p. 316; 1894, p. 248 등.

인간애의 구체적 표현 통로

셋째로는 이 의료활동을 통해서 전에 듣지 못하였던 인간애가 구체적으로 실현된 사실이다. 의료사업에 적극적이었던 북감리교선교부는 1898년에 4천백여 명의 환자들을 치료하고 있었다. 의료사업을 통해서 이 겨레가 체험한 것은 문자 그대로의 "헌신적인 기독교적 사랑"이었다. 그것은 이미 선교 초기 1885년에 겨레의 마음에 깊이 가 닿아 있었다.[78]

이런 기독교의 헌신적인 사랑이 실제로 시위된 것이 1895년 청일전쟁(淸日戰爭) 때의 일이다. 전쟁 때에는 무서운 질병이 돌기 마련인데, 그 당시에는 가공할 만한 호열자가 전국에 만연하고 있었다.

> 여질(癘疾)이 의주(義州)에서부터 시작하여 십여 일만에 서북지방에 퍼지더니 마침내 서울지역에까지 퍼져들었습니다. 이에 죽는 사람들이 줄을 이었습니다. 관격(關格)[79] 토사(吐瀉)[80]에 하루 이틀 만에 홀연히 죽으니, 우리는 이를 괴질(怪疾)이라 하고, 양인(洋人)들은 호열자(虎列剌)라 일컸습니다.[81]

이때 교회는 이 무서운 괴질에 맞서 그들 치료를 위해 불철주야 혼신의 희생적 봉사를 하였던 것이다. 그들인들 무섭지 아니하였겠는가. 또 실제 전염되지 말라는 법도 없었다.[82] 하지만 그들은 그렇게

---

78) *The Annual Report of the Foreign Missions, Presbyterian Church in the USA.*, 1885, p. 131.

79) 먹은 음식이 급하게 체하여 가슴이 막혀 토하지도 못하고 대소변도 못 보는 위급한 병.

80) 구토와 설사.

81) 황현, 『매천야록(梅泉野錄)』, 고종 3년 을미(1895), p. 180.

82) 청일전쟁 와중 평양에서 부상병을 치료하던 홀(W. J. Hall 1860-1894)은 전염병으로 사망.

나섰던 것이다. 서울에서 교회는 서대문 밖에 “프레드릭 언더우드 시료소(施療所)”(Frederick Underwood Shelter)를 설립하고, 환자들, 더구나 길거리에 버려진 병자들을 수용하고는, 의료선교사들은 두말할 것 없이 일반 선교사들 그리고 한국기독교인들이 다 동원되어서 필사의 간호 치료에 임하였던 것이다.83) 서울 4대문 안에는 그대로 신분이 높은 사람들이 거주하고 있었다. 그런데도 그들은 이 괴질에 걸렸다고 해서 그 가족들은 산채로 가져다 길거리에 버리고 있었다. 죽은 환자들이야 두말할 것 없었다.

이 시료소는 언더우드 부인이 총괄하고 있었다. 그리고 그해 부임한 웰즈(J. H. Wells, 禹越時 1866-1938)가 설파 탄산나토리움(Sulpho-Carbolate of Sodium)을 사용해서 경탄할 만한 치료효과를 얻어 낼 수 있었다.84) 병이 걸려서 제3기에 들어서기 이전에 이런 방법으로 치료하였을 때에는 80 내지 90퍼센트의 치료율을 확보하였다고 한다. 이 치료소에서 치료한 환자의 수는 총 173명을 넘고 있었으며, 그 중에서 65퍼센트가 완쾌되어 퇴원할 수가 있었다.85) 할렐루야! 언더우드 부인은 이러한 치료 성공이 기독교인들의 쉴 사이 없는 봉사와 헌신, 환자들을 뜨거운 온돌방에 눕혀 열기가 돌고 맥박이 활발하게 뛰게 하는 간호법, 그리고 웰즈의 설파제 사용, 이런 데에 그 원인이 있었다고 밝혔던 것이다.86)

오랜 질고와 가난, 그 시달림 속에서 살아온 겨레들에게 이 기독자들의 헌신적 모습은 새 시계(視界)와 새 경험을 안겨다 주었다. 밤새 그리고 새벽길을 그 위험 속에서 뛰어 다니는 선교사들을 보고 이

83) D. L. Gifford, *Every-Day Life in Korea*, 1898, p. 145.

84) Notes and Comments, *The Korean Repository*, September 1895, p. 359. 이로 인해서 그는 “호열자박사”란 이름까지 얻게 되었다.

85) L. H. Underwood, *op. cit.*, p. 143.

86) *Ibid.*, p. 142.

겨레는 이들의 헌신과 사랑에 대하여 그 까닭을 묻지 않을 수 없었을 것이다. 그리고 오히려 우리 겨레들 피차의 무관심과 방관을 돌아보았을 것임에 틀림없다. 우리 겨레는 그 역사 반만년에 이런 사랑과 희생을 경험하여 본 적이 없었다.

여섯 주일의 전염병 창궐이요, 하루 3백여 명이 죽어가던 참화의 순간이었다. 조정은 언더우드와 그 일단의 봉사자들에게 미국의 씰 공사(M. B. Sill)를 통해서 감사장을 보내왔다.[87] 여기 덧붙여 상당한 선물과 금액이 하사되었다.[88]

그것은 실로 의외의 것이었다. 얼마 전까지만 해도 교회는 숨을 쉴 수 없을 정도로 조야의 눈치를 보면서 조심하며 선교해야 했던 처지였기 때문이다. 세상을 바꾸는 힘이 무엇인가를 우리는 여기서 분명히 볼 수가 있다. 교회는 겨레의 마음 그 골수에 서서히 자리를 뚜렷하게 그리고 깊게 자리 잡아가고 있었다. 그래서 그랬다. 일제치하에서도 비록 좌절과 환난이 억눌렀지만 이 의료선교가 "유일한 광명의 햇살"로 이 겨레의 소망과 영감을 계속 이끌어 갈 수 있었다.[89] 1897년에만 해도 2만 5천여 명의 사람들이 기독교병원에서 치료를 받았던 것이다.[90] 기독교의 사랑을 몸소 겪은 것이다.

실상 가난한 사람들은 병에 걸려, 만일 그 회복이 절망적인 경우, 집에서 버림을 받아 성문 밖에 짚덩이 위에서 노숙하고 필경 누구 하나 눈물 흘려주는 이 없이 죽어가기가 일쑤였다.[91] 우리 겨레 어

87) 『구한국외교문서』, 고려대학교 민족문화연구소, 제11권, 미안(美案) 2, 1895. 8. 22일자. p. 122

88) 이 금액은 새문안예배당 건축을 위해 헌금되었다. L. H. Underwood, *op. cit.*, p. 146.

89) A. T. Grazdanzev, *Modern Korea*, New York, John Day, 1944. p. 275.

90) In all the Churches, Editorial Department, *The Korean Repository*, January 1898, p. 32.

91) *The Annual Report of the Missionary Society of the Methodist Episcopal Church for the Year of 1886*. p. 275. (차후로 *R.F.M.E.*로 약기(略記).

딘지 이렇게 무서운 데가 있는 족속이던가. 북감리교에서는 이들을 실제 데려다가 죽을 때까지 돌봐주어, 이 세상 떠날 때 나 위해 간호해주고, 나 세상 떠날 때 슬퍼해주는 사람의 손에서 죽는다는, 그런 감격으로 눈감게 한 사람들이 많았다. 1887년만 해도 서울의 4대문 밖에 수백의 이러한 무고(無辜)의 병자들이 외롭게 신음하고 있었다.[92] 실제로 스크란톤 의사가 제일 처음 데려다가 치료를 한 여인도 이러한 환자였다. 병의 원인 말고도 이러한 노숙과 도움 없는 손길 때문에 죽어간 사람이 부지기수였다. 감리교회가 이런 곳에 착안, 남긴 공헌은 과찬의 여지가 없다.

> 이들에게 최소한 날씨 때문에 어려울 때, 비 눈을 막아줄 오막살이 움막, 땔 나무, 입에 넣을 것, 그리고 가능한 치료를 할 만한 그런 집, 그런 곳을 이 버려진 사람들이 있는 곳에 하나 세우고 싶습니다.[93]

교회는 이 곬을 타고 미증유의 사랑을 체험하여 목메 눈망울이 젖은 그 여러 회생(回生)의 무리들과 함께 손잡고 여명의 근대한국, 그 뚫린 대로를 함께 걸어가고 있었다. 그것은 이 나라 상한 영혼들을 찾아 더듬어가는 전도인들의 여권(旅券)이나 다름없었다. [94]

나병원

버림받은 병으로 알려진 나병(癩病 - 한센병)환자들에 대한 의료사업도 이 나라에서는 교회가 먼저 착수하였다. 1897년에 인도동양나병선교회에서 재정적 도움을 받아, 1910년 부산에 나병원을 설치하였

---

92) *Ibid.*, 1887, p. 316.

93) *Ibid.*, 1887, p. 316. 이런 곳을 "사마리아사람의 병원"이라 이름 지을 생각도 했다.

94) *Ibid.*, 1888, p. 315.

고,[95] 또 그해 전라남도 여수(麗水), 그리고 1915년에는 대구에, 각각 나병원을 설치하고 장로교선교부의 지원으로 경영해 나갔던 것이다. 부산 나병원이 개설되었을 때에 수용된 인원은 20여 명이었다.[96] 여기 대해서는 후에 다시 상세하게 다룬다.[97]

맹아 농아학교

맹인학교와 농아학교에서의 감리교의 공헌은 기념비적이었다. 감리교 여자선교사 로제타 홀(Rosetta Sherwood Hall, 許乙 1865-1951)은 1898년 평양에서 한 교인의 딸 맹인을 데려다가 교육하기 시작하였는데, 그것이 발전하여 평양 맹인학교가 되었던 것이다. 그는 1897년에는 맹인의 점자법(點字法)을 한글 한자와 맞춤법에 맞추어 "뉴욕식 점자"로 창안해 내어서 그것으로 초등독본과 기도문 그리고 십계명 일부를 편찬하고 교수하였던 것이다.[98] 여러 사람이 할 일을 혼자 다하고 있었다. 남자맹인들에 대한 교육 역시 평양교회에서 시작하고 있었다.

> 보지 못ᄒᆞᄂᆞᆫ 것도 불샹ᄒᆞ거니와 소경됨으로 인ᄒᆞ야 하ᄂᆞ님의 명령을 어긔ᄂᆞᆫ 일에 의례히 ᄆᆡ이어 마귀 위ᄒᆞᄂᆞᆫ 일로 업을 삼아 사ᄅᆞᆷ을 속이난ᄃᆡ 망령됨을 허다히 지을 ᄲᅮᆫ더러 혹 그 중에 참 리치를 ᄭᆡ달아 회ᄀᆡᄒᆞ려 ᄒᆞ나 용이치 못ᄒᆞ니 엇지 더욱 가석ᄒᆞ고 불샹치 안으리오.[99]

---

95) 『장로교회사전휘집(長老敎會史典彙集)』, 1918, p. 13. 관리자는 Dr. C. H. Irvin(魚乙彬)이었고 후에 Rev. W. E. Smith도 동역.

96) Committee on the Works for Lepers, *The Minutes of Korea Mission, Presbyterian Church in the USA.*, 1910, p. 25.

97) 본서 XII. 1.1 참조.

98) R. S. Hall, The Clocke Class for Blind Girls, *The Korea Mission Field*, July 1906, pp. 175. Cf. *R.F.M.E.*, 1900, 0. 282.

99) 평양통신, ᄆᆡᆼ학교 창셜, 〈독립신문〉, 1905. 2. 28일자.

비참에다가 오류(誤謬)가 맹인들의 숙명이었다. 살길이 거기밖에 없었기 때문이다. 판수 맹인들은 축사(逐邪)로 생계를 유지하고 있었다.[100] 특히 맹인 여자들을 양반 중류층의 축사에 주로 초청받고 있었다. 이를 깨치기 위해 모페트 부인과 한국교회의 이사회가 결성되어 그들을 교화하는 작업에 나섰던 것이다.[101]

고아(孤兒)구제

고아들을 위한 사업은 1886년에 언더우드가 세운 고아원과 성공회의 랜디스(E. B. Landis, 1865-1898)가 1892년 인천에서 시작한 것이 그 효시였다.[102] 언더우드의 고아원은 예수교학당 혹은 구세학당이라 불리어지기도 하였으며, 안창호(安昌浩, 1878-1938), 김규식(金奎植, 1881-1950)이 이 학교에 재학하였었다.[103] 이것이 오늘의 경신학교(儆新學校) 전신이다.

호주장로교선교부의 페리(J. Perry ?-1935)[104]는 멘지스(I. B. Menzies, ?-1935)와 함께 1893년 부산에서 고아 두 명을 양육사면서 고아원사업을 착수하였던 것이다.[105] 1895년 이 고아원에는 여아(女兒) 18명이 있었다. 장로교공의회는 1904년에 서울고아원에 15원, 부산고아원에 10원, 평양고아원에 6월 19전을 각각 구제금으로 기부하고 있었

---

100) G. H. Jones, The Status of Woman in Kore, (ii). *The Korea Review*, January 1902, p. 3.

101) Miscellaneous Institution Work, *Quarto Centennial Jubilee Papers*, 1909, p. 131.

102) *The Annual Report of the Foreign Missions, Presbyterian Church in the USA.*, 1886, p. 148; 1891, p. 136.

103) 주요한, 『안도산전서』, 서울, 삼중당, 1963, p. 40.

104) 케임브리지대학교 출신. 1894년 호주선교부를 떠나 일본에 갔다가 다시 내한 서울에서 고아사업.

105) 『장로교회사전휘집』, p. 13. 여기에는 1897년이라 되어 있으나, 페리양은 1897년에는 서울에서 불구아동을 위한 집을 개설하고 있었다.

다.[106] 1904년의 장로교회 연보 총액은 17,347원이었고, 전도비는 1,924원이었다.

불구아동 구제

"불구아동을 위한 집"이 서울에 세워진 것은 1897년의 일이다.[107] 페리양의 관할 하에 9명의 선교사들로 이사회를 구성하여 개설되기에 이르렀던 것이다. 1901년에는 23명의 불구아동들이 수용되어 있었는데, 그 중 19명이 남아였다.[108] 거기에서는 한글과 한문, 산술, 지리, 재봉, 기타 기초 지식들이 교수되고 있었다. 이것이 후에 일신학교(日新學校)가 된다.

의료과학의 보급

다음의 공헌은 근대의 과학적 의학 지식의 보급이다. 앞서 언급한 바 있는 웰즈(J. H. Wells)는 "호열자 박사"라는 별칭을 들을 만큼 이 괴질 치료에 대단한 효험을 본 특별한 치료법을 찾아내어 격찬을 받은 일이 있다. 그의 치료방법은 한때 미국에서도 그곳 거대신문에 특종기사로 대서특필된 일이 있다.[109]

그는 이러한 의학적 지식을 널리 펼치는 데에도 커다란 기여를 하였다. 그는 〈독립신문〉에 위생과 청결 그리고 의료에 대한 상당한 지식을 보급함으로써, 조선 의사 백여 명이 할 수 있는 일을 한 사람의 힘으로 해내는, 그런 과학기술의 민중 활용을 선도하고 있었다.[110]

---

106) *Ibid.*, pp. 32, 237.

107) E. A. Kerr, & G. Anderson, *The Australian Presbyterian Mission in Korea, 1889-1914*. Australian Presbyterian Board of Mission, 1970, pp. 17, 152.

108) Home for Destitute Children, *The Korea Review*, June 1901, pp. 252, 253.

109) 〈*The New York Herald*〉, 1895. 11. 29일자.

110) J. H. Wells, Medical Impression, *The Korea Review*, June 1896, p. 239.

동시에 그는 수천 권의 팸플릿을 간행하여 병의 증상과 그 치료법 그리고 가정요법에 대하여 기본적인 지식을 보급시켰으며,[111] 그런 활동을 통해서 의료선교가 다만의 치료가 목적이 아니고, 계몽하고 가르치고 구원하는, 인류애의 방편이라는 것을 알게 하였던 것이다. 이것은 실로 인간을 질병과 그 공포 그리고 몰라서 희생되는 그런 비극에서 해방시켜 나가는, 인간화 실현을 위한 확실한 방법이었다.

더구나 세브란스의학교에서 펴낸 의학 교과서들은 "지식의 영원한 기초," 곧 과학적 지식의 정착이라는 차원에서 볼 때에 근대사의 획기적 기원을 이룬 대업이었다.[112] 이러한 지식에서 호열자의 희생을 줄일 수 있었고, 종두(種痘)의 보편화로 마마를 예방하여 어린이들의 사망률을 현저하게 단축시킬 있었다. "암흑에서의 광명,"[113] "미신적 공포로부터의 해방"[114] 그것이 여기 실현되고 있었다.

방역(防疫)

그런 과학적 의료의 실적과 그 효력이 조야(朝野)에 알려지면서 조정은 전염병과 같은 무서운 질병의 만연을 방지하기 위하여 막대한 권한을 의료선교사들에 주는 법적 조치까지 취한 일이 있었다. 1895년 바로 호열자 창궐의 바로 그해에 에비슨(O. R. Avison)은 조정의 내부(內部)에 의해서 방역과 치료의 총책임자로 임명되어, 재정과 경찰력의 동원권이 부여된 일이 있었다.[115] 조정이 1908년 위생법의

111) O. R. Avison, History of Medical Work, *Quarto Centennial Jubilee Papers*, p. 36.

112) *University of Toronto Monthly*, July 1937.

113) H. H. Cynn, Dr. & Mrs. O. R. Avison – An Appreciation, *The Korea Mission Field*, August 1923, p. 157.

114) O. R. Avison, History of Medical Work, *The Annual Report of the Foreign Missions, Presbyterian Church in the USA.*, 1910, p. 286.

115) Doctor in Korea, *Varsity Graduate*, January 1956. Cf. History of Medial Work, *The Annual Report of the Foreign Missions, Presbyterian Church in the USA.*, 1910, p.

제정을 의료선교사들에게 부탁하였을 때,[116] 기독교는 한국에서 영혼과 마음 그리고 몸, 이 전체를 다 같이 함께 구원하는 복음인 것을 현장에서 실천해 가고 있었다.

청결에서도 그랬다. 교회는 서울에 세탁소가 생겨 정부에 영업허가 신청을 낸 사실을 기독교계 신문에 보도하고 광고하여, 이런 데 대한 교회의 관심이 얼마나 컸던가 하는 것을 보여 준 일이 있었다.[117]

의료사역에서의 여성참여

기독교가 의료사역에 여성들이 참여하도록 한 것은 조선에서 처음으로 여성들의 사회활동 기회를 확보하고 보장하였다는 일 이외에, 여성의 능력을 발휘하게 하는 기회를 제공하였다는 의미가 더 컸다. 이 혁신적인 사역의 선도자는 홀(R. S. Hall) 여사였다. 그는 한국인 여성 박 에스터(Esther Kim Park, 1877-1911)[118]을 유학시키고 귀국시켜서, 여성들의 의료 및 간호활동의 효시를 이루었던 것이다.[119] "우리 교회가 대한 녀인을 위ᄒᆞ야 죠흔 일을 ᄒᆞᄂᆞᆫ 거시" 많았다.[120]

285.

116) E. N. Hunt, *Protestant Pioneers in Korea*, p. 33.

117) News Calendar, *The Korea Review*, May 1902, p. 222.

118) 한국인 최초의 여성 외국유학자. 의사. 1891년 F. Ohlinger 선교사에게서 수세(受洗), 보구여관(普救女館)에서 영어 통역으로 봉사. 1892년 박유산과 결혼, 1896년 남편과 함께 도미유학, 볼티모아 여자의과대학에서 2년간 정규 의학 수업, 1900년 10월 졸업과 함께 M.D. 학위 수여. 그해 11월 귀국, 잠시 보구여관 근무 후 1903년 평양의 기홀(紀忽)병원 근무. 1909년 5월 28일 대한여성교육학회가 수여하는 금메달 수상, 1911년 4월 13일 서거.

119) R. S. Hall, The Life of Dr. W. J. Hall, *The Korea Mission Field*, May 1911, pp. 139, 140.

120) 의원(醫員) 부인들을 보관, 〈대한그리스도인회보〉, 1899. 9. 20일자.

의료선교와 복음선교와의 관계 문제

그런데 중요한 사실은 의료사업은 다만 복음전파의 한 전위단계, 아니면 시녀(侍女)로서의 소임을 다하는 것뿐이라는 점을 교회가 다짐하고 있었다는 사실이다.[121] 북장로교회의 한국 현지 선교부에서는 의료사업의 목적이 "제일차적으로 복음전파"에 있음을 확인하고, 그 사업은 이 겨레가 반갑게 복음에 경청할 수 있도록 그 심정의 문을 열어 주는 데에 의미가 있다고 천명하였던 것이다.[122] 의료의 혜택만으로 끝나서는 절대로 안 된다는 것이었다. 의료활동만이라면 교회가 아니더라고 할 수 있는 데가 있다고 보았다. 의료선교는 복음의 한 방법이요, 그 절차요, 수단이라는, 그런 원칙을 계속 확인하고 전수하고 있었다.

심지어 캐나다선교사 그리어슨(R. G. Grierson, 具禮善 1868-1965)은 1915년에 본국 해외선교본부에 낸 편지에서, 선교사들 중에는 일본 의학기술이 월등하기 때문에 경쟁할 수 없으니, 의료선교사들을 다 중국에 보내자는, 그런 의견을 가진 선교사들이 있다고 알린 일이 있었다.[123]

하지만 복음선교의 전단계로서는 의료사역이 얼마나 필수적인가 하는 사실도 아울러 고려되었다. 감리교 선교부가 의료선교사 없이는 새 선교스테이션(Station)[124]을 개설하지 아니한 정책을 고수한 까닭

---

121) O. R. Avison, Review of Medical Mission Work in Korea, *The Christian Movement in Japan, Korea and Formosa*, 1914, p. 488. Cf. *R.F.M.E.*, 1892, p. 283; 1902, p. 317.

122) Standing Rules and By-Laws of the Korea Mission of the Presbyterian Church in the USA., Adopted as Working Basis for One Year, October, 1st 1904, *The Minutes of Korea Mission, Presbyterian Church in the USA.*, 1904, p. 92.

123) R. G. Grierson's *letter* to A. E. Armstrong, General Secretary of the Board of Foreign Missions, Presbyterian Church in Canada, August 25th 1915. United Church of Canada Archives, Victoria University, Canada.

이 여기 있었다.

2.4. 노비와 백정의 해방

한국에는 남노(男奴)라는 것이 없었다. 그런 내력 때문에 1904년 11월 마포에서는 남자 아이들을 여장(女裝)시켜서 노비로 매매하려다가 발각된 일이 있었다.[125)]

그런데 교회 안에서 인권의식이 싹을 내면서 교인들 사이에서는 노비를 자유의 몸으로 풀어주는 일들이 생기게 된 것이다. 남양교회의 박정렬은 비자(婢子)를 속량(贖良)하여 수양녀로 삼아 가족으로 삼은 일이 있는데, 이런 일은 "다 쥬의 빗치 그 ᄆᆞᄋᆞᆷ 속에 빗친 효력"[126)] 때문이었다. 또 황해도 금천군 동화면의 법내감리교회 속장 이연철은 집안이 부유하여 노비가 많았는데, 1911년 11월에는 전에 사들였던 노비 다섯 사람의 문서를 불사르고 그 가족들 10여 명까지 속량하면서 "나가 자유로히 살면서 주를 진실히 믿으라"고 권면하였던 것이다.[127)]

한국사회에서의 계급타파와 인간평등 이상 실현에서 교회가 백정을 해방한 운동만큼 우여곡절이 많았던 것이 다시없을 것이다. 백정들은 호적(戶籍)에서 제외되고 있었다. 나라사람이 아니라는 뜻이었다. 천민 정도가 아니라, 존재까지 무시당하는 비천한 하층 구성원들이었다. 이들에 대해서 갑오경장(甲午更張 1894) 때 제도상 신분적 평등은 보장되었지만, 그러나 그 오랜 관습이 간단하게 지워버려지지

---

124) 선교정책에서의 지역단위 : 미국의 선교본부는 Board, 한국의 현지선교부는 Mission, 지역 선교 거점은 Station이라 한다.

125) News Calendar, *The Korea Review*, November 1904, p. 512

126) 교중휘문, 「1천 1비」, 〈그리스도회보〉, 1911. 3. 30일자.

127) 노비속량, 〈그리스도회보〉, 1911. 12. 15일자.

는 않았던 것이다.

교회가 이들에 대하여서 처음 관심을 보인 것은 1895년 4월 12일의 일이었다. 서울 곤당골장로교회 곧 지금의 승동(勝洞)교회[128]의 무어(S. F. Moore, 牟三悅 1860-1906)[129]선교사는 조정의 내부(內部)[130]에 진정서를 내어, 백정들도 법의 보호를 받고 평민의 신분을 누리며 머리를 동이고 갓을 쓰도록 할 것을 소청(訴請)하였던 것이다.[131] 이 진정서는 그 교회에 나가던 백정 박(朴)씨 곧 박성춘(朴成春)과 지(池)씨에 의해서 대개 그 초고가 잡혀지고 있었다. 이 진정서의 부본(副本)이 당시 일본공사 이노우에(井上馨 1835-1915)[132]에게 수교되었고, 그는 이 문제에 대하여 도덕적 성원을 아끼지 않겠노라는 다짐을 한 바 있었다.

며칠이 지나 내부에서 무어에게 통고가 왔다. 그 진정이 가납되었다는 반가운 소식이었다. 한국역사가 바뀌는 소리가 들리는 듯했다. 박성춘은 전국의 백정들에게 이 소식을 전하면서 그들 해방을 "출애굽사건"에 견주었다.[133] 이 급작스러운 신분변동에 혹시나 경거망동 있을

---

128) 이 승동교회는 1894년 J. W. Heron 의사가 동현(銅峴)에서 제중원으로 이전할 때에 거기서 예배 보던 일부 교인이 남문밖(南門外)교회로, 그리고 다시 일부 교인이 세웠던 교회로 백정들이 많이 있었다. 거기서 나간 사람들이 가서 조직한 교회가 안동(安洞)교회.

129) 1892년 내한(來韓), 서울 미동(美洞)에 거주. "대개 모(牟) 목사의 신덕과 자선은 마음속으로 성실하고 그것이 또 외(外)에 그렇게 나타나는 고로, 보는 이들이 많아서 신자이든 불신자이든 막론하고 다 인목(仁牧)이라 부르고, 그 집은 인의예지(仁義禮智)의 집이라 칭하더라." 『조선예수교장로회사기』, 상, 신문내(新門內)교회당, 1928, p. 20.

130) 당시 내부대신은 구당(矩堂) 유길준(兪吉濬 1856-1914).

131) Notes and Calendar, *The Korean Repository*, July 1895, p. 279.

132) 1871년 일본 재무 차관, 1876년 한일수호조약에서 활동, 1879년 이토(伊藤博文) 초대 내각의 외무대신, 1893-1895 주한일본특명전권대사. 1901년 일본 원로(元老)로 정치고문. 1907년 후작(侯爵). 기독교인으로 알려져 있었다.

133) Notes and Calendar, *The Korean Repository*, July 1895, p. 280.

세라 박성춘은 그들에게 조심성 있게 행동하라고 설득하고 있었다. 백정은 남한 3도 지역에 대개 만여 명을 헤아리고 있었고, 북한 쪽에는 이보다 적은 수가 있는 것으로 알려지고 있었다.[134] 북장로교 선교사들은 전국에 대개 3만여의 백정들이 있다고 추산하고 있었다.[135]

백정에 대한 신분해방과 갓을 써도 된다는 방(榜)이 붙은 것은 그 해 5월 13일의 일이었다.[136] 감격의 날이 아닐 수 없었다. 그렇게 하나 둘 복음의 열매가 조용히 전국에 두루 맺혀지고 있었다. 승동교회에는 6명의 그런 백정들이 있었는데, 다들 훌륭한 "언문선생"이었다고 한다. 당시 승동교회 전체교인 수가 총 43명으로 남자 32명, 여자 8명, 소년 3명이었는데, 그 중에서 백정이 6명이었다면 백정 교인의 비율이 14퍼센트에 이르고 있었던 셈이다.[137]

박성춘이 처음 기독교에 접하게 된 경로는 그가 장질부사로 병석에서 신음할 때 고종의 어의(御醫)였던 에비슨이 왕진을 다니며 치료에 정성을 다 기울이고, 또 무어가 그 옆에서 함께 힘써 돌봐주던 때부터의 일이다.[138] 금상(今上)과 백정을 함께 같은 손으로 치료하던 기독교! 그것은 한국이 일찍이 눈으로 보지 못하였던 것, 불가능하였던 일이다. 그런데 그것이 실제 눈앞에서 진행되고 있었다.

하층 천민의 마음씨는 그 오랜 멸시와 박대로 바위처럼 굳어져 있기 마련이다. 그런 박성춘이 그 바위 같은 마음이 깨져나간 것이다. 사실 상류층이나 선비들보다는 이들 하류층에 대한 선교가 훨씬 더 어렵고 지루하였다. 중상류층에게는 어느 정도의 합리적 논증이 있으

---

134) *Loc. cit.*

135) *The Annual Report of the Foreign Missions, Presbyterian Church in the USA.*, 1896, p. 158.

136) *Ibid.*, p. 279.

137) *Ibid.*, p. 159.

138) S. F. Moore, The Butchers of Korea, *The Korean Repository*, April 1898, p. 131.

면 귀를 기울이게 되어 있다. 하지만 하류층에 엉긴 정서적 침전물은 하도 오래되고 분노에 차 있어서, 거기 도달할 접선 메커니즘을 찾기는 그리 쉽지 않았다. 박성춘은 그 아들 "봉출이"의 손에 끌려 곤당골교회에 나가기 시작했던 것이다. 우리는 이제 곧 이 "봉출이"를 뜻밖의 장소에서 다시 만나게 된다.

해방된 백정들은 더러 사회관습의 오랜 고정(固定)의식에서 쉽게 빠져나오기가 힘들었다. 자유에는 용기가 있고 모험이 있어야 하는 것이다. 결단이 있어야 하는 것이다. 이들에게 이 신분변화의 의미와 그 약속의 미래를 보도록 이끌어주는 힘도 필요하였다.

이런 일을 해낸 사람이 바로 "박성춘"이었다. 한국사회변동사에서 "박성춘"의 이름이 계속 오르내리는 데에 남다른 이유가 있는 것이다. 거기까지 가야 역사는 마무리된다. 그는 백정의 전국적인 조직의 책임자가 되면서 몇몇 입교한 백정들과 함께 전국에 다니며 동료 백정들을 격려하고 의식화시켜, 갓을 쓰도록 설득하였고, 그러면서 복음을 함께 전하였다.[139] 수원지방에서 50여 명의 백정들이 회집하였을 때에, 그는 그의 옛 경험, 그리고 회심의 체험을 다음과 같이 고백하고 있었다.

> 이스라엘 백성들도 우리만큼이야 비참하였겠습니까. 하지만 그들을 구원하고 해방시켜 주신 분은 전능하신 하나님, 그 한 분밖에 없습니다. 이 같은 하나님이 우리를 해방시켜 주셨습니다. 그 분 이외, 한 푼어치의 도움을 받을 곳이 이 세상에는 없습니다.[140]

수원에서만도 회개하고 예수 믿어 입교한 교인들과 그 가족들이

---

139) *Ibid.*, p. 132.

140) *Loc. cit*

132명에 이르고 있었다. 박성춘의 설교문 하나는 미국 장로교 총회 출판부에서 월간으로 펴내는 〈The Church at Home and Abroad〉의 1896년도 8월호에 게재된 바가 있다.[141] "복음사업이 사람을 사람답게 만드는 혁신적 힘"[142]이란 것을 잘 보여주는 한 구체적 실례였다.

박성춘은 1819년 승동교회에서 장로장립을 하고 있었다. 후에는 은행가로 진출하였다.[143]

그런데 더욱 우리들의 눈길을 끄는 것은 그의 아들 "봉출이"이다. 그는 세브란스의학교에서 6년을 공부하고 다른 여섯 명의 학생과 함께 1908년 제1회로 졸업하여 의학박사[144]가 된 박서양(朴瑞陽 1885-1940)이다. 그는 우리나라 최초의 외과의사와 화학교사로 중앙학교나 휘문학교 등에서 가르치다가, 마침내 1913년 세브란스의학전문학교의 조교수로 임명된다.[145] 우리나라 최초의 전문학교 교수가 백정의 아들이었다! 꿈같은 일이 실제 벌어지고 있었다.[146] 기독교가 한 일이 이런 것이었다. 부활의 종교, 마른 땅에 샘물이 흐르게 하는 종교, 그것이 기독교인 것이다. 이런 일들은 한국에서 사람이 어느만큼 변화되고 어떤 일을 할 수 있는가 하는 것을 보여주는 산 증거들이었다.

하지만 문제는 간단하지 않았다. 세상은 아름다운 일들만 생기는 곳이 아니다. 역사에는 인간의 모든 모습이 그대로 들어나는 곳이다.

---

141) Notes and Calendar, *The Korean Repository*, September 2896, p. 382.

142) A. D. Clark, *Avison of Korea*, Seoul, Yonsei University Press, 1979, p. 262.

143) 『의학백년』, 서울, 연세대학교 의과대학, 1986, p. 59. 2008. 6. 30.

144) 당시는 의학교 졸업생을 의사자격증 수여와 함께 의학박사라고 불렀다.

145) 『의학백년』, pp. 60, 70. Cf. 〈연세의료원소식〉, 2008. 8. 18일자. 박서양은 1917년 간도(間道)로 이주, 구세의원과 숭신학교 설립. 대한국민회의 군의(軍醫)로서도 활약. 2008년 광복절에 건국포장 수여.

146) 박서양의 딸도 정신여학교를 1908년 졸업하였는데, 그때 졸업생 대표로 송별사를 하고 후 남대문교회 유치원의 보모(保姆).

승동교회는 백정 교인들을 출회(黜會)시키느냐, 아니면 양반 교인들을 잃어버리느냐, 하는 중대한 결정을 내려야 할 기로에 서게 되었던 것이다.[147] 엊그제까지 백정으로 살던 이들이 양반 상류교인을 향하여 "형제여" 부르면서 당장 대등관계로 머리를 쳐들었다면, 일상용어의 존비(尊卑) 구분이 분명한 사회구조, 그리고 지금 막 복음의 씨앗을 파종한 데 불과한 역사 10년의 한국교회가 겪었을 혼란은 상상하기 어렵지 않다. 황현(黃玹)은 이를 가리켜 "귀천시혼(貴賤始混)"[148]이라 하였다. 곧 귀천관계가 혼란하여지기 시작한 것이 기독교 때문이었다는 것이다.

전국에 장로교계 선교활동으로 입교한 교인이 236명이요, 감리교계가 122명이어서, 다 합해도 358명에 불과하던 교회에서[149] 실제로 그런 현상은 일어날 수 있는 문제였다. 해결해야 할 아주 어려운 문제였다. 그 진통의 깊이는 한국교회 어느 문서에도 이런 문제의 해결을 위한 속 시원한 글이 나타나 있지 아니한 것을 보아도 이를 짐작할 수 있다. 그것은 양반출신 교인들의 의식변화나 또 백정출신 교인의 품성변화 여부, 이 양쪽에 똑같이 문제가 있다는 것을 내 보여 주고 있는 것이다.

그것은 다시 한번 제도나 구조의 변혁, 그 이상의 수준, 곧 정신적 도덕적 혁신이 선행하거나 아니면 반드시 병행하여야 한다는, 우리 본래의 역사해석에 되돌아오게 하는 것이다. 복음적 선교정책이 새삼 확인된 것은 다 이런 쓰라린 경험을 거치면서 된 일이었다.

---

147) C. A. Clark, *First Fruits in Korea*, New York, Fleming H. Revell, 1921, p. 311.

148) 황현, 『매천야록』, p. 177.

149) *The Annual Report of the Foreign Missions, Presbyterian Church in the USA.*, 1895, p. 123. Cf. *R.F.M.E.*, 1895, p. 250. 이 두 교회에서 원입교인까지 다 합한다 하여도 총 722명에 불과.

2.5. 새 이도(吏道) 윤리

옛 한국에서 관리(官吏)라고 하는 것은 "부(富)에 이르는 유일한 길"[150]이었다. 더구나 관직은 공개로 매관매직되었으며, 1880년대에서는 계속 그 매직이 늘어나 관리들의 윤리적 사회적 공신력과 그들 자신의 인격적 결함이 나락(奈落)일로에 있었다.

실제로 우리 조정에서는 매관매직이 흔한 일이었고, 그것은 곧 저급한 협잡배들의 관직 투입현상을 낳아서, 이도(吏道)의 전체적 이미지 추락은 물론 실질적인 타락과 부패의 만연이 거기 현저하게 나타나 있었다. 이런 신분의 이동과 그 신분 경계선의 불규칙한 해이(解弛)는 신분 고정개념을 그대로 답습한다고 보았을 때, 심각한 사회위기로 발전할 수밖에 없었다.[151]

이들 관리들은 조정예산도 축내고 있었다. 1896년 조선 예산의 세입이 4,899,419달러였다. 그런데 세출은 6,316,831달러였다. 적자는 1,417,421달러에 이르고 있었다. 한데 서재필(Philip Jaisohn, 徐載弼 1863-1951)의 조사에 따르면 교육이라든가 공공사업 명목의 지출은 고작 140,090달러에 불과하였다. 그 나머지 절대 다수 액인 6,167,741달러는 관리들의 인건비 그리고 조정과 왕실의 비용으로 빠지고 있었다.[152] 더구나 서재필은 백성들이 납부한 세금의 액수가 조정이 실제로 징수한 액수의 곱이 넘고 있었다는 사실을 추적하여 밝혀내었던 것이다.[153] 무위도배의 양반들과 관리들은 안락과 사치 속에서 기지개를 펴면서 국고를 탕진하고도 모자라, 백성들의 고혈을 짜

---

150) The Fallow Land, *The Korea Review*, August 1904, p. 345.

151) *Loc. cit*

152) P. Jaisohn, Korean Finance, *The Korean Repository*, April 1896, pp. 166-167.

153) *Ibid.*, p. 167.

내고 있었다.

서재필의 이 자료수집과 분석은 숫자의 정확성에서 약간의 착오가 있었고, 그 사실을 그 역시 인정하고 있었다. 하지만 세출(歲出)의 형태가 어떤 것인가 하는 것을 지적한 것은 그 정곡을 찌르고 있었다.[154] 갑오경장(甲午更張) 세제개혁 이후에도 이만하였다면, 그 이전의 처지는 더 물어볼 필요도 없다. 기독교가 초기에 동학(東學)의 봉기에 적극적인 평가를 한 일이 있었다면, 그것은 가난과 핍절에 헤매이던 호남 농민들이 그들 압제자들에게 대거 저항한 운동이라는 평가 때문이었다.[155]

그런데 기독교는 적은 힘으로나마 관리들의 윤리적 기강을 바로 세우는 새 이도상(吏道像)을 제시하기에 안간 힘을 기울이고 있었다. 국가의 생존이 달린 문제였기 때문이다. 좌옹(佐翁) 윤치호(尹致昊)는 독립협회 해산 이후 1899년 2월에 원산(元山) 덕원(德源)의 감리(監理)로 임명된 일이 있었다. 그때 그의 관리로서의 이미지는 신선한 도덕성과 영민(英敏)을 그 특징으로 가지고 있었다.

> 뇌물(賂物)로 친근할 수 업고 사(私)로 공평을 굽힐 수 업고, 백성의 일을 하며 백성의 복락을 위하여 관(官)에 잇스며, 엄숙히도 대함을 민중은 아는 바이엇엇다. 벌목(伐木)하던 독기가 쉬고 불량배들이 원산지역을 떠나 갓섯다. 고리대금업자들이 고리(高利)를 삼가게 되며, 해변의 어선들의 싸움이 적어젓섯다. 서로 죽이랴 살리랴 떠들고 싸우다가도 감리영(監理營)에 와서 자애의 공직(公直)으로 사리를 판단하는 좌옹(佐翁)선생의 앞에는 머리를 숙이엇섯다. 청인(淸人)과 어부(漁夫)사이며, 일본인 선원들과 노동자들이 피를 흘리며 싸우다가도 감리의 한 마디

154) The Budget for 1896, Editorial Department, *The Korean Repository*, January 1896, p. 33.

155) Editorial Department, *The Korean Repository*, May 1896, pp. 212-213.

말에는 두말이 업섯던 것이다.[156]

선정, 그리고 불의를 참지 못하는 용기, 새로운 지역산업의 소개와 진흥, 그곳 지역민들과의 일체감, 이런 것들이 윤치호 이도(吏道)의 핵심이었다. 그래서 덕원감리 이임(離任) 때에는 지역민들의 만류가 중앙에까지 소문났던, 그런 선정을 베풀 수가 있었다.[157] 그의 관리로서의 품격이 근대 조선에서는 그렇게 참신하고 매력적인 것이었기 때문이다.[158]

한국 초대 기독교인 중 가장 훌륭한 인물 가운데 한 사람이 직접 고급 관리직에 있었다고 하는 것은 교회의 국가적 기여를 상징적으로 보여준 다행스러운 일이라 아니할 수 없다.

청렴관료에 대한 기독교회의 기대는 높았다. 정치적 혼란을 일으켰던 보부상(褓負商)의 두목으로 악명이 높았던 길영수(吉永洙)가 농상공부 상공국장으로 임명되었을 때에, 공개성토에 나섰던 것이 교회다. 교회는 민심의 소재를 말하면서, 이는 보부상을 다시 일으켜 세우려는 음모가 있다고 비판하면서, 그 인사조치 철회를 강력히 요구하였던 것이다.[159]

기독교의 관료상은 분명하였다. 부패와 악덕의 관리들을 숙정(肅正)하고, 공직의 민심파악 기능을 우선시키며, 국가에 봉공(奉公)하여 복리를 목표로 삼고, 나라의 봉급으로 살아가는 지위에 대하여 긍지

156) 김영희(金永羲), 『좌옹 윤치호선생 약전』, 서울, 조선기독교감리회 총리원, 1934, p. 148.

157) News Calendar, *The Korea Review*, August 1901, p. 361. Cf. *Ibid.*, April 1903, p. 173, 319. 1901년의 진남포감리에서 다시 덕원감리로 갈 때에는 진남포 지역민들이 못 떠나도록 길을 막은 일이 있었다. *Ibid.*, July 1902, p. 314.

158) 닉보, 〈대한그리스도인회보〉, 1900. 5. 1일자.

159) 닉보, 〈대한그리스도인회보〉, 1899. 3. 15일자.

를 가지며, 그렇게 함으로써 자신의 명예도 지키는, 그런 관리상이었다. 이것은 공직 개념의 혁신적 개선이었다.[160)]

한데 기독교의 복음에 의한 인격과 도의의 관료상이 정착될 사이도 없이 일제(日帝)의 관료들이 비집고 들어온 것이다.

2.6. 형정(刑政) 개혁의지와 감옥선교

황국협회가 독립협회와 기독교인들을 공격하고, 반면 기독교인들이 대대적인 정의실현을 외치던 때에, 독립협회 관계 인사들이 옥고를 치른 일이 있었다. 그때 교회는 감옥의 실정이 실로 비인간적이라는 사실을 알게 되었고, 따라서 옥정(獄政)의 개선을 요구하는 여론 환기에 앞장서게 되었던 것이다.

그때 제기된 문제들은 무죄한 사람의 감금, 재판의 무리한 연기, 무죄 판결에도 불구하고 법관 자의로 계속 유치(留置)하는 일, 형편없는 식사, 그리고 그 설비의 비인도성에 대한 것들이었다.

"ᄒᆞ로 콩나물 쇼곰국과 뉘와 돌 반지기 밥 두 그릇"과 동지섯달 셜ᄒᆞᆫ풍에 ᄅᆡᆼ기가 쌔를 돌이고, 오륙월 장마속에 악취가 코ᄅᆞᆯ 질러 병이 나서 죽ᄂᆞᆫ 이가 잇ᄂᆞᆫ" 형편이었다.

그해는 한재(旱災)도 겹쳐서 고종은 "광탕지전(曠蕩之典)"을 베풀게 되었던 것이다.[161)] 교회는 이런 것이 바로 하나님께 대한 의(義)의 자세요, "ᄇᆡᆨ셩의 희망ᄒᆞᄂᆞᆫ 정성을 감화케"한 것이라 여겨서 대서특필하여 그 조치를 치하하였던 것이다.

이와 관련해서 우리나라 형무소 선교의 흥미로운 역사에 대하여 언급하고자 한다. 1901년 봄에 서울 감옥서에 이원긍(李源兢 1849-?),

---

160) Tax Collection in Korea, *The Korea Review*, October 1906, p. 372.

161) *Ibid.*, 1899. 5. 24일자.

이상재(李商在 1850-1927), 유성준(兪星濬 1860-1934), 김정식(金貞埴 1862-1937), 남궁억(南宮檍 1863-1939), 이승인(李承仁), 홍재기(洪在箕), 이승만(李承晩 1875-1965), 안국선(安國善), 김린(金麟) 등이 유치된 일이 있었다.[162] 이들은 대개 다 관력(官歷)이 있는 인사들이었다.[163]

한데 선교사들은 여러 차례에 걸친 노력 끝에 이 감옥서에 복음을 전파할 허락을 얻어낼 수 있었다. 그래서 1902년 12월 28일에 이 감옥서 안에서 예배를 드릴 수 있었다. 그 예배에는 감옥의 서장과 여러 죄수들이 함께 모이고 있었다.[164] 그러고 나서 여기에 성서공회의 도움으로 도서관을 설치할 수 있었다.[165] 당시의 희귀한 자료[166]에 따르면 비치된 서적은 한문서적이 223권, 한글서적이 52권이었다. 대개 다 종교서적인데, 성서공회가 여기에 성서까지 보내면서 그 도서관은 신학도서관을 방불하게 하고 있었다.

선교사들이 특히 접촉을 많이 가진 사람이 하나 있었다. 이승만(李承晩)이었다. 그는 성서공회의 켄무어(A. Kenmure)에게 편지를 보내어 감옥서의 형리(刑吏)들이 선교사들의 전도사업을 고맙게 생각하고 있다고 전하면서, 성서공회의 사역에 감사하고, 자기가 하고 있는 전도사업을 위해 기도해 달라는 글을 남기고 있었다.[167] 이승만이 이들 중에서 제일 처음 기독교에 입신한 것이 확실하다.[168] 그때 감옥에

162) 이능화, 『조선기독교 급 외교사』, p. 203. 이 중 이상재는 1902년 6월에 입옥(入獄).
163) 이들은 다 "국가 충성자 및 사회 문망자(聞望者)"였다. *Loc. cit.*
164) *The Report of the British and Foreign Bible Society*, (차후 *B.F.B.S.*로 약기). 1903, p. 284.
165) *Loc. cit.* Cf. *The Report of B.F.B.S.*, 1904, p. 301.
166) 『구한말 옥중도서대출명부』.
167) *The Report of B.F.B.S.*, 1903, p. 285. 여기에 이승만의 편지 전문이 실려 있다.
168) F. A. McKenzie, *Korea's Fight for Freedom*, p. 73

있었던 전 경무관 김정식 역시 게일(J. S. Gale)에 편지를 보내어, 전에는 게일의 전도에 무관심했으나, 입옥하고 나서 생각이 달라져 이제 신앙을 가지게 되었으며, 성서와 번연(J. Bunyan 1628-1688)의 『텬로역졍』(The Pilgrim's Progress)을 차입하여 주고, 아내에게도 신앙을 권고해 달라고 부탁하고 있었다.[169] 성서공회는 이 감옥서 안의 기독교인 이들 집단을 "학교"[170]라 불렀으며, 맥켄지(F. A. McKenzie)는 "교회"[171]라고 부르고 있었다. 남궁억(南宮檍)과 이상재가 기독교 신앙에 인도된 것은 이승망의 전도 때문이었다. 그런데 게일은 이 감옥서 안의 학교를 "한국 최초의 신학교"[172]라고까지 부르고 있었다.

이들이 1904년 초, 다들 석방되었다. 그때에 그들은 전부가 "마음에 굳게 맹서하고 뜻을 굳히는" 훌륭한 기독자들이 되었고, 따라서 이들이 저 유명한 "관신사회신교지시(官紳社會信教之始)"[173] 곧 관료들과 상류층 양반들이 신앙을 가지기 시작한 처음 기록이 되었던 것이다.

그런데 처음부터 이 감옥선교에 투신했던 사람들이 많았던 것 같다. 그 중의 한 사람이 감리교의 번커(D. A. Bunker, 房巨 1853-1932) 선교사였다.[174] 하지만 출옥한 이들이 감리교회로 가지 않고, 한 사람도 예외 없이 다들 게일이 시무하던 연동교회(蓮洞教會)로 몰려간 사실을 보면,[175] 게일의 영향을 더 많이 받은 것이 확실하고, 더구나

169) Preaching Deliverance to a Captive, *The Report of B.F.B.S.*, 1904, p. 301

170) Prison Work, *ibid.*, 1903, p. 285.

171) F. A. McKenzie, *Korea' Fight for Freedom*, p. 75.

172) J. S. Gale, *Korea in Transition*, New York, Layman's Missionary Movement, 1909, p. 182.

173) 이능화, *op. cit.*, p. 182.

174) *Ibid.*, p. 204.

175) *Loc. cit.*

대영성서공회의 연례보고서에 번커의 이름이 거명되지 아니한 것을 보아, 번커는 그 선교를 시작은 하였지만 그가 곧 배재학당(培材學堂) 교장으로 전임하게 되자,[176] 그 뒤를 이어 게일이 계속 전도하지 않았는가 하는 생각이 든다.

이런 활동은 계속되어서 선교사 한 사람이 한국인 조수와 함께 계속 감옥에 다니면서 전도하였고, 그때부터 "감옥서 개량의 필요성, 위생의 주의환기, 재감인의 전비(前非)를 깨닫게 하는 일, 개과천선(改過遷善)의 열매 거두기"와 같은 일에 전력하고 있었다.[177]

기독교는 근세 한국에서, 사회적, 지역적, 법률적 거리, 아니면 질환(疾患)이나 장애와 같은 것으로 거리를 두고 살아야 했던, 다른 계층의 사람들을 한 인간대(人間帶)로 묶어 놓는 역할을 한 것이다. 그것을 교회라고 하는 구체적인 조직 안에서 인간공동체로, 한 민족 공동체로, 일체감을 가지게 해준 것이 기독교였다. 남을 생각하고 겨레를 생각하며, 불상한 사람은 그것이 법에 걸렸던 병에 걸렸던, 태어날 때부터 불우하게 신체적 장애를 가지게 되었던, 다 우리 한 똑같은 사람들, 다들 따로 선 것 같지만 그 발밑을 보면 한 줄기로 연결된 대륙붕과 같다는, 그런 감동의 눈빛으로 우리 사회를 한 걸음씩 밝은 미래로 걸어가게 한 사람들, 그들은 어떤 형태든지 기독교에 접속된 사람들이었다.

> 대져 예수교는 그 나라 ᄇᆡᆨ셩의 근본이며 도덕의 근본이며 ᄌᆡ정의 근본이며 샹업의 근본이며 부ᄌᆞ런홈의 근본이며 국민활동의 근본인고로, 오ᄂᆞᆯ날 구미 각국중 부강ᄒᆞᆫ 나라ᄂᆞᆫ 다 예수교가 그 나라 국교가 되얏고

176) 1902년 아펜젤러 익사(溺死)로 취해진 인사. *R.F.M.E.*, 1903, p. 369.

177) 감옥현황, *ibid.*, 1907. 5. 11일자.

빈약훈 나라는 이교(異教)로 그 국교를 쥬쟝훈 연고이라.[178]

한국사회를 전근대사에서 근대사로 이행시키고 개편한 것은 기독교의 복음과 그 힘이었다.

3. 산업발전의 기독교적 전개

한국 근대 산업사회 발전에 대한 기독교의 관심은 농업의 개량과 한국 산업구도의 재편(再編) 그리고 농민의 권익 옹호, 이 세 국면에서 살펴볼 수 있다.

3.1. 농업의 개량

우선 농업방법 개량에 있어서 캐나다 출신 단독선교사 말콤 펜위크(M. C. Fenwick, 片爲益 1863-1935)의 공헌을 말하지 않을 수 없다. 그는 1889년 9월 홀홀단신 독립선교사로 내한하여 황해도의 솔내 등지에서 얼마를 지낸 후[179] 함경도의 원산(元山)에서 선교와 과수원을 함께 해나갔던, 복음주의 신앙인이었다. 그는 캐나다에 있을 때, 1년간 모델 과수원에서 일한 적이 있어서 "과수업과 농업에 특별한 흥미"를 가지고 있었다.[180] 1899년 윤치호가 원산의 덕원감리(德源監

178) 〈그리스도회보〉, 1912, 5. 15일자.

179) 그는 1894년 도미(渡美) 신학을 연구하고 1897년 재차 내한 하였고, 그때 원산(元山)에 갔다. 김용해, 『대한기독교침례회사』, 대한기독교침례회 총회, 1964, p. 13.

180) 자서전 및 선교경험담 형태의 그의 *The Church of Christ in Corea*, New York, Hodder & Stoughton, 1911 참조. 하지만 이 저서 안에는 농업문제가 별로 언급되어 있지 않다.

理)로 부임하여 갔을 때 두 사람은 친숙하여 졌고, 그래서 의기투합하여 과수업의 발전에 기초를 놓았던 것이다. 펜위크는 그때 전지법(剪枝法)이나 소독(消毒) 및 농약사용, 비료사용법을 새로 소개하였던 것이다.[181] 원산의 과수원 거부들, 곧 윤정하(尹定夏)나 이덕일(李德一)은 다 캐나다에서 가져온 과목(果木)으로 윤치호나 펜위크를 따라 그 기술을 배워 성공한 사람들이었다.

그런데 이 펜위크가 재배하던 농작물은 엄청난 수확을 거두어드리고 있었다. 가령 그가 재배한 호박은 너무 커서 두 사람이 들어 지게에 실을 정도였다고 하며,[182] 샐러리는 높이가 6센티미터에 직경이 18센티미터에 이르고 있었다고 한다. 또 강냉이는 한 대에 26개가 매달려 있을 정도의 풍작을 이룰 수 있었다. 이러한 외국 과수나 농산물이 한국에서 이처럼 성공하였다는 것은 선교사들이 이런 산업부분에서도 영적사업에 버금가는 업적을 남겼다는 뜻이 된다.[183]

펜위크 자신은 복음전도의 사명을 위해 한국에 온 선교사이기 때문에, 이런 방면의 성취나 그 기술에 대하여 글을 많이 쓰거나, 또 그런 글들을 언론에 게재하기를 꺼려하였다. 그러나 1898년 8월 『*The Korean Repository*』에 결국 그런 논문 하나를 실었다. 거기서 그는 비료로 쓰일 재(灰)에 대하여 자세히 설명하고, 다른 경작문제에 대하여서도 상론하면서 농사에서는 기술도 중요하지만 "시간의 가치"를 알게 하는 것이 더욱 중요하다고 갈파한 일이 있었다. 그의 관심은 양돈(養豚)과 양계(養鷄)에까지 미치고 있었고, 식물재배로는 튜울

---

181) 김영희, 『좌옹 유치호선생 약전』, p. 149. J. Nevius 는 본래 중국 지부(芝罘)에서 미국 과목(果木)을 소개 재배한 일이 있는데, 그가 내한했을 때 과수업을 소개하였음이 확실. J. S. Dennis, *op. cit.*, III, p. 514.

182) Fruit in Wonsan, Editorial Department, *The Korean Repository*, February 1898, p. 77.

183) Foreign Fruits Culture in Korea, *The Korean Repository*, December 1895, pp. 461ff.

립에도 조예(造詣)가 깊었다.

그는 선교가 삶의 모범과 그 성취를 통해서 한국인의 존경을 받고 나서야 가능하다고 지적하고, 그런 과정이 바로 당시 한국인이 그렇게 온통 생업으로 삼고 있던 농업의 생산성을 높여주는 방법을 교회가 확인시켜 주면 가능하다고 믿고 있었다. 그래서 그는 자격 있는 외국인 농업기술자를 선교사로 초빙하는 것을 강력하게 권고하고 있었다.[184]

다른 한 사람의 농업진흥 주창자는, 민비시해 때 왕궁 수비의 책임을 맡고 있었던, 미국의 소위 장군 다이(General W. McE. Dye)이다. 그는 『*The Korean Repository*』에 수차례에 걸쳐 농업관계 논문을 게재하였으나,[185] 그 자신은 선교사가 아니었다는 문제가 있다. 하지만 기독교회나 선교사들이 그의 글들을 선교지(宣教誌)에 그렇게 여러 면을 할애하여 실었다고 하는 것은 선교에서 그런 지식이 한국교회에 요긴하다는 판단 때문이었다.

다른 하나의 농업진흥계몽의 추진력은 〈그리스도신문〉이었다. 언더우드 편집책임, 빈톤(C. C. Vinton) 업무책임의 이 기독교 신문은 그 첫 호(號)에서부터 "지식"을 강조하면서 "농사법을 알지 못ᄒᆞ야 됴흔 ᄯᅡ흘 아니씀으로 써 ᄌᆡ물을 헛되이 쓰ᄂᆞ니라"[186] 경고하였던 것이다.

> 그 됴흔 수로와 극진히 살찐 ᄯᅡ에 유익흠을 알고, ᄯᅩ 파이기만 기다리ᄂᆞᆫ 보ᄇᆡ로운 금은동텰과, 잡히기만 기다리ᄂᆞᆫ 깁흔 바다에서 엇을 귀

---

184) M. C. Fenwick, Korean Farming, *The Korean Repository*, August 1898, pp. 292-293.

185) Dangers to an Agricultural People, *The Korean Repository*, July 1897, pp. 267ff; The Orchard in Seoul in 1887, *ibid.*, January 1898, pp. 7ff; Korean Farms - Improvement, *ibid.*, March 1898, pp. 98ff; *Ibid.*, April 1898, pp. 121ff.

186) 지식, 〈그리스도신문〉, 1897. 4. 8일자.

ᄒᆞᆫ ᄒᆡ물을 짐작하엿다면 ᄇᆡᆨ셩들이 긔이ᄒᆞᆫ 일을 ᄇᆡ화 이힝ᄒᆞ기ᄅᆞᆯ 시작ᄒᆞ면 이 ᄯᅡ와 ᄇᆡᆨ셩들의게 문명ᄒᆞᆫ 새로운 ᄯᆡ가 돗으리라.[187]

그뿐만이 아니다. 밭을 경작하는 과학적인 새로운 방식, 파 심는 법, 아라사 해바라기 재배법, 외양간 짓는 법, 가축사양법, 양의 털로 비단 짜는 법, 토양의 교대파종, 토지 안식년제도, 클로바 비료의 효율, 회(灰)의 비료, 옥수수뿌리 먹는 벌레 살충법, 달걀 잘 낳게 하는 방법, 과수목의 전지법(剪枝法) 등, 실로 광범위한 농업지식이 자세히 소개되고, 연재(連載)하고, 그 실험 결과가 보고되기도 하였던 것이다.[188]

그래서 이 신문은 미국공사 실(J. M. B. Sill)이 농업에 조예가 깊었기 때문에 그의 글들을 많이 인용하기도 하고, 계속해서 그 진흥방법을 상당 분량 게제하고 있었던 것이다. 그 의도가 따로 없었다.[189]

합리적 농법으로라면 곧 증산도 되고, 그러면 그것이 바로 나를 위한 것이요, 나라를 위한 것이요, 그래서 세계와 어깨를 나란히 할 수 있어서 멸시 받지 않고 가슴을 펴고 살 수 있다는 것이었다. 실상 1897년에 벌써 이 기독교 신문은 한국 기계농업의 미래를 구상하고 있었다.[190]

3.2. 한국 산업개발의 구도(構圖) 제시

이제 좀 장황한 것 같지만 한국 산업사회 발전에 대해서 당시 우

187) *Loc. cit.*

188) 〈그리스도신문〉, 1897년 4월에서 1901년 1월까지 계속하여 그런 란(欄)이 크게 할애.

189) 논셜, 〈그리스도신문〉, 1897. 4. 8일자.

190) 「농리편셜」, 〈그리스도신문〉, 1897. 7. 22일자.

리 교회가 가졌던 비전과 계획을 살피기 위해 당시의 글을 여기 인용한다.

> 첫ᄌᆡᄂᆞᆫ 그 나라에 토디 소산의 유무를 ᄉᆞᆯ피어 인도ᄒᆞᄂᆞ니, 가령 디방에 ᄂᆡ 면쟝이 만히 잇서 무ᄉᆞᆷ 곡식이 잘 되든지 그 토디에 맛당ᄒᆞᆫᄃᆡ로 곡식을 심어야 할 거시오.
>
> ᄯᅩ 산슈가 수려ᄒᆞ야 금 은 동 텰이 잇ᄉᆞᆯ듯하면 특별히 ᄀᆡ광ᄒᆞ야 ᄌᆡ물을 헛되이 ᄯᅡ속에 감초아 두지말고 위ᄉᆡᆼ과 국용에 넉넉히 써야 ᄒᆞᆯ거시오.
>
> ᄯᅩ 각 포구나 ᄒᆡ변에 무ᄉᆞᆷ ᄉᆡᆼ션이든지 잘 나고 잘 나지 못하ᄂᆞᆫ 것ᄉᆞᆯ ᄉᆞᆯ펴 ᄉᆡᆼ션을 잡아 풀면 그 역 위ᄉᆡᆼ과 국용에 넉넉ᄒᆞᆷ이 될거시오.
>
> ᄯᅩ ᄌᆡ목이 만히 나면 그 ᄌᆡ목을 버혀 집 ᄌᆡ목으로 ᄑᆞᆯ든지 혹 목긔ᄅᆞᆯ ᄆᆞᆫᄃᆞᆯ거시오.
>
> ᄯᅩ 산림ᄀᆞ운ᄃᆡ 깁흔 연모시 잇서 만일 논에 인도ᄒᆞᆯ 수가 업ᄉᆞ면 그 물 힘을 빌어 긔계ᄅᆞᆯ 운동ᄒᆞ야 ᄌᆡ목을 톱질ᄒᆞ며, 필목과 됴희도 ᄆᆞᆫᄃᆞᆯ고 쇠못도 ᄆᆞᆫᄃᆞᆯ며, 무ᄉᆞᆷ 긔계로 ᄆᆞᆫᄃᆞᄂᆞᆫ 물건은 다 ᄆᆞᆫᄃᆞᆯ거시니 이ᄂᆞᆫ 쓸ᄃᆡ업ᄂᆞᆫ 물건이라도 그 물힘을 빌어 물건을 ᄆᆞᆫᄃᆞᆯ면 ᄯᅩᄒᆞᆫ 물도 그냥 ᄇᆞ리ᄂᆞᆫ 거시 아니요.
>
> ᄯᅩ ᄲᅩᆼ나무ᄅᆞᆯ 심어 누에를 쳐서 명쥬와 실을 ᄑᆞᆯ며 ᄯᅩ 녀름에ᄂᆞᆫ 농사ᄅᆞᆯ 힘쓰고 츄동에ᄂᆞᆫ 산에서 사냥ᄒᆞ야 각ᄉᆡᆨ 피물[191]을 소산대로 잡아 ᄑᆞᆯ며 ᄯᅩ 약을 ᄏᆡ며 ᄯᅩ 소ᄅᆞᆯ 길러 우피ᄅᆞᆯ ᄑᆞᆯ며 ᄯᅩ 삼ᄇᆡ와 모시ᄅᆞᆯ ᄶᅡ서 ᄑᆞᆯ디경이면, 지금 영국과 부란서국에서 죠션 물건으로ᄂᆞᆫ 이거ᄉᆞᆯ 몃재로 아니치고 사가ᄂᆞᆫ 거시니, 이 여러 물죵이 다 죠션에 맛당ᄒᆞᆫ 토디 소산이라.[192]

여기 농업을 비롯하여, 농토, 토질검사, 수산업, 광업, 수리(水利), 수력, 잠업, 목축, 제피, 수렵, 제지, 약초, 마직(麻織), 그리고 국제무

191) 피물(皮物). 가죽을 의미.

192) 「지식」, 〈그리스도신문〉, 1897. 7. 22일자.

역에 이르기까지, 통괄적인 그림이 한 체계 속에 잡혀진 한국산업 구조의 청사진이 아주 구체적이다.

사실 우리나라에 1830년대와 1860년대에 찾아왔던 개신교 선교사 알렉산더 윌리암슨이나 칼 귀츨라프에게서도 그런 원대한 선교의 포괄적 설계도를 볼 수 있었다.[193)]

펜위크는 당시 조선이 산업을 발전시키려고 한다면 그것은 당시 현실적으로 농업의 길밖에 없었기 때문에 농업기술 진흥을 우선은 당장 서둘러 겨레의 번영과 국부(國富)를 실현할 수 있다고 판단하고 있었다.[194)] 하지만 농업만의 발전이 나라의 번영과 독립을 보장할 수 없기 때문에 상공업과 심지어 군사의 기본적 장비도 불가결하다고 보아 복합사회발전의 이론을 전개하기도 하였던 것이다.[195)]

사실 『*The Korean Repository*』 편집부에서는 이런 말이 나오기 전인 1895년 6월에 이미 조선이 쌀농사에만 치우치다가 한발이나 홍수 때의 쌀 감산(減産)으로 나라가 흔들리는 모습을 보고는, 잠업(蠶業)이나 면업(綿業)의 생산지표를 높여 산업의 구도 다원화 정책을 도입하라는 권고하고 있었다.[196)] 복음 선교가 이런 합리적 비전과 구상을 가지고 있어야 한다는 것은 개발도상의 나라에서는 필수적이었을 것인데, 조선에 들어온 선교사들은 그런 비전과 시세판단력 그리고 지역적 산업의 구도 편성을 포괄적으로 꾸미는 안목들을 가지고 있었으니, 어디를 보나 대단한 인물들이었다.

---

193) K. F. A. Gutzlaff, *A Journal of Three Voyages along the Coast of China in 1831, 1832, & 1833 with Notices of Siam, Corea and Loo-Choo Islands*, London, Frederick Westley& A. H. Davis, 1834, pp. 345, 356.

194) Dangers to an Agricultural People, *op. cit.*, p. 267.

195) *Ibid.*, pp. 269, 270.

196) Korean Industrial Exhibition and Improvement, Editorial Department, *The Korean Repository*, June 1895, p. 232.

3.3. 농민의 권익보호

농민의 권익옹호가 초기 선교의 한 초점이기도 하였다. 교회는 한국 인구의 90퍼센트를 차지하는 사람들이 농업에 종사하고 있다는 사실을 주목하였고, 따라서 한국교회의 장래는 이들 농민의 삶 속에 어느 만큼 그 기반을 확보하느냐에 달려있다는 사실을 알고 있었다.[197]

따라서 교회는 한국 농민들이 제대로 된 여건 아래에서 일하고 살게 되기를 바랐던 것이다. 그래서 교회는 농민들이 성실하고 진실하게 그리고 인내를 가지고 일하면서 불법적인 세금도 마다하지 않고 참고 내고 있다는 사실을 알고는, 그것이 쌓여가는 사회적 불안의 폭발적 요소로 경고하면서 그 단호한 개선을 소리치게 되었던 것이다.

가령 교회는 제물포 근처 한 마을에서 1898년 배당 세금 이외에 10퍼센트의 과징(過徵)을 하고 있다는 사실을 알아내고는 이를 공개 고발하였던 것이다.[198] 그해가 기근(饑饉)이었는데도 이런 가혹한 불법 가렴주구로 거의 40퍼센트에 이르는 추징을 감행한 사실을 통렬하게 비판하였던 것이다. 이런 비행은 외국의 경우라면 폭동과 혁명의 원인이 된다고 위협하고 있었다.

1900년과 1901년 무서운 한발로 이한 감수(減收)에도 불구하고 황해도 관찰사 윤덕영(尹德榮)이 5천만 량의 과징, 5만 대(袋)의 곡물 과징을 자행한때[199]에도 교회는 시종 매섭게 이를 고발 비판하여, 필경 조정으로 하여금 그를 해임하게 한 일이 있었다.[200]

---

197) J. R. Moore, *Village Life in Korea*, Nashville, Publishing House of the Methodist Episcopal Church, 1911, p. 241.

198) He is a Farmer, Editorial Department, *The Korean Repository*, September 1898, p. 231.

199) News Calendar, *The Korea Review*, March 1902, p. 126.

우리나라 최초의 교회가 세워지고 교세가 치성하던 황해도 장연(長淵)의 농민들은 특별히 의식분자들이었던 것 같다. 그들은 1898년에 벌써 불의를 극복하는 데에는 법률지식이 있어야 된다고 해서 나라의 법률과 그 세칙들을 간편한 한글로 편집하여 함께 공부하고 있었다. 그래서 만일 관장(官長)이나 관리들의 자의나 불법이 있을 때에는 "죽기로써 ᄊᆞ화가면서라도 법밧겟 일은 아니 밧겟다"[201]고 하는 결의를 굳히고 있었다. 이들 지방의 기독자들은 다 진실하고 공정하였기 때문에 군수(郡守) 윤철규도 이들을 선히 대접할 수밖에 없었다.[202]

기독자들은 나라 법률과 규칙들을 준수하였다. 그 통치자에 충성을 다하였다. 그리고 세금도, "비록 가끔 불법적인 것을 알면서도," 충실하게 납부하였다. 국법이 우선이라는 입장을 고수한 것이다. 그러면서도 백성으로서, 그렇게 충성한다고 해서, 남다른 대접을 기대하거나 요구하지도 않고 있었다. 이런 태도를 조정이 모를 리가 없었다. 그들은 조정의 존경을 받고 있었다![203]

때로 관장 관리들이 기독자들이 많은 지역에 부임하기를 기피한다는 소문이 퍼지고 있었다. 1899년 북도(北道)의 군수로 임명된 어떤 관장은 그 부임을 사양하고 영남(嶺南)의 고을로 전임하기를 신청한 일이 있었다.[204]

문제는 이러한 무수한 수탈과 주구 때문에 수많은 농민들이 교회에 찾아들었다는 사실이다. 서도(西道)의 농민들은 "외국 교에나 들어

---

200) *Ibid.*, p. 128; April p. 169; July, p. 315. 후임에 공무협판(工務協辦) 이용직(李容稙). 이용직은 1902년 황해도의 천주교인 난동이 심할 때 관찰사로 있었다.

201) 잡보, 〈미일신문〉, 1898. 5. 30일자.

202) 교회통신, 〈그리스도신문〉, 1897. 5. 27일자.

203) Editorial Comment, *The Korea Review*, March 1903, p. 119.

204) 녀보, 〈대한그리스도인회보〉, 1899. 3. 1일자.

서 각기 싱명과 직산을 보호밧게"[205] 하자 하고 천주교나 기독교에 입교하고 있는 실정이었다.

기독교인들의 정의감이 이러하였기 때문에 1903년 함흥(咸興)에서 함경도 관찰사 김종한이 도민들의 재산을 약탈한 일로 민란이 터졌을 때, 기독교인으로 덕원감리였던 윤치호(尹致昊)가 그 안핵사(按覈使)[206]로 임명 받아 그 비행을 조사한 바 있었다.[207]

사실 한국농민 대중들은 정의와 법의 보호와는 인연 없이 살아왔다고 해도 과언이 아니다. 가혹한 토지세의 경우 상황 참작이라는 것은 전혀 없이 전부 다 세금을 내고도 아전(衙前)이 부과하는 세금을 또 내고, 거기 더하여 그 나머지 것에서 다시 9할에 해당하는 곡물을 내야 할 정도의, 참으로 비참한 늑탈에 시달려 "죽지 못해" 살아왔다.[208] 도대체 당시 이런 고발을 하거나 조사하거나 글을 쓰는, 그런 일을 한 것이 기독교회밖에는 전혀 없었다.[209] 그런데 당시 그보다 더 중요한 일을 한 것이 다시 무엇이 있었을까.

실상 『*The Korean Repository*』는 계속해서 지방 관리들의 불법 징수를 그 액수나 회수를 정확히 숫자로 잡아 고발하면서 법의 합리적 적용을 매섭게 주장하고 있었다.[210]

서북지방 기독교인의 자세는 이런 국면에서는 아주 철저하였다. 부당한 세금에 대한 저항운동이 그 하나였다. 황주군수 조윤희가 횡령한 상납금에 대하여 이를 조사해서 그 잘못을 공개한 것도 기독교인

205) 민경가긍, 〈독립신문〉, 1899. 8. 12일자. Cf. Editorial Comment, *The Korea Review*, March 1903, p. 116.

206) 실상을 잘 조사하여 어루만져주는 역할을 한 조정 파견 특별 직책.

207) 김영희, *op. cit.*, p. 152.

208) Taxation in Korea, *The Korea Review*, November 1902, p. 484.

209) 논셜, 〈독립신문〉, 1896. 8. 20일자.

210) 가령 Official Corruption, *The Korean Repository*, March 1897, pp. 110ff.

들이었다.[211)]

> 하ᄂᆞ님이 셰상만물을 내신 ᄯᅢ에 사ᄅᆞᆷ의게 ᄌᆞ유ᄒᆞᄂᆞᆫ 권리를 주시고 만물을 임의로 다ᄉᆞ(리)며 일용산업에 취ᄒᆞ야 쓰게 ᄒᆞ셧스니 하ᄂᆞ님의 도를 존경ᄒᆞᄂᆞᆫ 사ᄅᆞᆷ이라야 ᄅᆞᆼ히 ᄌᆞ유의 권리를 ᄂᆞᆷ의게 ᄲᅢᆺ기지 아닐 거시오, 사ᄅᆞᆷ마다 ᄌᆞ유의 권을 닐 치아니ᄒᆞ면 나라히 반다시 ᄌᆞ주 권세가 단단ᄒᆞᆯ지라.[212)]

신부(神賦)의 자유 민권사상, 그리고 국부(國富)의 복음적 정초(定礎)를 확신하게 한 구한말 기독교인의 열의와 호소가 다 닿을 귀는 많았다.

4. 가톨릭교도들과 대결해야 했던 문제들

4.1. 천주교인들의 강압

초대 개신교 선교사들의 이른바 반(反)로마 가톨릭(천주교) 신학의 기치는 뚜렷하였다. 1860년대 후반부터 가톨릭의 조선선교가 시작되면서 조선 조야에 끼쳤던 가톨릭의 불행한 이미지가 쉽사리 가라앉지 않고 있었기 때문에, 기독교 곧 개신교의 선교 전망을 위하여서 개신교와 구교의 차별시위는 당연하고도 필수적이라고 보았다.

그런데 개항 이래 비교적 자유로운 선교를 할 수 있었던 때에 가톨릭교인들은 박해 받던 때의 아픔을 다들 위로하고 그 과거를 청산

---

211) 〈황성신문〉, 1901. 12. 20일자.

212) 나라의 근본, 〈독립신문〉, 1899. 9. 12일자.

하고 싶어 하는, 바로 그 시점에 일부 그들 교인들의 월권적인 행동과 비행이 사회문제화되기 시작했던 것이다. 1894년부터의 일이다. 반기독교적 정서로 차 있는 나라에 선교하면서, 같은 기독교로서 결속을 못할망정, 피차 대결을 한 것은 교회 자체의 스캔들로서는 너무나 큰 것이었다.

그 내력은 대개 이렇다. 충청도 일대의 동학(東學) 봉기가 1894년 "외국 사제(司祭)들의 지지를 받은 천주교인들의 겁탈과 폭력 때문에 시작"[213] 되었다는 보도가 있었다. 물론 동학 봉기 원인은 훨씬 깊고 오래된 곳에 있었다. 그것 전체를 두고 하는 말은 아니었다. 하지만 이렇게 가톨릭과 관련된 사건은 원산과 안변(安邊)에서도 보고되고 있었다.[214] 가톨릭 입교의 동기에 는 조선 관리들의 폭정에서 도피하겠다는 동기, 그리고 이국인 신부(神父)들의 보호를 받겠다는 동기, 그런 것이 있었다. 그리고 그것은 너무나 현실적인 동기였다. 그렇게 해서 일단 관리들의 손이 못 미치는 영역, 특히 불란서의 치외법권 아래 놓이게 되고, 그때 억압받던 그 과거 정황이 역전됨에 따라, 사람이란 기세가 당당하여지고, 마침내 더러는 난폭과 불법 그리고 겁탈로 순환 반복한 셈이었다. 동기가 내적 변화가 아니고, 불법에서의 도피라는 외형적 동기였기 때문에, 거기 신앙인의 고귀한 모습이 자리 잡을 틈이 없이, 인간 본성을 오히려 노출시킨 셈이 되었던 것이다.

1895년에 이르러 일부 천주교인들의 비행이 여기저기에서 사람들의 눈살을 찌푸리게 하였다. 황현(黃玹)은 호남(湖南)의 고산(高山)군수 장태수의 일을 들어 그곳 천주교 신부들의 불법을 고발한 바 있다.[215] 유길준(俞吉濬)은 천주교의 탈법을 대놓고 지탄하였다.

---

213) 윤치호, 『일기』, IV. p. 31. Cf. III, p. 373.

214) *Ibid.*, IV, p. 85.

> 그 교(敎)를 따르는 자는 교황(敎皇)을 상천(上天)같이 신의(信依)하야 외구(畏懼)하기를 자기의 정부보다 더하며, 애모하기를 자기의 부모보다 더하고, 그 교를 숭고(崇高)하는 나라는 다른 나라의 토지와 인민을 그 종교의 형세로 침탈(侵奪)하는 음흉한 계획을 행하나니, ...
>
> 천주학을 복종하는 자는 불란서의 보호를 감수(甘受)하여 부끄러운 기색이 하나도 없으니, 가히 신구(愼懼)할 자가 저들이라.[216]

1897년에 가면 그 사태가 실로 악화 일로에 있었다. 향촌의 천주교인들이 지방 관리들을 멸시하고, 남의 분묘를 늑탈하며, 때를 지어 작당(作黨)해서 협잡하고 범법하고는, 신부들에게로 가서 피신하는 패역이 사방에 알려지고 있었다.[217]

> 근래에 무뢰 잡류ᄇᆡ들이 텬쥬교에 신ᄌᆞ로 투닙ᄒᆞ야 향곡촌려로 다니며 불의 힝사를 ᄒᆞᄂᆞᆫ ᄌᆞ가 만흔 즁에
>
> 츙쳥도 남포군 ᄯᅡ에 사ᄂᆞᆫ 김경관이라 ᄒᆞᄂᆞᆫ 사ᄅᆞᆷ이 ᄯᅩᄒᆞᆫ 텬쥬교 즁에 투닙ᄒᆞ얏다 칭ᄒᆞ고 남의 유수한 공젼을 먹고, 강도와 ᄀᆞᆺ치 아니주겟노라ᄒᆞ고, 도리혀 돈 밧을 사ᄅᆞᆷ을 ᄃᆡᄒᆞ야 무슈히 공갈ᄒᆞᆯ ᄲᅮᆫ 아니라, 이런 잡류들이 텬쥬교에 들엇다 빙쟈ᄒᆞ야 ...비샹ᄒᆞ게 짓ᄂᆞᆫ 폐단이 전일 농학군보다 더 심ᄒᆞ야 민심이 쇼동ᄒᆞᆫ다고들 ᄒᆞ니...[218]

동학군 때보다 더한 피해를 입히고 있었다는 말인데, 여기 언급된 것과 마찬가지로, 지방 관리들이 손을 대지 못하고 있었다는 점이 심각하였다. 더욱 중요한 것은, 여기 보아도, 불란서 신부들에 대한 비판은 전혀 나타나 있지 않았다. 불란서와의 외교적 마찰을 우리 정부

---

215) 『매천야록』, (고종 32년 을미), p. 181.

216) 兪吉濬, 『西遊見聞』, 東京, 交詢社, 1895, pp. 346-347.

217) 잡보, 〈독립신문〉, 1897. 3. 4일자.

218) *Ibid.*, 1897. 3. 18일자.

가 원하고 있지 않았다는 증거이다.

4.2. 일부 천주교인들의 기독교 박해

그런데 일부 가톨릭교도들이 노골적인 기독교 박해, 약탈, 강제동원, 사형(私刑)에 나서게 되면서부터 사태는 격해지고 복잡하게 꼬여갔다. 황해도 재령(載寧)의 사태가 그것이다.

돌이켜 보면 이곳에는 1891년에 벌써 기독교인들이 예배 볼 때에 "로마교도가 떼를 지어 몰려와 남녀교인을 그 교당에 잡아다가 위협공갈해서, 대성교(大聖教)를 받들지 않고 열교(裂教)를 잘못 믿음은 불가(不可)라, 하며 태형(笞刑)을 가하고 놓아준 일"[219]이 있었을 정도였다. 또 1898년에는 그곳 원내동(垣內洞)교회 교인이 예배당 건축할 때에, 가톨릭교인 수백 명이 몰려와 집단폭행을 가하면서, 그 예배당을 함께 쓰자고 협박한 일이 있었다. 이런 와중에 공사가 계속될 리가 없었다. 더구나 1900년에는 재령 신환포의 가톨릭교인들이 그들의 성당을 건축할 때에 기독교인들에게 강제 부역(赴役)과 연보를 내게 한 일도 있었다. 만일 이런 요구에 불응하면,

> 남녀를 물론하고 그 교당에 잡아끌고 와서 혹 교회 대들보에 거꾸로 매달아 혹 태형을 함부로 가하얏난데, 당시 그 군(郡)안에 천주교당 35개 처가 잇고, 매 교당에 강장(講長)이 잇서셔 재판을 저들 뜻대로 행사하야 민형사(民刑事)를 자의처단하고, 그들 교인은 그 세를 의탁하여 일을 하는데 무덤을 늑탈 늑굴(勒掘)하며 징벌과 약탈을 제멋대로 감행하되, 당시 군수는 수수방관하니 비단 예수교인이나 일반 인민의 곤난이 극에 이르고 잇섯다.[220]

---

219) 『조선예수교장로회사기』, 상, p. 75.

220) *Ibid.*, p. 79

이들 천주교인들은 "도리는 연구치 아니하고 외(국)인의 권리만 의뢰하야 도당(徒黨)을 집합하여 교회를 공갈"[221]하되 추호의 가책이 없었다.

그런데 참으로 놀라운 일은 이들 가톨릭교인들은 살상(殺傷)도 불사하고 있었다는 것이다.[222] 이 신환포의 가톨릭교인들, 곧 김은두, 허형모, 문명선, 연윤서, 이들이 기독교인들에게서 겁탈한 돈의 액수는 다음과 같았다. 곧, 김규현에게서 5만 량, 안규현과 조장도에게서 각각 3만 량, 이택하에게서 2만 5천량, 허익모, 노경호, 홍익수에게서 각각 2만 량, 한효목과 안이원 각각 1만 5천 량, 김진환 1만 량이었다.[223] 이들 피해에 시달린 기독교인 수는 "수백"에 이르고 있었다.

하지만 가톨릭교인들의 불법과 폭행은 기독교인들에게만 국한된 것이 아니었다. 왜냐하면 보고된 200여 건의 불법 중에서 다만 10건만이 기독교인들에게 관한 것이었기 때문이다. 천주교인들이 1899년 4월에 황성신문사를 찾아가 행패를 부리고 있었다. 이들은 신문사 사장 남궁억(南宮檍 1863-1939)을 찾아가

> 발길노 차며 주먹으로 두ᄃᆞ리며 십여 명이 등을 밀고 종현(鐘峴)[224] 텬쥬교당으로 잡아다 놋코 수십 명이 들러 안져 혹 으리기도 ᄒᆞ며 혹 후욕도 ᄒᆞ면서 ᄒᆞᄂᆞᆫ 말이 신문사를 뎡지ᄒᆞ라. 그러치 아니ᄒᆞ면 신문사를 부ᄉᆡ고 활판소를 철파ᄒᆞ리라 ᄒᆞ며 거의 여ᄉᆞᆺ시 동안을 군축ᄒᆞ며 욕보이고...[225]

---

221) *Ibid.*, p. 78.

222) 당시 천주교인들의 사회부정과 비행에 대하여서는 윤치호, 『일기』, IV, pp. 31, 85; V, pp. 143, 183, 346, 367, 376 등 참조. 천주교인들의 살상에 대하여서는 *The Korea Review* March 1903, p. 120 참조.

223) New Calendar, *The Korea Review*, March 1903, p. 171.

224) 현재의 명동성당

225) 텬쥬교의 불힝홈, 〈대한그리스도인회보〉, 1899. 4. 6일자.

가진 폭행을 다하였던 것이다. "부텨가 텬쥬교에 드러왓다"는 잡보(雜報) 기사 때문이었다.

어쨌든 황해도의 신천(信川), 재령, 안악(安岳), 장연, 봉산(鳳山), 황주(黃州) 및 서흥(瑞興) 등지에서 자행된 가톨릭교인들의 불법행동은 상상을 초월하고 있었다. 강탈, 태형, 감금, 부역(赴役)에다가 순검과 지방관리들에 대한 몰매와 감금까지, 무법천지가 다른 데 있지 않았다. 더구나 이들 비행을 판정(判正)하려고 조정이 해주(海州)에 특별재판소를 마련하였더니,[226] 불란서 신부들과 교인들이 오히려 관리들을 포박하고 구타하여 법 집행을 방해하였다고 하니, 실로 황당하기가 그지없는 일을 천주교가 저지르고 있었다. 이런 사태의 배후인물로 알려진 홍(洪, Wilhelm) 신부를 황해도 관찰사 이용직(李容稙)이 만나 사태 처결을 시도하였으나 역시 진전이 없었다.[227]

무장까지 하고 사법권을 침해하며, 관리들과 순검까지 폭행한 이들은 조선 정부에 대하여 공공연한 "반역행위"를 저지르고 있었던 셈이다.[228] 그것은 다만 종교적인 차원에 머물 수 있는, 그런 사건이 아니었다. 그것은 천주교와 한국 국가주권과의 대결이었다.[229] 사건에 정통했던 사람들은 사태가 그런 상태로 얼마 동안 방치될 경우 걷잡을 수 없는 민란(民亂)이 유발되고, 따라서 천주교도들은 두말할 것도 없고 외국인 전체 그리고 기독교 전체를 대상으로 하는 가공할 만한 적대행위가 야기될 것이라고 경고하고 있었다.[230]

---

226) 고종 특명으로 1902년 설치.

227) News Calendar, *The Korea Review*, April 1903, p. 171. 1903. 2. 8일자에 만났다.

228) 이용직이 조정에 낸 보고문 중. 1903. 1. 13일자. News Calendar, *The Korea Review*, March 1903, pp. 120, 121-122.

229) 주모급 천주교인들은 다음과 같았다. 장사호, 곽희호, 양희옥, 조성길, 이익홍, 양연규, 양원돌, 최명선, 강삼지, 김응두, 허형모, 연윤서 등. News Calendar, *The Korea Review*, March 1903, pp. 120, 122, 123, 124, 125-128.

230) *Ibid*, pp. 120, 123. 한쪽을 보충한 형태.

그런데 장로교회의 선교사들은 이런 사태가 혹시 악화되지나 않을까 해서 처음에는 침묵을 지켰다. 개신교 교인들이 받은 중대한 인권침해나 공갈 갈취의 문제들에 대해서 정부에 고소할 생각도 없었다. 그들이 미국시민이라는 사실, 이 사건들이 종교적인 차원을 넘어선 강도 살인사건이라는 것, 가톨릭 신부들이 조정에서 그들 교민(教民)들을 재판하는 것을 기피한다는 사실, 이런 일들 때문이었던 것으로 보인다.

그러나 한국의 기독교인들, 특히 직접 피해를 받고 있었던 장로교인들은 이 어처구니없는 사건들에 대하여 침묵하지 않았다. 1898년에 벌써 황해도의 재령 원내동교회 교역자 최병은(崔炳恩)과 김재환(金在煥)이 비분을 참지 못하여 신천(信川)의 청동(青洞-창계동)에 살고 있는 그 악명의 홍 신부를 상대로 고소하였다. 따라서 홍 신부는 기소되어 그해 4월 2일에 재판이 열렸던 것이다. 그런데 가톨릭교인 2백여 명이 난폭한 시위를 감행한 것이다. 그때였다. 이 두 사람은 두려움 없이 이 폭도들에 맞서 대의를 외치고 그들의 귀정(歸正)을 호소하였던 것이다. 그러나 문제는 선교사들이 섭섭할 정도의 냉정을 지킨 일이다. 이 두 사람이 재판이 열리기 전에 "사람을 평양에 보내어 선교사회(宣教師會)에 칭원(稱寃)[231]하되 촌효(寸效)가 없었던 것"[232]이고, 재판 과정에 방청 온 선교사들은 한 사람도 없었다.

언더우드 부인의 글에 익명(匿名)으로 나타나는 두 사람의 행적에 대한 기록이 있는데, 그들이 상기 두 사람일 것이라는 것은 짐작 이상의 것이다.[233] 거기 의하면 두 사람이 다른 한 사람과 함께 선교사들을 찾았으나 무모였고, 관가(官家)에 가보라는 말만 들었다고 한

231) 억울한 일을 다 밝힌다는 뜻.

232) 『조선예수교장로회사기』, 상, p. 78.

233) L. H. Underwood, *op. cit.*, p. 257.

다. 하지만 지방 법정이 불란서 신부나 교인들의 그런 어마어마한 불법행동들을 조사하고 대들 의사나 능력은 없었다. 이들은 서울까지 올라가서 조정에 호소했으나 역시 효과가 없었다. 조정도 지방의 문제, 더구나 종교적인 문제를 확대시켜서 시끄럽게 할 필요가 없다는 심사였다. 묘한 것은 다들 그래서 그런지, 그렇게 예리하던 〈그리스도신문〉도 이런 사건의 보도가 없었다. 정의가 외로울 때는 상대방 때문만은 아닌 것이다. 우리 쪽에서 원군(援軍)이 없을 때가 있기 때문이다.

하지만 이들 기독교인들은 실망하지 않았다. 막바로 불란서공사관을 찾아갔다.[234] 그러나 외교적 언사에서 진실성은 찾아보기 어려웠다. 결국 이들은 서울에서 간행되던 한국 신문에 공개하기에 이르렀던 것이다.

> 기독교인은 압제에 저항하고, 견고한 독립의 확립과 발전에 헌신하고, 자유와 공정을 사랑하는, 충심이 있었기 때문입니다.[235]

이때 비로소 선교사들은 사태의 심각성에 놀랐던 것으로 되어 있다. 처음 선교사들이 이들의 말을 반신반의 하였거나, 아니면 이제 사건이 공개된 이상 더 이상 가만히 있을 수 없다는 판단, 이 둘 중의 하나 때문이었을 것이다. 게일과 언더우드는 미국공사인 알렌을 찾아가, 그로 하여금 조정에 알려 특별재판소를 해주(海州)에 설치하게 하고, 모페트(S. A. Moffett, 馬布三悅)와 언더우드를 해주에 보내어 특별재판의 진행을 예의 주시하도록 하였다.[236] 이때 특별재판소의 판

---

234) 당신 불란서 공사는 M. Collin de Plancy.

235) L. H. Underwood, *op. cit.*, p. 257.

236) *Ibid.*, p.258.

사로 임명된 사람이 법부(法部)의 이응익(李應翼)[237]이었다.

이응익은 대단한 용기의 투사로서 한국교회사에 기록되어 오래 기억되어야 할 인물이다. 그는 1902년 9월부터 해주에 부임하여 기독교인들의 피해를 기민과 끈기, 용기와 투지로 조사해서 가톨릭교인들의 불법과 만행을 낱낱이 수집하여 이를 보고서로 작성하였다. 그리고 그것을 고종에게 제출하였다. 1903년 9월이 일이다.[238] 그만큼 오래 일해 왔다. 그는 한때 이 천주교 비류(匪類)들의 무장과 폭행 때문에 군사력의 동원 계획을 세워 이를 허락해 줄 것을 조정에 요청한 일이 있을 정도였다.[239] 그가 일하던 살벌한 분위기를 읽을 수 있다. 그 한 사람의 용기, 이응익의 결단력과 사명감, 그것은 한국교회사의 길이 빛나는 한 이정표가 된 것이다.

이러한 과정을 거쳐서 고종의 유시(諭示)에 따라 이들 중 일급(一級) 범법자들은 서울에 압송하여 재판하고, 이급(二級) 범법자들은 해주에서 처벌하게 되었던 것이다. 황해도 도민들이 이응익의 의협(義俠)과 그 업적을 기리어 송덕비(頌德碑)를 세운 것은 당연하였다. 불란서 공사 풀랑시(M. C. de Plancy)는 이 송덕비의 제거를 외부(外部)에 요청하는 난을 부렸으나 정중한 거절의 회신을 받았을 뿐이다.[240] 그는 심지어 『*The Korea Review*』가 천주교도 사건을 취재한 것을 가지고도 비난하면서, 조정 학부(學部)에 이 잡지를 경고하라고 대들고 있었다.[241] 끝까지 이러고서도 그 종교의 진실이 보존된다고 보았던 것일까. 하지만 반대로 개신교 쪽에서 이응익의 업적을 찬하하였

---

237) 한때 군국기무처(軍國機務處)의 회의원(會議員). 외부(外部)의 교섭국장 역임.

238) News Calendar, *The Korea Review*, September 1903, p. 411.

239) The First Report of the Imperial Inspector to the Government, News Calendar, *ibid.*, March 1903, p. 124.

240) *Loc. cit.*

241) News Calendar, *The Korea Review*, April 1903, p. 167.

다는 기록은 아직은 찾지 못하였다. 가톨릭에서 끝까지 무얼 해본다고 하던, 그런 자세와 비교가 되어서 하는 말이다.

15명의 중범 가톨릭교인들이 실형을 받은 것은 그해 10월의 일이다.[242] 다섯 사람의 칼 형(刑)에, 열 사람의 태형이었다. 기독교는 그 형량의 가벼움에 놀란 듯하였다. "이것이 집단살상, 중(重) 절도죄, 가옥 파괴, 능욕, 불법감금, 이런 범죄들에 대한 처벌이란 것인가."[243] 교회는 묻고 있었다.

하지만 우리 기독교인 한 사람 두 사람이 불굴의 정신으로 이 불의에 맞서 중도 포기하지 않았던 그 소신이 결국 승리를 거두었던 것이다.

불란서 공사관에서는 저 홍신부와 돌체(Dolcet) 신부의 귀국까지 종용하고 있었으나[244] 그 귀추는 알 길이 없다. 다만 플랑시 공사는 그해 곧 1903년 11월 2일, 재판이 끝나 한참 어수선할 때 이임하고 본국으로 귀환된다.[245]

---

242) 형량: 장사호, 김형남, 박지완, 강인보 → 태형(笞刑) 1백대와 3년의 칼형(刑). 조병길 → 태형 70대 1년 반의 칼형. 노항님, 박찬, 김병호, 안태진, 김정상, 조병현, 차원유, 주양조, 박진양 → 80-100 태형.
News Calendar, *The Korea Review*, November 1903, p. 506.

243) Editorial Comment, *ibid.*, November 1903, p. 499.

244) News Calendar, *ibid.*, November 1903, p. 411.

245) *Ibid.*, p. 503.

VI 기독교의 민족 사회운동

> 상금도 희망이 유(有)ᄒᆞ니이다. 천주씌셔 아문(我們)[1]의게 국민된 지위를 사(賜)ᄒᆞ셧스니, 비록 지금은 타인(他人)이 아문(我們)의 주권과 국권을 탈(奪)ᄒᆞ얏스나, 아문이 국민의 자격과 애국의 성심과 동포의 국체(國體)ᄂᆞᆫ 보고 뺏지 못ᄒᆞᆫ쥴로 결심(結心)ᄒᆞ야 저들이 능히 탈(奪)ᄒᆞ지 못ᄒᆞ리이다. …
> 아제(我儕)의 소여(所餘)ᄒᆞᆫ 희망은 천주와 그 아들 예수 그리스도의게 존(存)ᄒᆞ니 그런 즉 속히 경성(警醒)ᄒᆞ야 머리를 들고 생기(生氣)를 발(發)ᄒᆞ야 일을 만들고 희망ᄒᆞ며 나라 위해 살아갈지어다.
>
> — 〈대한매일신보〉 1905.

1. 교회와 충군애국의 민족정신

1.1. 충군애국의 교회

한국교회의 충군애국적 민족정신은 1896년에 이미 다 알려진 사실이었다. 바로 전 해에 민비시해(閔妃弑害)나 춘생문(春生門)사건을 거치면서 기독교의 민족정서가 대담한 조직력을 가지고 시위되고 있었기 때문이다. 선교사들의 공헌은 이런 측면에서 본다면 더욱 현저하였다. 선교의 사회개혁적 지향점이 이런 것이었기 때문이다.

> 다만 ᄇᆞ라ᄂᆞᆫ 거슨 불샹ᄒᆞᆫ 죠션 ᄇᆡᆨ셩들이 ᄌᆞ긔나라[2] 사ᄅᆞᆷ과 ᄀᆞᆺ치되야 국즁에 올흔 법률이 ᄉᆡᆼ기고 죠션에 잇ᄂᆞᆫ ᄃᆡ소 인민이 합심ᄒᆞ야 나라ᄅᆞᆯ 보

---

1) 우리 무리들. 아제(我儕)도 같은 뜻.

2) 선교사들의 나라.

> 존ᄒᆞ고 인민이 졍돈이 되야 규모가 잇게 만사ᄅᆞᆯ ᄒᆡᆼᄒᆞ며 샹인ᄒᆡ물지심(傷人害物之心)이 업서지고 젼국 인민이 서로 ᄉᆡᆼ각ᄒᆞ기ᄅᆞᆯ 형뎨와 ᄀᆞᆺ치 ᄒᆞ며 구셰쥬 예수 그리스도를 밋고 그 셩쥬의 ᄀᆞ르침을 본 밧으라 ᄒᆞᆷ이라.[3)]

나라를 지키는 것, 인간과 자연에 대한 사랑, 나라사람들끼리 서로 형제시하는 것, 그리고 그런 것들이 다 기독교에서 나온다는, 당시 언론의 간절한 시대적 호소였다.

1.2. 우리 겨레 평등사상

그때 기독교를 통해서 밝혀진 것이 하나 있었다. 곧,

> 야소교(耶穌敎)를 ᄒᆞ야 젼국인민이 층등이 업시 모도 형뎨ᄀᆞᆺ치 ᄉᆞ랑ᄒᆞ고 도와주어, 나라히 잘되야 올코 곳은 풍쇽과 법률이 셩ᄒᆞ게 ᄒᆞ며 귀ᄒᆞ고 부요ᄒᆞ고 지혜잇ᄂᆞᆫ 사ᄅᆞᆷ이나 약ᄒᆞ고 쳔ᄒᆞ고 무식ᄒᆞᆫ 사ᄅᆞᆷ이나 하ᄂᆞ님 압헤ᄂᆞᆫ 다 일반이라.[4)]

그다음 해 1897년에 다시 열린 대군주폐하 탄신경축회는 8월 23일 훈련원에서 "교ᄒᆞᄂᆞᆫ ᄇᆡᆨ셩들" 주최로 열렸는데, 배재학당의 아펜젤러가 사회를 보았고, 그때 마태복음 22장 15-22절을 읽고, 찬송가를 부르고, 배재학당 교사의 기도, 그리고 한성판윤(漢城判尹) 이채연(李采淵)의 연설, 전 협판(協辦) 윤치호와 서재필(徐載弼)의 강설이 각각 있었다.[5)] 그날 훈련원 뜰에는 "태국긔와 십ᄌᆞ가"가 함께 게양되고 있었다. 기독교와 조국! 우리 교회는 처음부터 그런 신앙을 가슴 깊이

---

3) 논셜, 〈독립신문〉, 1896. 8. 20일자

4) *Ibid.*, 1896. 9. 3일자.

5) 대군쥬폐하 탄일, 〈죠션그리스도인회보〉, 1897. 8. 25일자.

품고 살았다. 이날 "하ᄂᆞ님 압헤ᄂᆞᆫ 지천(至賤)ᄒᆞᆫ 사ᄅᆞᆷ도 황뎨와 동등ᄒᆞᆷ"이 역설되고, 동시에 공평한 사회질서, 여인의 교육과 남녀동등, 그리고 사회발전의 부단한 추진이 역설되었다.

1.3. 교회와 태극기

기독교가 겨레의 골격에 접속하고 있었다는 사실은 성탄축하예배 때에도 나타났다. 1898년의 새문안교회 성탄축하예배 때에 "젹십ᄌᆞ가와 대한 국긔"가 함께 교게(交揭)되었다.[6] 그리고 인천의 담방리교회에서는 "십ᄌᆞ가를 세우고 회당 문샹에 태극긔"를 게양하고 있었다.[7] 감리교의 강화항동교회 역시 성탄예배 때에 "태극등"을 달았으며,[8] 부평의 굴재감리교회 회당에서는 "십ᄌᆞ가외 태극긔"를 함께 게양하고 "청송 홍예문"을 세우고 있었다.[9]우리 교회가 있는 곳에 십자가는 물론 있었다. 그러나 거기 반드시 국기가 함께 휘날리고 있었다.

장로교회의 경우 1907년 그 첫 독로회(獨老會)가 결성될 때 한 감격이 노회원들 틈에 격류처럼 흘러갔다. 그 의장의 고퇴(叩槌)는 다음과 같은 모습을 하고 있었다.

> 은으로 십ᄌᆞ가를 면에 샥이고 청홍(靑紅)으로 태극을 머리에 그리고 광칙 잇ᄂᆞᆫ 은으로 씌를 씌운 견고한 맛치.[10]

한국교회에 나라와 민족과 교회는 일체감을 이렇게 형성했고, 지금

---

6) 〈독립신문〉, 1897. 8. 26일자.

7) 셩탄일 축하, 〈대한그리스도인회보〉, 1898. 12. 28일자.

8) 인천 담방리교회 성탄일 경축, 〈대한그리스도인회보〉, 1899. 1. 4일자.

9) 〈대한그리스도인회보〉, 1899. 1. 4일자.

10) 대한예수교장로회 독로회 뎨1회 『회록』, 1907, p. 6.

껏 그렇게 유지하고 있다.

1.4. 자유 민권

1901년 조선을 방문하였던 미국북장로교 해외선교본부 총무 아서 브라운(A. J. Brown 1856-1945)은 기독교인들의 정의감과 사회의식에 대하여 이런 말을 남길 수 있었다.

> 복음은 (조선과 같이) 부패한 나라에서는 항상 혁신적 세력으로 작용합니다. 장차도 그러할 것입니다. 그것은 인간의 정신 속에 확고한 독립심을 일깨워 주고, 도덕적 기풍을 굳히며, 불의에 대해서는 두려움 없는 저항을 멈추지 않게 합니다. 조선에서 볼 수 있는 이런 변화와 그 진전은 영국 청교도(淸敎徒)들에게서나 볼 수 있었던 것들입니다.[11]

그런 신앙 전통의 존속이 중요하다. 그것이 한국교회의 영광이다. 우리는 기독교로해서 자유가 보장되고 인권과 국권이 확보되며 근대 세계에 당당한 나라로 부상할 수 있다고 믿었다.

자유민권이니 인권에 대한 각성이 이처럼 근대 한국의 여명기를 열어가고 있었다. 그런 복음이 먼저 들어온 것이 축복이었다. 기독교는 개인이 누리는 권리와 국가의 자주권이 다 천부의 것이요, 따라서 서로 떨어져 있는 것이 아니라고 보고 있었다.[12] 모든 사람은 다 하나님이 주신 권리를 누리고 있는데, 이 귀중한 권리가 외인의 침탈로 상실되고 있다고 한다면 그것은 국권의 상실과 함께 개인 인권의 상실이 아닐 수 없었다. 이런 아픔은 을사늑약 때에 그렇게 뼈를 깎듯

---

11) A. J. Brown, *The Report of a Visitation of the Korea Mission of the Presbyterian Board of Foreign Missions*, 1901, p. 6.

12) 잡보, 종교개혁이 정치개혁의 원인, 〈대한매일신보〉, 1905. 10. 11일자.

이 체험하였던 것이다.

실제 자주독립이라든가 인권이라든가 하는 그런 가치와 이념이 다 기독교에서 나왔다는 것을 의심하는 사람은 하나도 없었다.[13] 이런 확신이 서면 사회발전과 국가 건설을 위한 힘찬 약진은 점화되는 것이다. 이것이 바로 유길준(兪吉濬 1856-1914)이 기독교에 귀의하면서 기독교가 "순정 숭엄 의열(毅烈)의 독확(篤確)한 기백과 역량(力量)으로 국가의 쇠운(衰運)을 만회하며 사회의 퇴속(頹俗)을 교구(矯救)"[14] 한다는 확신을 가지게 한 배경이다.

국권마저 천부(天賦)의 것이라는 자각은 민족사적으로 중대한 의미를 가지고 있었다. 국부민강(國富民强)의 성취가 하나님의 섭리에 의해서만이 가능하다는 신념, 그리고 하나님이 세워주시고 이끌어주시는 이 나라는 영존할 것이라는 불굴의 희망, 이런 것들은 전무후무한 것이었다. 이런 확신은 종교적 차원을 넘어서 부연되어 민족의 역사 속에 그대로 구현되고 있었다. 지식인들은 여기에 눈을 돌리고, 일반 민중들은 여기 동조하고 있었다.[15]

2. 반일(反日)의 민족, 인권운동

2.1. 반일 민족운동

기독교인들의 반일

한때 교회와 일제간의 협력관계가 전혀 없었던 것은 아니다. 가령

13) 논설 (2), 〈믜일신문〉, 1898. 5. 28일자

14) 『유길준전서』, II, 서울, 일조각, 1900, p. 6.

15) *R.F.M.E.*, 1902, p. 312.

1895년 백정의 신분개선 운동을 할 때 선교사 무어가 일제의 이노우에(井上馨) 공사에게 미리 통지하여서 그 문제 해결에 양자가 공동보조를 취했던 일은 이미 살펴 본 바가 있다. 더구나 1894년에는 청일전쟁의 잿더미 속에서 평양 진주(進駐) 일본군인 중 기독자들과 한국인 기독자들이 매일 회동하여 기도회를 가진 일이 있었다.[16)]

하지만 1895년, 그해가 한 고비가 된듯하였다. 을미사변(乙未事變)과 아관파천(俄館播遷)의 급격한 정치적 혼란에서 종사의 안전이 위협 받을 정도의 수모를 겪으면서 일제의 탐욕이 노출되자, 교회의 민족정기가 일시에 자극되고 국권 수호를 외치는 절규가 요란하게 휩쓸기 시작한 것이다. 교회가 전국적인 네트워크를 가지고 있었기 때문에 민족 정서는 그 곬을 타고 있었다.

1901년 6월에 이르러서는 서울에서 발간되던 일본계 〈漢城新聞〉은 조선사람의 예수교 입교 동기에 대하여서 악의 넘친 폄하(貶下)의 시론(時論)을 게재하고 있었다.[17)] 관리들의 불의 가렴주구에서의 도피, 동학이나 부보상(負褓商)들로부터의 피난 동기와 함께, 설탕, 놀이, 여인, 구름을 탈 수 있다는 등의 환상적 이유까지 거기 덧붙여, 신앙동기에 모욕적인 언사를 마구 사용하고 있었다.

그런데 1905년 을사늑약(乙巳勒約)을 전후한 역사적 전환기에 교회에 밀려드는 민족 단위의 썰물은 이를 조류에 버금할 수 있을 정도였다. 그 동기는 고립된 나라의 비운을 보면서 의뢰처를 찾는 것이었고, 목표는 국권이나 민권의 수호였다. 가령 나중에 다시 상술할 터이지만,[18)] 일제의 토지 수탈 때문에 쫓겨난 서북민들이 정부의 내부(內部)에 호소하다가 해산을 당한 뒤 "원통한 일을 풀기는 고사하고

---

16) *Iibid.*, 1894, p. 241.

17) News Calendar, *The Korea Review*, June 1901, p. 267에 인용.

18) 본장 3절 참조.

강 건너편으로 쫓겨남으로 의뢰무처(依賴無處) 곧 의뢰할 곳이 없어서 그 중 40여 명이 성교당(聖教堂) 곧 교회에 입참(入參)하고 십자기(十字旗)를 내걸었다"는 것이다.[19]

전국 팔도에 교회에 입교하려고 몰려드는 흐름이 우리 겨레 태반을 기독교인으로 만들 것이라는 전망은 아주 뚜렷하였다. 이러한 대세는 반일저항과 교회가 직접 연결되고 있었다는 증거이다. 그것이 직접적인 저항이든, 아니면 신앙에서의 안식(安息) 추구든, 마찬가지였다. 교회는 피탈과 수모의 겨레와 동행하고 있었다.

> 처음에ᄂᆞᆫ 하등(下等)인민이 관리의 침어(侵魚)[20]를 참지 못ᄒᆞ여 교회를 신뢰ᄒᆞ더니, 지금에ᄂᆞᆫ 외인(外人)의 학대가 비상ᄒᆞᆷ으로 교회로 귀의(歸依)ᄒᆞ니 이는 천지간에 크게 흐려지면 다 흩어 떠난다는 이치와 같다.
>
> 지금 교회 중에 인품(人品)을 보건대 청년유지와 열혈의 인재들이 다른 교인과 비교ᄒᆞᆯ 바 아니요, ᄯᅩ 신교(信教)ᄒᆞᄂᆞᆫ 사람들은 천연적(天然的) 애국심과 동포상애(相愛)에다가 단체력에서 특별히 자립ᄒᆞ야 타인에게 불복(不服)ᄒᆞᄂᆞᆫ 의상(意想)이 잇ᄉᆞ니, 무형지강(無形之强)이 은연 여기 생성되는데, 고(故)로 왈(日) 한국은 장차 야소교로 유(由)ᄒᆞ야 자립ᄒᆞ리라 ᄒᆞ노라.[21]

근세조선에서 기독교로 유입하던 물결은 그 시대가 둘 있었다는 것이다. 처음에는 조선 관리들의 침어 때문이요, 다음 시대에는 일본인들의 학대 때문이었다는 것이다. 그런데 문제는 이런 기독교 유입 인구의 인품과 그 자질이었다. 그들은 다 뜻을 높이 가진 청년들일

---

19) 강민입교(江民入教), 잡보, 〈대한매일신보〉, 1905. 8. 18일자.

20) 침탈(侵奪)과 같은 말.

21) 한국은 장유(將由) 야소교 이입(而立), 〈대한매일신보〉 1905. 9. 29일자.

뿐만 아니라, 열혈의 인재들로서 당시에는 비교할 만한 대상이 없을 정도의 엘리트였다는 것이다. 여기 바로 한국이 지녀야 할 가치 곧 무형지강(無形之强)이 형성된다는 것이었다. 그런데 더 중요한 문제가 여기 지적되고 있다. 곧 그렇다면 이 모든 것을 살피건대, 장차 한국은 기독교로 해서만이 자립 독립할 수 있다는, 그런 결론이었다. 실로

> 조선 일점(一點)의 생기(生氣)가 야소교(耶蘇教)에 존(存)하나니...[22]

예수교인만큼 당시 "국세(國勢)에 급업(岌嶪)[23] 흔 일과 생명 재산에 심려(深慮)"[24]한 사람들이 많지 아니하였다. 곧 기독교인만큼 국난을 걱정하고 겨레의 생존과 나라의 재정에 대하여 깊이 염려하는 사람들이 없었다는 것이다.

기독교인들의 반일저항

을사늑약(乙巳勒約, 1905)은 이러한 기독교인들에는 충격 그것이었다. 늑약 체결이 있자 기독교인 전덕기(全德基 1875-1914)와 정순만(鄭淳萬) 등 여러 교인이 매일 상정승동(尙政丞洞) 안의 교회당에 저녁 7시부터 9시까지 회집하여 나라를 위해 하나님께 기도하였다. 하지만 이런 조용한 기도회는 곧 끝났다. 심지어 남녀교인 수천 명이 평안북도에서 내려온 장시 기독교인 수십 명과 함께 박제순(朴齊純)과 같은 매국 대신들을 찾아가 주타(誅打)하려 하였다는 것이다. 일본군의 출동이 불가피할 정도였다.[25]

---

22) *Loc. cit.*

23) 어렵고 힘든 일.

24) 교인혈성(血誠), *ibid.*, 1905. 9. 10일자.

25) 정교(鄭喬), 『대한계년사』, 하, p. 191.

이런 과격 시위는 계속되었다. 1905년 11월 30일에는 낮 3시에 기독교인 김하원(金河苑), 이기범(李基範), 김홍식(金弘埴), 차병수(車炳修) 등이 "2천만 동포는 함께 죽어 차라리 독립귀(獨立鬼)가 될망정 어찌 외인(일본인)의 멍에를 지고 구차하게 생을 이어갈 것인가"라는 글이 든 격문(檄文)을 들고, 종로에서 시위 행렬을 벌였다. 이때 일본 헌병과 경찰이 군도(軍刀)로 위협하였고, 이를 본 시민들이 합세하여 그 세가 엄청나게 불어났던 것이다. 이날 시위는 피차의 공방이 치열하였고, 일본군의 방포(放砲)까지 있어서, 부상자 여럿이 속출하기도 하였다. 구속된 사람은 백 명이 넘었고, 이기범 역시 부상을 입었다.[26]

1907년 정미조약(丁未條約)이 강행되었을 때에도 교회는 그 비보에 가장 먼저 통탄을 금할 수 없었다. 경기도 양주의 전도사 홍태순(洪太順)은 7월 22일 낮 4시에 고종의 양위(讓位)에 분개하여 대한문(大漢門) 앞에서 약을 마시고 죽었을 때[27] 교회가 품고 있는 애국심이 이 겨레들 어느 누구보다 앞서 있다는 것이 밝혀지고 있었다.

사실 안중근(安重根 1879-1910)이나 우덕순(禹德淳 - 連俊, 1876-1950), 이재명(李在明), 김정익(金貞益), 김태선(金泰善), 김병록(金秉錄), 조창호(趙昌浩), 이동수(李東洙), 이학필(李學必) 등은 다 평양의 열렬한 기독교인들이었다.[28]

2.2. 우동선(禹東鮮)과 서상륜(徐相崙)의 갈등관계

1907년 도처에 봉기한 의병(義兵)들의 대장 중에는 기독교인들이

26) *Ibid.*, 하, p. 190-191. Cf. 〈대한매일신보〉, 1905. 12. 2일자. 두 기사는 거의 같아, 한 기자의 글임이 확실. 아니면 어느 한쪽이 복사한 것.

27) 선교사 자재(自裁), 〈대한매일신보〉, 1907. 7. 24일자.

28) 정교, *op. cit.*, 하, pp. 376, 388.

적지 아니하였다. 가령 경상북도 산악지대를 무대로 활약하던 가톨릭 교도 김상태(金相台 1861-1911) 그 하나였다.[29]

하지만 신앙과 애국의 연대(連帶) 거기에 대한 갈등 때문에 한국교회 역사의식에 무제를 하나 던져 주었던 사람이 황해도 문화(文化)에서 활동하던 독실한 의병대장 우동선(禹東鮮)이다. 그의 전적(戰績)은 서북지방에서는 가장 괄목할 만한 것이었다. 실상 그는 1905년에 정동의려대장(正東義旅大將)이란 큰 깃발을 들고 기의(起義)하였었으나 일본군에게 구금되어 순사(殉死)한 인물이다.

그가 우리 역사에서 던져 주는 문제는 서상륜과의 갈등관계 때문이다. 우동선이 의병으로 한참 싸우고 있을 때다. 우리나라 최초의 기독교신자로 성서번역과 성서 전국 매서(賣書)에 공이 빛나던 서상륜(徐相崙 1848-1926)이 선유위원(宣諭委員)으로 황소(皇召)를 받아 우동선의 진영을 방문한 일이 있었다.[30] 의병활동을 그만두라는 왕실의 권고를 전달하기 위해서였다. 여기 근세기독교 신자들의 두 유형이 상징적으로 시위되고 있다. 하나는 의병(義兵)이고 하나는 선유위원이다. 우동선은 격한 말투로 서상륜을 맹비난한 것이다.

> 슬프다, 교인동포여, 신앙력(信仰力)이 있는가 없는가. 조국의 위험한 경우와 생명의 고췌(固悴)[31]란 정황을 한번 생각해보라. 이번 선유(宣諭)가 우리의 생령(生靈)을 구한다고 하나, 여러 위원 한마디에 감심(甘心)하여 이장(李長)[32] 두 원수 앞에 부수청명(俯首聽命)[33] 하리오.

---

29) 〈한국일보〉, 1980. 6. 24일자.

30) 정동감리교회 목사 최병헌(崔炳憲)은 충청남도에 선유위원으로 파송되고 있었다. 잡보, 〈대한매일신보〉, 1908. 2. 11일자. Cf. M. W. Noble, *Various Lives of Early Christians in Korea*, Seoul, Christian Literature Society, 1927, p. 121.

31) 굳게 파리해져 있는 모습.

32) 이완용(李完用)과 하세가와(長谷川好道). 하세가와는 당시 조선주둔 일본군사령관. 1916-1919년 조선총독.

구미의 역사상 이태리를 재조(再造)한 가부이(加富爾)[34]는 종교신도로서 절대(絶大)한 위업을 이루었고, 미리견(美利堅)[35]을 건조한 화성돈(華盛頓)[36]은 종교인으로서 혈전(血戰) 8년에 독립의 기업을 이루었거늘, 우리 동국(東國)[37]의 교인엔들 여기에 그런 인물이 없으리오마는, 이제 선유위원의 성질을 보건대 저렇듯이 조잔(凋殘)[38]함이 막심하니 위하여 한심(寒心)함을 어찌하랴.[39]

하지만 서상륜 자신 이런 애국 기독교인들의 반일저항을 반대한 것이 아니었다. 선유의 본의가 소요사태의 안정이라고 한다면, 그것이 의병활동의 금지가 아닌 다른 방법으로 해야 할 것이라고 하면서, 그런 방침이 없는 선유 직을 받은 것이 잘못이라고 판단하고, 선유위원 직을 의면(依免) 요청하고 있었다.

서상륜은 한 걸음 더 나아갔다. "상내각대신서"(上內閣大臣書)를 써서 정부 대신들의 총사퇴를 요구하였다. 그리고 사퇴한 대신들이 각처에 다니며 의병들 앞에서 사죄하고, 그들 손에 죽음을 맡기라고 외쳤다. 그래야만 "상하(上下)가 다 화목하여 국가가 심히 행복하게 되고, 인민도 제공(諸公)들도 다 심히 행복하게 될 것"이라 다짐하고 있었다. 그는 의병 봉기의 원인을 심각하게 생각하라고 다그치고 있었다.

오늘과 같이 지방인민이 동쪽에서 외치면 서쪽에서 호응해서 생명을

---

33) 머리를 수그리고 목숨을 기다리는 것.

34) Garibaldi

35) 미국(美國)

36) George Washington.

37) 우리나라

38) 시들고 허물어진 모습.

39) 『한국독립운동사』, I, 애국동지회 편, 서울, 애국동지원호회, 1956, pp. 55-56.

> 희생하며 재산을 소탕하고 봉기한 이유가 어디 있겠습니까. 필시 모든 백성들이 다 의심을 품고 있을 터인데, 그 의심과 분노가 알려지기 전에는 황제가 아무리 말하여도 다 불신할 것입니다. 병력으로 눌러도 반드시 불복할 것입니다.
>
> 왜냐하면 의병이 처음 발생한 것이 광무11년(1907) 7월경 제공(諸公)이 신내각을 조직한때부터입니다. 저들이 국가의 참상을 보고, 시국의 변환을 만나고는, 허다한 나쁜 결과가 다 제공에게서 비롯되었다고 판단하게 된 것입니다. 정권이 추락한 것도 현 정부의 소위(所爲)요, 나라 모습이 하루가 다르게 변하는 것도 현 정부의 소위라 보고 있는 것입니다. 언론집회의 부자유도 현정부의소위라 하여 그 분노의 팔을 접지 못하며 이(齒)를 갈고 있는 형편입니다.
>
> 지금 백성들이 무례한 역적(逆賊)이라고 제공 각하들을 불러 배척하고 있으나, 이런 민심을 무엇으로 돌이킬 것입니까. 비록 일문(1文)이라도 써서 조모(朝暮)로 선유하면 그 의심과 분노가 한 둘씩 씻겨질 것입니다.[40]

대담한 공개 비판문이었다. 이들을 공개적으로 "역적"이라 부른 그의 예언자적 음성은 찌르는 창이었을 것이다.

여기 우동선과 서상륜 두 기독자가 각각 따로 보인 애국충정의 형태가 있다. 하나의 길은 칼을 들고 적과 싸우는 것이었다. 그러나 그런 길은 물리적이고 현실적이기 때문에 승패의 형태가 조만간 분명히 나타난다. 그 어느 경우도 교회로서는 부담이다. 다른 한 형태는 거리에서 예언자로, 혼자서나마 대담하게 불의를 고발하고 민심의 소재를 알려 겨레의 충정을 묶어 표출하는 일이었다.

---

40) 별보(別報), 「상내각대신서(上內閣大臣書)」, 서상륜, 〈대한매일신보〉, 1908. 1. 23일자.

3. 항일 사회정의운동

3.1. 일제의 경제침략에 대한 저항

윤치호는 1899년 벌써 일제가 조선에서 근대적인 경제활동이나 또 강제 수탈에서 이중복리(二重複利)의 모리배 노릇을 하고 있다고 비난한 일이 있었다. 가령 당시 일본인 거류민 1천6백 명이 서울의 요충지역 10만 정보(町步)를 단돈 50달러에 사들이는 약탈이 그런 것이었다.[41] 덕원(德源)이나 진남포의 감리로 있었던 그로서는 일제의 대(對)조선무역이나 그들 조계지(租界地)에서의 상업활동에 민감한 판단을 내릴 수가 있었다.

그런데 1901년에 들어서면서 미곡(米穀)확보의 문제가 국내에서 심각하였다. 계속된 한발로 쌀 감수(減收)가 겹치고 있었다. 그래서 그해 8월 26일에는 미곡의 대외수출이 조정의 조치로 금지되었던 것이다.[42] 그리고는 이용익(李容翊)이 조정을 대행해서 30,000달러어치의 안남미(安南米)를 론던(M. Rondon) 씨를 통해서 30만 가마를 수입하고 있었다. 상황은 심각하였다.

가을에 접어들면서는 곳곳마다 농민들이 난폭해지기 시작했다. 더러는 작당 도적으로 나서고, 더러는 길거리로 수천수만이 나설 수밖에 없었다. 민심이 흉흉하였다. 어떤 마을은 전체 5백 가구의 농민이 다 그 동리를 떠난 경우고 있었다. 강화 부근의 교동에서는 폐가(廢家)된 농가가 598호에 이르고 있었다.[43] 가난이 이 순박한 농민들을

---

41) 윤치호, 『일기』, V, pp. 223-224. (1899년 12월)

42) News Calendar, *The Korea Review*, August 1901, pp. 361, 363. 제물포 감리가 일본 공사에게 통보한 것은 그해 8월 6일자.

43) News Calendar, *The Korea Review*, April 1902, p. 170.

극단에까지 몰고 갔던 것이다.

> 너무나 간단한 사실이 하나 있습니다. 배고프면 사람을 마지막 극단에까지 가게 하는 것입니다.[44]

추수기인 가을에 양곡 값의 폭등은 사태가 심각하다는 증거였다. 쌀 한 가마니에 9백량, 곧 36센트 호가하고 있었다.[45]

그런데 일본에서는 쌀 풍작 소식이 신문마다 요란한데도 불구하고, 쌀의 대일(對日)수출을 강요하고 있었다. 벌써 7월 31일에는 제물포에 8척의 군함을 정박시켜 놓고[46] 미곡 금수조치의 해제를 위협하고 있었다. 한국은 1900년 초에 벌써 일제에게서 이만큼 당하고 있었다.

교회는 우리 농민의 고혈을 말리는 이 쌀 수출에 분노를 억누를 수가 없었다. 이 강요된 수출이 얼마 되지 아니하는 일본상인들의 이익 때문이라는 것을 알았을 때 교회는 침묵할 수 없었다.

> 우리는 정치에 흥미도 없고 간여할 의사도 없습니다. 하지만 이것은 정치적 문제가 아닙니다. 향후 8개월간의 조선사람 1천만의 사활의 문제입니다. 그런데 일본신문들은 조선에서 사경을 헤매이게 하는 그 식량, 그 마지막 한 톨까지 수출하게 만들었다고 해서 이를 외교적 승리하고 대서특필하고 있습니다.[47]

---

44) Editorial Comment, *The Korea Review*, November 1901, p. 497.

45) 황해도의 경우 흉작 때문에 세수(稅收)결함이 $98.196에 달하고 있었다. *Ibid.*, November 1901, p. 506.

46) 시까시마 호(號)라는 군함은 15,000톤, 아사히 호는 15,442톤이었는데, 이 함대의 사령관은 도고(東鄕平八郞) 제독. 노일전쟁에서 러시아의 발틱함대를 동해에서 격파. *Ibid.*, p. 363.

47) Editorial Comment, *ibid.*, November 1901, p. 498.

교회는 이 한재(旱災)와 수출 강요 때문에 겪는 우리 농민들의 핍절과 기근이 그들 생존을 위협할 뿐만 아니라, 우리 겨레의 인간존엄성까지 훼파할 수 있구나 하는 사실을 뼈아프게 하고 있었다.

3.2. 토지수탈에 대한 반일저항과 사회정의

일제 민간차원 토지수탈

노일전쟁을 전후하여서 일제의 조선 침탈은 토지수탈에서 주로 진행되고 있었다. 교회가 여기 주목한 것이다.

일제가 일본 고베(神戶)와 오사카(大阪)에 조선척식회사(Korean Colonization Company)를 설립한 것은 1904년의 일이었다.[48] 그런데 그해 6월 28일에는 이상설(李相卨)이란 지사가 일제 토지 수탈의 비행을 폭로하는 상소를 올린 바 있다. 회사를 설립하기 이전부터 토지수탈이 있었다는 뜻이다.

그런데 1904년 7월, 일제가 평양에 철도역을 건설한다 하면서 대규모로 토지를 수탈할 때에 교회의 저항운동이 대두되기 시작하였다.[49] 이런 사건이 있을 때마다 교회의 반응은 놀랄 정도로 빠른 자료 수집과 지체 없는 사건 공개였다. 초기 선교사들의 신문이나 정가 간행물들은 실로 이런 일들을 수행한 매서운 언로(言路)네트워크였다. 이들이 없었으면 누가 이런 일을 감히 할 수 있었을까. 교회밖에는 그런 일을 담당할 인물이나 목적의식, 도구나 방법이나 예산, 그런 것을 갖춘 데가 하나도 없었다.

평양의 철도용지 강제수탈이 있은 이후 일제는 1905년 여름에 서울의 남산과 한강(漢江) 사이의 광대한 옥토 수천 에이커를 징용하고

---

48) News Calendar, *The Korea Review*, July 1904, p. 314.

49) *Ibid.*, p. 318.

거기 농가 150호(戶)를 무일푼 보상 없이 철거시켰으며,[50] 평양 외성(外城)에서는 3천 에이커의 농토를 "군사용지"로 수탈한 사건이 이어졌다.[51] 교회는 이 옥토가 "군사용"이라는 구실에 반발하였다. 그리고 이러한 "악질적 야만적" 강탈행위는 조선인의 생사를 건 저항에 직면할 것이라고 경고였던 것이다.[52] 이 문제를 『*The Korea Review*』는 1905년 8월호에서 장장 9페이지에 걸쳐 공박하고 있었다. "양처럼 순한 조선농민이 두려움 모르는 야수"와 같은 무서운 힘으로 저항할 것이라고 경고한 것이다.

그런데 이들 땅과 집을 뺏긴 불쌍한 이들이 몰려 서울로 가서 정부의 내무대신을 찾아갔을 때, 정부는 왕실의 명령이라 하면서 해산을 종용하되, 불응하면 일본 헌병을 부를 것이고, 그래도 거칠게 나오면 일본헌병이 살상을 해도 될 것이라는, 그런 폭언을 하고 있었다. 교회는 오장(五臟)이 끊기는 듯하였다.[53] 우리 정부가, 우리의 땅을 빼앗았고 그래서 원통하여 호소를 하려 간 자기 백성들에게 한말이, 일본 헌병을 불렀는데, 그들이 와서 죽일 수 있다는 말이었다! 그래서 실제로 두 사람이 중상을 입을 정도의 칼부림을 받았다. 그렇다면 이들이 돌아서 등 기댈 곳이 어디였던가. 우리 정부는 분명히 아니었다. 교회였다.[54]

이런 참혹한 심정을 가진 우리 백성들이 찾아갈 곳이 교회밖에 따로 없었다는 판단은 놀랍게도 일제도 하고 있었다.

---

50) 이 지역이 오늘날 이태원(梨泰院)의 미군기지 터임이 확실. 이 문제는 곧 다시 중요하게 다루어질 것이다.

51) A Protest, *The Korea Review*, August 1905, pp. 282-283.

52) *Ibid.*, p. 287.

53) *Ibid.*, p. 286.

54) 잡보, 〈대한매일신보〉, 1905. 8. 18일자.

> 예수교가 성대하게 되는 이유는 노일전쟁으로, 각 도(道)중 가장 성대한 곳은 평안도라 하겠다. 당시 선교사들은 조선은 장래 일본에 병합되리라는 구실로서 그 재앙을 면(免)하고자 원한다면, 예수교에 들어와 그 보호를 받음과 같은 것이 없다고 하여 교묘하게 배일적(排日的) 언동을 하여, 이런 설득이 통절하게 한인(韓人)의 환영하는 바가 되어서, 다수의 신도를 흡수함에 연유하였다 할 것이다.
>
> 그러고 나서는, 이후, 자비에 넘친 성실한 보호, 소위 인도상의 보호를 하는 자는 미국이라는 감념(感念)이 일반에게 보급되고 있다.[55]

일제의 상황 판단은 정직하였다. 적(敵)도 판단은 정확하고 정직하여야 했다. 정직한 판단을 하는 쪽이 그래도 우리 안에서 거짓을 말하는 것보다 문명상으로는 앞서 있었다.

일제 군부(軍部)의 토지수탈

1905년에 들어서면서 일제 군부(軍部)의 토지 약탈 수용은 더욱 기승을 부리기 시작하였다. 노일전쟁 전쟁터가 우리나라에도 뻗치고 있었기 때문이다. 함경북도에서는 일본군 연대장이 토지 세금을 토색하고, 지방 관리의 임면(任免)을 자행하였는가 하면,[56] 경상남도 웅천(熊川)에는 군용지를 빙자해서 역시 엄청난 밭과 논 그리고 농가들을 징발하고 있었다.[57]

평양에서의 토지수탈은 악랄하였다. 1904년에는 23만 4천 정보(町步)가 수탈하였던 일제 육군은 1905년 5월에는 다시 58만 정보를 군수송(輸送) 용지로 늑탈하면서 2천여 가구를 보상 없이 축출하였는데,

---

55) 관민(官民)의 야소교(耶穌教)에 대한 감정 및 입교의 동기, 함께 성(盛)함, 「한국 현시에 있어서의 지방인심 상황」, 『한국독립운동사』, I, 국사편찬위원회, p. 963.

56) 박은식(朴殷植), 『한국통사』, 번역 김병식, 하와이, 국민일보사, 1917, p. 225.

57) *Ibid.*, p. 249.

1907년 7월까지는 누계 8천여 명의 농민들이 추방되었던 것이오, 늑탈된 토지는 3백4십만 정보에 이르고 있었다.[58] 참고삼아 1910년 평양부(平壤府)의 인구는 14만 6천 정도였다.[59] 그렇다면 1907년 평양의 인구를 대개 14만정도로 보았을 때, 그때 추방된 농민들의 비율을 짐작하고는 우리가 겪은 시대적 아픔에 비통을 금할 길 없다.

위의 통계는 3대 수탈지역의 경우만 조사한 통계이다.[60] 교회는 이러한 불법 늑탈 징용이 대소 간에 백(百)여 경우가 넘는다고 추정하고 있었다.[61] 한국인에 대한 정의, 그런 것을 일본이 고려한 흔적은 전혀 없다고 성토한 것이다.[62] 날마다 최소한도의 양식(良識)마저 말발굽 아래 짓밟히고 있다고, 땅을 친 것이다.[63]

땅 빼기고 집 겁탈 당한 농민들의 참상은 근대조선이 겪은 아픔을 그대로 보여주고 있었다.

> 그들 백성들이 그 살던 집을 잃고 방황하며 서로 껴안고 우는 모습은 험한 산간 벼랑 밑의 나무들 사이나 물 흐르는 냇물 가에 여기저기 눈에 띄이는데, 얼마를 산다고 목숨 근근히 이어가는 가련함 때문에, 눈으로 보고 귀로 듣기에 참기가 어렵습니다.[64]

---

58) The Pyeng Yang Land Case, *The Korea Review*, July 1906, p. 264.

59) 조선총독부 통계년보(1910, 『통계로 본 개화기의 경제 사회상』, 통계청, 1994. p. 115.

60) 가령 박은식의 『한국통사』에 다음과 같은 통계가 실려 있다.
곧 오산(五山) 35,000평, 봉산(鳳山) 410,092평 등 합계 706,855평. 서울 부근이 66,467평, 가호(家戶) 1,176호, 집값 182,980원, 분묘(墳墓) 1,117,308장으로서 서울지방 총합비가 897,534원; 평양지방 전토 164,763평, 가호 714호, 분묘 2,350; 마산포와 삼랑진 토지 16,031평 등이었다. 동서(同書), pp. 250-254.

61) The Pyeng Yang Land Case, *ibid.*, p. 265.

62) *Ibid.*, p. 267.

63) H. B. Hulbert, T*he Passing of Korea*, 1906, p. 216.

64) 잡보, 〈대한매일신보〉, 1905. 9. 29일자.

이 수탈된 토지들은 실상 군용지로 필요한 곳들이 아니었다. 그것들은 "다 값나가고 비옥한 토지들"이었다. 그리고 그것들은 다 조선에 주둔하였던 일본병사들이 제대 후 정착해서 살 곳으로 분배 예정된 곳들이거나,[65] 일본 상인들의 조계지 설정을 위한 계획적 수탈이었다는 데에 교회가 분노하고 있었다.[66]

그런데 일제의 토지 수탈은 이제 전쟁이 끝났는데도 점점 더 심해져 가고 있었다. 일제 한국 식민지화 의도는 이제 노골적이었다. 1907년 2월 평안남도의 강동(江東)과 상원(祥原)의 경우 일본인 오까베(岡部) 자작(子爵)이 범입(犯入)한 것만도 다음과 같았다. 곧 구역의 길이가 60리(里), 넓이가 40리, 가옥이 5,676호, 그 칸수(間數)가 23,444칸, 인구 2,750명, 전답 결수(結數) 2,901결, 73부(負) 6속(束)인데, 그 중 관유지 결수가 6결 24부, 분묘가 32,580기(基), 예수교회당 15처, 학교가 73처, 이런 광대(廣大)한 땅이었다.[67]

또 평안북도 한 마을의 경우는 일본군이 사람 키만 한 나무도 다 베어내는 벌목으로 황무지가 되고 있었다. 묘지 부근의 숲들도 다 베어냈다. 산림과 전답과 가옥을 보호할 길은 달리 없었다.

헐버트 선교사에게는, 다만 몇 푼이라도 내고 그들 비옥한 땅을 사 달라고 호소하려온 농민들이 많았다고 한다.[68] 외국사람의 이름으로 등기가 되어 있으면, 우선은 일본인에게는 넘어가지 않는다는 생각 때문이었다.

산림과 재목들의 경우도 마찬가지였다. 농민들은 이 재목들을 교회에 헌납함으로써 일제에 저항하고 있었다.[69] 그래서 평양 부근에만

---

65) Editorial Comment, *The Korea Review*, August 1905, p. 306

66) 박은식, *op. cit.*, p. 253.

67) 서민장소(西民將訴), 〈대한매일신보〉, 19076. 2. 10일자.

68) H. B. Hulbert, *The Passing of Korea*, p. 214.

해도 18개 처의 교회당이 새로 지어지고, 27개 처의 교회당이 증축될 수 있었다.

강제 노역의 경우에도 교회는 정의와 합법의 시행을 요구하여 마침내 일부나마 그 노임(勞賃)을 받아내게 하고 있었다. 1905년 9월에 일본 군부는 경기, 충청, 전라, 경상 4도에서 4천여의 노동인력을 차출하여 평안남도에서 부역하게 하고 있었다. 그리고 서울이나 의주(義州)지역에서도 철도부설에 수천 명의 노역을 동원하고 있었다. 다만 일당 군용표 20~30전 "조회조각"을 주고는 후일의 지불을 약속하고 그냥 돌려보내는, 그런 기만을 부리기가 일쑤였다.70)

교회는 이런 불법과 싸우기로 작정하였던 것이다. 그래서 농민들의 결속을 추진하고, 일당(日當)이 정당하게 지불되지 아니한 노동을 거절하게 함으로써 합법적 노동의 대가를 받을 수 있게 하였던 것이다.71)

당시 농민들은 무장 항거에는 교회와 함께 끝내 주저하였다. 여기 교회 참여의 성격이 뚜렷하게 보이고 있었다. 가령 의병투쟁의 경우, 그것은 일상 농민의 생활 터전에서는 멀리 떨어진 곳에서 진행되는 것이고, 따라서 현실적으로 일상 생업에 밀착되어 있는 그들로서는 그들 생활권 안에서의 정의실현을 위한 투쟁이 최상의 방법이 아닐 수 없었다. 실제 교회세력이 강력하였던 평안남도에서는 조직적인 노동운동이 전개되고 있었고, 그런 투쟁에서의 승리는 아세아를 호령하던 일본 군부의 비행을 고발하고 공론화할 뿐만 아니라 계속 주목하겠노라 천명한 용기때문에 그 효력이 만만치 않았다.72)

---

69) The Japanese in the North, *The Korea Review*, August 1906, p. 290

70) 박은식, *op. cit.*, p. 254.

71) The Japanese in the North, *op. cit.* p. 291.

72) Editorial Comment, *The Korea Review*, July 1906, p.271.

> 러시아에 이긴 일본 제국 군대가 나이 어린 조선교회에 굴복하였습니다.[73]

한 선교사의 통쾌한 보고서의 한 구절이다. 이런 일은 교회만이 할 수 있었다. 따라서 우리나라에서는 민족의식을 동반한 사회운동이 기독교에서 가능하였고, 그러다보니 일제의 간악성 때문에 교회 민족운동은 선민적(選民的) 시오니즘에까지 발전할 소지가 충분히 있었다. 민족사회운동과 기독교 동조가 이래서 설명이 된다. 이제 우리 교회는 서서히 일제 통치에 대한 강력한 저항의 교두보로 자리 잡고 있었다.

3.3. 합병 직전의 일제 경제침략에 대한 교회의 저항

서북지방과 기독교

합병직전 일제의 경제 침략 확장에 대한 교회의 저항은 주로 서북지방을 중심으로 진행되었다는 인상이다. 거기에는 세 가지 이유가 있었다. 기독교가 서북에서 유난히 창성하였고 그 민족의식이 강렬하였다는 것, 서북의 상대적 부(富), 그리고 네비우스방법이 서북에서 활용되어 근대적 의미의 중산층을 배출하였다는 것, 이런 것들이다.

서북의 교회발전은 근대사의 기적이라 할 만한 것이었다. 1896년 청일전쟁 이후, 그리고 1906년 노일전쟁 종결과 1907년의 평양 대부흥, 이런 격동을 겪으면서 그 지역에서 교회는 파격적인 성장을 이루어냈던 것이다.[74]

---

73) The Japanese in the North, *op. cit.* p. 291.

74) 여기 대해서는 W. N. Blair, *Gold in Korea*, 3rd. ed., Presbyterian Church in the USA., 1957과 서면원 저, 이승익 역『한국교회성장사』, 대한기독교서회, 1966. 박용규, 『평양대부흥운동』, 서울, 생명의 말씀사, 2000 참조.

> 평양에서 날라 온 소식은 무제한의 발전과 "기회"의 소식, 바로 그것입니다. 확장된 사업, 위대한 영적 능력을 가진 교회들, 전국에 파급된 강력한 신앙의 영향, 그리고 성령의 거센 활력, 이런 소식들이 바로 그것입니다.[75]

감리교회의 쉬어러(R. E. Shearer 徐明源)는 한국교회의 성장에 대한 통계적 연구 끝에 이런 말을 남기고 있었다. 곧

> 마치 용접공의 환한 아아크 등이 어두운 밤하늘을 밝혀주는 것처럼, 한국 서북부지방에 있이시의 기적적인 교회 성장은 한국장로교회에 관한 역사 서술에 등불이 된 것입니다.[76]

한데 이 서북의 교회들은 강렬한 민족의식에 불타고 있었다. 충군애국의 기맥이 온 교회에 살아 뻗치고 있었다. 미국북장로교 해외선교본부 총무였던 아서 브라운(A J. Brown)은 1904년부터 이미 이 지방의 교회들은 자강회(自彊會)나 청년회, 상공회의소, 장학회 등에 강력한 정신적 지주(支柱)로 버티고 있다고 지적하면서, "한때 전국교회가 정치화될 가능성이 있다"고 분석한 일이 있었다.[77] 교회가 혁명의 주체가 되고, 반일운동의 주도역을 하고 있다는 염려 섞인 말이었다. 당시 〈The New York Tribune〉 특파원이었던 윌리암 엘리스(W. T. Ellis)는 평양을 방문하고 나서 이런 글을 남긴다.

> 지금 기독교야말로 조선이 수 세기 동안 가지지 못했던 바로 그 기회

---

75) *The Report of the Foreign Missions, Presbyterian Church in the USA.*, 1907, p. 262.

76) 서명원, *op. cit.*, p. 123.

77) A. J. Brown, *The Mastery of the Far Eas*t, New York, Charles Scribners, 1919, p. 340.

> 를 제공하고 있다는 사실을 모를 사람은 없습니다. 이 상황은 실로 전무후무한 것입니다. 누구든지 이 사실에는 놀라움을 금치 못하고 있습니다. 온 나라는 거두기를 기다리고 있는 잘 익은 열매입니다.
>
> 무서운 국가적 시련기에 조선사람들은 선교사들이 전하는 복음에 마지막 희망을 걸고 실로 거국적으로 몰려들고 있습니다. 그 복음만이 현재로서는 유일한 구원자로 보이기 때문입니다. 교회지도자들은 대놓고 기독교의 복음에서만이 이 나라의 정치적 사회적 구원과 안전이 보장된다고 외치고, 교회에 들어오는 사람들을 품고 있습니다.
>
> 이런 모습이 바로 오늘의 조선을 변화시켜가고 있는 현상입니다. 만일 교회가 어떤 전략의 개념을 가지고 있다면, 그리고 기회가 어떤 것인가를 이해하고 있다면, 교회는 지금 곧 행동을 개시해야 합니다. 미루어서는 안 됩니다.[78]

이들 서북교회들이 행동으로 나섰다. 그것은 일제 침략에 대한 저항이었지만 충군의 혈성(血誠)으로 나타났다. 그 첫 행동은 1907년 일본 군인과 순사들이 왕궁을 포위하였다는 소문을 듣고 결사대(決死隊)를 조직하고 상경하게 한 일이었다.[79] 고종(高宗)이 이토(伊藤博文 1841-1909)와 함께 서북지방을 순행할 때에 일본기를 태극기와 함께 교게(交揭)하게 되어 있었을 때, 태극기만을 게양하였다.[80] 서울지방의 교회가 장로교회나 감리교회 할 것 없이 대개 다 반왕적(反王的)인 입헌적(立憲的) 정치지향의 개혁운동에 집중한 데 반해서, 서북의 교회는 이처럼 충군 배일(排日)의 애국심에 불타고 있었던 것이다.

이에 따라 일제는 평양을 "서교도(西敎徒)의 소굴(巢窟)"로 지목하였으며, 거기서는 "이제 바이불을 끼고 다니지 아니하면 어깨가 좁아

---

78) *The Report of the Foreign Missions, Presbyterian Church in the USA.*, 1908, p. 312.
79) 『한국독립운동사』, I, p. 1016.
80) *Ibid.*, p. 387.

지기에 이른다"고 판단하고 있었다.[81] 한국에서 예수 그리스도의 교회는 실로 "민족의 얼의 연수(淵藪)"[82]로 등장하고 있었다. "105인사건"과 일제의 악랄한 음모는 이러한 저력의 발본색원(拔本塞源)을 위한 정치적 폭력이었다.

다음은 서북의 상대적 부(富)이다. 그러한 부(富)는 서북인의 기질이나 지역성과 관계가 컸다. 서북 사람들의 개방성이나 진취성이 그들의 부(富)와 관계된 점에 대하여 교회신문은 이런 글을 남기고 있었다. 곧

> 평안도라 ᄒᆞᄂᆞᆫ 곳은 긔자도읍 이후로 인물과 ᄌᆡ예가 유독히 다ᄅᆞᆫ지라. 이거ᄉᆞᆫ 산셰가 유명ᄒᆞ고 ᄯᅡ히 토옥ᄒᆞ야 팔도의 뎨일이요, 흥리로 의논ᄒᆞᆯ지라도 즁국을 통ᄒᆞ엿시니 온갓 됴흔 물건이 ᄅᆡ왕ᄒᆞᄂᆞᆫ고로 장ᄉᆞ의 득리ᄒᆞ야 흥ᄒᆞ고 ᄑᆡᄒᆞᄂᆞᆫ 리치ᄅᆞᆯ 대강 아ᄂᆞᆫ 사ᄅᆞᆷ들이 잇기로 큰 쟝사와 젹은 쟝사들이 도로에 연락부졀ᄒᆞ야 흥ᄑᆡᄅᆞᆯ 붓그리지 아니므로 죠득모실[83]ᄒᆞ야 부요ᄒᆞᆫ 사ᄅᆞᆷ이 가난ᄒᆞᆫ 사ᄅᆞᆷ을 도와 주ᄂᆞᆫ 고로 ...[84]

그해에 한 선교사도 평양이 조선의 상업중심지가 되리라 전망하면서 그 조건으로 그 지방의 금, 석탄, 산림과 같은 풍부한 자원을 들고 있었다.[85] 더구나 대구 부산에서 오래 선교하던 베어드(W. M. Baird, 裵偉良 1862-1931)는 서북지방을 여행하고 나서 남북을 비교하여 이런 말을 남기고 있었는데, 그가 오래 영남지방에서 산 경험으로 한 말이어서 신빙성은 크다.

---

81) 『日韓合併史』, 黑龍會 編, 東京, 原書店, 上, 1966, p. 177

82) 「민족국가사」, 『한국문화사대계』, I, 고려대학교 민족문화연구소, 1964, p. 626.

83) 朝得暮失. 아침에 얻고 저녁에 잃는다는 뜻.

84) 교회통신, 〈그리스도신문〉, 1897. 7. 15일자. 좀 난해한 글이다.

85) J. H. Wells, Pyeng Yang, *The Korea Review*, February 1897, p. 59.

> 서북지방을 여행하고 나서 받은 인상은 그곳 사람들이 산간의 사람들처럼, 남쪽사람들 보다 훨씬 독립적이고, 남자답다는 것입니다. 그 이유를 살펴보건대 거기에는 언필칭 양반층이 현저하게 눈에 뜨이지 않는다는 것입니다. 남쪽에서는 소위 독립적인 중산층 사람들은, 상류층 사람들과 가난한 천민들 사이에서, 그리고 점잔을 빼면서 우쭐거리는 양반들과 비루하고도 움츠리고 사는 가난한 일꾼들 사이에서 짓밟히기 십상입니다.
>
> 서북은 희망으로 밝습니다. 거기 독립적인 중산층(Independent Middle Class)이 눈 띄게 많기 때문입니다.[86] 그들은 그들 자신의 생계를 위해 일을 하고, 따라서 신체가 튼튼하고 거기다가 두뇌도 명석합니다.
>
> 논은 남쪽에 비해 적습니다. 쌀은 귀하고 곡식이 많습니다. 그래서 남쪽사람들은 북지방은 쌀이 없으니 사람이 살 곳이 못된다고 말합니다. 하지만 쌀 생산은 남쪽보다 덜하다고 할지라도, 지식 있고 활동적이며 진취적인 인간상이야 말로 더 바람직한 조건이 아니겠습니까.[87]

평양신학교에서 오래 가르치던 스왈렌(W. L. Swallen, 蘇安論 1865-1954)은 단언하고 있었다.

> 서북사람들의 인품(character)은 한국 전체에서 최선(best)의 것이라고 알려져 있습니다.[88]

그런데 이런 평가들은 선교사들에게만 국한 된 것이 아니었다. "서북인사는 개명(開明)전도에 분발(奮發)진취"[89]한다고 한 것은 〈대한

86) 대개 상업이나 자작농(自作農)인 경우가 많다.

87) Northern and Southern Korea, Editorial Department, *The Korean Repository*, May 1897, p. 196.

88) Extracts from Several Reports, *The Korean Repository*, September 1897, p. 344.

89) 필단영금(筆端零金), 〈대한매일신보〉, 1907. 2. 20일자.

매일신보〉였다. 길영수(吉永洙)는 한때 고종에게 왕실 친위병(親衛兵)을 서북청년들로 대체하자는 제의를 한 일도 있었다.[90]

이런 성품의 사람들이 기독교에 대거 전향하게 되었던 것이다. 기독교회는 한국 최선의 자질들을 교회의 울타리 안에 포섭할 수 있게 된 셈이었다. 한국 기독교 발전의 저력이 여기에서 공급되었다는 것은 역사적 사실이다.

가령 1904년 서북장로교회의 발전을 전국교회와 비교해 보면 그 실상을 일부 파악할 수 있다. 이것은 미국 북장로교 선교본부의 통계에만 국한된 것이다.[91]

서북장로교회의 비교 교세표 (1905년 현재)

교세 \ 지역	서북장로교회	전국장로교회	서북의 비율(%)
세 례 자 수	1,414	1,868	75.7
교 회 당 수	218	298	73.2
헌금 액수(원)	13,921.80	16,444.20	84.7
신 도 수	18,274	23, 356	78.2

서북사람의 이러한 상대적 부는 전술한 바도 있지만, 자연 자원의 풍부, 미국인이나 영국인 경영의 금광(金鑛)에서 일하면서 받은 임금(賃金)들이 시장에 풀리면서 현금이 많이 유통된 것, 그리고 부동산의 매매 등에서 얻어진 부, 그런 것들이 대가 그 주류였다. 선천(宣川)의 기독교인들이 비율 높은 헌금을 할 수 있었던 것은 그 부근 광산에서의 현금 유출 때문이었다.[92] 이런 경제 진흥이 교회의 사회활동에

90) News Calendar, *The Korea Review*, January 1904, p. 27.

91) J. H. Wells, Northern Korea, *The Korea Review*, April 1905, p. 135에 의거.

92) *Ibid.*, p. 140.

활력소로 작용한 것이다. 이들 부를 획득한 사람들은 대거 교회에 속해 있었는데, 축적된 부가 하나님의 축복이라는 신앙, 아니면 그 부의 보존동기 때문이었을 것이다. 그런데 이들이 기독교의 복음에서 선교전도의 사명을 알게 되고, 그것이 행동으로 나타나게 되었던 것이다. 한국교회의 부흥발전이 그제나 지금이나 경제 상승의 정도(程度)와 대개 병행하는, 뜻 깊은 사실을, 여기 목격할 수 있다. 한국교회 신앙의 현실적 동기가 눈길을 끈다.

이런 중산층 기독교인들이 일제의 경제 침략에 직면하자 강력한 저항운동으로 표출되었던 것이다. 한 선교사는 분명하게 말하고 싶었던 것이 있었다.

> 나는 일본제국의 경제침략을 두려워하지 않습니다. 까닭은 이들 조선 사람들이 의식화하고 각성하여 역사의 선봉에 서는 날, 일본인들과 맞대어서 넉넉히 경쟁하여 승리를 얻을 수 있다고 믿기 때문입니다.[93]

이들을 각성시킨 것이 바로 우리가 언급해야 할 세 번째 요소, 곧 네비우스방법이다. 이 방법 배후에 깔려 있는 정신이 근대적 시민의식과 중산층의 생리라는 것은 이미 살핀 바 있다.[94] 자립과 자주 및 자급이 그 핵심인데, 그 방법을 적용한 장로교의 급성장과 그 지역 배경의 서북 편중이란 것이 이 문제 해결의 단서를 준다. 왜냐하면 감리교회에서는 선교분할정책(comity arrangement)에 의해서 서북 일부지역에서 선교하였지만, 네비우스정책을 쓰고 있지 않았기 때문에 교세의 부진을 면치 못하고 있었기 때문이다.[95] 마찬가지로 같은 장

93) J. H. Wells, *op. cit.*, p. 140

94) 본서 제1장 2절 참조

95) 서명원, *op. cit.*, p. 239.

로교회라고 할지라도 경제적 궁핍이 일반화하였던 영호남지역에서 이 네비우스정책의 실패 역시 사실이었다.[96]

따라서 네비우스방법이 서북을 기독교화시켰느냐, 아니면 서북의 교회가 네비우스방법의 성공을 보장하였느냐, 라고 하는 근원적인 문제가 제기된다. 쉬어러는 분명히 네비우스방법이 서북교회를 성장시킨 원인이라고 단정하기는 어렵다고 시인하였던 것이다.[97] 이 두 요소, 곧 성장과 배경 간의 관계를 깊이 연구한 무게 있는 판단이었다. 따라서 서북교회의 기적적 발전은 네비우스방법의 적용, 그리고 그럴만한 지역적 배경, 이 양자가 피차 교섭한 결과라고 하는 것이 가장 적절한 해답일 것이다. 그렇다면 어떤 선교정책을 어떤 지역에서 정확하고 적절하게 선별 적용한다는, 그런 결정을 내리는 것은 아주 긴요한 것이 된다.

서북교회는 이렇게 해서 1897년경에 이미 자립, 자급, 자주의 교회로 부상할 수 있었다.[98]

교회의 저항

웰즈(J. H. Wells)가 예언하였던 바와 마찬가지로, 일제 경제침략에 대한 한국교회의 저항은 서북에서 체계적으로 전개되었다. 서북의 교회가 경제적으로 활동하기 시작한 많은 중산층들을 품고 있었기 때문이다. 1907년 이전에 평양의 협동회 사장 안태국(安泰國 ?-1920)이 지방세목 조사라는 구실로 일경(日警)에게 구인(拘引)된 일이 있었다. 물론 안태국은 잘 알려진 기독교인이었고, 얼마 후 "105인사건" 때에

96) 전성천, *Schism and Unity in the Presbyterian Church in Korea*, a Yale Ph.D dissertation, 1955, pp. 70-71.

97) 서명원, *op. cit.*, p. 230.

98) Evangelical Report of Pyeng Yang Station, *The Korean Repository*, October 1897, p. 365.

는 반증(反證) 제출로 일제의 날조를 만천하에 폭로하는 예언자적 인물이었다. 그가 구인된 것은 일본 상인들의 평양진출을 방해한 혐의였다.

안태국의 구속에 분노한 평양의 상인들이 안창호(安昌浩 1878-1938)의 지도로 공동회를 조직하고 8일간의 철시(撤市)를 강행하였으며, 노동자 3백여 명은 심지어 일본인 상점을 공격하기도 했던 것이다.[99] 당시 평양에 있는 여러 민회(民會), 곧 자강회나 청년회 특히 상업중의소(商業衆議所)는 기독교인들과 "서로 결탁해서"[100] 안창호의 기독교정신에 호응하고 있었다.

이토(伊藤博文)의 밀정으로 평양을 정찰하고 이를 보고한 우치다(內田良平)의 글에 의하면, 어음(於音)의 폐지라든가 수형(手形)[101]의 사용강제와 매 수형마다 첨부해야 하는 3전(錢)의 세금, 가혹한 지방세의 신설, 이런 것들이 "시민 반수 이상이 서교도(西敎徒)인" 평양에서의 배일감정을 자극한 원인이었다는 분석이 나오고 있다.[102] 그래서 값을 얹어 주더라도 두 배의 돈을 내고 한탕(韓湯)에 간다든가, "동자(童子)에 이르기까지 일체 일제상품을 배척"[103]하는 분위기가 한국인들 사이에서 퍼져가고 있다고 보고하였던 것이다.

서북에서 가장 치열한 항거는 합병반대운동이 한참이던 1910년 1월에 평안남도 순천(順川)에서 터져 나왔다. 이 사건은 사전에 계획된 것이 아닌, 전혀 돌발적인 사건으로 순천시민 3천여 명이 세무서와 군청 그리고 일본인 상점들을 습격해서 파괴 방화까지 한 극렬한 시

---

99) 『日韓合併秘史』, p. 172.

100) 『한국독립운동사』, I, p. 1016.

101) 일본어로 수표(手票) 곧 어음이라는 뜻.

102) 『日韓合併秘史』, pp. 181-187.

103) *Ibid.*, p. 173.

위였다.[104] 근대 상술을 익힌 간악한 일제 상인들의 침투, 특히 시장세와 같은 중세에 쌓인 분노가 이렇게 폭발하였던 것이다. 시장세라는 것은 1909년 4월에 지방비법(地方費法)에 의하여 설립된 세금이었는데, 모든 상품 매상액에 백분지 일을 징수하는 것이었다. 영세농민의 달걀 하나에도 그렇게 과세하는 제도였다. 최봉환(崔鳳煥)이나 나학도(羅學道)가 주동이 되어 순천에서 살던 일본인 거의 전부를 살상한 이 과격 투쟁은 그 배후에 오랜 배일감정의 원인이 있었다. 일제는 개항(開港) 이래 1909년까지 벌써 2만 7천에 달하는 일본상인들을 이주시켜, 넉넉한 자본과 근대적인 상업술로 한국 상인들을 위축시켜오고 있었다.

그런데 여기에 교회가 참여하였던 것이다. 평안도의 일제 경찰부장은 이 사건에 교인들이 "더욱 배일을 고취하였기 때문에 이들 무리가 자연 결집해서 서로 의지하고 서로 도와서 마침내 폭동을 감행하는 데까지 이르게 한 것"[105]이라 분석하고 있었다. 『한국독립운동사』도 이 투쟁을 기독교의 영향 밑에서 거행된 배일항거로 보고 있다.[106]

경제 침탈에 대한 항거는 대구(大邱)에서도 나타나고 있었다. 1907년의 국채보상운동이 그것이었다. 김광제(金光濟)와 서상돈(徐相敦)이 천3백만 원이 넘는 국채를 상환할 목적으로 단연(斷煙) 구국운동을 일으킨 것이 그것이다. 한국의 2천만 동포가 담배를 끊고 한 사람이 한 달 담배값 20전을 내서 3개월만 모으면 그 국채를 갚을 수 있다는 일대 구국운동이었다.[107]

그런데 이것이 서울에 본부를 두고 "국채보상지원금집합소"라고 하

---

104) 『한국독립운동사』, I, pp. 501-512, 967-972.

105) *Ibid.*, I, p. 513.

106) *Ibid.*, I, pp. 510-514.

107) 당시 1인의 담배 소비량은 대개 한달 30-50전이었다. 「단연동맹취지서, 상무회의소」, 〈대한매일신보〉, 1907. 3. 7일자.

였을 때 그 소장 직에 취임한 사람이 윤응렬(尹應烈)[108]이었고, 총무에는 〈대한매일신보〉의 양기탁(梁起鐸 1871-1938)이 맡고 있었다. 두 사람 다 기독교인이었다.[109]

일제는 이러한 교회의 사회경제 투쟁에 신경이 쓰였다. 그래서 그들은 피안(彼岸)의 안식을 구하는 신앙과 그 구원의 설교를 하는 선교사들이나 정교분리의 원칙에 철저한 교회인들과 함께, 조선 교인들의 입신 동기가 꼭 종교적인 것만은 아니라고 비판하기 시작하였다. 그리고는 정치나 경제문제에 교회가 간여하는 것은 신앙의 순수성을 왜곡하는 것이라고 지탄하면서 소위 그들이 말하는 종교 본래의 초월적 신앙에 회귀하도록 전력을 기울였던 것이다.[110] "기독교가 영향을 미칠 데가 하나 있다면, 그것은 돈을 움켜쥐고 있겠다는 이들의 억센 힘을 풀고, 선량하고 순수한 시민으로 계도(啓導)하는 일"이란 주장이 일본 관영 〈The Seoul Press〉에 1908년 8월 9일자에 실렸다. 선교사라고 서명한, 신분 확인이 안 된, 외국인의 이름으로 실리고 있었다. 교회의 역사 참여에 대한 반론은 대개 이런 유형을 따르고 있다.

---

108) 윤치호의 부친. 전직 병무사. 1895년 춘생문(春生門)사건 때 언더우드와 협력.

109) 하지만 이 운동은 그 기성회의 총무이던 "적심적장(賊心賊腸)" 오영근(吳榮根)의 무난투식(無難偸食)으로 실패. 〈대한매일신보〉, 1908. 3. 17일자.

110) G. T. Ladd, *In Korea with Marquis Ito*, New York, Charles Scribners, 1908, pp. 391f. G. T. Ladd는 Yale University교수로 이토에게 매수되었던 친일인사.

VII 교회의 복음선교와 사회선교와의 관계

조선사람은 외국 의사에 대하여 대단한 신뢰를 하고 있으며, 만병(萬病)을 통치(通治)하는 줄로 믿고 있습니다. 북부조선 어느 곳에서도 의료선교의 길은 널리 열려 있습니다.
하나님께 헌신하고 성령으로 충만한 의료선교사들을 평양에 배치하십시다. 이것은 우리가 취할 어떤 방법보다도 우리 선교사업에 문호를 넓히게 여는 길이 될 것입니다.

— W. J. Hall, 1892.

의사 알렌과 헤론에 의해서 아주 훌륭하게 행하여진 예비활동의 시기가 이제 지나갔으며, 이 나라에 있어서 복음전도의 기반은 확보되어 있습니다. 조선사람들은 우리가 복음전도를 위해 여기 와 있다는 것을 알고 있습니다.

—D. L. Gifford, 1891.

1. 장로교회의 선교방향

초기 한국교회의 사회개혁 지향은 복음의 전도의 차원에 머물러 있었다. 사회혁신 운동은 신앙의 경건이 먼저 확고하게 자리 잡고 나서 그것이 자연적으로 외연(外延)하는 동력의 전개로 보았다. 이 말은 동시에 사회개혁 목표가 직접적으로는 선교정책 차원에서 체계화되지 않았었다는 의미가 된다.

가령 이런 문제를 연구조사한 통계가 처음 나온 것이 1920년이었기 때문에 그때의 통계를 보면[1] 미국 북장로교의 경우 사회적 성격을 띈 사역에 종사하는 선교사는 전체 160명 중에서 8명에 불과하였

1) 1920년은 한국교회에서 오히려 사회선교 의지가 긍정적으로 받아들여지던 시기.

다. 이 수치는 교회의 사회적 기여의 크기로 보아서 이해할 수 없을 정도로 미소한 숫자이다. 다음 통계에서 그런 상황을 살펴볼 수 있다.

북장로교 선교사업 종사 및 지향도 비교표[2] (1920년 현재)

인원·지향도 / 선교사업	현재 종사자	그 사업지향자
지방순회전도	72	25
성 서 교 수	23	38
교 회 사 찰	14	4
기독교 기관	19	14
주일학교사업	13	11
전도사 관리	9	5
학교교육교수	30	25
의 료 사 업	8	8
문 서 사 업	3	7
계	141	137

* 본 통계표는 질문서에 의한 조사기 때문에 전체의 동향과 반드시 일치하는 것이 아니다.

여기 의하면 선교사들의 사업지향성이 절대 다수가 복음전파 및 교육사업에 있었고, 교회 순회시찰에 비교적 냉담하고, 만족도나 그 사역의 의미에 대하여서도 의료사업과 같은 것에는 현재 종사하고 있는 사람들 이외에는 높이 평가하고 있지 않았다는 사실이 밝혀진다. 이런 사실은 각 분야 선교사역의 의미를 객관적으로 어떻게 보았느냐라고 하는 문제보다는, 초기 선교사들의 수가 복음전파 쪽에 많았다는 사실, 그런 것으로 단순 판단하는 것이 옳다.

또 여기 1912년 부근의 교회사업 예산의 비중을 살펴보자. 초기 교회의 통계가 이러한 상황 판단을 할 만한 형태로 정리되어 있지 않기

2) H. E. Pollard, *The History of the Missionary Enterprise of the Presbyterian Church in the USA in Korea,* 1927, p. 177.

때문에 약간 이후의 것을 살폈지만, 선교정신의 전체적인 성향은 크게 변한 것이 없기 때문에 대동소이한 비율이 나타나리라 믿는다.

사회감각에 비교적 예민하였던 캐나다 장로교선교부 구역 내의 상황은 다음과 같았다.

캐나다 선교구역 내 선교 교회사업 예산비교표[3)]

*** 한국교회**

비용 / 연도	교회건물	교회사업	교육사업	의료사업	총계
1912	3,589.80	3,873.65	2,486.60	911.63	10,861.68
1918	3,647.73	4,552.40	6,423.09	3,123.65	17,746.87

*** 캐나다 선교회**

비용 / 연도	교회건물	교회사업	교육사업	의료사업	총계
1912	12,869.66	16,297.44	1,994.40	5,641.68	34,808.78
1918	9,841.01	6,723.09	6,208.54	7,992.60	40,606.25

* 금액 단위 : 미화($)

사회운동의 하나라고 볼 수 있는 의료사업에 캐나다 장로교선교 구역 안의 한국교회의 경우 1912년에는 6퍼센트, 1918년에는 26퍼센트의 배당이 있어 그 증가세가 완연하고, 그 선교부의 경우는 1912년에 15퍼센트, 1918년에는 18퍼센트의 비율 경합이었다.

교육사업도 그 영향력의 파급범위와 방향을 보아서 사회 개혁적 성격을 띤 선교로 규정할 수 있을 것이다. 거기에서는 한국교회의 경우 1912년에 44퍼센트, 1918년에는 28퍼센트로 오히려 강등세(降等勢)를 보였다. 하지만 캐나다 선교부에서는 1912년에 18퍼센트였는데,

3) *The Minutes of the Annual Meeting of the Council oof Canadian Presbyterian Mission in Korea,* the 15th Meeting, pp. 111ff; The 21st Meeting(1919), pp. 97ff. 여기 부녀선교회 예산과 일반회계는 포함되어 있지 않다.

1918년에 66퍼센트라는, 초강세 상승률을 보였다. 하지만 그들의 정신은 "절대적으로 필요한 경우가 아니면 실업교육을 실시하지 않는다"는 것이었다.[4)]

복음선교사업의 경우는 교회건물이라든가 교회사업, 이 두 가지를 총괄할 수 있는데, 한국교회의 경우는 그것이 합계 7,463달러 45센트로 총예산액의 69퍼센트, 1918년에는 총예산액의 46퍼센트를 차지하고 있었다. 대개 반 아니면 그 이상의 배당이었다. 그런데 캐나다 장로교선교부의 경우는 1912년에 84퍼센트, 1918년에는 41퍼센트의 배당으로 거의 반 이상이 줄고 있었다. 선교사업의 치중이 복음선교에서 의료사업에 기운 현상인데, 이는 복음사업은 한국교회에 맡기고 그들은 학문과 경영의 고도성을 요구하는 의료사업에 더 기울었다는 의미가 된다.

이러한 선교사역 무게의 변동과 편향이 어떠한 현상을 가져오는가를 판단하기 위하여서 미국 북장로교선교 구역 안의 한국교회 성장 추세를 살펴보자.[5)]

조선예수교장로회 교세표[6)] (1912년 현재)

연도	신도 수	교회 수	학교 수			예 산 액			
			소학	중학	대학	전도비	학교 용비	잡 비	총 액
1912	127,128	3,492	539	25	2	15,11083	45,700.82	83,868.55	158,764.76
1918	160,919	3,690	512	16	2	14,289.26	88,750.63	184,909.32	287,904.21

* 금액 단위는 원(圓 $0.50)

---

4) *Minutes of the 19th Annual Meeting of the Canadian Presbyterian Mission in Korea*, 1917, p. 23.

5) 장로교는 1907년 9월 17일에 미국북장로교, 남장로교, 캐나다 장로교, 호주 장로교, 이 네 장로교 선교부가 연합하여 단일 조선예수교장로회 조직.

6) 죠션예수교쟝로회 『총회록』, 제1회(1912), p. 604; 제7회(1918), pp. 101-108 참조.

한 가지 분명히 한 것이 있다. 여기 잡비의 명세가 밝혀져 있지 않기 때문에 그 중에서 의료사업에 어느 만큼 충당되었는지, 그 여부를 말하기 어렵지만, 교육비가 1912년에 29퍼센트, 1918년에 30퍼센트의 배당이라는 사실을 미루어 본다면, 의료비의 명세를 밝히지 않을 이유가 없다고 보아, 이러한 사회선교에 교회 자체로서는 지출을 하지 않았다고 볼 수밖에는 없다.

사회선교에 소극적이었다는 사실은 1902년에 미국 북장로교선교부가 어떤 독지가의 기부금으로 서울에 병원을 세울 계획으로 전달하려고 하였을 때, 서북의 장로교 선교사들이 그 기부금의 수령을 반대한 일에서 잘 나타나고 있었다. 의료사역이 교회확장과 꼭 같이 중요하다는 인상을 주어서는 안 된다는 판단 때문이었다고 한다.[7)]

더구나 시간이 흐름에 따라서 학교나 의료사업이 거대경영으로 현대화하고, 특히 병원의 경우 방대한 기구와 설비, 그리고 전문화에다가 막대한 투자가 필요하게 되었을 때, 교회확장의 기회까지 희생하면서 그렇게 할 필요가 있겠느냐 라고 하는, 그런 문제가 계속 제기되었던 것이다. 가령 세브란스병원의 원장이었던 에비슨(O. R. Avison)은 1920년 재단 구성원이던 미국북장로교와 남장로교, 미국북감리교와 남감리교, 캐나다 장로교 및 호주 장로교의 선교부에 대하여 총 1,200,000달러의 지원을 요청하고 있었다.[8)] 북장로교 선교부에 대하여서는 그 중 30퍼센트에 해당하는 360,000달러를 요청하고 있었다. 그런데 북장로교 선교부의 1919-1923년 회계연도 선교비 총액이 215,160달러에 불과하였고, 그 중에서 1919년도에 세브란스병원에 지

7) 당시의 실정을 알리는 흥미로운 기사가 *Varsity Graduates*, Toronto University, January 1956; A. D. Clark, *Avison of Korea*, 서울, 연세대학교 출판부, 19179, pp. 273ff; 『연세대학교사』, 서울, 연세대학교 출판부, 1969, pp. 59ff 등에 나타나있다.

8) O. R, Avison, *Letter* to Dr. T. D. Mansfield, Secretary of Canadian Presbyterian Mission, 1920. 1. 6일자.

원한 것이 11,256달러이었다.[9)]

캐나다 장로교선교부는 1917년에 이미 에비슨의 의료선교비 요청에 대하여 복음선교 활동 자체의 형편을 들어 이를 거절한 일이 있다. 그리고는 선교 스테이션 밖에 있는 의료선교비는 따로 특별 비상기금에서만 내어 쓸 수 있도록 제한한 일이 있었다.[10)] 또 그 선교부는 그 선교지역 원산(元山)에서 남감리교가 사회사업과 산업교육에 동조해 주기를 제안하여 왔을 때 그것이 "아직 절대적으로 필요한 단계에 와있지 않다"는 이유로 거절하고, 그런 대규모적인 산업사업과 운동에 기독교가 동참하는 그 적시성(適時性)에 대하여 회의를 표명한 일이 있었다.[11)]

2. 감리교회의 사회정책

미국 남감리교선교부(Methodist Episcopal South Mission)의 감독이었던 리드(C. F. Reid, 李德 1849-1915)는 감리교의 선교정책을 가늠할 수 있는 말을 이렇게 하고 있었다. 곧

> 나는 봉사활동보다 차라리 복음전도 사업을 우리 선교부의 주된 특징으로 삼고자 합니다. 중국에 있어서는 여러 기관, 학교, 병원들이 우리의 가장 유능한 인물들과 재정을 많이 소모시켰습니다.
>
> 우리는 복음전도사업에 치중하는 선교부가 수천에 달하는 신도들을

---

9) *The Minutes of Chosen Mission, Presbyterian Church in the USA*, 1919, p. 15. 연희전문학교에는 $4,506 지원.

10) *T1he Minutes of the 15th Annual Meeting of the Council of Canadian Presbyterian Mission in Korea*, 1917, p. 23.

11) *Ibid.*, pp. 23-24.

확보한데 반하여, 그러한 기관사업에 치중하는 선교부는 겨우 수백의 신도들을 확보한 데 불고하다는 사실을 주목여야 할 것입니다.[12]

미국 남감리교의 선교정책이 장로교회와 비슷하다는 사실이 여기 밝혀져 있다. 하지만 같은 감리교라고 하도라도 미국북감리교의 경우는 사뭇 달랐다. 1893년 현재의 선교사 인원 배치상황은 다음과 같았다.

선교사 사역배당표 (1893년 현재)

사업 / 교파	전도사업	교육사업	의료사업	출판사업	부녀사업	합 계
감리교 남자	1.5	2	3.5	1	3	16
감리교 여자	3	–	2	–	–	5
장로교 남자	8	1	2	–	9	20
장로교 여자	3	–	–	–	–	3

* 소수점은 한 사람이 두 사업에 배당되었던 것을 의미

감리교회의 경우 실제로 활동하고 있는 선교사들은 학교와 병원사업에 중점을 두어 왔기 때문에, 복음전도사업은 거의 실패로 돌아갔던 것이라고 자인하고 있었다.[13] 사회운동에 대한 직접적 자료의 통계가 입수되지 않아서 이를 단정하여 말하기는 어렵지만, 감리교회가 그 사회의식에서 장로교회보다 훨씬 강력하였다고 하는 것은 이러한 분석과정에서도 어느 정도 판명된다고 볼 수 있다. 그런 것을 남감리교는 일단 재검토한다는 입장이었다.

12) *The Annual Report of the Methodist Episcopal South Board* for 1897, p. 38.

13) C. D. Stokes, *A History of Methodist Missions in Korea 1885–1930*, A Yale University Ph. D. dissertation. 1974, p. 126.

1912년의 각 선교부 보고서에서도 그 사업 배당률을 살펴보면 다음 표와 같았다.

선교사 사업 배당표[14]

선교부		복음전도		교육사업		의료사업		기타	
		수	퍼센트	수	퍼센트	수	퍼센트	수	퍼센트
북 장로교	남	34.5	61.61	9.5	16.96	11	19.64	1	1.79
	여	23	59.09	5	22.73	4	18.18	—	—
	계	47.5	60.80	14.5	18.59	5	19.23	1	1.29
남 장로교	남	17	54.84	7	22.58	6	19.35	1	3.23
	여	10	52.63	5	26.32	4	21.05	—	—
	계	27	54.00	12	24.00	10	20.00	1	2.00
북 감리교	남	13	54.17	5	20.83	5	20.83	1	4.17
	여	9	36.00	11	44.00	5	20.00	—	—
	계	22	44.90	16	32.65	10	20.41	1	2.04
남 감리교	남	11.5	60.50	3.5	18.40	3	15.80	1	5.30
	여	8.5	38060	12.5	56.80	1	4.60	—	—
	계	22	48.80	16	39.00	4	9.80	1	2.40
캐나다 장로교	남	6.5	72.22	0.5	5.56	2	22.22	—	—
	여	2.5	50.00	1.5	30.00	1	20.00	—	—
	계	9	64.28	2	14.29	3	21.43	—	—
호주 장로교	남	9	75.00	—	—	3	25.00	—	—
	여	4	40.00	4	40.00	2	20.00	—	—
	계	13	59.09	4	18.18	5	22.73	—	—
총 계		91.5	60.59	25.5	16.09	30	19.87	4	2.65
		47	45.63	39	37.86	17	16.50	—	—
		138.5	54.53	64.5	23.39	47	18.50	4	1.58

14) *The Christian Movement in Japan, Korea and Formosa,* 1912, p. 374 의거.

VIII 초기의 산업교육과 민족산업

> 우리들에게 현대적인 산업과학교육을 실시할 학교를 설립하여 주십시오. 조선의 상점들 안에는 일본과 청국의 상품으로 차 있는데도, 조선사람들은 기껏해야 나무를 베고 물을 길어 나르는데 불과합니다. 우리들이 스스로 광목(廣木)을 짜고 비단을 직조하는 방법을 가르쳐주십시오. 우리 상품을 우리 손으로 제조하며, 전기 기구를 설치하고, 발동기를 돌리게 해주십시오. 그런 기회만 주신다면 그 나머지는 우리가 다 하겠습니다.
>
> —서북 감리교선교구역 내 교인 1,400명의 호소, 1903.

1. 기독교학교에서의 산업교육

1.1. 산업발전을 위한 한국교회의 선교 요청

서북지방의 미국 북감리교 선교사였던 노블(W. A. Noble, 魯普乙 1866-1945)은 1903년 선교연례회에 가기 직전, 곧 그해 연초에 일본이나 청국의 상업 진출에 대응할 만한 산업발전을 위한 기술교육의 실시를 조선교회로부터 요청 받은 일이 있었다. 조선교회는 일제의 자본침략에서 나라의 위신과 자립을 지키는 길이 민족산업의 정착에 있다고 보고 있었다. 노블은 조선교회가 이런 요청을 하는 그 타이밍의 판독(判讀)에 놀랐다.

> 이런 가혹한 상황 아래에서는 산업을 일으키고 발전시키고 경영하는 것만이 정치적 개혁에 이르게 하는 유일한 길입니다. 우리가 조선을 진정으로 위한다하면서, 그 나라 백성들이 이렇게 해서 나라를 지킬 기회

> 를 호소하고 있는데, 이 나라를 착취하고 있는 것을 온 세계가 그냥 보고 방치한다면, 그것처럼 부당한 일이 어디 있겠습니까. 이런 교육시설을 설치한다는 것은 자선이 아닙니다. 가장 뜻 깊은 기독교적 공헌이 되는 것입니다. 그것은 복음전파의 가장 확실한 통로가 될 수 있기 때문입니다.[1]

산업발전에 대한 한국인 자신의 강력한 의지는 민족산업에 대한 기독교의 시대적 요청이었다. 교회는 이 사실을 예민하게 인식하고 있었다.

산업발전과 그 교육에 대한 한국교회의 자의식(自意識)은 자생적이었다. 1898년 이미 황해도의 장연(長淵)교회는 한국교회에서는 유례없이 외국인 선교사의 파송을 요청하면서 "그들이 한국인들의 사업을 조직하고 지도하되, 실제 농사를 개량하도록 가르치고," 그 농사에서 나온 소출과 소득으로 그 선교사들의 비용을 대주겠다는, 그런 제안을 하고 있었다. 한국교회의 선교와 선교사들의 산업지도를 우리 교회가 먼저 요청하고 있었다.

이런 기운은 도처마다 터져 나와서 기독교학교에서의 산업교육은 그야말로 큰 물살을 타고 있었다. 가령 최광옥(崔光玉 1877-1910)[2]은 쌀과 임산(林産) 그리고 해산물로 기름진 안악(安岳)지방에 가서 면학회(勉學會)를 설립하여 교육에 힘쓰면서 산업증진을 역설하고 있었다. 안창호(安昌浩)는 최광옥이 "기독교 교인으로 조행(操行)이 심히 깨끗하고 애국적인 데" 끌려서 1909년에 조직한 청년학우회의 "인격적 모범"으로 삼고 있었다.[3]

---

1) *The Annual Report of the Missionary Society of the Methodist Episcopal Church* (*R.F.M.E.*로 약), for 1908, pp. 365-366.

2) 백낙준의 장인.

3) 조요한 편저, 『안도산전서』, 신정판, 서울, 삼중당, 1971, p. 101.

그런데 청년학우회는 청년들로 하여금 한 가지 이상의 전문 학술이나 기예를 반드시 습득하여, 직업인으로서의 자격을 구비하도록 주장한 운동이었다.[4] 이런 이념설정에 최광옥의 영향력이 컸다. 최광옥은 실제로 서울에서 수직기(手織機)를 사서 안악에 가져다가 광목을 짜기도 하였고, 서울에서 담배를 만드는 간단한 기계를 사다가 "안향(安香)"이란 저(低)니코틴의 담배를 만들어, 일본인들이 멋대로 연초공장을 만들어 대량 이익을 취하는 데 작으나마 대항하고자 하였던 것이다.[5]

1.2. 기독교학교에서의 초기 산업교육

기독교학교에서의 산업교육은 초기에는 실업교육과 자조(自助) 및 그 정신의 배양이라는 차원에서 수행되었다. 가령 배재학당의 경우 1886년에 이미 "대가를 내지 않은 이상 아무 도움도 주어지지 않는다는 것을 학생들이 인식"하도록 하는 자조정책이 그 실업교육의 목적이 되었다.[6] 그래서 1888년에 실젤 자조부를 설치하여 모필(毛筆) 만들기와 미투리 삼기를 가르쳐 실용케 한 일이 있었고, 1890년에는 인쇄소를 설치하여 다섯 학생을 일하게 한 일이 있고,[7] 1897년에는 제본소(製本所)를 차려서 그 연말 정산이 그 수익이 151달러 59센트를 이루는 재정상의 이득도 본 일이 있었다.

이러한 일련의 실업교육은 가난한 학생들에게 일거리를 주어 경제적 각성을 가지게 하는 목적도 있었지만, 사실은 독립심과 자신감을

---

4) *Ibid.*, p. 100.

5) 김선량(金善亮), 「해서(海西)신교육의 선구자 최광옥선생」, 최이권, 『최광옥 약전과 유업(遺業)』, 서울, 동아출판사, 1977, p. 68.

6) *R.F.M.E.*, 1886, p. 267.

7) *Ibid.*, p. 272.

가지게 하여 유교적인 직업천대의 악습에서 벗어나와[8] 근대적인 책임시민의 양성을 이루고자 하는 의미가 더 컸다고 할 수 있다. 이렇게 자조적인 의미를 가진 실업교육은 감리교회의 경우 평양의 광성(光成)학교[9]와 숭실전문학교 감리교학생원호처[10] 그리고 공주(公州)에서도 그대로 실시되었다.

장로교회의 경우도 이 자조원칙에서는 다를 바가 없었다. 그것은 우선 한국적인 삶과 생활의 양식에서의 충실을 앞세웠다. 1890년 정신(貞信)여학교의 도티(S. A. Doty 1861-1931) 선교사는 이곳 학생들이 "한국가정에 관계된 여러 가지 일들"[11]을 배우고 있다고 하였다. 정신학교에는 한때 가난한 학생들을 위한 자조형식의 공작부가 있었으나 1907년에 이를 폐지하였던 것이다.[12] 여학생들이라 부담이 있었던 것으로 보인다.

장로교회의 예수교학당에서도 모페트가 맡아서 가르칠 때에 벌써 실업부가 설치되어 있었다. 본래 하류층의 가난한 소년들을 데려다가 교육하던 곳이었기 때문에,[13] 자조 이상의 다른 목적을 가진 교육에 염두를 내지 못했다. 1893년 밀러(F. S. Miller, 閔老雅 1866-1937)가 책임자로 오기 이전까지 모페트는 학생들이 "적절한 생계의 방법을 터득하고, 교육 받은 이점을 선용하게 할 수 있는"[14] 그런 산업교육을 실시하고 있었다. 밀러가 부임하면서부터는 학생들을 많이 받아드

---

8) *Ibid.*, 1897, p. 246.

9) *Ibid.*, 1907, p. 419.

10) *Ibid.* 1913, p. 341.

11) *The Report of the Foreign Mission of the Presbyterian Church in the USA* (차후 *R.F.M.P.*로 약기), 1891, p. 167.

12) *Ibid.*, 1898, p. 160.

13) 『안도산전서』, p. 24.

14) *R.F.M.P.*, 1893, p. 144.

려 고등 기술교육을 추진할 계획이었다.[15] 하지만 경비가 막대하게 들기 때문에[16] 그 계획을 포기하고, 결국 전도자의 양성에 주안을 두는 교육에 기울지 않을 수 없었다.

1.3. 산업교육의 정책적 문제

여기 벌써 선교정책의 불안정이 눈에 띄인다. 실상 선교사들은 1898년 "한국 대중의 요청, 그들 실제 요청에 부응하는 최선의 방법에 대하여 확실한 판단을 내리지 못하고 있기 때문에, 특정한 교육정책에 헌신하는 일을 삼간다"[17]는 백서를 낸 일이 있다. 서울 예수교학당의 잠정적 폐쇄가 이런 정책을 입증한다.

이런 과정에서 기독교학교에서의 산업교육은 "많은 경비가 드는 고등농업이나 기계기술의 교육이 아니라, 현실적으로 필요한 자조(自助)의 형태를 소개하는 데 지나지 않는다"는 사실이 조심스럽게 지적되었던 것이다.[18] 이러한 자조의 원칙이 한국교회에 필요한 것이고, 그 이상의 산업구조를 말하는 것은 교회 영역 밖의 일로 여겨졌던 것이다.[19]

평양에는 베어드(W. M. Baird, 裵偉良)가 1897년에 숭실학교(崇實學校)를 세웠던 것이다.[20] 그런데 이 학교에 자조부가 설치된 것은 1898년이었는데, 동료선교사가 희사한 50달러를 가지고 시작한 것이

15) *Ibid.*, 1897, p. 141.
16) *Ibid.*, 1897, pp. 141-142.
17) *Ibid.*, 1898, Educational Work, p. 160.
18) *Ibid.*, Training Schools, 1899, p. 160.
19) *Ibid.*, Educational Work, 1900, p. 172.
20) 중학교로서의 시작은 1900년이다. W. M. Baird, History of the Educational Work, *Quarto Centennial Jubilee Papers*, 1909, p. 65.

다.[21] 이때부터 이 자조부는 이 학교의 "중요한 기관"으로 주목을 받게 되었다. 그 활발하고도 능률 높은 활동 때문이었다. 인쇄, 학교농장 경영, 새끼 꼬기, 짚신 만들기, 정원과 도로의 관리 보수, 학교 숙직 일, 선교사들의 비서 역할, 지도 그리기, 제본, 제모(製帽), 음악이나 생물 및 천문도 작성, 초등학교에서의 교수, 맹아학교에서의 교수, 이런 여러 작업을 통해서 전교의 반수 가량의 학생들이 넉넉한 재정적 보장을 받을 수가 있었다. 베어드는 실상 이러한 교육 모델을 미국 미조리에 있는 파크대학(Park College)에서 얻어내고 있었다.

그런데 이 산업부를 맡고 있었던 그래함 리(G. Lee, 李吉咸 1861-1916)를 통하여서 미국 일리노이 주 록크 아이랜드(Rock Island)에 사는 사무엘 데이비스(S. Davis) 씨가 1906년에 거금 5,000달러를 공작부에 희사하였던 것이다. 이 기금으로 세워진 것이 저 유명한 "안나데이비스기념공작소"(Anna Davis Memorial Shop)이다.[22] 이때 여기서는 목공술과 대장술이 교수되었다.[23]

그런데 거기 있는 인쇄소에 현대식 타이프 활자와 그 시설 일체가 설치된다. 미국 미네아폴리스에 사는 페이지(Miss E. H. Page) 양의 기부금 때문에 가능한 일이었다. 이 인쇄소의 실적은 놀라웠다. 1906년에만도 521,270매의 인쇄물을 찍어낸 실적을 냈기 때문이다.[24] 이러한 산업교육에 대한 요망과 그 실적 때문에 미국 북장로교해외선교본부는 한국교회의 요청에 따라 1906년 가을 로버트 맥머트리(R. McMurtrie)란 전문기술자를 파견 부임케 하여, 이를 크게 발전시킬 수가 있었다.[25]

21) *Ibid.*, p. 73.

22) Educational Work, Pyeng Yang Station, *The Report of the Foreign Mission of the Presbyterian Church in the USA.*, 1907, p. 268.

23) Educational Work, *ibid.*, 1906, p. 258. Cf. *Ibid.*, 1907, p. 268.

24) *Ibid.*, p. 259.

이 산업교육과 거기 따른 실업이 비록 소규모이기는 하였지만, 우리 교회의 성격 형성에 미친 영향은 무시하기 힘들다. 그 의의를 베어드 이상 더 분명하게 밝힐 수 있는 사람은 따로 없을 것이다. 그는 이렇게 감격해 하였다.

> 시간이라는 것은 가치가 없고, 노동은 멸시되며, 사람은 무위도식(無爲徒食)으로 살아도 욕될 것이 없는 그런 나라에서, 일한 만큼 받는다라든가, 받은 만큼은 일해야 한다는, 그런 도덕적 중요성을 가르친다고 하는 것은 그 자체가 윤리의 전 과정을 통괄하는 것이나 다름이 없습니다. 일이 있는데도 일하지 않고 빈둥거리며 노는 것은 범죄라는 것을 자조부에서 일하며 배운 사람은 후에 참으로 양심적인 협력자요 지도자가 된다는 사실이 입증되었습니다.[26]

여기 새로운 형태의 윤리적 시민계급이 등장하는 장면을 볼 수 있다. 우리 한국 근대사회를 형성한 힘은 바로 한국의 기독교회였다.

2. 윤치호의 실업교육과 송고(松高)실습장의 기계화 문제

2.1. 윤치호 실업교육의 이상

실업교육의 이념은 윤치호에게서 여러 번 뚜렷이 밝혀지고 있었다. 그는 1902년 원산감리로 있을 때 이런 말을 하고 있었다.

> 산업교육만이 선교부가 수행해야 할 유일한 종류의 교육입니다. 인문

---

25) *Ibid.*, 1908, p. 289.

26) W. M. Baird, History of the Educational Work, *op. cit.*, p. 76.

> 계 교육은 그 자체로서는 좋습니다. 그러나 선교부는 그런 교육을 할 만한 재정이나 인적 자원이 없습니다. 조선 최대의 요청은 우리 겨레들에게 "일의 고귀함"을 가르치는 데에 있습니다. 쟁기를 잡으면 그것들은 잘 쓸 줄 아는 조선의 청년이 쉑스피어나 스펜서를 인용하는 청년보다 얼마나 더 바람직한 청년인지 알 수 없습니다.[27]

원산감리로 재직시에 그는 그곳 두남리(斗南里)에 소학교를 세워 과수원과 원예기술을 가르쳤는데,[28] 그가 원산에서 펜위크(M. C. Fenwick)와 함께 과수재배를 실시한 일은 이미 기술한 바 있다.

그가 1906년 송도(松都 - 開城)에 한영서원(韓英書院)[29]을 세울 때의 포부 역시 실업교육이었다.

> 실업에 힘써 창작의 노력으로써 생을 일우나, 교육은 직업만은 아니다. 교육은 적어도 인물의 훈육입니다마는. 자기의 자수(自手)로 능히 자기를 기르는 능력을 주는 교육을 하도록 하자.
>
> 문예도 조타, 벼슬도 조타, 만은 벼슬을 하기 위한 교육은 깨트려 바리고, 힘드려 자기도 살고 남도 살리는 직업의 교육을 하자.
>
> 힘들이는 일을 즐기자. 짱을 파며 짬을 흘려 창작하고, 그 창작된 것으로 공예(工藝)를 이르키어 윤택한 생활을 하자. 윤택한 생활이 생의 전부라는 것은 아니다. 만은 다른 이의 노력에 기생(寄生)하여 살며, 남의 것을 탈취하여 살려는, 그 태도를 깨트리어 버리자.
>
> 불란서사람처럼 관원생활을 함에 유혹되지 말고, 차라리 타력에 의뢰하지 안코, 자기의 창조력과 자조 자립하는 능력으로 개척하여 나아가는 앵그로 쌕손족을 배우자.[30]

---

27) 윤치호, 『일기』, V, p. 357.

28) 김영희, 『좌옹 윤치호선생 약전』, 서울, 조선기독교감리회 총리원, 1934, p. 149.

29) 1916년에 송도고등보통학교로 개칭.

30) 김영희, *op. cit.*, pp. 196-197.

교육은 원칙적으로 자립의 인간상을 구축(構築)하는 데에 그 목적이 있다고 본 것이다. 이것은 한국 초대교회에서 선교사들의 교육기관에 부(富)와 관(官)에 이르려는 수단으로 보고 입학한 사람들이 없지 않았다는 말이 되며, 동시에 그런 목적을 가진 사람들이 옛 조선에 많았다는 말도 된다.

이러한 실업교육은 아주 현실적인 목표가 있었다.[31)]

1. 우리 생도들이 졸업하고 나서 가장 적은 재정과 시간으로 실행할 수 있는 것.
2. 그들이 쓸 자료나 기구는 조선이나 근처에서 구할 수 있는 간단한 것.
3. 그 실업은 단기의 시간에 거기 들인 노력에 상당한 이윤을 회수할 수 있는 것.

이러한 범위로서라면 당시로서는 과수업, 채소, 원예, 목축, 목공, 인쇄, 피혁공업, 이런 정도의 것이었다. 그러면서도 그는 한국인의 경제실상과 그 요구를 먼저 조사하여야 한다고 보았다. 미국 남감리교 선교사 콜리어(C. T. Collyer, 高永福)도 윤치호의 교육목표가 현장 수요를 감안한 실업교육이라는 것을 인상 깊게 받아들이고 있었다.[32)] 그래서 윤치호가 1911년 실업교육의 범위를 결정하였던 것은 원예, 과실재배, 직조, 낙농(酪農), 제화(製靴), 비누생산, 이런 것들이었다.[33)] 특히 낙농은 한국인에게 당시로서는 "최선의 음식거리"가 될 것이라고 판단하고 있었으며, 더구나 그런 직종은 벅찬 재정적 부담 없이 착수

---

31) Yun Tchi Ho, The Anglo-Korean School, Song Do, *The Korean Mission Field*, September 1907, p. 144. *The Korean Mission Field* (향후 *K.M.F.*로 약기).

32) C. T. Collyer, Back to Song Do, *K.M.F.*, November 1907, p. 165.

33) T. H. Yun, A Plea for Industrial Training, *K.M.F.*, July 1911, p. 186.

할 수 있어서 현실적으로 한국인에게 그 실효가 가장 확실한 직종이 될 것이라 전망하고 있었다.

2.2. 변화된 시대의 산업질서

하지만 윤치호의 소박한 시민적 자립의 실업교육은 한계에 부딪치게 되었다. 다른 하나의 이상을 가진, 같은 미국 남감리교의 기독교 사회운동에 의해서 도전을 받았기 때문이다. 그 도전은 1914년 교장으로 부임한 남감리교의 왓슨(A. W. Wasson, 王永德 1880-1964)과 1915년에 부임한 디일(C. H. Deal, 載壹義)에게서 직접 다가왔다. 역사를 한 경계선으로 양편에 갈라놓는 그 시점에서 윤치호가 직면한 도전은, 변화된 시대의 산업질서 그 한국적 역사가 그를 향해 도전하는 그런 형태였다. 합병 이전의 그의 사회 이상과 산업윤리는 그 시대의 구도에는 더없이 적합한 것이었다. 그러나 이제는 세계 열강의 하나로 부상한 일제의 가혹한 통치가 실체인 시대로 접어들고 있었다. 이제는 계몽이 아닌, 생존의 문제로 산업사회가 건설되어야 하는 시대가 다가선 것이었다.

이런 문제가 표면화한 것은 1915년 봄, 윤치호가 105인사건으로 형고를 마치고 출옥할 때, 기계공작에 특기가 있으며 아주 기민한 디일을 미국에서 초빙했을 때부터의 일이다. 디일은 물론 윤치호 형(形)의 이상을 일부 따랐지만, "조선을 실질적으로 혁신하고 세계적 진출의 직물(織物)"을 생산할 만한 "공업화한 송도"[34]를 건설하는 것이 꿈이었다.[35]

---

34) 김영희, *op. cit.*, p. 210.

35) 조기준(趙璣濬) 역시 송도실습장을 가리켜 "단순한 학생 훈련장에 그치게 하는 것이 아니라, 공장화해서 인근주민에게 모범공장으로 보이고자 했다"했을 때, 디일의 입장을 두고 평했음이 사실이다. 조기준, 『한국기업가사』, 서울, 박영사, 1973, p. 277.

그래서 과감한 조치들이 취해졌다. 디일은 자신의 포부대로 일을 확대해 나갔다. 족답기(足踏機)를 그대로 쓴다는 것은 무용한 일이었다. 그래서 석유 발동기를 설치하고, 1913년에는 9대의 역직기(力織機)를 수입하여, 큰 톱들을 기계로 돌리는 굉장한 설비를 마련하여 나갔다.[36)]

그런데 이 새로 마련된 공장에서 대단한 일을 해내기 시작했다. 일본에서 수입한 쌍겹실과 독일에서 들여온 염료로 영구불변의 색을 가진 견실하고 우미한 염직 견물(絹物)을 생산하기 시작한 것이다. 비단을 염색해서 그것이 변색되지 않게 하는 기술은 전무후무하였다. 이것은 "송도직물" 혹은 "Korea Mission Cloth"라 해서, 국내는 물론 일본, 중국, 필리핀, 남미, 북미 그리고 영국에까지 수출하는 놀랄만한 성과를 올리게 된 것이다.[37)] 디일은 기독교회가 이런 대기업을 일으키고 또 발전시킬 수 있다는 확신을 심어 주었다. 한영서원은 1916년에 송고고등보통학교로 개명한다.

그래서 한 가지 더 착수하기로 한 것이다. 그는 송도실습장의 직조공장을 "도장공장"(道場工場) 곧 "Character Factory"라고 부르기로 한 것이다.[38)] 가기서 일하던 2백여 명의 직공들 가운데 115명이 학생이었다. 이들에게 디일은 기독교 문화교육만이 아니라, 자신감을 가지게 하는 훈련, 독립심, 성실한 경제의 가치, 머리를 쓰는 노동의 가치, 이런 것들을 교육할 수 있다고 보았다. 여기에다가 최선의 원료, 고도의 기술, 기획적인 경영체제, 이런 것들이 합해지게 되면 세계 굴지의 산업체를 만들어 나갈 수 있다고 확신하고 있었던 것이다.

---

36) 김영희, *op. cit.*, pp. 209, 213, 217.

37) 주요한과의 대담, 1974. 1. 8일자. 1926년 영식 윤교선이 미국에서 열린 남감리교 평신도대회에 가면서 이 직물을 가지고 가 호평을 받았고, 그때 판로가 열리고 있었다. 윤영선과의 대담, 1974. 2. 17일자. Cf. 김영희, *op. cit.*, p. 229.

38) C. H. Deal, A Character Factory, *K.M.F.*, September 1924, p. 191.

하지만 디일의 포부는 실상 그 이상(以上)을 달리고 있었다. 한 야드에 다섯 마일 길이의 실을 쓰면서도 무게가 2온스 미만에, 재봉틀 실보다 25퍼센트 이상 질긴, 그런 실을 생산한데 자신을 얻었기 때문이다. 이러한 고도의 기술을 한국 직조술의 발전사에는 실로 획기적인 것이었다. 우리 한국교회가 이렇게 포부와 스케일이 큰 미국인 선교사들과 한때나마 함께 일할 수 있었던 것은 한국 근대사회 발전에 무시못할 영향을 미치고 있었다. 개성이 평양과 함께 일제말까지 한국 민족산업의 2대 버팀돌이었다는 것이 결코 우연한 일이 아니다.

이런 발전과정에서 디일은 1916년에 송도학교에 실업과을 폐지하고 직공들도 채용하며, 또 학생들도 학자금을 위해 여기 취직하는 형태의 경영체제로 바꾸어 나갔다.[39] 남감리교 선교사 왓슨은 이러한 변동에 특별한 의미가 있다고 보았다.

> 노동하며 공부하는 학생들은 노동의 가치와 실업적 습관과 자유적 사상과 상조(相助)의 정신을 양성케 되는 것이 타 학생에게 비하여 특별한 것이라고 할 수 있습니다. 1916년 6월부터 1921년 12월 말까지 이 실습부에서 학생들이 노동한 임금을 지불한 금액은 1만 9천57원이며, ...
>
> 이 실업부는 이 학교의 특별한 상징이 되어 가고 있습니다. 다만 한 가지 장애가 되는 것은 자금이 부족하다는 것입니다.[40]

당시 교장 일을 보던 왓슨의 이러한 평가에는 근대자본주의 정신의 핵심이 들어나 있으며, 세계 시장과의 연결, 산업의 종류나 그 시설의 확충 필요성 등이 제기되어 있다. 여기에도 선교사업이기 때문

---

39) 김영희, *op. cit.*, p. 223.

40) *Ibid.*, p. 224.

에 겪는 자금의 문제가 있었다. 선교사업의 우선순위 문제가 다시 제기될 소지가 엿보였다.

이미 국내 유수의 방직공장으로 알려지고 있었던 이 송도고등보통학교 실습장은 "우리나라 기계 발달사에서 중요한 위치를 차지하는 직조공장"[41]이었지만, 경영난으로 1929년 개성의 민족 거상 김정호(金正浩)에게 인계되고 말았다.[42] 한국교회 기업의 커다란 모형으로 개성에서 뿌리박았던 산업은 광주학생사건의 회오리 속에서 이렇게 하여 교회 손에서 떠났던 것이다.

김영희(金永羲)는 그런 뼈아픈 과정에 대하여서, 그것이 실업교육의 실패라고 하면서 "기계에 대한 사랑과 실업에 대한 열성이 없어서 그랬다"는 이유를 들고 있었다. 윤치호 역시 송도에서의 실업교육과 그 공장 경영의 실패라는 입장을 보이고 있었다. 그의 촌락형(村落形) 이상을 아쉬워한 정서였다.

하지만 이 두 사람의 반응은 1920년대의 변모하는 사회구조의 역사를 체감하는 응전 지수(指數)에서 보수주의를 벗어나지 못했다는 인상을 지우기 힘들다. "기계에 대한 사랑"과 같은 가상적 순정은 전원적 향기로 아름답다. 그러나 그런 것은 현대산업구도의 가혹한 현실에서는 경영철학으로 지탱되기가 어려웠다. 확실히 이들은 실업교육자였지 실업인은 아니었다. 윤치호는 조선후기의 반(半)봉건적 윤리를 미화시켰던 기독교인으로, 기업의 근대적 의식에 그것을 연결시키려고 하였던, 귀족출신의 평신도였다.

---

41) 조선은행. 『회사요록(要錄)』, 1925, p. 137. 조기준, *op. cit.*, p. 276에서.

42) 조기준, *op. cit.*, p. 278.

3. YMCA의 실업교육

3.1. 초기 실업교육에서의 그레그의 역할

우리나라 실업교육과 직업에 대한 관념을 높여주는 데 YMCA가 끼친 영향은 실로 말할 수 없이 컸다. 전날 우리나라의 빈곤에 대한 해석은 폭정과 가렴주구의 착취에 있었다는 것이 이미 밝혀졌다.[43] 따라서 이런 포악이 제거되는 새로운 시대의 도래가 기독교에 의해서 약속되고 개인의 권리와 자산에 대한 관념이 정립됨에 따라서[44] 자존과 자립의 기상이 새롭게 움텄고, 그 기회에 YMCA가 산업과 그 실습교육에서 실로 개척자로서의 사명을 다한 것이다. 그때 한국인들에게는 이 실업교육에 대한 "실로 믿을 수 없을 만한 강렬한 요구"[45]가 넘치고 있었다. 산업발전에 의한 한국인의 독립, 그것은 "교회의 사명"이었다.

YMCA에서 처음 실업교육을 실시한 것은 그 창설 곧 1903년부터의 일로서, 뜨개질, 도자기 굽기, 비누 만들기, 가죽 이기기, 염색 등이었다. 하지만 교사들의 실제 경험부족으로 실제적 성공은 거두지 못한 것 같고, 이론적 학술적 강의에 치중하였던 것 같다.[46]

---

43) W. C. Hillier. The Cause of Poverty in Corea. *The Messenger*, Shanghai, January 1985, pp. 5-6. Cf. G. W. Gilmore. *Korea from Its Capital, with Chapters on Missions*. Philadelphia, Presbyterian Board of Publication and Sabbath-School, 1898, pp. 29, 30. Cf. G. A. Gregg. *Annual Report*, 1911. 9. 30일자.

44) 잡보, 민실기업(民失其業), 〈대한매일신보〉, 1906. 2. 15일자. Cf. W. E. 그리피스, 『은자(隱者)의 나라 한국』 (*Corea, The Hermit Nation*), Ⅲ, 신복룡 역주, 서울 탐구당, 1976, pp. 195, 230, 256.

45) G. A. Gregg. *Annual Report*, 1911, 9. 30일자.

46) *A Sketch of the Industrial Work of the Korean Young Men's Christian Association From 1906 to 1913.*

이제 실무와 경험과 사명감 그리고 이론이 겸비한 충실한 교육이 목전의 과제였다. 서울 YMCA는 국제위원회와 의논 끝에 그런 일을 전담할 인재로 캐나다의 그레그(G. A. Gregg, 具禮九)를 청빙하였다.[47] 그는 1906년 가을에 서울에 도착하였고,[48] 학관의 실업교육 및 학감의 직책을 맡았다. 그는 곧 임시교사를 세워 목공, 대장(black-smith), 사진, 연공(鉛工), 기공(機工)을 가르치기 시작하였으며, 신 회관이 건립되자 그 기계실을 설치하고 전기시설을 장만하면서 카비네트 제조실, 인쇄실, 양화(洋靴)점을 개설하고, 교실에서는 설계, 산수, 그리고 성서를 교수하였다.[49]

이 실업교육들은 대개 회관 안에 상점을 연결시켜 매출을 하게 함으로써 자조적(自助的) 정신을 계발하는 교육 방침을 채택하였다. 가령 사진실에서는 코닥크회사의 "우편 현상(現像)" 교역을 하여 실리를 거두도록 한 일과 같은 것이 그 하나이다.

이러한 공작실과 학교의 실무교육이 대단한 성과를 거두게 된 것이다. 생산품이 시장 수요에 크게 호응하면 할수록 기술과 의욕이 확대되고, 이런 소문으로 우수한 학생을 선발할 수 있었으며, 상업 자체가 하나의 교육과정이 되게 하여 학교의 재정구조가 건실해져서 충실한 교육에 임하게 되고, 교육이 양반노름을 위한 기회로서가 아니라 직업인으로서의 성장을 기한다는 점, 이런 것들이 그 실질적인 결실로 나타났던 것이다.[50]

---

47) 캐나다 출신. 기계제작 및 상역전문가. 상업실무와 교육실무의 배경이 있었고, 뉴욕 주 알바니에서 철도차량 조명회사 감독관, 콘넥티커트 주 하트포드 실업학교 교장, 뉴욕 YMCA 국제위원회의 실업교육전문가 역임. 사진기술자.

48) News Calendar. *The Korea Review*, November 1906. p. 436.

49) *A Sketch of the Industrial Work of the Korean Young Men's Christian Association From 1906 to 1913.*

50) *Loc. cit.*

이러한 자그마한 시작이 우리 역사 변천의 원대한 희망이었음이 포착되었다.[51]

> 이제 듣건대 황성기독교청년회에서 공예교육과를 설립ᄒᆞ고 각항(各項)공업에 긴요ᄒᆞᆫ 기능을 교수ᄒᆞᆫ다 ᄒᆞ오니 오제(吾儕- 우리들)ᄂᆞᆫ 기독청년회에 대ᄒᆞ여 아한(我韓) 인민을 열심 교육ᄒᆞ심을 만만 찬하ᄒᆞ거니와, 오직 우리 동포청년들은 이 경쟁시대와 무역장중(場中)을 당ᄒᆞ야 면근분진ᄒᆞ고 취정회신[52]ᄒᆞ야 제반과정을 탐구방도ᄒᆞᆫ 후에 각색 공예를 무도주업[53]ᄒᆞ야 외국재원을 망라ᄒᆞ며 본국권리를 진흥케 ᄒᆞ심을 다 갈망ᄒᆞᆷ.[54]

당시 교육위원장이었던 이상재(李商在)의 글에도 그 열망과 영감이 타오르고 있었다.

> 이제 들은 즉 황성기독교청년회에셔 각 학교를 창설ᄒᆞ고 국내청년들을 교육ᄒᆞᄂᆞᆫ듸 그중에 공업교육과를 특설ᄒᆞ고 과목과 연한을 규정ᄒᆞ야 물품제조ᄒᆞᄂᆞᆫ 학술을 교습ᄒᆞ야…. 한국의 부흥(富興) 근원이 여기 있을지라. 전국의 행복과 개인의 행복이 여기 다 있나니라. 이ᄂᆞᆫ 본국의 유지 제씨와 외국의 인애제군자가 마음을 같이ᄒᆞ야 진실하게 거기 따름이니 상천(上天)이 한국을 권애ᄒᆞ시는 은총이 아니면 그 무엇이리오.[55]

교육에는 정신과 이념이 중요한 것이다. 그레그는 이 실업교육의

51) "greatly needed and means much to the Korean people", News Calendar, *The Korea Review*, November 1906, p. 436.

52) 聚精會神. 정신을 다하고 마음을 모은다는 뜻.

53) 務圖做業. 목표를 따라하고 일을 잘 만든다는 뜻.

54) 잡보, 최병헌, 「논 공업」, 〈대한매일신보〉, 1906. 11. 7일자.

55) 이상재, 「부흥설」, 〈황성신문〉, 1906. 11. 7일자.

진정한 목표가 무엇보다도 "우리 젊은이들의 눈앞에, 요셉의 목공소에서 소년으로 훈련을 받았던 나사렛 사람 예수를 그들 이상(理想)으로 계속 서 있게 하는 것"이라고 천명하고 있었다. 청년학관 교육의 이념은 이처럼 "정직하고 유능하고 자립적인 인사들을 배출"하는 것이었다.[56)]

이 고귀한 교육의 성취를 위해서 YMCA는 "학식이 고명ᄒᆞ고 지혜에 숙달ᄒᆞ고 교육상에 명예가 표저(表著)한 사(師) 3인을 연빙"[57)]하고 그 내실을 기하기를 거듭하였다. 학과는 전부 24과에 4부로 나뉘어져 있었다.

3.2. YMCA 실업교육의 공헌

헐버트(H. B. Hulbert)가 이 비전과 소명을 포착한 사람이다. 그는 한국의 지적 도덕적 개화의 능력이 개신교에 있다는 사실을 확신하고 있었다. 따라서 한국에서는 "교회 안에 있는 강력한 일단의 인사들이 한국 지적 발전을 주도하는 중추적 세력"으로 우뚝 서야 한다고 믿고 있었다.

> 성실하고 정직하게 다 살펴봅시다. 한국의 개신교 기독교인이야말로 이 강산의 가장 총명하고 가장 진취적이며 가장 충실하다는 사실을 부정할 사람이 없습니다.[58)]

그때 정부나 다른 어떤 공공기관에서도 겨레의 향상을 선도할 기

---

56) G. A. Gregg. *Annual Report*, 1911. 9. 30일자.

57) 기독청년회에 학관요지, 〈대한매일신보〉, 1906. 10. 7일자.

58) H. B. Hulbert. The Education Needs of Korea, *The Korea Review*, October 1904, p. 451.

품이나 능력을 갖춘 곳이란 없었다. 그런데 서울이나 전국 도처에는 교육의 기회가 주어지기만 한다면 달려들어 그 지적 욕구를 채울, 수많은 젊은이들이 방황하고 있었다. 그들은 불안에 끌리고 불만에 차 있었고, 스스로 원하는 것이 무엇인지도 모르고 있었다.

> 그들의 비전을 흐리게 하는 올가미를 걷어 버리게 하고, 그들의 희망을 밝혀 주는 데에는 뭐 대단한 캠페인이 필요한 것이 아닙니다. 새로 문을 연 YMCA가 도와주면 됩니다.[59]

한국에서의 문명개화와 지성사에서 YMCA가 차지하는 위치가 이만하였다. 당시의 거대 언론은 말을 아낄 필요가 없었다.

> 주목ᄒᆞ기에 쾌락ᄒᆞᆫ 사실은 차(此)회(YMCA)가 한국인재를 양성ᄒᆞᄂᆞᆫ 거시어니와 이런 교육을 받고나서는 전일 완고와 신실ᄒᆞᆷ이 없던 이가 변천ᄒᆞ야 개진주의와 인내 및 정직을 성(成)ᄒᆞ리니 극동진보에 참어(參於) 하여 선구(先驅)ᄒᆞᆷ을 오인(吾人)이 능히 불 수 있다 ᄒᆞ리로다.[60]

YMCA야 바로 한국인을 양성하는 참된 기관이요, 그 교육 때문에 한국인이 전날의 완고함을 벗고 개진주의로 나갈 수 있어서, 극동에서 우리가 선구자가 될 것이 분명하다는 확신이었다.

3.3. YMCA 실업교육과 활동

실업교육에 공을 크게 끼친 사람은 전술한대로 그레그이다. 그는 교육사업을 위해서 처음 채용되었지만 실업교육 확장에 큰 힘을 기울

59) *Loc. cit.*

60) 사설, 기독교청년회, 〈대한매일신보〉, 1907. 2. 7일자.

였고, 그 사업의 확장에 따라 교육부의 일을 육정수(陸定洙)가 1913년부터 책임지게 하고, 그레그는 실업교육에 전념하였다.

실업교육부에서는 목공, 사진, 양화, 인쇄, 파이프 공사 등의 실무를 가르쳤으며, 머지않아 그 출신들이 YMCA의 모든 시설에 실제 용역(用役)되었고, 심지어 지방 선교 스테이션의 시설, 가구, 기구들을 설치 수리하는 일들을 해낼 수 있었다.[61)]

이것은 이제 YMCA 안에서도 한국인 교사나 실무진들 진출이 가능한 시기가 되었다는 것을 의미하였다. 힌더(Mr. Hinder)나 힐톤(Mr. Hylton) 및 타나(Mr. Turner)가 계약 만기로 각각 출국함에 따라, 한국인 교사 김백련(金百鍊)이나 변훈(邊壎) 및 임학준(林學俊)이 이 자리를 유능하게 메꾸어 나갔던 것이다.[62)]

더구나 이 실업부에서 자체 생산한 상품들을 팔아, 1911년에는 7,926원, 1912년에는 8,892원 67전의 매상고를 올릴 수 있었고, 이 비용으로 7인의 교사, 3인의 실무자, 대학생이나 졸업생 고용 때의 봉급, 생산 원자재 비용을 충당할 수 있었다. 생산품은 의자, 책상, 문짝, 유기 파이프, 식탁, 세면대, 그림틀, 책장, 흑판, 안락의자, 사다리, 강대상, 캐비닛, 로커, 기계류, 열쇠, 가구용 철구 등 실로 여러 종류들이었는데, 인쇄, 사진, 양화, 파이프 공사, 보일러 설치, 전기 가설, 심지어 건축에까지 그 손길이 미치고 있었다.[63)] 1914년 4월 현재 실업부에 종사한 사람은 교사, 실무자, 기공 등 74명에 이르고 있었다. 1913년의 54명에 비해 40% 증가 추세였다.

---

61) G. A. Gregg, *Annual Report*, 1914. 9. 30일자. Cf. *Ibid.*, 1912. 9. 30일자.

62) *Ibid.* 1912. 9. 30일자. G. A. Gregg, *Annual Report*, 1912. 9. 30일자. 임학준(林學俊)은 YMCA학관 출신, 재학중 학관기독교청년회 회장, 양반 출신. 1914년 가을, 중국 상해로 가서 그곳 한국인들을 위한 기독교사업 진행. 김구(金九)의 아들 김신(金信)의 장인. G. A. Gregg, *Annual Report*, 1914. 9. 30일자. 변훈은 직업소년야간학교 교사.

63) G. A. Gregg, *Annual Report*, 1914. 9. 30일자.

이런 사업 추진과 발전에는 "YMCA가 노동의 존엄과 직업인의 명예 및 위엄의 사상을 확립하기만 하면 그리스도를 이 땅에 더 널리 전파할 수 있다"는 정신이 그 기저가 되어 있었다.[64] 이로 말미암아 실업방법의 현격한 발전과 실업정신의 함양이 눈에 띄게 나타났다.

여기 참고로 산업부분별 결산을 살펴보겠다.

YMCA **산업부분 결산표**[65]

연대 / 종별	1911		1912	
	수입	지출	수입	지출
가구 제조	1,782.55	4,860.73	6,572.24	7,016.05
기계 제조	210.30	2,870.27	205.89	1,607.83
양철 제조	–	216.00	9.28	126.88
사 진	1,160.49	1,007.85	1,227.48	1,283.25
양화 제조	711.86	3,059.24	3,344.58	4,708.32
인 쇄	174.52	377.56	583.39	868.00
전기 제품	–	–	500.00	1,189.71
산업부 회계	4,039.72	12,932.32	12,892.09	17,728.28
전체 회계	32,558.98	32,558.98	36,285.63	36,283.63

* 간혹 숫자상 부정확성이 있는 것은 종별의 변경 및 사무비 때문임.

3.4. 한국 사회변동과 YMCA

한국교회의 역사적 발전에 대하여 상당한 사회과학적 분석력으로 진단하던 대영성서공회(大英聖書公會)의 연례보고서는 한국기독교에 대한 외적인 도전이 1908년부터 시작된 것으로 보고 있다. 매서인(賣書人) 활동에 중점을 둔 성서공회 선교가 직접 민중과 접촉하는 현장성을 가지고 있어서 상황판단이 빨랐고 또 객관성을 가질 수가 있었

64) L. H. Snyder, *Annual Report*, 1912. 9. 30일자.

65) 전택부, 『한국기독교청년회운동사 1899-1945』, 서울, 정음사, 1978, pp. 149-150 의거.

다.[66] 미국북장로교의 판단도 꼭 같았다.[67]

이것은 묘하게도 일제의 한국 진출 시기와 겹치고 있었다. 그 일제 통치가 급격한 물질문명의 확산과 병행하고 있었다.

> 아직껏 알지 못하던 물질적 이해(利害)에 대한 새로운 관심과 매력이 일제와 함께 도입된 것입니다. 그것은 한국인들을 정신적으로 뒤흔드는 변혁이 아닐 수 없습니다.[68]

시대의 대세는 이제 기독교의 발전과 그 이미지가 아니었다. "물질적 발전과 변화"가 대신 시대의 소류로 도도히 밀려오고 있었다.[69] 교세의 침체가 눈이 띄었다. 왓슨(A. W. Wasson)은 이 기간은 "교회의 불모기"[70]라고 불렀다. 미국북장로교의 경우 그 추세를 살펴보면 다음과 같았다.

장로교회 교세 기복표[71]

연대	1910	1911	1912	1913	1914	1915
신입교인	6,532	9,592	6,943	6,408	5,788	5,900
헌금액	94,897	115,531	92,026	75,638	88,593	102,831
연대	1916	1917	1918	1919	1920	1921
신입교인	5,464	4,987	2,200	5,067	4,043	
헌금액	29,480	28,073	41,667	50,997	68,113	

66) *The Annual Report of B.F.B.S.*, 1908, p. 333.

67) G. H Winn. Presbyterian Church in the USA Mission, *The Christian Movement*, 1907, p. 380.

68) *R.F.M.P.*, 1911, p. 281.

69) *The Report of the British and Foreign Bible Society*, 1912, p. 342. (차후로 *B.F.B.S.*로 약기)

70) A. W. Wasson, *Church Growth in Korea*, New York, International Missionary Council, 1934, p. 85.

71) *R.F.M.P.*, 당해년도 통계에 의거 작성.

다른 하나는 급격한 산업화에 따른 사회기강의 근원적 변화이다. 농촌의 피폐와 이농현상,[72] 물가의 앙등과 욕구충족의 무제한성, 부녀자의 직장진출과 환락 충동 자극, 이 모든 것이 사회와 교회에 전에 없던 심리적 경제적 상처를 안겨다주었다. 일하고 나서도 먹을 것이 없어지는 소작민의 수는 1918년 971,208가구에 450만 명을 육박하고 있었다.[73] 이들의 이농(離農)은 불가피하였다. 그때 전국에는 780개소의 공장이 있었고, 연산 4,600만 원의 생산고였다. 1917년의 수입은 102,866,000원, 수출은 83,775,000원이었다. 물가 상승은 필지였다.

미국 북감리교 선교부는 1917년을 "산업혁명의 해"[74]라고 규정지었다.

> 서울의 주목할 만한 한 심각한 사태는 시대를 변화시키는 산업혁명입니다. 이것은 우리 교회와 그 자급(自給)에도 관계되기 때문에 우리에게도 중대한 문제로 도전합니다. 과거에는 조선 상품만이 매매되었습니다. 한데 지금은 외제 일본제품이 매력적 상품으로 상점을 차지하고 있습니다. 그것은 수많은 옛 가게들이 문을 닫고 직업을 바꾸어야 하는 것을 의미합니다.
>
> 더구나 생활비의 폭등으로 말미암아 부녀자들이 직업을 찾게 되었고, 여기 가정생활 구조의 변화는 피할 수 없게 되었습니다. 옛날 가정의 모습은 깨져 나가고, 새 환경에 엉켜, 젊은이들을 내몰아 거친 세파에 혼자 살아가게 만듭니다. 이것은 사회 공동체의 성격과 구조를 근저로부터 변혁시키고 있는 변화입니다.[75]

---

72) 1914년부터의 풍작으로 인한 미곡가 폭락이 치명타. 1913년 쌀 한가마니 14원이 1914년에 5원에 팔렸다. General Survey. *The Christian Movement*, 1914, p. 364.

73) H. Miller. General Survey, *ibid.*, 1918, p. 323.

74) 장로교는 이 해를 "정체기"로 판단. *The Minutes, the Korean Mission Presbyterian Church in the USA*, 1917, p. 21.

YMCA처럼 예민한 기관에서 이 급변을 체감하지 않을 수 없었다. 이 급변이 서로 엉키고 속도도 비상한 것이어서 "사람들이 적응할 시간이나 능력이 없어"[76] 보였다. 더 중요한 것은 "그럴 만한 능력이 없는데 생활과 의식(衣食)의 현대적인 안락과 사치의 형태"를 충족시키려는 욕망, 그래서 뒤따른 좌절이었다. 더구나 옛날에는 뭐든 손 하나만 있으면 되었다. 그러나 "새 시대에는 기계나 문명을 이해하고 알지 않으면, 마치 배가 물가에 얹히는 것처럼, 시대에 뒤떨어져 낙오된다"는 냉엄한 현실에 직면하지 않을 수 없게 된 것이다.

그런데 이 시기는 국제적으로는 세계 제1차 대전의 시기였다. 전쟁으로 인한 좌절감은 여러 방면에서 나타나고 있었다. 그 하나가 서구에 있어서의 기독교국가들 간의 전쟁과 살상이라는 충격이었다.

> 근일에 또 전ᄒᆞᄂᆞᆫ 것은 무엇인가. 자칭 기독교국가라고 자긍ᄒᆞ며 배내여 말하던 너이들의 비인도적 행위로다. 나는 이 소식을 들을 시(時)에 중심이 썰리고 소름이 오수수ᄒᆞ게 돗쳣다.[77]

이것은 기독교의 대의와 윤리성을 강조하던 복음의 역사에 심각한 충격을 주었다.

다른 하나는 이미 약술한 바 있지만 경제적 결핍과 인플레인데, 여기서는 전쟁으로 인한 영향이 막대하였음이 눈에 띄었다. 대영성서공회의 광고에 이런 일절이 있다.

> 구주대전란의 영향으로 등약(騰躍)치 아닌 물가가 별무(別無)인 바,

75) The Industrial Movement, *R.F.M.E.*, 1918, p. 277.

76) G. A Gregg. *Annual Report*. 1915, 9. 30일자. p. 1.

77) 김지환, 「일본세(日本勢)와 오인(吾人)의 책임」〈기독신보〉, 1917. 7. 25일자.

인쇄 및 장책(粧冊)의 자료도 가격이 5할 이상으로 몇 배나 올랐습니다.[78]

이런 핍절과 도덕적 해체의 위협과 모순 속에서, 한국청년의 기상이 옛 같지 않았다. 그 한 경우를 살펴보자.

현대 조선교회의 청년계를 도라 보건ᄃᆡ 대부분은 수면상태가 아니면, 허영심에 취한 자라. 입술로는 허(虛)한 영화에 취하지 아니하고, 심계(心界)가 청정고결하기를 기도도 하고, 혹 권고도 하나, 좋은 것을 보면 내심으로 "아이구 나도 한번" 하며, 사치한 풍류객만 대하여도 내심으로 "오 참 부럽다" 하나니 실로 한심하고 가련치 아니한가…

고함쳐 이르노니 여차한 용모에 끌리는 청년이여, 각(覺)하라, 성(醒)하라, 분기하라.[79]

이것이 YMCA나 한국교회가 그 생명력을 발휘해야 할 바로 그 현장이었다.

3.5. 공업부 교육의 자립상

"개정사립학교규칙"으로 기독교 학교교육의 위기감이 고조되고 있을 때, YMCA는 1916년 6월 8일과 9일 양일에 걸쳐서 마침 내한 중인 모트(J. R. Mott, 穆德 1865-1955)와 다른 선교사들과 함께 조선총독부의 교육정책을 확인하기 위하여서 총독부 학무국장 세키야(關屋貞三郞 1875-1950)[80]를 초치한 일이 있었다. 그때 세끼야는 모트와

78) 광고, 〈기독신보〉, 1917. 7. 4일자.

79) 박정훈, 「만천하 기독청년에게 경고홈」, 〈기독신보〉, 1917. 6. 13일자.

80) 1899년 동경대 법과 졸, 총독부 학무국장, 중추원 서기관장. 1919년 일본 靜岡縣 知

이미 친근한 사이였고,[81] 해방 후 동경의 한국 YMCA가 재건을 서두를 때 여러 방면에서 도왔던 인물이다.[82] 그러나 총독부의 강경한 입장은 개인문제로 융통성을 가질 수 있는 성질의 것이 아니었다.

결국 YMCA는 1916년 가을 주간부와 야간부의 일반학과 및 국어과를 폐지하기로 하였다. "실업교육에 중점을 더하고 영어와 일본어 교육을 강조하기 위한 조치"였지만,[83] 사립학교 규칙의 번거로운 감시에서 YMCA 전체 이미지를 손상시킴 없이 보호하려 한 결정이었다.

실업교육의 중점 정책에 나서기 위한 첫 조치로서 이미 1915년에는 사업부를 확장하여 교육과 공업을 총괄하게 하였는데, 스나이더(L. H. Snyder)가 이 직책에 임명되었던 것이다.[84]

1914년 12월에 공업관이 증축 준공되면서 이 공업교육은 진흥의 발판을 굳혀갔다. 이제 학관 자립운영의 강력한 의지를 실천하기 시작한 것이다. 이 시대의 경제적 시련이 최소한의 경비를 들이면서 상업적 베이스에서의 경영을 불가피하게 하였기 때문이다.[85] 학교운영을 "그 부속 공장"의 힘으로 수행한다는 각오였다.[86] 그래서 질적 향상을 반영한 생산품의 고가 매상으로 "자립"할 수 있는 정책을 밀고 나가기로 한 것이다.[87] 가령 1916년 7월 31일 현재, 지난 18개월간

事, 官內省 次官, 1933년 貴族院 議員, 종전 후에는 동경 한국 YMCA와 절친하게 지냄.

81) Dr. J. R. Mott's *letters*. 關屋貞三郎文書, 書翰番號 900-1, 900-4.

82) 關屋氏宛, 朝鮮基督敎青年會事業計劃, *ibid.*, 書翰番號 943, 日本國立國會圖書館 所藏.

83) G. A Gregg. *Annual Report*. 1917. 9. 30일자.

84) F. M. Brockman. Young Men's Christian Association. *The Christian Movement*, 1915, pp. 435-436.

85) G. A Gregg. *Annual Report*. 1916. 9. 30일자.

86) *Ibid.*, 1917. 9. 30일자. p. 2.

87) *Ibid.*, p. 8.

의 수입고가 13,324달러 85센트였다. 이 지출에 급여와 자료 구입비 및 시설 영선비가 포함되어 있었다.[88] 이것은 밝은 전망을 약속하고 있었다. 1917년에는 연 12,000달러의 수입이 있었다.[89]

> 우리 사업을 이처럼 자립해서 지탱해 나가게 하는 정책은 우리 학관의 학생들을 상업적인 효율성의 수준에까지 끌어 올려야 하는 뚜렷한 이점이 있고, 그들에게 경쟁의식을 자극할 수 있는 기회도 됩니다. 물론 성서공부는 반드시 합니다.[90]

그래서 수요가 많은 비누와 장난감 생산을 시도하면서 설계나 수학의 실용과목 교수를 병행해 나갔다. 어린이 침대도 만들었다. 사회 수요에 맞는 생산조절의 시장성 공업교육에 박차를 가하게 된 것이다. 그래서 주택 건축의 설계와 설비, 학교나 실험실의 설비 설치, 타이프라이타 수리, 잔디깎기 기계의 수리, 날 세우기, 수술용 기기의 수리, 오르간 조율, 인화(印畵), 환등기 슬라이드 제작, 인쇄 등 헤아릴 수 없는 일들을 해낸 것이다.[91]

> 내외국인의 기사(技師)가 전혀 지도ᄒᆞ야 내외인의 주문품을 수부(受付)ᄒᆞ며 도제(徒弟)의 양성과 공(共)히 영리에만 불편(不偏)ᄒᆞᄂᆞᆫ 성실ᄒᆞᆫ 공급에 노력을 ᄒᆞᄂᆞᆫ 바, 차종(此種)의 직업이 비교적 외국에 뒤진 반도에 재(在)ᄒᆞ야 문명공업에 련(練)ᄒᆞᆫ 직공도 배출ᄒᆞ랴고 기획ᄒᆞᆷ은 심히 기의(機宜)에 적당ᄒᆞᆫ 사업임은 만인의 수긍ᄒᆞᄂᆞᆫ 바이라.[92]

---

88) *Ibid.*, p. 3.

89) *Ibid.*, p. 2.

90) *Loc. cit.*

91) *Ibid.*, 1917., p. 1.

92) 吉川文太郎, 『朝鮮諸宗教』, 서울, 朝鮮興文會, 1922, pp. 293, 295.

일제 어용학자도 이런 정도의 글을 남겼던 것이다. 이런 공업 생산 활동의 발전과 그 수요는 YMCA의 세밀한 시장조사와 그 경영감각에 보장되고 있는 셈이었다. 가련 철공부는 경평선(京平線) 철도 건설을 위해 총독부가 1,500만 원을 미쯔이(三井)회사에 발주한때에 그 설비를 완성함으로써 그 수요에 크게 응할 수 있었던 일로 스스로 자찬(自讚)하고 있었다.[93]

이런 자립을 가능하게 한 요소가 또 하나 있었다. 그것은 선교사들과의 비즈니스 관계이다.[94] 그것은 섭리였다. YMCA를 가장 많이 이용한 그룹이 선교사들이었다. 선교사나 선교부 및 그 관계시설 모두가 다 서양식이었다. 그것을 꾸미고 돌아가게 할 손길과 힘이 실로 이 YMCA에 있었던 것이다. 한국 선교의 성공을 실제 가능하게 하는 그 기계기술 능력이 YMCA에서 조달 공급되었던 것이다.[95]

가령 연희전문학교가 처음 YMCA 회관 일부를 빌어서 1915년 4월 개교할 때 그 설비 시공을 한 일이라든가, 피어슨기념성경학교의 설비와 시공, 그리고 협성신학교의 설비 시공, 모두 다 YMCA가 그레그의 지도 아래 맡아서 한 일이었다. 전기 2개교의 시공비만도 4,000원에 이르고 있었다.[96]

더구나 외국에서의 자재구입이 운송비의 급등과 운항의 지연 등으로 경제적 손실이 크게 되자, 자연 국내 시장에서의 보급에 주의를 돌리게 되고, 따라서 국내 시장과의 잦은 접촉과 물품 고급화의 자극 등으로 국내 산업계에 일말의 생기를 불어넣어 주는 결과도 낳았던 것이다.

---

93) F. M. Brockman. Young Men's Christian Association. *op. cit.*, 1915, p. 436.

94) *Ibid.*, 1917. 9. 30일자. p. 2.

95) G. A Gregg. *op. cit.*, 1917. 9. 30일자, p. 2.

96) *Ibid.*, 1915. 9. 30일자, p. 2.

4. 연희전문학교 설립의 사회사적 의미

언더우드의 연희전문학교 설립은 한국교회 사회사의 다른 한 면모를 보여준다. 그는 1900년 초부터 서울에 대학 곧 연희전문학교를 세운다는 꿈을 품어 왔다.[97] 그런데 모페트 중심의 서북계의 선교사들은 서울의 대학 설립이 자칫 소위 세속교육에 치중할 할 것이라는 생각으로 그 설립을 반대하고 있었다.[98]

하지만 언더우드는 기독교 대학교육이라는 것이 신학 예과 정도의 교육만이 아닌, 광범위한 사회적 횡단명(Cross-section)을 망라하는 교육이어야 한다는 소신에 불타고 있었다. 이것은 평양에 이미 설립되어 있었던 숭실전문학교가 성서교육 중심의 대학이라는 것을 의식하고 한 말이었다. 언더우드가 연희전문학교를 처음 세울 때의 기본적인 확신은 이런 것이었다. 곧,

> 기독교 대학은 물론 종교를 가르치는 것입니다. 하지만 그것은 상업, 농업, 산업, 기술, 문화, 여러 측면에 걸쳐 전 생에 관련하여 교육을 하는 것이어야 합니다.[99]

연희전문학교가 1915년에 설립되고 나서는 상학과(商學科)가 세상의 이목을 끌었다.[100] 대학 차원에 상학과가 들어선 것이다. 상업이

---

97) Educational Work, *R.F.M.P.*, 1900, p. 171.

98) H. H. Underwood, *Modern Education in Korea*, New York, International Press, 1926, p. 131.

99) *Loc. cit.*

100) 보성전문학교는 법과, 숭실전문학교는 성서문학과가 당시 각각 그 특수학과. 연희전문학교의 설립에 얽힌 서북선교사들과 본국 선교본부와의 10여 년에 걸친 대결과 그 논쟁에 대여서는 졸저(拙著) 『한국민족교회형성사론』, 연세대학교 출판부, 2008, 제2장 2.3.5 참조.

라는 것이 우리나라에서는 사농공상(士農工商)의 사회 사민(四民) 서열 중 그 맨 밑에 오는 직종이었다. 그런 최하층의 계층 직종을 대학의 우선학과로 설립한 것이었다. 말하자면 사농공상의 위계질서를 완전히 뒤바꾼 형태였다. 실로 엄청난 일을 한 것이다.

이런 사회적 가치체계 변혁을 기독교 고등교육기관에서 단행한 것이 언더우드의 공헌이다. 이처럼 언더우드의 연희전문학교 설립은 한국교회의 사회적 공헌의 거보인 것은 두말할 것도 없지만, 그보다도 한국사회를 개혁한 획기적 사건이었다.

5. 이승훈의 민족산업 의지

이승훈(李昇薰, 南岡 1864-1930)은 전형적인 서북 기독교인으로 신민회(新民會)계의 민족산업 정신을 철저하게 구현(具現)하였던 민족기업인이었다.[101] 그는 서북인임을 긍지로 여기고 살았다. 그는 항상, 서북에는 "뼈다귀를 울궈 먹던 선왕판서(先王判書)도 없었고, 탐관오리의 조상도 없었으며, 사색편당(四色偏黨)도 없었으며, 토호강족(土豪强族)도 반상(班常)의 계급도 없었다"고 회고하면서 한 말이 있다.

> 자못 남달리 가진 것은 감상(感傷)의 수심가(愁心歌)와 울결(鬱結)한 혁명사상뿐이었다. 그러므로 근세에 이르러서는 행(幸)히 신 문명의 공기를 흡수함이 타지방보다 조속하여 문화가 일찍 발달되었으니 야소교가 최선(最先) 보급됨과 광무(光武) 융희(隆熙)년 간의 교육열이 전국에 관(冠)하던 것과 모든 사회적 신운동이 서북인사에 의해 수창(首唱)됨이

101) 윤치호는 1864년생에 1887년 입신(入信)(23세), 안창호는 1878년생에 1894년 입신(17세). 그러나 이승훈은 1864 생에 1910년 입신(47세).

많았더라.[102)]

그는 1907년 강력한 민족의식을 가지고 있었던 한석진(韓錫晉 1869-1939)의 신앙인격과 안창호의 기독교 신앙에 감동이 되어 1910년에 기독교에 입교하였다. 청정(淸亭)에서 경영하던 유기(鍮器)공장이 일본상인의 대거 진출과 그 가격 경쟁력 때문에 타격을 받아 도산하였을 때의 일이다. 그는 이러한 구체적인 현실의 경험을 거쳐 "경제의 움직임이란 어느 개인의 힘으로만은 좌우될 수 없으며, 국력과 깊은 관계를 갖는다는 것을 실제로 절감"[103)]하였던 것이다. 그래서 마침내 민족산업과 민족경제의 웅대한 청사진을 가슴깊이 품기에 이르렀던 것이다. 산업과 교육을 통한 민족구원 주창자였던 안창호와의 만남, 그리고 그런 이상을 시련하고자 한 신민회(新民會)에의 참여, 이런 인연 속에서 민족산업의 이념이 하나 둘 구체화하여 갔던 것이다.

그 하나가 1908년 평양 마산동(馬山洞)에 도자기 회사를 설립한 일이었다.[104)] 이 회사는 근대적인 의미의 회사설립으로서는 한국 최초의 것이었지만, 거기 민족산업의 얼이 깊이 배여 있었던 것이 그 회사의 역사적 의미를 빛내준다. 한국인의 실정에 맞는 그릇을 대량 생산하고 공급할 뿐만 아니라, 산업의 진흥을 통한 국민생활의 윤택을 기할 수 있고, 한 걸음 더 나아가 옛날 찬란하였던 도자기 문명의 창달 보존이라는 업적까지 이룰 수 있었기 때문이다. 회사 창립식에

---

102) 서북인의 숙원신동(宿怨新慟), 〈신민(新民)〉, 1916, 『나라사랑』, 제12집, 외솔회, 1973, p. 113.

103) 조기준, 「남강 선생의 기업관 - 남강선생의 기업적 구국정신」, 『나라사랑』, 1973, pp. 39, 41.

104) 김도태(金道泰), 『남강 이승훈전기』, 서울특별시교육회, 1950, p. 213.
Cf. 『조선예수교장로회 사기』, 하, p. 230.

갔던 안창호의 축사에 그런 것이 나타나 있었다.

> 우리나라의 세계적 자랑인 고려자기는 그 발상지가 즉 평양 부근입니다. 저 승호리(勝湖里) 석탄을 이용하여 고열을 발하기에 성공하였던 것입니다.
>
> 우리 한국의 경제적 파탄을 막을 길이 자작자급(自作自給)밖에 다시 없습니다. 그 중에서 공업의 진흥이야말로 한국의 생명선입니다. 저 현해탄 건너로 일본제품이 홍수같이 반도에 밀려들어와 독점시장이 되었으나, 애국동포 여러분, 조국을 살리는 것은 다만 정치만이 아닙니다. 경제력입니다. 산업을 진흥함이 곧 애국이요 구국이라는 것을 잊지 맙시다.[105]

이날 한국은 도처에서 이 회사의 탄생을 축하는 분위였다. "오늘에 이르러서야 평양의 도자기 제조가 새로운 광선을 내뿜으니, 이는 대한의 물질문명이 시작하는 날이로다."[106] 이런 것 하나 가지고 그렇게 좋아했다. 하지만 그만큼 기뻤던 이유는 이런 민족기업에 대한 공감이 두루 퍼져 있었기 때문이다. 인천 상인들의 호응이 그 하나였다.

> 우리 동포 중에 기쁜 소식이 있으니 깨닫지 못하면 잠을 잘 수 없을 것입니다. 이 어찌 우리가 개진할 수 있다는 것이 아니겠습니까. 평양 도성에 유지 몇 분이 있어서 발기해서 도기제조주식회사를 설립하고 돈을 모으니 그 첫날에 만여 원이라 하였습니다.[107]

그런데 이승훈의 경제적 민족산업의 경륜은 그의 "관서자문론(關西

---

105) 조기준, 「남강선생의 기업관」, *op. cit.*, pp. 47-48에서 인용.

106) 논설, 평양의 도기(陶器) 발명, 〈대한매일신보〉, 1908. 10. 18일자.

107) 이종준, 인천상의회의소, 평양도기주식회사 찬성문, 〈대한협회회보〉, 1908. 12월호, pp. 51-52.

資門論)"에 여실히 나타나 있었다. 열세의 민족자본으로 일제 군부(軍部)의 비호를 받으며 침입해 들어오고 있는 경제침략에 맞설 길이 없으니, 우선 관서, 영남, 호남, 관북, 이런 식으로 자본을 합자해서 지역민족산업을 일으켜야 한다는 주장이었다. 하지만 이승훈 자신이 "105인사건"으로 오랫동안 영어(囹圄)의 몸으로 구금되어 있어서, 이런 민족자본 결집 시도는 그 실현을 보지 못하고 말았다.

여기 그의 사상이 자본주의 초기 형태의 체계를 가지고 있었다는 것이 엿보인다. 자본 축적과 민족의 지역단위 자본 결속이 그것이다. 그러나 그의 기업 이상은 "민족을 노예상태에서 구하고, 부하고 귀한 민족"으로 만들고자 한 민부(民富)와 부귀의 개념,[108] 민족을 "양반"[109] 곧 중산층 이상의 생활조건에로 향상시키는 것, 그런 것이었다. 이런 생각을 품게 된 것은 안창호나 한석진을 만나고난 다음의 일이었다. 따라서 여기 그의 서북 기질과 기독교 사회발전의 이상이 복합된 흔적이 엿보인다.

하지만 그에게는 그런 확신을 가지고 이런 이상을 받아드릴 조건이 이미 그에게 자리 잡고 있었다. 그가 일찍이 품어오던 산업조건 인간화나 노동인도주의의 관념은 청정유기공장을 경영할 때부터 이미 여럿의 주목을 받았던 것이다. 작업조건 개선하고 공장 안의 위생시설을 갖추는 것, 임금을 합리적으로 조정하는 것, 휴식을 규칙적으로 가지게 하는 것, 노동자와의 인간적 관계 형성 및 유지, 작업복의 착복과 청결,[110] 대개 이러한 작업조건이었다. 이렇게 해서 노동자들의 작업의욕이 북돋아지고, 따라서 노동 능률이 현저하게 높아졌던 것이다. 한국 초기 자본주의와 산업인도주의 한 모습이 여기 한 전형으로

---

108) 조기준, 「남강선생의 기업관」, *op. cit.*, p. 43.

109) *Ibid.*, p. 34.

110) *Ibid.*, pp. 35-36.

빛나고 있다.

신약 백독(百讀) 구약 20독의 철저한 장로교인 이승훈은 이처럼 칼빈주의적 신관(神觀)과 금욕적 차세(此世)주의에 살다가 갔다.

그의 신앙 계보에는 다른 한 줄기가 있었다. 무교회주의와의 연관이다. 그는 무교회주의 인사들에게서 무척 존경을 받았다. 함석헌(咸錫憲 1901-1964)을 그가 세운 오산학교(五山學校)에 조선역사 교사로 일하게 하면서 무교회주의와 접속이 된듯하다. 이승훈에게서 볼 수 있는 민족주의와 기독교와의 강력한 연결, 그리고 그의 예언자적 구약적 민족해방의 메시아주의는 무교회주의의 김교신(金教臣 1901-1945)에게 강한 호소를 한 것으로 보인다. 김교신이 주간(主幹)하던 『성서조선』[111]은 이승훈의 서거에 즈음하여 그 기념호를 발간할 정도로 피차 밀착되어 있었다.

이렇게 본다면 이승훈의 민족정신과 엄격한 신앙은 그 지적 형태에서는 무교회주의에 가장 확실하게 인계되었음이 사실이다.[112] 그리고 그의 자본주의 산업정신은 조만식(曺晩植 1882-1950)에게 연결되고 있었다.

111) 김교신 주간(主幹)의 무교회주의 월간지. 1936-1942 통권 158호까지 발행. 함석헌이 연재한 「성서적 입장에서 본 조선역사」도 여기에 게재.

112) 이찬갑(李贊甲), 「남강 이승훈은 신앙의 사람이다」, 『성서조선』 1934. 5월호, p. 19.

IX 3·1운동과 기독교의 참여 — 그 사회사

> 문제는 조선민중들에게 일대변화가 왔다는 사실입니다. 그들은 지금껏 자고 있었을 뿐입니다. 지난 해(1919)의 사건은 이들을 깨우친 계기에 불과합니다.
> 기독교사업은 장차 심각한 영향을 받을 것입니다. 우리는 변화된 민중을 대하여야 하기 때문입니다. 이것은 새로운 형태의 문제요 도전입니다. 그러나 아울러 새로운 보람입니다.
> — C. E. Sharp, 1921

1. 그 전사(前史)

1.1. 105인사건

1910년 10월, 합병직후 조선총독부는 황해도에 있는 강력한 민족주의 기독교 세력의 근절을 위해 안악사건(安岳事件, 일명 해서교육총회사건)이란 것을 조작한 일이 있었다. 기독교 세력이 위협받은 것은 사실이다.

그런데 서북의 반일 기독교 에너지와, 기독교에 연결된 신민회(新民會)의 조직력, 이런 것을 삼제(芟除)하기 위해서 총독부는 다시 그해 12월에 "105인사건"(寺內總督 暗殺陰謀事件)이라는, 엄청난 날조사건을 꾸몄다. 그리고는 1911년 설날에 전국에서 6백여 명을 검거하고, 그중에서 122명을 1912년 6월에 재판에 회부한 일이 있었다.

총독부 경시총감(警視總監) 아까시(明石元二郎)라는 헌병대장이 주도한 이 날조사건은 검거에서 기소까지 장장 18개월에 걸쳐 가공할 만한 전대미문의 고문(拷問)으로 한국교회에 고초(苦楚)를 주어, 그 뼈대를 꺾으려는 음모였다. 그 목적은 한국교회 전체의 부도덕성을 증명할 허위자백을 얻어내거나, 아니면 전향이나 불구(不具), 어느 하나를 택하게 하려던, 실로 전율할 만한 총독부 차원의 공작이었다. 이 정치적 일대 범죄는 윤치호(尹致昊 49)나 안태국(安泰國 42), 양기탁(梁起鐸 42), 이승훈(李昇薰 49), 임치정(林蚩正 32), 유동열(柳東說 34) 등 6명에게 징역 10년의 최고형을 언도하면서 105인에게 실형을 언도한, 일제치하 한국교회 최초 그리고 최대의 고난이었다.[1]

우리는 이 사건이 가지는 교회의 사회사적 의의가 크다고 보아, 몇 가지 문제를 함께 생각해보고 한다.

첫째, 이것은 기독교가 "행"한 것이 아니고, 졸지에 "당한" 사건이었다. 그런데도 초대 조선총독 데라우치 마사다케(寺內正毅 1852-1919)는 합병 직후의 소위 유고(諭告)에서 다음과 같은 악의 넘친 기독교 비방을 감행하고 있었다.

> (기독교는) 종파(宗派)의 이동(異動)으로써 부질없이 분쟁을 시도하며 또 그 이름을 신교(信敎)에 빙자해서 외람되게 정사(政事)를 논하고 일을 꾸미는 것과 같은 것은 양속(良俗)을 다독(荼毒)하고 안녕을 방해하는 것임으로 마땅히 법에 따라서 처단하지 않을 수 없다.[2]

기독교가 정치적으로 근신하는데도 불구하고, 일제는 교회가 서북지방에서 가지고 있는 사회경제적 · 정치적 잠재력에서, 그들에게 정면 대결하고 있는 강력한 위협을 현상적으로 받고 있었다는 말이 된다. 따라서 그 고요가 오히려 그들을 불안케 한 것이 확실하다. 기독

1) 선우훈(鮮于燻), 『민족의 수난』, n.d., n.p., 참조.

2) 金正明 編, 『日韓外交資料集成』, 8, 東京, 巖南堂, 1963, p. 338.

교는 가만히 있어도 압도하는 힘의 종교이다. 반대쪽에 그렇게 비치는 것이 기독교이다.

둘째로 이 사건은 한국교회의 강력한 도덕적 품격을 세계에 나타내 보여주었다.

> 한국 기독교인들은 이번 시련을 겪으면서, 끈질긴 인내, 악에 대한 침착한 대응과 당당함, 그리고 정의의 최후 승리에 대한 확신을, 역사상 보기 드물게 실증하여 주었습니다.[3)]

이들은 그 엄청난 고위 정치적 차원의 음모와 협박과 고문에 굴하지 않았다. 그리고 최후까지 반증 제시와 진실로써 당당하게 맞섰던 것이다.

셋째로는 한국 기독교의 메시아주의와 선민적(選民的) 의식에 대한 자신과 확신의 시위이다. 우리 교회는 날조와 음모정치 그리고 비인도적 고문에서 자행된 일제의 비도덕성과 그 만행에 대한 심판을 확신할 수 있었다. 세계의 여론이 이런 불법에 침묵하지 않는다는 것도 알고 있었다. 이런 의미에서 1912년 6월과 1913년 2월의 공판은 한국의 기독교적 양심 앞에서 일제의 죄질과 그 불의가 심판받는 역전된 재판의 모습이었다.[4)]

넷째로는 실형을 언도받은 이들의 배경이다. 연령은 최고 52세(이창석)에서 최소 19세(선우훈)을 망라하였으나, 평균연령은 30.4세였다. 출신지역별로는 개성 1, 서울 3, 평양 24, 정주(定州) 36, 선천 19, 신천(信川) 4, 철산(鐵山) 8, 용천(龍川) 2, 의주 4, 그리고 자성(慈城),

3) *The Minutes of the General Assembly of the Presbyterian Church in the USA*, Philadelphia, 1913, p. 385.

4) S. McCune, *George Shannon McCune and the Korean Conspiracy Case of 1910–1913*. A Paper Read Before Soong-Jun University, June 28 1976, p. 17.

함흥, 운산(雲山), 연안(延安)이 각각 1명이이었다. 122명 중에서 105인이 실형을 받았기 때문에 이 사건을 "105인사건"이라 한다. 평양, 정주, 선천 출신이 79명으로 83퍼센트에 이르고 있었다. 강력한 민족의식과 상당한 산업기반, 진취적 품격의 기독자군(群)에 대한 범주적 괴멸의 의도가 설명된다.[5)]

그러나 다섯째로 가장 중요한 것은 이 "105인사건"과 한일합병은 한국에서 커다란 역사적 전환점 곧 획기적(劃期的) 사건이 되었다는 사실이다. 역사나 사람에게는 어떤 마디라는 것이 있다. 그것은 일관성보다는 전환성이나 적응성 아니면 도전성을 몸에 갖추는 강력한 의지가 표면화하는 때를 가리킨다. 상황도전 능력이 그것이다.

한국교회와 일본제국의 대결이 불가피하게 된 데에는 다른 하나의 문제가 있었다. 가치체계의 문제가 그것이다. 둘 다 위계(位階)질서의 패턴을 가지고 있었다. 위계질서와 평면질서는 전혀 다른 것이다. 위계질서는 어떤 가치는 최고의 것으로 보고, 다른 것들은 다 몇 단계로 구분되는 위치에서 그 가치와 의미가 차등 서열화한다. 그 대신 평면질서는 모든 것이 하나도 예외 없이 다 동등한 수평위치에서 똑같은 가치로 인정을 받는다.

이런 의미에서 기독교는 하나님을 정점으로 하는 최고 지상의 인격적 존재를 예배하고 거기 순종한다. 그리고 그 아래에 종교, 그리고 그 아래에 도덕, 그 아래에 법, 그 아래에 육신의 여러 가치들이 펼쳐져 있다. 그런데 일본은 그 정점이 천황(天皇)에게 그 지고(至高)의 가치를 두었다. 천황은 현인신(現人神)이다. 그리고 그 아래가 군(軍), 그 아래가 관(官), 이런 식으로 하강한다.

기독교와 일제의 충돌과 갈등은 불가피한 것이 된 셈이다. 한국교

---

5) 「오수불망(吾讐不亡)」, 간도(間道) 두도구(頭道溝) 평강하리수북(平岡下里水北), 사직동 수신구(守信區) 사립제일 소학교, 교재 (7), 『한국독립운동사』, II, p. 637.

회는 이런 위계가치관이 통치실체가 된 그런 시기에 들어섰다는 인식을 뼈아프게 하여야 했다. 정점을 신(神)으로 가진 체제간의 갈등은 그것이 사이비 신이든 참 하나님이든 죽기살기의 대결이 될 수밖에 없었다. 사이비 신정정치(神政政治) 그 사이비성을 위장하기 위해서 더 가혹한 수단을 동원한다.

2. 3·1운동 참여군의 사회적·지리적 배경

한국 근대사 미증유의 거대한 거민족적 민중운동이었던 3.1독립만세 운동은 한국사회 변천사에 지대한 의미를 가지는 전환점을 이루었다. 일제에 있어서 한국의 식민지적 중요성은 신흥 일본의 도시인구에 대한 양곡의 보급이었고, 따라서 이러한 정책 수행을 위해 악랄한 토지정책이 동양척식주식회사의 간악한 수법으로 강행되고 있었다.

1919년의 한국의 인구분포 상황은 다음과 같았다.

한국의 인구분포도 (1919)

민족 인구 가구	한국인(%)	일본인(%)	외국인
인 구	16,783,510(98)	346,619(2)	19,780(0.1)
가구 호수	3,152,228(97)	97,644(3)	?

이들 한국인 중 8백만 명이 남한 5도에, 4백만 정도가 북한 4도에, 그리고 5백만 가량이 서울을 중심만 중부지방에 살고 있었다. 전 인구 중에서 14,162,000명이 농어촌에 살고 있었다. 도시인구는 서울이 182,000 그리고 평양, 대구, 부산, 원산에 117,000이 대개 비슷하게

분포되어 있었다.

이런 인구 분포에 일제의 간악한 토지수탈, 한국인에 대한 금리의 편차 과징, 재래 상업의 몰락과 교육기회의 불균형, 한국인에 대한 눈에 띄는 차별, 이런 것들 때문에 농촌에서나 도읍에서의 반일감정은 격해갔고, 우리 겨레들은 다른 곳에서 얻지 못하는 지도적 위치, 동족에 대한 봉사의 기회, 이런 것들이 보장되어 있는 교회로 기울어져 모여 들지 않을 수 없었다. 이런 현상이 극에 달하고, 미국 대통령 우두로우 윌슨(T. W. Wilson, 1856-1924)의 민족자결 원칙, 그리고 고종(高宗)의 붕어(崩御)와 같은 나라의 비통한 일을 겪으면서, 독립만세의 격류가 삼천리 전역에 삽시간에 퍼져나갔던 것이다.

만세운동이 터졌을 때 일제의 즉각적인 반응은 이것이 기독교 주축의 소동이라는 것이었다.[6] 그 사실 여부를 확인하기 위해서 여기 미국 북장로교 선교부 평양 스테이션의 보고를 장황하지만 여기 옮긴다.

> 평양에선 다섯 목사 중에서 넷이 체포되고 기소되었습니다. 나머지 한 목사도 역시 구속되었으나 조사를 받고 곧 석방되었습니다. 조사 한 사람도 구속되었고, 다른 한 조사는 피신할 수밖에 없었습니다. 장로들은 13명이나 구속되고 그중에서 셋이 기소되었습니다. 교인들 역시 거개 다 체포되었습니다. 도(道) 경찰국은 숭실전문학교와 숭실학교 학생 전원의 검거령을 내렸습니다. 만세를 불렀든, 부르지 않았든, 관계없이 그렇게 다 검거하는 형편입니다. 성서와 찬송가는 보이는 대로 다 몰수하여서 찢어버립니다. 한 교인은 "원치 아니하는 곳(감옥)에 가 있는 이들"을 위해 기도한 죄목으로 수갑이 채워졌습니다.[7]

---

6) *The Annual Report of Reform and Progress in Chosen 1918-1921*, Government-General of Chosen, p. 89.

7) Pyeng Yang Station, *R.F.M.P.*, 1920, pp. 196-197.

기독교의 영향력 있는 모든 목사, 장로, 학생들 그리고 평신도들이 거의 다 체포된 이유가 여기 있었다. 기독교인들이야야 말로 제1차 세계대전 이후의 세계문제의 흐름을 정확하게 알고 있는 시대의식을 가졌던 한국인들이었다.[8)]

2.1. 만세운동의 지역적 · 사회적 배경

여기 독립선언서에 서명한 33인의 지역 출신 분포를 보면 다음과 같다. 이들 중에서 19명이 서울에 살고 있었다. 지리적 거리 때문에 빈번한 연락과 접촉이 어려웠다는 점이 서울출신 인사들의 집중화를 설명한다. 한데 경상도와 강원도 및 함경북도에 대표가 하나도 없었다는 것과, 서북에는 대표가 10인 있었다는 것이 상징하는 의미는 따로 있을 것이다. 철도연변을 따라 연락망이 형성된 사실이 일목요연하다면, 경상도에서의 운동조직이 서북에서만큼 신속하지 못했거나, 아니면 되지 아니하였다는, 그런 설명이 될 것이다.[9)]

그렇지만 서북에서의 기독교의 흥성과 그 발전이 이 지역 대표의 비율을 설명하는 근거가 되는 것도 사실이다. 소위 소요 진압에 동원된 병력도 공식 발표로는 전체가 2,071명에 불과한데, 어쨌든 그중에서 825명이 경기도에, 그리고 547명이 서북에 투입되고 있었다. 서북에 파견된 병력은 전체의 27퍼센트 정도인데 지방에 파견한 규모로는 엄청난 숫자였다.

---

8) *The Korean Situation, Authentic Accounts of Recent Events by Eye Witnesses*, The Commission of Relations with the Orient of the Federal Council of the Churches in America, New York, 1919, No, I, p. 27.

9) S. McCune, *The Mansei Movement*, 1976, n.d., pp. 26ff.

독립선언서 서명 33인의 출신지역별

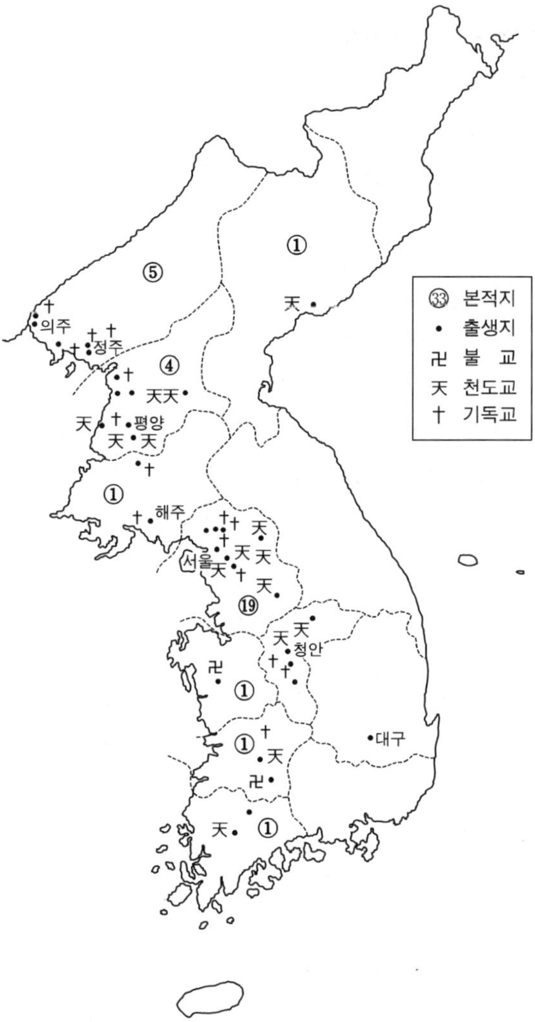

2.2. 그 피해도(被害度)

다른 한편 1919년 3월 1일부터 그해 5월 30일까지 독립운동에 참가한 인원은 군중 2,051,448명에 시위 군중 중 사상자가 23,359명이었는데, 이들의 피해상황은 다음과 같았다.

독립운동 참여와 피해상황표[10] (1919. 3. 1-5. 30)

지역	시위항쟁 횟수	참여인원	피살	부상	피수(被囚)	파괴훼손		
						교회	학교	민가
경 기	297	665,900	1,472	3,124	4,680	15	–	–
황 해	115	92,670	238	414	4,218	1	–	–
평 안	315	514,670	2,042	3,665	11,610	26	2	684
함 경	101	59,850	135	667	6,215	2	–	–
강 원	57	99,510	144	645	1,360	–	–	15
충 청	156	120,850	590	1,116	5,233	–	–	–
전 라	222	294,800	384	707	2,900	–	–	–
경 상	228	154,498	2,470	5,295	10,085	3	–	16
간도 화태	51	48,700	34	157	5	–	–	–
계	1,542	2,051,448	7,509	15,850	46,306	47	2	715

이 운동 때에 겪은 피해로서는 평안도와 경상도가 역시 압도적이다. 다시 한번 교회 세력권과의 연계를 주목하지 않을 수 없다. 실제로 기소된 피고인들의 신교별(信敎別) 통계를 보고 느끼는 것은 교회가 이렇게 엄청난 숫자로 시위에 참가했을 때의 우리나라 기독교인의 인구비례는 1천7백만 전체인구 중 22만 명 정도로 1.3퍼센트에 불과했다.

10) 박은식, 『한국독립운동지혈사』(韓國獨立運動之血史), 중국, 上海, (서울, 영인 1946) p. 96 의거. Cf. General Survey, *The Christian Movement*, 1920, pp. 202-202.

좀 더 정확한 자료들을 보면 다음과 같다. 곧 1918년 12월 현재 한국교회 교인은 개신교의 경우 219,220명인데, 천주교와 희랍정교회 교인 99,488명까지 합치면 318,708명이었다. 개신교 목사는 231명, 기타 교직자가 995명, 그래서 전체 개신교 교역자는 1,226명이었다. 헌금액 수는 379,427원($289,713)이었다.[11)]

이제 기소피고인의 종교별 통계를 자세히 드려다 보자. 거기 보면 무(無)종교인을 제외한다면 기독교의 피고인 수가 24.3퍼센트로서 천도교의 18퍼센트를 훨씬 상회하고 있었다.[12)]

기소피고인의 신교(信敎)별 통계표[13)] (1919. 3. 1-5. 8)

종교 / 인원	불교	유교	천도교	기독교	기타	무신교	불명	총계
남자	72	11	1,154	1,451	3	2,643	948	6,282
여자	–	–	2	110	–	16	7	135
계	72	11	1,156	1,561	3	2,659	955	6,417
%	1	0.1	18	24.3	0	41	15	100

참고로 같은 시기의 입감자(入監者) 종교별 통계를 보아도 역시 대동소이한 현상이 타나난다. 일제 검찰의 종교별 분류 체계화에서 약간의 혼돈이 있었던 것 같은 것이 눈에 띄인다.

11) *The Korean Situation*, No. 2, p. 3.

12) *Ibid.*, p. 135.

13) 近藤釰一, 「萬歲騷擾事件」, 故 阪谷芳郎博士遺集, 朝鮮問題雜纂 中, 『朝鮮近代史料』, 東京, 朝鮮史料編纂會, 友邦協會, 1964, pp. 100-103.

입감자의 종교별 통계표[14] (1919. 3. 1－5. 10)

종 교 별		남 자	여 자	합 계
천 도 교		1,320	2	1,322
천 리 교		1	－	1
시천교(侍天敎)		5	－	5
대종교(大倧敎)		4	－	4
유 교		55	－	55
불 교	선 종(禪宗)	63	1	64
불 교	정토종(淨土宗)	1	－	1
불 교	불 교	37	－	37
예수교	천 주 교	45	8	53
예수교	구 세 군	10	－	10
예수교	성 공 회	4	－	4
예수교	장로교회	1,146	109	1,155
예수교	감리교회	363	35	398
예수교	안식교회	3	－	3
예수교	조합교회	7	－	7
예수교	기타 예수교	1	2	3
예수교	교파 미상	312	22	334
무 종 교		4,953	27	4,980
불 명		1	－	1
합 계		8,231	206	8,437

기독교인은 전체 입감자 8,437명 중에서 1,967명이었다. 그 24퍼센트였다. 인구비례 1.5퍼센트에 불과했던 기독교인이 3.1독립운동 때에는 수감자 중에서 24퍼센트라는 비율을 차지하고 있었다.

한데 조선총독부가 최종 발표한 통계에 의하면 검찰에 송치된 사람들의 종교별 비율은 다음과 같았다.

---

14) *Ibid.*, pp. 132-135

검찰 송치자 종교별 통계표[15)]

<table>
<tr><th rowspan="2">불교</th><th rowspan="2">유교</th><th rowspan="2">천도교</th><th rowspan="2">시천교</th><th colspan="4">기 독 교</th><th>타</th><th>무</th><th rowspan="2">계</th></tr>
<tr><th>천주교</th><th>감리교</th><th>장로교</th><th>회중교</th><th>종파</th><th>종교</th></tr>
<tr><td>222</td><td>346</td><td>2,268</td><td>14</td><td>54</td><td>518</td><td>2,254</td><td>7</td><td>286</td><td>9,225</td><td>15,224</td></tr>
<tr><td rowspan="2">1.4%</td><td rowspan="2">2.2%</td><td rowspan="2">14.8%</td><td rowspan="2">0.09%</td><td>0.3%</td><td>3.4%</td><td>14.8%</td><td>0.04%</td><td rowspan="2">1.87%</td><td rowspan="2">60%</td><td rowspan="2">100%</td></tr>
<tr><td colspan="4">18.54%</td></tr>
</table>

이 최종적인 공식발표에 의하면 기독교의 참여는 20퍼센트에 육박하고 있었다. 우리가 위에서 살펴본 통계와 이것들을 연결시켜 판단하여 보면 기독교인의 참여를 통한 피해 곧 수감 기소 등에서 전체의 4분지 1을 차지하고 있었다는 결론이 나온다.

다른 한 통계에 따르면, 전부 파괴된 교회당의 수가 17동(棟), 일부 파괴된 교회 24동, 그 이외 교회당의 손해가 41동, 총 84개 교회였다. 그리고 1919년 6월 현재 투옥된 사람의 수도 기독교인이 2,190명으로 불교나 유교 및 천도교를 다 합한 1,556명보다 훨씬 많았으며, 교역자도 151명으로 천도교의 직원 72명을 능가하고 있었다.[16)]

이처럼 기독교계의 피해가 심했던 것은 실제 기독교인들의 참여가 수적으로나 그 영향력에서 압도적이었기 때문에 그랬다는 점도 있지만, 선교사들과 한국회의 참여가 이 운동을 주도했다는, 일제 관변이나 검찰의 판단 때문에, 기독교를 주요 표적으로 검거하고 형벌하였기 때문이다.[17)] 교회가 이 운동의 "영감과 동력을 부여하는 배후세력"으로 간주되었기 때문이다.[18)]

---

15) *The Annual Report on Reform and Progress in Chosen, 1918-1921,* Government-General of Chosen, p. 159.

16) 조지훈, 「한국민족운동사」, 『한국문화사대계』 I, 고려대학교 민족문화연구소, 1964, p. 657.

17) Anonymous by Request, General Survey, *The Christian Movement*, 1920, p. 201.

> 의심할 여지도 없습니다. 조선총독부는 한국교회가 이 소란(독립운동)의 주요 거점이라고 단정하고 있습니다. 그리고는 기독교에 대한 기왕의 의구와 핍박이 정당했다고 외치고, 거기 따라 행동하고 있는 것이 분명합니다.[19]

한 가지 또 인상적인 통계가 입감자의 직업별과 남녀별 통계이다. 그 직업은 이발, 노동, 기계, 상업, 세탁 등 일제 검찰조서에 47종이 나타나 있다. 관공리도 면장, 면 서기 등 백여 명이 포함되어 있었다. 이 운동의 거민족적 · 민중적 성격이 들어나는 대목이다. 다만 종교인의 숫자를 전체 7,927명에 이르는 여러 직종들 중에 포함시켜서 229명으로 표기함으로써 폄하(貶下)시키려고 한 의도가 엿보인다. 그런 통계형식이라면 종교인은 2.9퍼센트의 참여로 끝난다.

한데 이때의 통계에서 우리의 관심을 끄는 것이 여자들의 참여와 입감 피소(被訴)의 통계이다. 입감자의 경우 남자는 7,775명인데 반해서 여자는 197명으로 전체 입감자의 2.4퍼센트에 불과하였다. 수형자(受刑者)에 대한 다른 한 통계에서도 남자 8,231명에 여자는 206명으로, 역시 2.5퍼센트에 미치지 못하고 있었다.[20] 그때만하여도 여성진출이 아직은 뚜렷하지 아니하였다는 것을 설명하는 것이다.

그런데 기독교의 경우는 특이하였다. 앞서 살펴본 기소피고인 6,417명 중에서 전체 여자 기소피고인은 135명이었다. 그런데 기독교인 여자 수감자는 110명이었다. 여자 입감자들 중 82퍼센트의 압도적 수치를 기독교인들이 차지하고 있었다.

입감자의 종교별 통계에서는 전체 8,437명 중에서 여자는 206명으

---

18) Pyeng Yang Station, *R.F.M.P.*, 1920, p. 197. Cf. 近藤釰一, *op. cit.*, p. 33.

19) *The Korean Situation*, No. I, p. 27.

20) 近藤釰一, *op. cit.*, pp. 128-131.

로, 전체의 2.4퍼센트를 차지하는데 그치고 있었다. 그런데 그 여자 입감자들 중에 176명이 기독교인들로서, 전체 여자 입감자의 86퍼센트를 차지하고 있었던 것이다.

하지만 기독교 자체만 가지고 보았을 때 기소피고인이 남자 1,451명에 여자는 110명으로, 전체 1,561명 중에서 여자는 7퍼센트 차지하는 형편이었다. 당시 여성들의 사회진출과 활동에서 기독교 여성들의 약진에 버금할 만한 종교나 집단은 아직은 없었다.

입감자의 직업 및 남녀별 통계표[21]

직업		남자	여자	합계
교 사	공립	8	1	9
	사립	231	20	251
학 생	공립	331	12	343
	사립	492	87	579
공직, 사무직		137	2	139
전 문 직		50	–	50
종 교 인		221	8	229
농, 어, 잠, 임업		4,598	15	4,613
광, 공, 철물		238	–	238
상 업		978	15	993
노동, 일용직		270	2	272
무 직		221	35	256
합 계		7,775	197	7,972

이 시위 때에 시위 군중들의 시위성격, 곧 격렬 시위의 정도문제는 다음 페이지에서 살펴볼 수 있을 것이다. 격렬 시위가 많았던 것으로

---

21) *Loc. cit.*

나타난다. 우리가 평화적 시위 무저항시위를 외쳤지만 지역상황에 따라서 거칠어질 수 있었고, 더욱이 일제 검찰 쪽에서는 격렬 시위의 케이스를 될수록 과장하는 것이 행형상(行刑上) 유리할 수 있었다.

한데 이러한 통계가 산만하고 불확실하며, 때로 과장 내지는 축소했다는 것이 문제가 되었다. 이 점은 미국교회연합회도 시인하였다.[22] 가령 비인도적 고문을 받고 폐인으로 풀려났으나, 사망 혹은 불구자가 된 수많은 사람들의 통계 정리가 여기에 산정되어 있지 않고 있었다. 그것은 우리 애국자들 쪽에서도 마찬가지였지 않았는가 하는 인상이다.[23] 무명의 한 외국인은 20세기에 일어난 참혹한 일제의 잔학행위에 대하여 "그 일본인들이, 통렬한 심정을 가지고, 그들 고문(拷問)의 숫자와 희생자들을 기록하였으며, 그들이 살상한 희생자들의 총계를 공개하였는가" 묻고 있었다.[24] 그는 기독교인만 해도 4만여 명이 수감되고, 6천 명이 살해되었다는 통계가 있다고 대들었던 것이다. 박은식(朴殷植)의 글은 역사가 서정적일 수 있다는 사실을 보여준 사례일 것이다.

> 독립운동이 시작되고 나서 한 달 사이에 그 극렬함이 더욱 심해갔습니다. 일본인들의 잔학함은 이를 뭐라 이름하기도 힘듭니다. 창으로 찌르고 검으로 공격하며, 마치 풀을 베는 자가 풀 베듯이 당장에 3천7백5십여 명을 살해했습니다. 중상을 입은 자는 며칠이 되지 않아서 4천6백 명이 다들 죽어갔습니다. 수감자들 중에 죽은 사람들은 이를 탐지할 길이 없습니다. 하지만 감옥에 잡혀간 사람들은 대개 수십만에 이르고 있

22) *The Korean Situation*, No. I, p. 9.

23) Cf. A Pagan Persecution in the Twentieth Century, Ten Years Ago This Would Have Been Beyond Belief, 近藤釼一,『萬歲騷擾事件』, 東京, 友邦協會, p. 133. 坪山汕三,『朝鮮獨立運動秘史』, 東京, 勞動新聞社, 1915, p. 51f. 김병조,『한국독립운동사략』(韓國獨立運動史略), 서울, 아세아출판사 (영인), p. 7; II, pp. 163, 168.

24)「A Pagan Persecution in the Twentieth Century」, 近藤釼一,『萬歲騷擾事件』, p. 136.

습니다.[25)]

과장하려는 의도는 없었을 것이다. 하지만 우리 겨레에게 그 피해는 실로 숫자로 나타낼 수 있는 것은 아니었다. 한데 기독교회가 남긴 자료는 대개 노회나 당회의 기록들, 그리고 그를 보고 받아 총회에서 집계한 것이었기 때문에 가장 정확하였다. 그 중의 하나 산서노회 기록을 살펴보면 다음과 같았다.

> 강계읍 교회 조ᄉᆞ 명쥰시와 한시원시ᄂᆞᆫ 당장에 총살이옵고 즁학생 탁창국 김명하 량인은 의쥬감옥에서 ᄐᆡ 90ᄃᆡ식 맛고 션쳔읍 미동병원에서 쟝독으로 사ᄆᆡᆼ을 당ᄒᆞ옵고 ... 례ᄇᆡ당에 모히ᄂᆞᆫ 거슬 금ᄒᆞᆷ으로 2ᄀᆡ월 동안 례ᄇᆡ를 못보앗ᄉᆞ며 ... 또ᄒᆞᆫ 군인이 부녀와 유아들을 무수히 난타ᄒᆞᆫ 일도 이셧사오며...[26)]

박은식은 수원의 제암리(提岩里), 수천(狩川), 화수(花樹), 그리고 정주, 강계, 맹산, 강서, 천안, 서울의 십자가 참살, 의주, 강계, 곽산, 삭주(朔州), 창성, 위원(渭原) 등의 참살과 파괴 만행을 들었으나, 선교사들의 증언과 목격, 그리고 서간(書簡)들을 모아서 간행한 미국교회연합회(NCC)의 『*The Korean Situation*』(1919. 8)에는 부녀자들에 대한 말 못할 치욕적 처우와 고문 및 학살에 대한 기록들과 자료들이 산적해 있다.[27)]

더구나 캐나다 장로교선교부에 날아든 간도(間道) 선교사들의 편지

25) 박은식, 『한독립운동지혈사』, p. 111.

26) 산서로회 정황보고서, 죠션예수교쟝로회총회, 뎨 8회 『총회록』, 1919. 10, pp. 117-118.

27) *The Korean Situation, Authentic Accounts of Recent Events by Eye Witnesses*, The Commission of Relations with the Orient of the Federal Council of the Churches in America, New York, 1919.

들은 1920년 10월까지 자행된 일제의 잔학행위가 어떻게 노루바위(獐岩)란 곳에서 저질러졌는지, 그런 것이 교회와 겨레들에게 얼마나 비통한 것이었는지, 절절이 눈물 자국으로 흐려져 있어서 읽어 내려가기가 힘들다.[28] 간도 용정(龍井)에 있었던 여자 선교사 페일소프(E. M. Palethorpe)의 단장(斷腸)의 글귀에 실향 간도 이민의 흐느낌이 맺혀 있었다.

> 매일 매일 우리는 원근에서 불길을 보고 있습니다. 그리고 그것이 비통과 유혈의 모습임을 잘 알고 있습니다. 몸을 가눌 수 없는 소식들이 도처에서 밀려 들어와, 인간의 삶이란 것이 이런 것인가 해서 메어지는 가슴을 억누를 길이 없습니다. 지금껏 내 아는 바로는 서른 셋 촌락이 전부 혹은 일부 불 탔고, 그와 함께 한국 유민(流民)들도 전부 아니면 거의 전부가 살해되었습니다.
>
> 누가 대신 지켜 줄 이 없는 이 가련한 백성들을 위해 세계의 여론을 일으키려면 무슨 일을, 어떻게, 하여야 합니까.[29]

간도에 있는 교회들의 참화는 이를 필설(筆舌)로 다하기가 어려웠다.

> 3·1사건으로 인하야 간도교회는 풍운이 걷힐 날이 없었으니...[30]

그런데 기독교인들을 학살하였을 때에는 "서양선교사가 조사를 심하게 하기 때문에 이를 증오하여, 땅에 파묻어 부패한 시체를 다

28) 가령 D. A. McDonald's *letter* to A. E. Armstrong(캐나다 장로교해외선교부 총무), 1920. 10. 31일자. 캐나다연합교회 사료관 소장(所藏). Cf. 〈獨立新聞〉, 上海, 1920. 12. 18일자.

29) Miss E. M. Palethorpe's *letter* to A. E. Armstrong, 1920. 11. 6일자. 캐나다연합교회 사료관.

30) 함북노회 보고, 『조선예수교장로회사기』, 하, p. 793.

시 발굴하여 유해(遺骸) 하나 남김없이 태워버렸다"[31]는 것이다. 마틴(Newell Martin)은 섬짓한 책을 하나 냈다. 『Japan's Attempt to Exterminate Korean Christians』.[32] 한국 기독교인들를 전멸(全滅)하려는 일본인들의 기도(企圖)라는 제목이다. 다들 그렇게 보고 있었다.

일본의 이러한 잔학행위가 언제부터 막을 내리기 시작하였는지 그 시기를 결정하기는 쉽지 않다. 사이토(齊藤實 1858-1936)총독이 문화정치를 표방하면서 부임한 것이 1919년 8월이었는데, 3·1운동 발발 1년 3개월이 지난 다음에도 저 멀리 간도에서는 이런 형태의 잔학행위가 그치지 않고 있었기 때문이다. "훈족(族)과 터키족이 이 이상 더 비도(非道)하였으랴."[33] 미국교회연합회의 간사였던 친일적인 귤리크(S. L. Gulick) 목사도 이런 말을 하고야 말았다.

3. 3·1운동의 사회사

3.1. 한국교회 사회운동으로의 전환

3·1운동은 한국교회가 비록 경건주의적 보수적 신앙에 의해서 선교된 나라요, 그러한 신앙형태가 1907년의 대부흥운동을 통해서 정착된 나라였지만, 그 신앙 자체가 민족적 · 사회적 구조 안에서 발전되었다는 사실을 보여준 뜻 깊은 역사적 사건이었다. 그것은 신앙이 사회화했다는 형태가 아니라, 경건한 복음주의적 신앙이 내연(內燃)할 때 그것이 역사적 정황의 요청에 따라서 민족이나 사회의 환경에

---

31) 〈獨立新聞〉, 上海, 1920. 12. 19일자.

32) Milford. Connecticut, 1919.

33) *The Korean Situation*, 「3·1운동비사」, 〈기독교사상〉, 1966. 5월호, p. 98.

과격시위 참가자의 지역별

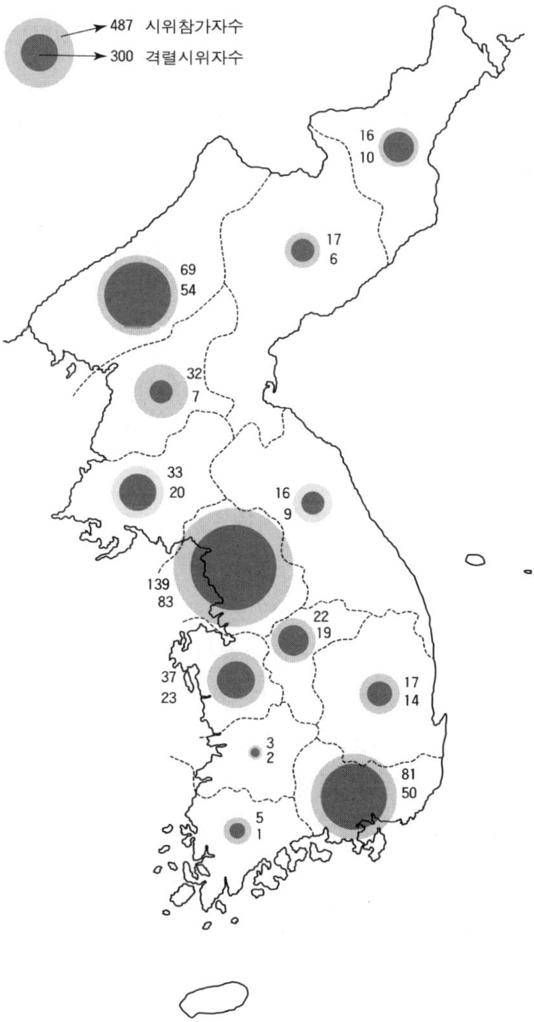

현상화하고 증언한다는, 그런 외연(外延)의 형태였다. 그것은 독립선언서 서명자 중 기독자이던 장로교회의 길선주(吉善宙 1869-1935)나 감리교회의 신석구(申錫九 1875-1950)에게서 상징적으로 나타나 있었다.

길선주는 1907년 7월 을미조약 체결의 격동 속에서 봉기된 의병(義兵)들의 과격한 투쟁에 "하늘에서 위탁한 권위"에 복종하라는 선유(宣諭)로서 서북지방 사람들의 희생과 유혈을 미연에 방지하였다는 목사이다.[34] 미국 북장로교선교본부의 "정치 불간여" 원칙과 "종말론적 신앙의 보수"를 표방할 때 대표적 거물로 내세워진 인물 역시 길선주였다. 1907년 평양 대부흥의 성격을 굳히는 데에 크게 공헌한 대표적 인물이 바로 길선주였다. 기도와 성서적 신앙, 복음주의적 경건이 한국교회의 전형적 신앙으로 정착한 것 역시 그의 공헌이었다.

신석구 목사 역시 정치에의 관여를 양심상 꺼리고, 더구나 민족운동에서 이교(異教) 곧 천도교와 손잡는 것을 망설인 전형적인 감리교인이었다.[35] 하지만 그는 기도하는 중 "4천년 전하여 내려오는 강토를 네 대(代)에 와서 잃어버린 것이 죄인데, 찾을 기회를 찾아보려고 힘쓰지 아니하면 더욱 죄가 아니냐"[36]라는 음성을 듣고 "즉각에 뜻을 결정하여" 서명하게 되었다는 것이다.

길선주가 경성 복심법원(覆審法院)에서 무죄 언도를 받은 사건[37]에 대한 해석을 "법정 비겁"[38]이라 보아서는 안 될 것이다. 그렇게

---

34) The Korea Mission, *The Annual Report of Foreign Missions Presbyterian Church in the U.S.A.*, 1908, p. 269.

35) 신석구, 「자서(自敍), 3.1독립운동」, 〈신동아〉, 1969. 3월호, pp. 206-207.

36) 오재식, 『민족대표 33인전』, 서울, 애국정신선양회, 1959, p. 202.

37) 『한국독립운동사』, II, pp. 1038, 1052.

38) 오재식, *op. cit.*, p. 275.

되면 그 진실을 놓지는 것이 된다. 그가 기왕에 지녀왔던 경건주의 신앙의 법정 진술이 일제 재판관의 계산된 판결에 의해서 그렇게 된 것으로 보아야 한다.[39] 무죄선고였지만 이미 3년의 옥고를 치른 다음의 일이라, 할 고생은 다한 것이다. 여기 일제 사법기관이 길선주의 도덕성을 망가트리기 위해 미묘한 계산을 했을 것이라는 점을 고려하지 않을 수 없다. 그에게서 애국의 강한 성향을 들여다볼 수 있는 것은 1929년 안동(安東)부흥회 때, 당시 겨레의 고난을 이야기하면서 말세를 경고하다가 검거되어 20여 일의 옥고를 치른 일을 통해서도 알 수 있다. 일제는 국가 존속을 동요시키는 말세론(末世論)에 가장 과민한 반응을 보이고 있었다. 그의 신앙에는 일관된 데가 있었다.

윤치호(尹致昊)나 최병헌(崔炳憲 1858-1927)[40]과 같은 이들의 뜨음한 소식, 김병조(金秉祚)나 손정도(孫貞道 1882-1931), 도인권(都寅權 1880-1969) 같은 이들의 상해 임시정부 참여, 이승훈이나 정춘수(鄭春洙 1875-1951) 같은 이들의 적극적인 3·1운동 참여, 그리고 신석구나 길선주에게서 나타난 신앙 외연적 참여, 이렇게 3·1운동은 한국교회 교인들의 다양한 참여형태를 보여준 복합성이 그 특징이었다. 당시 장로교 총회장이었던 김선두(金善斗 1876-1949)의 검거나 징역은 한국교회의 3·1운동 참여의 한 상징적 사건이었다. 단순히 총회장이기 때문에 그렇게 된 것이었다.

---

39) 김인서(金麟瑞), 「3·1운동과 길선주」, 『김인서저작전집』, II, 서울, 신망애사, 1974, pp. 388ff.

40) 최병헌은 1919년 10월 조선장감연합협의회 제3회 총회에서 활동한 것을 보아 건강이 나빴던 것은 아니다. 조선장감연합협의회 제3회 『총회록』, (1910, 10), pp. 3. 4.

3.2. 3·1독립운동의 사회개혁적 요소

한국교회의 총독정치 개혁 촉구

1919년 8월 12일 제3대 조선총독으로 부임한 사이토는 부임 즉시 행정개혁, 경찰제도개혁, 교육개혁 등을 표방하면서 산업과 사회사업 및 위생에 관한 사회개혁 추진을 약속한다.[41] 한국인 관리(官吏)의 봉급 수준을 일본인 관리들과 동등하게 하고, 의료위생시설을 확충하며, 고문(拷問)을 폐지하는 것과 같은 사안들이 개혁방침으로 제시하였다. 특히 종교문제에 대하여서는 총독부 교육국 안에 종교과를 신설해서, 종교포교령을 개정(1920. 4)한다든가, 선교재산의 법인(法人) 등록이라든가 하는, 그런 행정조치가 전향적으로 취해지기도 하였다.[42]

하지만 교회는 이러한 조치의 은폐성과 기만성에 분노하였다. 3·1운동과 그 참가자들에 대한 군경의 가혹한 잔학행위는 1921년까지 계속되었고, 고문의 폐지도 1920년 4월에 가서야 실행한다는 임기응변책이었다.[43] 더구나 일제는 한국에 5천만 달러에 해당하는 국채를 지워, 4천만 달러를 한국에서 주구(誅求)해 갔다. 그러면서 각종 시설 개선에는 1천만 달러 미만을 지출하고 있었을 뿐이었다. 그래서 우드(Junius Wood)는 이런 일제의 형식적 개선 계획을 "체계적인 기만"[44] 이라고 맹비난하고 있었다. 대영성서공회는 3·1운동은 일제의 급격한

---

41) Administrative Reforms in Chosen, Interview with New Governor-General, *The Seoul Press*, 1919. 9. 4일자.

42) *Annual Report, Government-General of Chosen*, 1918-1921, p. 91.

43) General Survey (by a person anonymous by request), *The Christian Movement*, 1920, p. 206.

44) The Chientao Reports, 〈*The Japan Advertiser*〉, 1920. 12. 21일자. 近藤釰一, *op. cit.*, III, p. 74.

문질문명의 도입과 관료정치의 능률 제고라는 배경을 두고 이해해야 한다는 중대한 비고를 남겼다.45)

문제는 표면적 사회개선이나 발전이 아니라, 한국인의 정신을 흐리게 하고 결국 신체도 못쓰게 만드는, 그런 식민통치의 악정을 쇄신하여야 했다.46) 그것이 바로 교회가 도덕개혁을 강력하게 요구한 배경이다. 3·1운동 발발의 원인 중 하나가 일제가 방임 조장한 도덕적 악영향이었기 때문이다. 사이토 총독이 사적으로 신임하던 총독부 학무국장 시바다(柴田善三郎)가 한국교회에 요청해서 우리가 제출한 재한복음주의선교협의회의 개혁건의안에는 진정한 종교적 자유, 민족의 도덕적 기준 향상, 선교 자유의 확보, 이런 것들이 있었다. 이것이 "건백서(建白書)" 형식으로 진정(陳情)되었다. 이제 그 중요점 몇 가지를 옮기면 다음과 같다. 곧

1. 전도사업에 대하여:
   ① 교회 및 전도사에 대한 취체를 완화할 것.
   ② 관리가 기독교나 기독교 신자에 대한 차별적 취급을 금할 것.
   ③ 총독부는 청원이나 항의의 권리를 조장하여 줄 것.
2. 교육사업에 대하여:
   ① 기독교계 사립학교에서 성서교육 및 종교의식의 과목을 포함하는 것을 금하지 말 것.
   ② 한국어 사용 제한을 철폐할 것.
   ③ 사립학교 경영에 대하여 현재 이상의 자유를 부여하고, 불필요한 간섭을 폐지할 것.
   ④ 생도 및 생도의 양심의 자유를 인정할 것.47)

45) *Annal Report*, *B.F.B.S.*, 1919, p. 218.

46) H. Chung, *The Case of Korea*, New York, Fleming H. Revell, 1920, p. 158.

47) 「생도 및 생도의 양심의 자유를 인정」은 원문 그대로 임.

⑤ 한국인에 대해서는 교육상 일본인과 동일한 기회를 줄 것. 교과서 선택에서 일층 더 자유를 부여할 것. 그리고 한국사나 세계사 교수에 대한 제한을 철폐할 것.

⑥ 사립학교에 대한 과도한 재정상의 요구를 하지 말 것.

3. 의료사업에 대하여:

① 사립병원 경영상의 세목에 대하여 간섭을 말고 병원 측에 일임할 것.

4. 종교서적에 대하여:

① 기독교 서적에 대한 검열을 폐지할 것.

② 교회계 출판물에 대한 제한을 철폐할 것.

③ 지방관헌은 성서 매서(賣署)나 기독교계 서적의 판매자들에 대한 취체를 하지 말 것.

5. 소유권 및 재산상의 문제에 대하여:

① 한국교회나 선교기관의 법인등록을 허락할 것.

② 병원 및 자선기관의 모금에 대한 지나친 간섭을 지양할 것.

③ 교회당이나 그 재산이 정부나 관헌에 의해서 파괴되었을 때 정당한 배상을 할 것.[48]

여기 건의한 조건들은 다 근대 민주주의 산업사회에서 소위 기본적인 권리에 속하는 것들이었다.[49]

그러나 이들은 도덕적 개선에 대한 마지막 핵심을 짚었다. 곧 그 6항에 이르러 이런 개선책을 제시한다.

일제의 행정적 도덕악의 조장과 한국교회 도덕적 개혁의 촉구

그 제6항에서 건의한 것이 도덕적 개혁이다. 정치적 압정 못지않게

---

48) 선교사연합협의 개혁건의안, 조선총독부가 특비(特秘)로 보존한 문서.

49) 3·1운동 진압과정에서의 재정이나 경제상의 피해나 영향에 대하여서는 따로 논구되어야 할 것. 近藤釼一, 「萬歲騷擾事件」 I, pp. 174ff 참조.

일제의 간악한 도덕 해체정책이 강행되고 있었기 때문이다. 그 제6항을 보자.

> 6. 도덕적 개선:
> ① 유곽(遊廓)의 설립에 대한 법규에 단호한 수정을 가할 것. 한국인의 관습과 정서를 무시하는 현행 유곽제도를 반대한다.
> ② 아편이나 몰핀의 생산 제조 판매의 법률을 개정하라.
> ③ 주류(酒類)판매에 대한 법률을 수정하여, 촌민(村民)의 반대에 따라 주점을 개설할 수 없게 한 구한국 법률의 지방 선택권을 부활하라
> ④ 미성년 금연령(禁煙令)을 일본에서처럼 한국에서도 실시하라.
> ⑤ 소년 노동을 제한하는 법률과 공산(工産) 및 광산 노동자의 환경을 개선하는 법률을 제정하라.
> ⑥ 정치범으로 수감된 기독교인들에 대한 주일(主日)노동 및 양심에 반대 되는 강요를 철회하라.
> ⑦ 형무소 안에서 종교적 · 도덕적 교도를 할 기회와 권리를 부여하라.[50]

이런 요구를 하게 된 배경이 있었다. 일제의 도덕적 퇴폐의 편만술책은 양식을 가진 인간으로서는 상상도 못할 경지에 가 있었다.

가령 일제는 한국 도읍마다 유곽을 세웠는데, 그런 것이 밀집한 홍등가(紅燈街)를 서울에 세울 때에는 50만 달러를 투자하고 있었다.[51] 서북교회 신앙의 성산(聖山)이라 불리어지던 선천에도 공창 유곽이 들어섰다.[52] 세브란스병원의 스코필드(F. W. Scofield, 石虎弼 1886-

50) The Mission Body on Reforms in Korea, Federal Council of Protestant Evangelical Missions in Korea, September 20 1919, *The Japan Advertiser*, 1919. 10. 19일자. Cf. 近藤釼一, 「齊藤總督の文化政策」, pp. 159-170.

51) H. Chung, *op. cit.*, p. 149.

1955)는 한 통계 보고서에서 공창이 송도(松都)에서는 한국 남자 894명, 일본 남자 60명에 1명, 춘천에서는 한국인 558명, 일본인 62명에 한사람, 서울에서는 한국인 228명, 일본인 60명에 한사람 비율이라고 공개하였던 것이다.[53] 이 비율은 통치 기간이 가면 갈수록 상승하고 있었다.[54] 한 여자 선교사는 1만 명 인구에 유곽 17개소라는 파탄적 도덕부패의 한 실례를 제시하고 있었다.[55]

아편의 공개적인 경작 촉진과 전매(專賣)의 비율은 총독정치의 악랄함을 여지없이 폭로시켰다. 기독교 대세 한국에서 마약 보급에 전매청까지 동원한 것은 일제의 간악함을 그대로 보여주는 처사였다.[56] 그들은 양귀비 경작을 장려하고 있었다. 1917년 한 선교사는 그의 선교지역에서만 1천 에이커 가량의 양귀비 재배지가 있다고 보고하였다.[57]

그런데 조선총독부는 1919년 공식적인 재배량을 발표해서 3천 에이커의 재배지를 배당하고,[58] 거기 182,000달러, 곧 364,000원을 예산 집행한 것이다.[59] 행상인들이 아편과 모르핀 주사기를 팔고 다니는 형편이었다. "한국인의 비도덕화는 계속되고 있다."[60] 총독부가 공식 발표한 아편 생산량 추세는 다음과 같았다.

---

52) *The Report of the Korea Mission of the Presbyterian Church in the USA.*, 1912. p. 65; 1913, pp. 62-63. *The Report of the Foreign Mission of the Presbyterian Church in the USA.*, 1914, p. 291.

53) F. W. Scofield, What Korea Suffers from Japan, *The Christian Register*, 1920. 9. 16 일자.

54) A. J. Brown, *The Mastery of the Far East*, pp. 384-385.

55) A. S. Doriss, Needs and Opportunities for Social Service in Korea, *The Christian Movement*, 1920, p. 329.

56) F. A. McKenzie. *The Tragedy of Kore*a. London. Hodder & Stoughton, 1918, p. 114.

57) E. W. Thwing. The Morphine Evil in Korea. *The Peking Gazette*, 1917. 10. 3일자.

58) *The Annual Report on Reforms and Progress in Chosen*, 1921-1922, p. 201.

59) *The Bulletin of the International Reform Bureau*. Washington. 1919. 8. 15일자.

60) A. J. Brown. *op. cit.*, p. 390.

아편 생산량 증가표[61]

생산 연도	면적	생산	생산 연도	면적	생산
1919	2,308.2	2,022.94	1926	281	168
1920	94.7	41.56	1927	370	205
1921	452.9	724.51	1928	418	215
1922	436.7	438.1	1929	752	401
1923	377.4	371.3	1930	1,255	—
1924	334	315	1931	5,104	—
1925	243	225	1932	6,835	—

* 면적 단위는 정보, 생산 단위는 관, (—)표는 불명.

1919년 3·1운동이 일어났을 때의 생산량이 2,002.94관(貫)이었다. 물론 그 통계는 바로 전 해의 것이다. 그것이 1920년에는 41.56관으로 급격하게 감산한 사실이 여실하다. 총독부가 주춤한 모습이 역력하다. 그렇지만 다시 1930년에 이르면 그 생산이 갑자기 대량으로 기운 사실이 눈에 띄이는데[62] 거기에는 정치적 · 군사적 목적이 따로 있었던 것으로 보인다.

총독부는 1929년 9월에 아편생산 관리를 정식으로 경찰국에서 전매청(專賣廳)으로 귀속시킨다.[63] 그것은 엄청난 도덕적 의미를 가지는 악랄한 행정조치였다. 아편을 취체대상에서 해제시키고 노골적으로 국가가 전매한다는 것인데, 이는 재정수입이란 차원은 고사하고라도, 우리 민족의 정신과 육체를 해체시키는 전대미문의 도덕적 대량학살 이외 아무 것도 아니었다. 그 희생자는 몇 사람이 아니었다. 민

61) *The Annual Report on Reforms and Progress in Chosen*, Government-General of Chosen, 1922-1923, p. 114; 1927-1928, p. 103; 1928-1929, pp. 103-104; 1929-1930, p. 56; 1930-1932, p. 57; 1932-1933, p. 57.

62) *Thriving Chosen*, A Survey of Twenty-Five Year's Administration, Government-General of Chosen, 1935, p. 43.

63) *The Annual Report on Administration of Chosen*, 1929-1930, p. 55.

족 전체였다. 한데 총독부는 1920년의 생산량 감소에 대해서 "사업으로 진취적 처치를 다했는데도"[64] 그 감산이 불가피했다는 식으로 보고를 내고 있었다.

술과 담배를 통한 한국인의 도덕적 몰락 방조현상도 주목되었다. 교회 치리의 대목이었던 주초(酒草)는 그 소비량이 막대한 증가세를 보였다. 아홉, 열 살, 어린이들의 흡연이 눈 띄고 있다.[65]

더구나 조선총독부는 한국 전래의 법률, 곧 촌락민의 뜻에 따라 술집을 개설할 수 있게 한 전통적인 관례를 폐기하고, 아무 데나 주점을 개업할 수 있도록 한 것이다. 조선총독부의 총 세입 중 주초세의 비중 증가 추세를 보면, 그 실상이 상처 깊어가는 사회의 면모를 보여주는 듯하다.

주세 및 연초세 증가세표[66]

연도 / 세목	1917	1918	1919	1920	1921
전 세금액	18,088,790	21,713,561	22,386,706	25,185,846	23,657,378
주 세	1,135,763	1,256,794	2,616,971	3,793,130	5,191,085
연 초 세	942,255	1,762,145	4,799,262	6,274,980	2,976,028
주초 조세비율	11.49%	13.91%	33.1%	39.98%	34.52%

64) *Ibid.*, 1922-1923, p. 119.

65) H. Chung, *The Cast of Korea*, New York, Fleming H. Revell. 1920, p. 155.
W. T. Ellis, Christianity's Fiery Trial in Korea. *The Continent*, 1912. 6. 27일자, p. 897.

66) *The Annual Report on Reforms and Progress in Chosen*, Government-General of Chosen 1917-1918, p. 8; 1921-1922, pp. 49-50.

이 통계표에 의하면 그 증가 추세는 우리들의 눈을 의심하게 한다. 일제는 주초로 한국인의 도덕적 몰락을 방조하는 비문명적 정책을 자행하고 있었음이 들어난다. 3·1운동에서 교회가 사회개혁을 부르짖지 않으면 안 되었던 이유가 바로 여기 있었다.

하지만 일제는 선교사들과 약속한 개혁을 준수하지 않았다. 『*The Korean Situation*』의 서문에 친일적인 귈리크(S. L. Gulick)가 "사태 일반적으로 희망적"이라 쓴 것은 위증이었다. 그는 일본의 성실성을 믿는다고 하였지만 동기는 친일이었다. 대구에 있었던 불레어(H. E. Blair, 邦惠法 1879-1945)는 "장차 보이는 것은 더 깊고 악랄한 잔학 시책뿐"[67]이라 하면서, 개선된 것이라야 묘지법, 양조법, 연초법, 도살규칙, 역둔토(驛屯土), 한국인과 일본인의 혼인수속법 등에 불과하였다고 비난하고 있었다.[68] 일제의 진심은 다른 데 있었다.

3.3. 세계사적 문제로서의 3·1독립운동

교회는 3·1운동에서 세 가지 문제에 직면하고 있었다. 민족의 독립을 호소한 것이 정당하다는 것, 한국독립의 문제는 세계사적인 문제라는 것, 그리고 한국독립이라는 것이 기독교의 문제로 전개될 수 있다는 것, 그런 것들이었다.

우선 한국교회는 독립의 문제를 세계의 문제로 확장시켰다. 미국이나 캐나다 및 영국의 관여하는 차원 말고도,[69] 문제의 성격을 세계적인 정치문제로 부상시켰던 것이다.[70] 사실 캐나다 장로교총회는

---

67) H. E. Blair, *letter* to Dr. S. L. Gulick's Questions of Koreas Situation, n.d., (캐나다 연합교회 사료관 소장).

68) *Loc. cit.*

69) 「朝鮮に關する外國人評論」, 近藤釼一, 『齊藤總督の文化政策』 참조.

70) Outlook, General Survey, *The Christian Movement*, 1920, p. 212.

3·1운동 문제를 세계사의 문제로 보고 캐나다 의회에 중요한 안건으로 제출하고 있었다.[71]

다음 3·1운동이 인간의 기본권 문제에 심각한 관심을 불러 일으켰다는 사실이다. 1919년 6월 벌써 캐나다 장로교총회는 이러한 결의를 하고 있었다.

> 우리 총회는 일본의 경찰, 헌병, 군인들이 최근의 한국 내 정치적 혼란기에 보여준 잔인성과 포악성에 심각한 우려를 표명하고 반대하는, 강경한 문구를 쓰게 되어 유감스럽게 생각하는 바이다.
>
> 우리 총회는 한국인이 언론, 발언, 결사의 자유도 없고, 개선에 대한 진정의 권리도 없으며, 일본헌법에서 보장된 종교적 자유는 이름뿐이요 실제가 아니라는 사실을 유감으로 여긴다. 총회는 이 기회에 특히 무장하지 아니한 평화로운 한국시위자들에 대한 일본 관헌의 대응 자세, 특히 피해자, 그중에서도 아녀자에 대한 야만적인 고문방식에 강경한 반대의 의지를 전달하는 바이다.[72]

이런 일이 있고나서 한국에 있는 캐나다 선교사들이 원산(元山)에서 회집하고 다음과 같은 항의문을 당시 총독 하세가와(長谷川好道 1850-1924)에게 발송하였던 것이다.

> 우리는 인도주의의 공평한 명령에 따라 최근 한국에서 야기된 정치적 동요를 평정시키는데 일본행정당국이 사용한 불의하고 비인도적인 처사에 대하여 우리의 깊은 항의를 여기 전달하는 바이다.[73]

---

71) R. P. McKay's *letter* to Hon. N. W. Rowell, Ottawa, Ontario, 1919. 3. 28일자.

72) *Resolution adopted by the General Assembly on the Presbyterian Church in Canada*, June 1919.

73) Memorial to the Governor-General, to His Excellency Field Marshal Hasegawa the Governor-General of Chosen, *Minutes of the 21st Annual Meeting of the Council of*

그리고 일제의 잔학행위를 다 열거하고 난 다음에, 그런 모든 야만적인 처사들은 모두 인간의 기본적인 정서와 양식에 어긋나며, 문명한 나라들의 기본적인 법률과 실천에 정면으로 저촉되는 것이기 때문에, 아무리 강경하게 정죄(定罪)하더라도 지나칠 수 없다는, 그런 통보를 하였던 것이다. 같은 해 9월 29일에 재한복음주의선교협의회의 개혁 건백서(建白書)에도 글귀가 거칠었다.

> 합병 후 ... 무단정치를 실시하여 한국인에 대한 부정(不正)한 차별대우를 규정하여 한국인을 억압하고 가혹한 취급을 하여, 그 결과 마침내 한국인의 반항을 사, 금년 독립운동을 양성(釀成)하는 데 이른 것으로 보고 통절한 실망을 감출 수 없다.
>
> 일본군인, 헌병, 경찰의 잔인하고 야만적이고 부정(不正)한 행위에 대하여 선교단체는 극력 그 비행을 고발한다.[74]

이 건백서는 이 문서를 작성 중에도 가혹한 체벌과 고문 때문에 불구자가 된 사람과 부상자들이 계속 세브란스병원에 수용되는 것을 목격했다는 기록으로 끝을 맺고 있다. 시정(施政)개선을 스스로 외치고 있던 그 찰나에도 짐짓 감행한 그 악랄한 포악에는 식민통치를 개선한다는 의지가 전혀 보이지 않았다는 반박이었다.[75]

그런 판단은 장로교회 선교사들도 기지고 있었다. 1921년 7월 한국과 만주에서 일하던 장로교 선교사 백여 명은 비밀리에 평양에서 회동하고 5일간, 선교사들에 대한 일제 관헌의 비인도적 태도, 더구나 간도에서 계속 저질러지고 교회탄압과 살상을 문제 삼아, 총독부에 건의서를 발송했을 때 가졌던 판단도 바로 그런 것이었다.[76]

---

the Canadian Presbyterian Mission in Korea, 1919, pp. 54-55.

74) 聯合宗敎會議 建白書, 近藤釰一, 「萬歲騷擾事件」, I, pp. 160, 168-169.

75) J. H. Ritson's *letter* to A. E. Armstrong, 1919. 9. 15일자.

소위 일제 다이쇼 천황(大正天皇)의 조서(詔書)[77]나 동경 정부의 내각총리대신 하라(原敬)의 성명, 신임 사이토 총독의 연설, 이 모든 성명의 공통된 시정목표는 "한국인의 궁극적 동화정책"[78]이었다. 민족 말살을 통한 일제의 한국인 동화정책이었다. 런던의 〈The Daily Mail〉 특파원 맥켄지(F. A. McKenzie)는 이 동화정책이라는 것이 "착취정책과 불가분리"의 관계에 있다고 말한 것은 탁견이었다.[79] 그러나 그는 이 정책이 둘 다 반드시 실패할 것이라는 비고(備考)를 달았다.

다음은 기독교 자체의 문제이다. 교회는 3·1운동 진행 전 과정에서 신앙자유의 말살과 교회에 유달리 적의를 품고 핍박하고 괴멸시키려 한 일제의 자세를 집중 비판하여 왔다. 교회는 3·1운동을 일제 군국주의와 기독교와의 대결 구도로 이해하고 있었다. 일제의 판단과 그 후속조치가 그런 구도를 그리게 한 것이다.

이런 교회의 3·1독립운동 참여의 의의는 민족과 세계를 사실상 처음으로 연결시킨 대사건이었다. 왜냐하면 세계 제1차 대전이 끝난 다음의 새로운 세계질서의 구현을 재확인하는 사건이 한국에서 터졌기 때문이다. 그때 세계는 독일과 같은 군사정치와 군국주의 국가가 이제 종식을 고하고, 정의와 인도의 민주주의가 정착하는 새로운 세계가 눈앞에 당도한 감격으로 흥분하고 있었다.

그런데 그 세계대전에서 그렇게 전율과 공포로 겪어야 했던 독일군의 "군국적 만행," 벨지움이나 화란에서 자행된 그 용서 못할 군국 프러시아의 만행이, 신선한 세계 질서의 소망이 차고 넘치는 한국에

76) 「선교사들의 대책」, 〈동아일보〉, 1921. 7. 4일자.

77) 1919. 7. 20일자 발표, 「Administrative Reforms in Korea」, Articles reprinted from *The Seoul Press*, 1920, p. 2.

78) 朝鮮に於ける新施政, 近藤釼一, 「齊藤總督 の文化政策」, p. 87.

79) F. A. McKenzie, *Korea's Fight for Freedom*, London, Hodder & Stoughton, 1920, p. 314.

서, 일제 군경에 의해 가일층 잔학무도로 자행되고 있었다. 그렇다면 그것은 세계역사를 다시 되돌려 놓고, 세계대전의 온갖 희생과 유혈을 백지화시키는, 실로 통탄할 만한 일이 아닐 수 없었다. 그것은 고통과 희생을 치른 승전(勝戰)의 고귀한 결실을 위협하는 것이었다. 이 3·1운동은 역사의식에 민감한 한국교회에 의해서 치밀하게 그리고 체계적으로, 뚜렷한 목적을 가지고 진행된 운동이었다.

3·1운동은 이처럼 한국교회와 군국주의와의 "면전대결"이었다.[80)] 한국교회는 이 역사의 부름에 나서 그 제1선에 섰던 것이다. 우리의 희생이 있었다면 그것은 이처럼 고귀한 것이었다. 우리가 세계사의 중요한 문제를 몸으로 겪어가고 있었기 때문이다.

한국교회는 이러한 세계사의 기운을 포착하고 그것을 실험하고 실증하려고 한 역사의 무대였다. 이렇게 해서 한국교회에게 있어서 이 3·1운동 문제는 결국 세계사의 문제였다.

> 한국문제는 세계사의 문제가 되었습니다. 그런 차원에서 그것은 해결되어야 합니다. 그리고 그렇게 제대로 해결되어야 합니다.[81)]

---

80) H. H. Cynn, *op. cit.*, pp. 61.

81) Anonymous by Request, General Survey, *The Christian Movement*, 1920. p. 212.

X 사회변동과 기독교(1920-1938)

우리는 우선 이 민족이 하나님과의 바른 관계에 서게 하고, 일상생활에서 정신적 가치의 중요성을 알게 해 줄 것입니다.
그리고 우리는 개선된 농사방법과 가내(家內) 및 촌락산업의 발전과 협동정신의 우애 넘친 표현을 통해서 더 좋은 경제적 조건을 증대시켜 나갈 것입니다.

— 서울 중앙기독교청년회, 1926

계속 증대되는 경제적 불황, 식민지 민속으로서의 좌설, 선환기의 압력, 이 모든 것들이 이 민족 생활 전체에서 계속 침체와 낙담을 초래하고 있습니다. 그리고 기독교인의 소수집단이 아마 그 충격에서 제일 심한 것 같습니다.

— 미국 북장로교선교부, 1931

1. 한국의 사회 농촌변동과 경제적 시련

1.1. 3·1운동 이후의 사회 및 사조(思潮)의 변화

사상의 격동

3·1독립운동은 한국역사에서 "민족"을 체험하게 한 계기가 되었다. "이천만 동포"라든가 "삼천리반도"라든가 하는 의식, 그래서 한 "얼"[1]을 찾게 하였던 위대한 역사를 형성하였다.

하지만 아울러 그때를 경과하면서 한국은 미증유의 좌절과 시련을 혹심하게 겪기 시작하였다. 세계열강은 신흥 강대국 일본에 간섭할

---

1) C. I, McLaren, A Social Survey, *The Christian Movement*, 1924, p. 409.

의사가 없었고, 파리평화회담은 한국문제에 냉담하였으며, 미국 대통령 윌슨(W. Wilson, 1856-1924)의 민족자결원칙은 전승 연합국의 유럽 영토분할을 위한 외교적 수단이었다. 이런 것들이 우리 겨레들로서는 참기 힘든 소외와 약소(弱小)의 굴욕감을 안겨다 주었다. 교회로서도 이 3·1독립운동의 결말은 세계사의 도덕적 질서에 대한 초조한 회의(懷疑)를 품지 않을 수 없게 만들었다.

여기 겹쳐 세계대전 이후의 환멸감, 청년들의 전통에 대한 반항, 사회적·물질적 진보에 대한 광범위한 관심, 과학의 위력에 대한 환상적 신뢰, 공산주의의 팽대, 반종교적 기류, 억눌린 자들 계층에서 치솟는 혁명의식, 이런 것들이 엇섞여서 1920년에 들어선 한국사회는 실로 그 역사의 산맥(山脈)이 뚝 끊어진 단층으로 갈라진 것과 같은 시대에 들어서고 있었다.[2)]

태고(太古) 전통의 농업사회에서 산업사회로의 변화가 여기 다시 겹쳐 비록 기독교가 19세기 말에 그 운둔을 깼지만, 이제야 그 핵심적인 구조가 노출되며, 그 전 골격이 개편되어 나가는 진통을 겪기 시작한 것이다. 거기 "좌절의 심리"[3)]가 있었고, "마비력을 가진 비관주의와 자학"[4)]의 위기가 육박하고 있었다. 여기 더하여 조선총독부가 추진해 나간 물질문명 치중의 정책 때문에 전반적인 가치관의 동요가 엄습하고 있었다.

1915년에 한국에는 전국이 자동차가 5대 밖에 없었다. 한데 1929년에는 2천 대의 미제 쉬보레 자동차가 수입되어서 택시로 운행되고 있었다.[5)] 도로와 철도는 확장되고, 심지어 비행기도 중국의 다이렌

---

2) R. C. Coen, General Survey of 1920, *The Christian Movement*, 1921, p. 331.

3) *The 50th Anniversary Celebration Jubilee Papers, the Korea Mission, Presbyterian Church in the USA*, 1934, p. 196.

4) J. D. van Buskirk, *Korea, Land of the Dawn*, Toronto, Missionary Movement of the USA and Canada, 1931, pp. 71, 78.

(大連)과 일본 오사카(大阪)에 매일 취항하기 시작하였다. 아르헨틴 산 깡통 맥주가 시장에서 팔리고, 평양은 한국의 만체스터라는 이름을 들을 만큼 공장이 들어서고 있었다. 말총보자는 하꾸라이(舶來) 모자와 양복으로 바뀌고, 상투도 서서히 살아지기 시작하였다.

사회의 격동

이런 외형적 변화가 사람의 마음도 사상도 변화시키기 시작한 것이다. 인쇄물이 홍수처럼 쏟아지면서 세계의 잡다한 사상과 사조들이 격류를 이루어 침투하였다. 사회주의와 무신론, 불가지론(不可知論)과 아나키즘 그리고 에로티시즘이 뚝 터진 물결처럼 새것을 찾는 동요와 갈망의 틈을 비집고 범란하기 시작하였다. 이발관이나 상점, 그리고 버스 차장으로 사회에 진출하기 시작한 여성의 사회적 등장은 여권의 신장이란 관념에서보다는 전통 이탈의 기회이기도 하였다.[6] 가정은 동요되고, 청년은 욕구 충족과 급진적 사회개혁을 표방하였지만, 이렇다 할 욕구충족의 방편이나 기회가 당장 주어지는 것은 아니었다.[7] 활동사진관, 홍등가, 사롱, 카페와 같은 오락기관의 번성은 젊은이들의 정신적 유랑을 더욱 촉진시킬 뿐이었다.[8] 카페의 여급(女給)들은 "애 티를 갓 벗은 소녀들"이었다.[9] 총독부 전매[10]에 의한 아편과 중

---

5) *Annual Report on Administration of Chosen*, Government-General of Chosen, 1929-1930.

6) T. S. Soltau, *Korea the Hermit Nation and its Response to Christianity*, Toronto, World Dominion Press, 1932, p. 74.

7) W. J. Anderson, Work among Young People in Korea, *The Christian Movement*, 1925, p. 629.

8) H. A. Rhodes, the Challenge of the Capital, *The Christian Movement*, 1921, p. 360.

9) Survey Korea, *The International Review of Missions*, 1936, p. 17.

10) 1919년 9월부터 실시. *Annual Report on Administration*, Government-General of Chosen, 1929-1930, p. 55.

독제의 보급은 심지가 약한 기독교인들까지 유혹하고 있었다.

주류소비의 충격

여기 더하여 주류소비의 급격한 증가와 그 사회적 병폐의 문제가 있었다. 우리가 살펴본 바와 마찬가지로, 이 문제는 이미 우리 초대교회사에서 상당한 캠페인으로 그 성과가 있었던 것인데, 이제 다시 문제가 되고, 오늘날에도 그 소비가 세계에서도 첫째나 둘째간다는 현실은, 이런 사회의 문제는 교회의 지속적인 선교를 필요로 한다는 뜻이 되었다. 교회는 이처럼 역사 안에서 늘 어떤 단절이 없는 선과 악의 정량적(定量的) 현존과 그 작용이 있어서, 현실을 인식하도록 되어 있다.

1923년 일본에서만 수입된 술의 총액이 7,912,961원, 외국에서의 수입량 135,345원, 그리고 한국 자체 내에서의 생산 소비가 45,376,983원, 그래서 총 소비량은 49,347,470원이었다.[11] 한국인 1인당 12원 13전의 지출이었다. 일제는 1923년 이후의 주류관계 통계를 발표하지 않고 있었다.[12] 한데 그해 총독부의 예산이 146,007,225원이었다.[13] 비상금을 제외한 지출액이 102,080,708원이었다는 사실을 감안한다면, 1년 국가예산의 반에 해당하는, 실로 심각한 음주량이었다. 1924년 서울에서만 보더라도 한국인 및 일본인 초등학교 예산 807,964원에 음주량 1,870,327[14]원이었다면, 교육비의 2배가 넘는 돈이 술에 퍼부어지고 있었다.

---

11) Survey Korea, *The International Review of Missions*, *loc. cit.*

12) Oh Keung Sun, Prohibition of Korea, *The Christian Movement*, 1926, p. 372.

13) *Annual Report on Administration of Chosen*, Government-General of Chosen, 1922-1923, p. 37.

14) Oh Keung Sun, *op. cit.*, pp. 373-374.

> 우리의 가난과 굶주림의 원인이 어디 있습니까. 술이 그 원인입니다! 한국사회의 악과 비(非)를 대항하여 싸우는데 우리가 잊지 말아야 할 것은 우리 앞에 있는 최대의 적(敵)은 술이라는 것입니다.[15]

정치적 환멸과 경제적 시련 그리고 도덕적 퇴폐가 때의 징조였다. 하지만 이 모든 사정을 설명해 주는 근원적인 비극적 요소가 있었다. 한국농민의 핍절한 경제타격이 그것이었다.

1.2. 농민생활의 궁핍화

농민궁핍의 실상

한 교회의 기록에 이런 글이 있다. 곧 "한국 사람들 전부가 지금껏 알지 못했던 심각한 현실적 빈곤감에 시달리고 있습니다."[16]

> 오호(嗚呼)라, 우리 조선민족은 일익(一翼)을 수상(受傷)한 민족이로다. 그 일익은 경제의 익(翼)입니다. ... 조선민족은 경제의 일익이 병상(病傷)하여 날고자 하는 사상은 잇을지라도 날을 만한 실력에는 도저히 불가능의 경지에 처하얏스니 비애(悲哀)의 잔음(殘音)으로 황지(荒地)에서 포복(匍匐)할 수 밧그는 타(他)의 도리가 업스니 나하(奈何)요.[17]

이 심각한 경제적 불황은 농촌에는 직격탄이나 마찬가지였다. 1925년 84.6퍼센트에 해당하는 한국인이 농업에 종사하고 있었다. 한데 그중에서 다시 43퍼센트에 해당하는 농민이 자기 농토가 없는 소작인(小作人)이었다. 이 소작인의 운명은 한국인의 빈곤과 슬픔을 걸머

---

15) *Ibid.*, pp. 373, 374.

16) A. W. Wasson, *The Church Growth in Korea*, 1934, p. 127.

17) 주간, 소약자(小弱者)의 절규, 〈청년〉, 서울 중앙YMCA, 1923. 4월호, p. 3.

진 대속군(代贖群)이나 다름없었다.

경제적 시련이 가장 극렬하였던 1927년, 국제선교협의회(International Missionary Council)는 한국교회와 농촌문제의 심각성을 알고, 저명한 사회학자인 미국 컬럼비아대학교의 브루너(Ed. de Schweintiz Brunner) 교수를 파견하여 한국농민의 실정을 조사하게 한 일이 있었다.[18] 그리고 그 결과를 1928년 예루살렘에서 회집하는 국제선교협의회총회에 보고하게 하였던 것이다. 거기 의하면 소작인의 비율은 다음과 같았다.

농가별 변동표[19] (1915-1926)

	지 주	자작농	자작 겸 소작	소작농	계
1915	39,405	570,380	1,073,380	945,394	2,629,021
1926	103,653	524,026	892,624	1,185,674	2,706,027

1915년부터 1926년까지는 농민의 총수가 4.7퍼센트 증가되었는데, 소작인의 비율은 25퍼센트로 급증한 것이다. 전체적으로 소작인의 비율은 36퍼센트에서 43.8퍼센트로 증가하여 간 것이다. 다시 말하면 70퍼센트 이상의 농민들이 지주들과 상관하지 않을 수 없게 된 것이다. 그런데 조선총독부의 발표에 의하면 소작인의 수지(收支)는 다음과 같았다.

---

18) E. S. Brunner, *Rural Korea, A Preliminary Survey of Economic, Social and Religious Conditions*, International Missionary Council, New York, 1927, p. 104

19) *Ibid.*, p. 104.

소작농가 수지 계산표[20] (1927년)

도별 / 항목	경기	충북	충남	전북	전남	경북	경남	황해	평남	평북	강원	함남	함북	계
수 입	89	90	135	104	105	53	137	92	92	160	71	120	150	16,507,180
지 출	101	97	135	114	111	53	133	99	94	160	83	124	154	17,194,449
과부족	부족	〃	〃	〃	〃	〃	과	부족	〃	〃	〃	〃	〃	부족
차별액	−12	−7	0	−10	−6	0	+4	−7	−2	0	−12	−4	−4	687,269

* 단위: 원(圓)

소작농가 호당(戶當) 평균수입은 102원, 평균지출 106원, 그래서 빚이 매가구당 평균 4원이었다. 채무에 시달리는 운명을 벗어나기가 힘들었다. 채무문제는 농촌사태를 더욱 악화시켰다. 1930년에는 1,733,793호의 소작농 중 75퍼센트가 빚에 시달리고 있었는데, 평균 한 농가에 65원꼴이었고, 그 총액수는 1억 111만 3천 원에 달하고 있었다. 채권은 식산은행이 39.2퍼센트, 동양척식주식회사가 14.6퍼센트, 금융조합이 17.4퍼센트, 기타가 26.5퍼센트였다. 70퍼센트 이상의 채권이 일제 금융기관에 얽매어 있었다. 이들 금리는 년 15 내지 35 퍼센트의 경이적인 고율이었다.[21] 그 이자율은 실로 "파괴적"이었다.[22] 1935년에는 전 농가의 60퍼센트에 이르는 농민들이 3 내지 4부의 이자를 쓰고 있는 형편이었다.[23] 하루 1.5퍼센트의 이자를 내고 사는 가구들도 많았다.[24] 그들의 삶이 어떠했을까. 호구(糊口)나 했을까. 그야말로 "죽지 못해 살고" 있었다.

---

20) 조선총독부 식산국 통계, 1927.

21) 홍이섭, 『한국근대사』, 서울, 연세대학교 출판부, 1975, pp. 192-193.

22) W. A. Noble, The Evangelistic Situation, *The Christian Movement*, 1924, p. 261.

23) *Annual Report on Administration of Chosen*, 1935, p. 33.

24) E. Adams, Present Day Economic Problem, *The 50th Anniversary Celebration Jubilee Papers*, 1934, p. 196.

소작료 역시 "세계 최고의 고율"[25]이었다. 수확의 반 이상을 내야 했기 때문이다. 1938년 중국에서 19.7퍼센트, 일본에서 26.53퍼센트에 불과하였던 때에도 그러했다. 남한의 어떤 지역을 조사한 대구의 라이온(W. Lyon 羅義溫)은 한국소작인들은, "이론적으로는 소득의 반, 그러나 실질적으로는 66퍼센트"를 지주에게 내고, 그 나머지로 세금, 비료, 씨앗, 소 기르기, 이런 비용을 쓰고, 거기에다가 지주에 대한 상납을 절기마다 하여야 했기 때문에 소작인이 실지로 손에 쥐는 소득은 전 수확의 17퍼센트에 불과하였다는 보고를 한 일이 있다.[26] 더구나 이들은 가구당 평균 1.28정보(町步) 곧 3에이커 정도의 농토를 소작하였는데, 논은 그 반 정도에 불과하였다.[27]

우리나라 전 농가 생산량의 71퍼센트가 쌀인데, 당시 수출총액의 80퍼센트가 쌀이었다는 사실을 감안한다면, 1.5에이커 정도의 논에 매달려 17퍼센트의 수확량으로 살아가야 했던 우리 농민들의 참상에 충격과 애처로움을 금할 수 없다. 먹고 사는 데만 전 수익의 63.8퍼센트, 옷가지에 10퍼센트, 이자 내는데 12.2퍼센트, 그리고 세금, 수리, 농기구, 비료, 이런 것들을 15퍼센트 써야 했던 농민들의, 살림[28]이랄 것도 없는, 그 연명(延命)이 "비애의 잔음으로 황지를 포복"함이 아니었던가. 1926년 소작인들의 빚 총액은 어림잡아 1천4백만 원이었다.[29]

---

25) R. A. Felton, *The Rural Church in the Far East*, Studies prepared for the Tambaram Meeting of the International Missionary Conference, Calcutta, Baptist Mission Press, 1935, p. 94.

26) Survey of Village Where a Large Church is Located, *K.M.F.*, May 1927, p. 100. E. S. Brunner는 이 보고가 대구의 라이온(W. Lyon)의 조사에 의한 것이라고 인용. E. S Brunner, *op. cit.*, p. 106. 그러나 *K.M.F.*, May 1927, p. 100에는 그런 내용이 없다.

27) *With the Tenant Farmers of Far Chosen*, The Board of Foreign Missions of the Presbyterian Church in the USA, New York, 1931(?), pp. 1-2.

28) E. S. Brunner, *op. cit.*, p. 110.

한 선교사가 전라도에서 쓴 글을 그대로 여기 옮긴다.

> 한 주일은 충격 속에서 지났습니다. 인간의 존재라는 것이 우마(牛馬)처럼 짐을 진 짐승의 자리에 가 있었기 때문입니다.
>
> 뒷잔등에 어린 아이를 업고, 튼튼한 사내들이나 할 일을 이것저것 다 해내고 있는 어머니들, 교육이나 유희(遊戲)의 기회를 빼앗긴 채 제대로 입지도 먹지도 못하는 가난에 시달려 그 오랜 시간을 단조롭고 힘겨운 나날들을 보내고 있는 어린아이들,
>
> 나는 이런 모습들에 익숙해지노라 여러 주일을 보내야 했습니다.[30]

그래 교회는 이런 농민의 참상 속에서도 짐짓 눈 감고 있는 양반들 지주들을 향해서 "반동"[31]이라 부르는데 서슴치 않았다. 농민의 현상이 바로 한국인 전체의 현상을 상징하고 있는데도[32], 그 동족과의 공감과 연대가 되어 있지 않는 계층이었기 때문이다. 쌀은 일본에 수출하고, 보리가 모자라 콩을 만주에서 수입해다가[33] 끼니를 잇던 궁핍과 몰락의 겨레들이 반세기 전에 이 땅에서 살았다.

하지만 심각한 문제가 하나 또 있었다. 우리의 땅이 계속 일본인의 손에 넘어가고 있었다. 전라도에서는 75퍼센트의 땅이 1925년 이미 일본인 소유로 바뀌어 졌고 익산(益山)에서는 66퍼센트가 일본인 소유로 넘어갔다.[34] 1910년대의 한 조사는 일본인 농사 종사자 38,272인이 615,000정보의 토지를 소유하였던 데 비해서, 한국인 농업인구

---

29) *Annual Report of B.F.B.S.*, 1927, p. 255.

30) Yangbans are Reactionary, *R.F.M.P.*, 1931, p. 82.

31) *Loc. cit.*

32) 신흥우, 「물적(物的) 생활과 우리의 요구」, 〈청년〉, 1936. 10월호, p. 5.

33) *Annual Report of B.F.B.S.*, 1927, p. 254.

34) R. A. Hardie, The Land Problem, *The Christian Movement*, 1926, p. 367. Cf. J. E. Preston, Southern Presbyterian Mission, *The Christian Movement*, 1925, p. 513.

14,343,262명이 3,710,204정보를 확보하고 있은 데 불과하였다.[35] 그런데 일본인 토지 소유는 1924년에 민유과세지(民有課稅地)와 저당으로 회수 불가능한 한국인의 토지를 합쳐서 도합 1백만 정보를 차지하고 있었고, 따라서 1944년까지는 한국인 토지 전부가 일본인 소유로 돌아갈 것이라는 전망이 보이고 있었다.

> 정치적인 독립의 상실은 커다란 문제입니다. 하지만 이들의 자원을 관할하고 경영하는 경제의 기능을 빼앗긴 사실과 견준다면, 그것은 사소한 일같이 보이기도 합니다.
>
> 지금 조선에 들리는 소리는 하나입니다. 농업기능성의 피탈(被奪)이 얼마나 심각한 문제요 따라서 그 문제의 해결 없이 민족으로서의 존속이 곤란하다는 긴박한 호소입니다. 그러나 행동 없이 비탄만하고 있다면 조선의 장래는 실로 암담할 뿐입니다.[36]

"반영구적인 기아상태와 전 민족적이 빈한상태"[37]가 엄습한 것은 1930년 초반의 일이다.[38] 실상 1930년에는 우리 농민 6백만여 명이 절량(絶糧)상태에 놓여 있었고, 다음해 1931년에는 자작 겸 소작농 합해서 2,325,702호(戶), 1천2백만 명이 고율의 소작료와 기아에 시달리고 있었는데,[39] 이는 전 인구의 반에 육박하는 엄청난 수였다. 먹는 것이 문제였다. "사생(死生)이 걸린 가난"[40]이었다.

---

35) 김경재, 「조선 농가의 운명」, 〈개벽(開闢)〉, 1926. 5월호, p. 61. Cf. Chosen Mission, *R.F.M.P.*, 1927, p. 92.

36) 조선의 토지와 조선인, 사설, 〈동아일보〉, 1926. 3. 24일자.

37) 우리에게 밥을 다오, 사설, 〈동아일보〉, 1932. 4. 24일자.

38) 그러나 선교사들은 1925년에 이미 그 사인을 보고 있었다. Chosen Mission, *R.F.M.P.*, 1925, p. 128. "Semi-famine condition in Chosen."

39) 홍이섭, 『한국근대사』, p. 191.

40) H. B. Blair, The Struggle of the Korean Christians, *The Missionary Review of the World*, *July* 1931, p. 489.

초근 송피(松皮)로 연명, 산림주(山林主)와 매일 분쟁, 풀뿌리와 솔나무 겁질로서 먹고 사는데, 솔나무 주인은 그것까지 못 벗기게 막아, 서천의 참상.[41]

초근목피도 업시 11호(戶)가 사경(死境), 3일간이나 굶어, 안악 복사포의 참상[42]

초근목피(草根木皮)로 연명자 논산 부근 5만여 명[43]

인적(人跡) 희소한 령상(嶺上) 적설(積雪) 중 13 생령(生靈) 너머가는 집에 굶고 누운 것을 행인이 발견 구조.[44]

가마니 팔러 온 농민 영양부족으로 급사, 종일 아무것도 못 먹고 있다가, 처절한 농촌상.[45]

맥령(麥嶺 보리고개)에 시달리는 농촌, 병들고 노동 못해 결국, 노상아사(餓死), 노동하며 그날그날 살다가.[46]

삼태 해산한 산모 열흘 굶고 죽어, 목석도 눈물 흘린 이 참극, 남은 세 목숨은 어쩌나. 신창 신삼리.[47]

〈조선일보〉나 〈동아일보〉에는 이런 기사가 날마다 메워지고 있다. 지금부터 70년 전의 일이다.

---

41) 〈동아일보〉, 1929. 6. 6일자.
42) *Ibid.*, 1930. 2. 25일자.
43) *Ibid.*, 1930. 3. 30일자.
44) *Ibid.*, 1931. 1. 25일자.
45) *Ibid.*, 1931. 4. 26일자.
46) *Ibid.*, 1931. 6. 3일자.
47) *Ibid.*, 1933. 6. 5일자.

기아와 궁핍, 빚과 고율의 소작료에 억눌리던 농민들에게는 농촌을 떠나는 길밖에는 남아 있는 것이 없었다. 만주로 일본으로 떠나갔다. 그러나 이렇게 밀려간 한국농민들이 살아갈 길이 거기에 기다리고 있는 것은 아니었다. 1925년의 총독부 통계에 따르면 이농(離農)인구의 2.88퍼센트가 만주와 시베리아에, 16.85퍼센트가 일본으로 흘러갔다.[48] 사고무친의 땅으로 하늘만 바라보고 흘러간 것이다. 오래전에 이들 이주행렬을 바라본 선교사 쿡(W. T. Cook, 鞠裕致 1878-1952)이 이런 글을 남기고 있었다.

> 만주를 찾아 밀려가는 한국 실향 이주민들의 참담한 모습은 이를 목격한 사람의 말을 가지고도 그 표현이 쉽지 아니합니다. 엄동한설 영하 40도를 오르내리는 추위 속에서, 누더기 옷을 입은 말없는 사람들의 한 떼가 열 혹은 스물, 혹은 쉰씩 호구지책을 찾아, 눈 덮인 산언덕을 허무러지듯 밀려갑니다. 만주의 나무 많고 돌 많은, 내버려진 땅, 그런 데가 아니고야 갈 곳이 없어, 거기를 찾아 죽음을 걸고 한발 두발 내딛고 있습니다. 여럿이 그 어간 가는 길에서 먹지를 못해 죽어갔습니다. 부녀 어린아이들만이 아니라, 장정들도 그렇게 죽어 갔습니다. 여자들은 제대로 옷을 못 입어 허리께가 퍼렇게 들어 났는데, 등에는 어린이를 업고 있었습니다. 그 어린애기들은 버선 없는 맨 발목이 파랗게 노출되어 얼어 있었습니다.
>
> 이렇게 노인이나 부녀자들은 허리가 굽어, 보기에도 가엾은데, 그렇게 몇 백리를 아무 말도 없이 무너지듯 걸어갔습니다. 다리가 휘청해져서 더 이상 한 발자욱도 내딛을 수 없을 때가지, 그렇게들 걸어갔습니다.[49]

그랬다. 우리의 현실이 암흑하고 막혀 있었다. 땅을 쳐도 누구 하

---

48) H. B, Blair, *op. cit.*, pp. 194-195.

49) W. T. Cook, *R.F.M.P.*, F. A. McKenzie, *Korea's Fight for Freedom*, New York, Fleming H. Revell, 1920, pp. 202-203에서.

나 기웃하는 이 없는 것 같았다.

한국기독교의 계시록

그렇지만 그러고 있을 수만은 없었다. 이런 참화를 전환시켜 여명으로 바꾸는 거대한 움직임 있어야 했다. 기독교가 있고서는 더구나 그렇게 주저앉을 수만은 없었다. 이 곤궁과 시련에서 교회가 그 전력(全力)을 쏟을 그럴 힘과 미래가 있다고 본 것이다. 대개 기독교인은 1920년대 인구의 2퍼센트에 그치고 있었다. 수적으로는 미미하기 짝이 없었다.

1930년 우리 교회는 찬송가를 하나 지어 불렀다.

> 주여 나의 병든 몸을 지금 고쳐주소서
> 모든 병을 고쳐주마 주 약속하셨네
> 내가 지금 굳게 믿고 주님 앞에 구하오니
> 주여 크신 권능으로 곧 고쳐주소서[50]

찬송가에 "지금"이라든가 "곧"이란 말은 다른 데에서는 찾아보기 힘든 말이다. 얼마나 다급하였던가. 이 가난과 아픔의 병을 지금 고쳐주소서.

그러고 1931년 우리 교회는 힘이 넘치는 찬송가를 만들어 불렀다.

> 아침 해가 돋을 때 만물 신선하여라
> 나도 세상 지날 때에 햇빛되게 하소서
> 주여 나를 도우사 세월 허송 않고서
> 어둔 세상 지날 때 햇빛되게 하소서[51]

---

50) 찬송가 제528장.

51) *Ibid.*, 제358.

바로 그때 우리 교회는 아침 해가 돋든 것을 본 것이다. 그 비탄을 몰아낼 아침 해를 본 것이다. 그리고 어둔 세상 지날 때 우리 교회도 햇빛일세라 소리 높여 찬송을 부른 것이다.

> 그들(기독교인)은 고도의 도덕적 기개를 인정받고 있었습니다. 정신적으로 그들은 한국에서 가장 거대한 영향력을 가진 집단입니다. 다들 인정하는 것이 있었습니다. 총독부의 관리들 말고는, 한국에 기독교인 남자와 여자처럼 유능하고 활동적이며 목적이 뚜렷한, 그런 그룹은 찾아보기 힘들다는, 그런 사실입니다.
> 이들이 한국인들에게 진취적 기상을 심어주고, 일을 할 수 있다는 자신감을 심어주고 있는 것입니다.[52]

역사의 새 기운에 따라 일을 착수한 것이 기독교인들이었다. 새 시대를 개척해 나가야 했다. 교회는 새 시대를 주도할 수 있었다. 한국인이 선교사들에게서 얻은 새로운 가치와 생명은 세 가지였다.

> 기독교(基督教), 민주주의(民主主義), 자유(自由).[53]

이 새로운 가치와 생명은 신고(辛苦)에 굴복하지 않게 하고, 속에 가진 힘을 나라와 겨레를 위해 발휘하게 하며, 동고동행(同苦同行)의 길을 가게 하였던 것이다. 책임감을 주었던 것이다.

교회는 거보를 내딛기 시작하였다. 일을 작으나마 시작해야 했다. 교회안의 남녀석을 갈라놓던 휘장을 없이하였다.[54] 교인들의 상투도

---

52) E. A. McCully & E. J. O. Fraser, *Our Shares in Korea*, Board of Foreign Missions of United the United Church of Canada, 1930, pp. 54, 59

53) A. J. Grajdanzev, *Modern Korea*, New York, Institute of Pacific Relations, 1944, p. 266.

54) 전북노회 상황보고, 조선예수교장로회총회, 제9회 『회록』(1920), p. 94. Cf. *R.F.M.P.*,

사실상 이때부터 자연스럽게 상등머리로 바뀌지기 시작하고, 여자들은 쪽머리로 바꾸고 있었다.[55] 끓어 앉던 예배당의 마루바닥에는 의자가 들어 앉았다.[56] 새로운 공기가 감돌고 있는, 어떤 태동, 그 증상이 보이고 있었다. 〈동아일보〉가 그것을 보고 있었다.

> 창천에 태양이 빛나고 대지에 청풍이 불도다. 산정수류(山靜水流)하며 초목 창무(昌茂)하며 백화 난발(爛發)하여 연비어약(鳶飛魚躍)[57]하니 만물 사이에 생명과 광명이 충만하도다.
>
> 오인(吾人)은 신시대가 임의 왔다고 아니하노라. 신세계가 벌써 발전되었다 아니하노라. 오직 흑암 중으로서 쟁투로써 해산(解産)의 고(苦)를 가지고 웅웅(雄雄)한 신문명의 파도와 명명(明明)한 신시대의 서광이 멀리 수평선상에 보이도다 하노라.
>
> 보이도다. 보라. 기천만의 남녀민중이 그를 향하여 노력함을.[58]

이것은 김인서(金麟瑞 1894-1964)가 1930년대 만주를 찾았을 때 거기서 우리 백의의 겨레들을 보고 만주의 미래를 꿈꾼 것과 맥이 통하고 있었다. 그가 차창을 통해 논머리에 흰옷 입은 동포들을 보았을 때, 거기 옛 고구려의 사나이들이 수당(隋唐) 대군 파하기를 몇 번하던 그 과거가 그 눈을 흐리게 하였던 것이다.

> 옆에다 대륙을 두고 압록강 이내에서 큰 숨을 쉬어보지 못한 근고(近

1921, p. 107.

55) 여자 쪽머리는 김익두 부흥회에서 여자들이 머리 금은(金銀) 비녀를 헌금으로 내놓으면서 자연히 유행.

56) J. N. Mills, The Cause of Changes in Korea, *The Missionary Review of the World*, February 1922, p. 116.

57) 솔개는 하늘에 날고 고기는 물속에서 휘젓고 다닌다.

58) 사설, 〈동아일보〉, 1920. 4. 1일자.

古) 천년에 조선에 사나이들이 살았던가![59]

그런데 그때 그는 만주 수전(水田)의 99퍼센트가 한국인 소작인의 것이라는 소식을 듣는다. 그리고는 논머리에 흰옷 입은 사람이 보이면 가슴이 메어지는 것 같았다.

울어야 가하다. 울어야 가하다. 만주 땅바닥을 두드리면서 울어야 가하다.[60]

거기 흘러간 동포들의 참상과 그 처지는 견줄 데가 없었다. "아아! 조선사람아! 예수를 믿자."[61] 그러면서 그는 기도하였다. 만주 땅을 예수의 이름으로 빛나는 낙원으로 만들어 주시기를 기도하였다.

흰옷을 입고 마음에 예수의 의를 품으면 천하 하처(何處)에 살지 못하리오.

(조선)사람들아! 두발 세울 땅이 없다고 낙망하지 말라. 손에 검(劍)이 없다고 떨지 말라. 오직 대의(大義)를 장(杖)하여 대지에 입(立)할거나![62]

호미만 들고 압록강을 건너 만주 땅을 밟은 한국인에 의해서, 만주가 예수도(道)로 터 놓여지는 푸른 환상이 시야에 환하게 잡혀오고 있었다. 그리고는 외쳤다. "만주는 조선인의 운명을 결정하는 대 사업입니다."[63]

---

59) 김인서, 「만주소감」, 〈신앙생활〉, 1935. 11월호.

60) 『김인서저작전집』, V, 서울, 교문사, 1976, p. 218. (1935년 8월에 한 말)

61) 「다시 만주전도에 대하여」, *ibid.*, II, pp. 59, 60, 61. (1932년 11월에 한 말)

62) 『김인서저작전집』, V, 서울, 교문사, 1976, p. 218. (1935년 8월에 한 말)

63) *Ibid.*, V, p. 221.

우리 한국교회에게는 만주가 실향과 절망의 유민(流民)들이 쫓겨난 거친 황무지가 아니었다. 우리 미래를 보증하는 약속의 땅이었다. 그렇게 보았다. 그는 신앙이나 시사에 관한 글을 많이 남겨 그에 버금할 만한 교회인이 없을 정도로 많은 자료를 뒤에 남기고 갔다. 다 명문이었다. 하지만 만주전도에 대해서 말할 때 그의 글은 불꽃이 튀는 것 같았다.

> 천년 전 만주에 조선사람을 살게 하시던 하나님이 천년 후 만주의 조선사람을 보호하시리니, 비족(匪族)의 칼날을 두려워말고 노인(露人)의 대포소리에 놀라지 말라.
>
> 하나님이 지으신 땅 백두산 남쪽 3천리 근역(槿域)과 백두산 북쪽 만리 강토(疆土)는 우리가 밭갈이할 땅이요, 유불(儒佛)의 동방 아세아 대륙은 우리 복음의 전장이니 호미와 성경을 들고 세계에 진출하자.[64]

한국교회는 "인구 북이(北移)의 대세(大勢)"라든가, 강 건너간 동포의 수난, 여기에서 어떤 역사의 경륜을 보았던 것이다.[65] 그래 한국교회는 북천(北天)을 향해 기도의 높은 손을 들지 않을 수 없었다.

2. 사회 · 공산주의의 침투

2.1. 그 침투경로

공산주의의 국내 침투는 대개 1920년경이라 하지만, 문제가 될만한 적극성을 띄고 퍼지기 시작한 것은 1922년 블라디보스토크가 소

64) *Ibid.*, II, p. 220.

65) *Ibid.*, II, p. 60.

비에트 노농정부(勞農政府)의 적군(赤軍)에 의해서 점령되고 나서부터의 일이다.[66] 더구나 일본제국정부가 소련을 승인하고 나서는 만주나 시베리아 및 일본에 있던 한인 공산주의자들이 국내에 귀국하면서 대대적인 활동을 벌이고 기왕의 국내조직과 연결하면서[67] 반기독교운동에 나섰을 때 그 절정에 이르렀다고 할 수 있다.

공산주의 사상의 국내침투는 3·1운동 이후의 정치적 불안과 경제적 시련 및 농촌의 피폐에 기인한 전국적인 좌절감과 비탄이 그 경로가 되어 있었다. "곤궁의 시대", "피치자의 비참", 이런 정서가 민족 전체의 우울하고 처량한 심정 막바지에 밀려, 어떤 탈출구를 찾고자 하는 손길을 뻗게 되었던 것이다. 그리고 그것은 아주 현실적인 목전의 변화와 미래를 약속하는 메시지가 아니면 안 되었다. 그 물결은 특히 청년학생들 사이를 격류처럼 휩쓸고 갔다.

이들 공산주의자들이나 볼세비키주의자들이 반(反)기독교 기치를 들었을 때 교회는 처음 당황하였다. 식민통치 하의 이데올로기나 투쟁 목표가 통치주체인 일제(日帝)를 빗겨간 것에 우선 황당한 느낌이었다. 일제라는 직접 목표보다는 자본가, 부르주아, 미제, 그리고 기독교가 타도 대상이었다. 정치적으로는 일제식민통치 때문에 경제적으로 계속 빈핍화 과정에 몰리던 한국인들이, 민족해방의 현실적인 메시지에 당장 끌릴 확률은 전례 없이 높았다. 빈부의 차이가 극심하고 소작농의 시련이 가장 혹독하였던 남한 특히 호남에서의 파급은 실로 현상적이었다.

한데 이런 불평과 불만은 공산주의 이데올로기의 표현에 그 구조

---

66) W. Scott, *Biographical Sketch of*, n.d., n.p., p. 116. Cf. *Annual Report on Administration of Chosen*, 1934-1935, p. 178.

67) 국내 공산당 운동의 계보 및 반기독교활동 계보 등에 관하여서는 『민족문화사대계』, 고려대학교 민족문화연구소, 1964, pp. 750ff 참조.

가 딱 들어맞고 있었다. 그것은 위기였다.[68] 북장로교 선교부는 당시의 사상적 위기를 포괄적으로 이렇게 진단하고 있었다.

> 지금 이데올로기의 격류가 홍수처럼, 일본이나 중국, 그리고 소비에트에서 직접 밀려들어오고 있습니다. 공립 사립학교의 교과서는 일체 국정화(國定化)되었고, 그 세계관은 근본적으로 반기독교적입니다. 여기 더하여 증대되어 가고 있는 채무계층들 사이에 특별히 공산주의와 볼셰비즘이 폭넓게 침투하고 있습니다. 청년사회주의 동맹이라든가 무신론자동맹과 같은 당체에서는 교회에서 이탈해 나간 청년들이 지도력을 발휘하고 있는 실정입니다.
>
> 교회기관에서의 민족주의적 감정 역시 예민하게 도사리고 있습니다. 선교사들의 조심성 없는 언행은 당장 비판과 야유의 대상이 됩니다. 지난날의 소박한 신앙이 사라졌다고 비탄해할지 모르지만, 사태는 어쩔 수 없이 여기에 도달하고 있는 것입니다. 문은 열렸고, 세계 어디나 있는 사조의 격랑(激浪)이 파도처럼 밀어닥치고 있습니다. 한국교회는 그 마음을 개방하고 진실한 것은 어디서든 취하고, 진리로써 오류와 불의에 도전해야 합니다.[69]

젊은이들이라면 다소라도 "붉은" 사상에 물들지 아니한 자 없었고, "위험사상의 소유자"가 아닌 이들이 없을 정도였다.[70] 전국이 그렇게 웅성거리고 있었다. 국내 거대 언론들도 동조의 기색이 완연하였다.

그런데 이런 사상의 전국적 전파는, 한 조사보고에 따르면, 자생적인 것은 다만 30퍼센트에 불과하고, 60퍼센트가 일본을 경유한 잠입, 10퍼센트가 소비에트를 경유한 수입이었다.[71] 이데올로기의 수입성이

---

68) J. S. Ryang, The Aims of Methodist Union, *K.M.F.*, July 1927, p. 152.

69) Chosen Mission, *R.F.M.P.*, 1927, pp. 96-97.

70) R. H. Baird, Present Day Religious Problems, *The 50th Anniversary Celebration Jubilee Papers*, 1934, p. 138.

당장 핵심적으로 거론되지 않을 수 없었다. 우리 한국은 극동의 반도(半島)로서 세계사상의 왕래가 거쳐 가는 통로였음이 확실하다. 하지만 정치는 일본인의 손에 장악되어 있었고, 토지는 일제 대지주들에서 점차로 피탈(被奪)되며, 대소(大小)사업이 다 일제상인들에게 몰려 명맥 유지도 못한 상태에서 생각은 점점 공산주의에로 경도(傾倒)되지 않을 수 없었다. 폭력과 현실적 해방의 구호가 당기는 힘은 의외로 컸다.

기독교의 공산주의 인식도(認識度)

기독교는 여기 어떻게 대결하였던가. 처음 단계에서 교회는 이 공산주의에 대한 이해나 판단에서 너무나 순진하고 소박하였다는 인상이다. 공산주의의 실체를 알기 전에는 언제나 어디서나 있는 현상이다. 묘하게도 공산주의의 국내침투 루트는 경찰의 검열에서 제외된 선교사들의 국제우편물 탁송의 형식을 취하여 이루어졌다.[72] 그래서 그 파급 현황을 가장 예민하게 파악하고 있었던 것이 교회였다. 그만큼 그 무신론적 세계관과 그 무자비한 투쟁 전술을 조심했어야 했다. 하지만 한국에서의 공산주의 문제는 철학적인 사상의 문제가 아니고, 민족의 노예상태에서의 해방이라는 아주 현실적인 목전의 강렬한 목표가 있었기 때문에 교리적 갈등의 문제는 아직은 관심 밖이었다.

공산주의자들은 민족주의의 승리는 결국 더 많은 실의와 고통을 무산대중에게 준다는 이론을 고수하였다.[73] 그리고 민족의 정치적 해방이 아닌 사회적 해방이라야 완전한 자유가 주어진다는 이론을 분명

71) W. E. Kerr, Current Non-Christian Literature, *The Christian Movement*, 1924, p. 402.

72) Suh Dae Suk, *The Communist Movement 1918-1948*, Princeton University Press, 1967, p. 66.

73) *Ibid.*, p. 28.

히 하였다.[74] 공산주의자들은 계속해서 기독교는 자본주의의 미국과 연결되어 있으며, 부르주아 상류층과 연계되어 있어서 불쌍한 하류층에는 희망을 주지 못한다고 외치고 있었다.[75] 그리고는 성서를 비과학적이라 하여 막바로 비판하기 시작하였다. 성서는 낡아빠진 먼 옛날의 책이고, 비도덕적이며, 일관성이 전혀 없고, 성서 안에도 모순이 가득하고, 과학과는 병행할 수 없는 황당한 설화들뿐이라는, 그런 비판이었다.[76]

처음 기독교인들이 이 공산주의에 보인 관심은 결국 민족의 독립을 성취할 새로운 에너지로 간주하였기 때문에 열렬하였다.

새문안교회 장로로 언더우드의 영향을 많이 받았던 김규식(金奎植 1881-1950)은 1922년 소련 페트로그라드에서 개최된 "극동피압박민족 제1차 대회"에 여운형(呂運亨 1885-1947)과 함께 "조선기독교도연맹" 대표자격으로 참석하고 있었다.[77] 이데올로기의 동질성은 거기 없었다. 그들은 결국 실망하고 돌아왔다.[78] 다른 한 경우는 전도사였던 이동휘(李東輝 1873-1928)가 1918년 6월 25일에 하바롭스크에서 "조선사회당"이라는, 한국 최초의 공산당 조직을 하였을 때이다.[79]

국내에서도 처음 시기에는 미온 아니면 막연한 낭만적 친근이 유치(幼稚)로 한때 풍미(風靡)하였다. 김진헌(金鎭憲)의 공산주의 개념은 사회의식 정도의 것이었고,[80] "기독교사상과 사회주의의 상동(相

---

74) Suh Dae Suk, *Documents of Korean Communism 1918-1948*, Princeton University Press, 1967, p. 56.

75) J. D. van Buskirk, *Korea, Land of the Dawn*, pp. 147-158

76) *Loc. cit.*

77) *Ibid.*, p. 18

78) *Loc. cit.*

79) Suh Dae Suk, *Documents of Korean Communism 1918-1948*, p. 8.

80) 김진헌, 「시대의 진보와 교회의 각오」, 〈청년〉, 1922. 3월호, p. 17.

同)"이라는 YMCA 간행 〈청년〉의 글은 그 논조가 처음부터 환상적이었다.[81] "세계적 혁명을 목적한 레닌 그 사람도 필연 예수의 주의를 표준삼지 않으면 자기의 숭고하다고 하는 사회주의가 성공하기가 어려울 것이외다"[82]라고 말한 유경상(劉敬相)의 글은 사회주의와 사회개선주의를 혼돈한 것이고, 그래서 결국 예수를 "사회주의의 주동인물"[83]이란 말까지 하고 만다.[84]

〈기독신보〉도 한국교회 유수의 언론인데도 공산주의에 대한 환상은 너무 소박하였다. "만일 진정한 사회주의자가 있으면 비록 기독교인이 아니더라도 나는 그를 기독인과 동일하게 간주(看做)하겠다. 저는 그 주의를 확실히 알고 실행하는 자이다."[85] 저들 자신이 공산주의자가 아니고서야 어떻게 이런 말을 입 밖에 낼 수 있었을까. 사회주의자와 기독교인은 같은 말이고, 사회주의자는 기독교의 진리를 가장 잘 실천하는 자라는 단언이 아니던가.

우리는 여기에서 한국교회의 공산 사회주의 인식도의 미천(微淺)을 주목하지 않을 수 없다.[86] 선교사들이 사태의 심각성에 충격을 받고 있었던 것과는 현격한 차이가 있었다. 공산·사회주의가 반선교사 비판에 칼날을 세울 때, 교회가 거기 결연하게 기독교의 한 권속으로 같은 전선(戰線)에 서서 대결하였던가 하는 질문은 계속 풀어야 할

---

81) 이대위, 「사회주의와 기독교」, 〈청년〉, 1923. 5월호, p. 9. 이 이외에도 이대위는 「민중화할 금일의 합작운동의 실현」, *ibid.*, 1924. 4월호; 「사회혁명의 예수」 *ibid.*, 1928. 6월호에서 「사회주의와 기독교는 동류」라는 글을 편다.

82) 유경상, 「사회주의자 예수」, 〈청년〉, 1923.7-8월호, p. 32.

83) *Ibid.*, p. 36.

84) 〈청년〉지에는 이 밖에도 강명석의 「칼 맑스의 경제사상」, (1928. 6월호)와 같은 논문들을 여럿 싣는다.

85) 기독교와 사회, 사설, 〈기독신보〉, 1924. 10. 15일자.

86) 가령 〈기독신보〉는 1924. 4. 30일자에 노농대회 개최 민중대회, 청년총동맹 창립 등의 기사를 크게 취재하고 있었다.

문제로 남아 있다. 일부 소위 진보적인 기독교인들은 여기 부화뇌동(附和雷同)하여 반선교사의 시위를 하기도 하였기 때문이다.

기독교회 안의 일부 동요

한데 중요한 것은 이 격랑의 시대를 거쳐 가면서 기독교 역시 지난날의 소박한 신앙을 잃어가고 있다는 현상이 가슴 아프게 감지되었다. 이제 교회가 어떤 형태든 그것이 제2기를 맞이하고 있다는 사실은 다들 시인하고 있었다. 그리고 그 현상이 그 내적 생명력의 경화, 아니면 어떤 조직이나 교리의 외형적 강화나 교육을 통한 신앙보존의 구조를 가지게 되었다는 것 역시 다들 시인하고 있었다. 선교사들도 그들 행동과 정책에서 "재조정의 필요성"[87]을 강하게 느끼고 있을 정도였다.

여기 김인서(金麟瑞)가 1933년에 쓴 글을 장황하지만 옮긴다. 그는 시대를 분별하고 그 징조를 판독하는 안목으로 한국교회를 이끌어 온 예언자였다.

> 기미(己未)이후의 한국교회를 봅시다.
>
> 교회건설의 선배들은 물러나고 신진 교역자들이 양장(洋裝)하고 나서는 때였습니다. 그리하여 영(靈)보다는 지식을 위주하고, 신앙보다 사업을 떠들었습니다. 교회야 어찌되든지 교인을 끌고 정치운동도 해야 하고, 교회를 이용하여 무슨 사업도 하여 보는 때입니다.
>
> 표면으로는 주일학교야(也)와 청년회 운동야(也)가 전성하던 것이어서 실없는 동화에 중독된 아이들이 예배당 한구석에서 법석을 치고, 부박(浮薄)한 사조에 취한 청년남녀들이 교회 한 모퉁이에서 제멋대로 놀던 때입니다.
>
> 기관을 조직하고 헌장(憲章)을 제정하여 적재적소에 임(任)함에 조직

87) General Survey of 1920, *The Christian Movement*, 1921, p. 332.

이 정연하고 법도(法度) 창연하다 할지 모르지만, 원활한 전진이 보이지 아니하는 것을 보아, 두렵건대 아이전쟁에 패배하는 여호수아의 군대와 같이 내부(內部)에 무슨 고장이 잠재한 것이나 아닌가 하는 생각이 듭니다.

외측의 조직과 법제가 필요한 것은 말할 것도 없거니와, 내측(內側)의 동력이 없어서는 아니 됩니다. 궤도와 차량의 모든 설비가 있다 할지라도 전기가 통하지 못하면 전차(電車)는 움직이지 못하는 것입니다. 사지백체(四肢百體)와 오장육부(五臟六腑)의 조직이 완전한 인체라고 할지라도 생명이 없으면 썩어진 시체입니다.

교회 비록 외측의 조직이 완비하다 할지라도 내용에 고장이 생겼는지라 부패의 추효(醜酵)가 비롯하고, 부패가 비롯하는지라 여기 여기서 추잡한 일이 들어나며, 교인에게 영적 윤택이 없는지라, 쌀쌀한 경위와 뻔뻔한 교권이 맞닿는대로 이 교회 저 교회에서 싸움 소리가 높아졌습니다. 이것이 만근(輓近) 10여 년 동안 추문과 분쟁으로 기록되는 불명예의 교회사였습니다.[88]

내적 영력과 생명력의 상실, 신식 목사들, 사업주도 동기의 목회, 조직의 완벽, 이런 것들이 아프게 지적되고 있었다.

2.2. 반기독교운동

공산주의의 기독교 박해

하지만 중요한 것은 공산주의나 사회주의가 처음부터 반제(反帝), 반자본주의운동과 함께 반기독교의 공세자세를 굳혀왔다는 사실이다.[89] 1920년 이동휘 계의 공산주의 이론가 박진순(朴鎭淳)은 제2차

88) 김인서, 「조선교회의 새 동향」, 〈신앙생활〉, 1933. 3월호, pp. 4-5.

89) 가령 서울청년대당 대회의 반종교운동, 신흥청년동맹의 반종교활동의 강령(綱領) 선언, 그리고 안동(安東), 함흥, 홍원(洪原)에서 일어난 직접적인 전도활동 방해 등이 벌

콤민테른 회의에서 "기독교 강세의 조선을 공산주의 혁명 성취의 오아시스로 바꾼다"[90]는 연설을 자신 있게 하고 있었다. 대담하고 무서운 말이었다. 우리는 최근 이슬람이 기독교국 한국을 이슬람화시키는 세계 최초의 나라로 목표를 정하였다는 소식을 듣고 있다. 똑 같은 논조인데, 한국이 그렇게 갑자기 기독교로 전향한, 그런 특수한 종교성을 가진 나라여서 종교적 공략이 전략상 이미 실험된 나라기 때문에, 그런 목표 성취가 가능하다는 결론을 내리고 있다고 한다.

어쨌든 공산주의자들은 시베리아 쪽에 가까운 북한지방에서 벌써 교회당을 불태우고 교직자들을 구타하고 심지어 살상까지 하고 있었다.[91] 만주에서는 감리교 목사가 일제 관헌과 연락한 일이 있다고 하면서 그 생명을 위협하고 있었다.[92]

하지만 공산주의 반기독교운동이 국내에서 표면화한 것은 그들 조직적 활동이 민족주의자들에게서 이니시아티브를 확보해냈다고 판단한 1925년부터, 다시 말하면, "조선청년총동맹"[93]의 사회주의화를 기해서(1925. 6. 10)부터였다. 그해 9월 만주의 찌린(吉林省)에서 동아기독교(東亞基督教 - 浸禮教) 파송의 윤학영(尹學榮), 김이주(金二柱), 박문기(朴文基)등이 공산당원에게 순교하였던 것이다.[94]

그런데 그해 1925년 10월 22일에는 경복궁과 YMCA에서 전국주일학교 제2차 대회가 열렸을 때, 바로 그 앞거리에서 한양청년동맹

써 나타나고 있었다.

90) Suh Dae Suk, *The Communist Movement 1918-1948*, p. 28.

91) R. H. Baird, Present Day Religious Problems, *The 50th Anniversary Celebration Jubilee Papers*, 1934, p. 138.

92) W. A. Noble, The Evangelic Situation, *The Christian Movement*, 1924, p. 364.

93) 서울 중앙 YMCA에서 참가단체 223, 대표 170명 참석으로 1924년 4월 21일 조직. 〈기독신보〉, 1924. 4. 30일자.

94) 김용해, 『대한기독교침례회사』, 서울, 대한기독교침례회, 1964, pp. 43-44.

(漢陽青年同盟)이 주최한 과격한 반기독교대회가 소란을 피웠던 것이다.[95] 이 주일학교대회는 정인과(鄭仁果 1890-1972) 전국주일학교연합회의 부총무 직을 맡고 있으면서 그 대회 간사부장으로 준비하고 진행한 대규모의 초교파적 교회행사였다.[96] 〈기독신보〉는 거기 대한 특집 기사를 그해 8월부터 매호 대서특필할 정도였다.[97] 여기 대한 공산주의자들의 이런 과민한 반응의 동기가 궁금하다. 한국교회는 이제 그 첫 세대가 지나고 있었다. 이제는 그 제2세대의 시대가 오고 있었다. 그들을 계속 교회 안에 있게 하고, 다음 교회역사를 걸머지게 하여야 했던 것이다. 대대적인 교회 행사의 의미가 여기 있었다.

그런데 공산주의자들도 같은 생각이었다. 다음 세대를 기독교에 빼앗길 수 없다는 신념이 있었다. 말하자면 그 다음 세대를 어느 집단이 이끌어 가는가 하는, 그런 역사적 대결이었던 셈이다. 공산주의자들은 기독교가 인간의 자유와 자조능력을 마비시키며, 자본가들을 옹호하며, 또 미신적이라고, 고함 치고 있었다. 인간성 부인, 일제와 한국의 지배 상류층 옹호, 비과학적 미신, 곧 시대역행이며 일제와의 동조라는, 중상 모함으로 기독교 타파를 외치고 있었다.

한데 이 공산주의자들의 반기독교 시위를 일본 경찰이 출동하여 제지 해산시켰는데,[98] 그것이 사태를 미묘하게 전개시켰다. 한양청년동맹 시위는, 말하자면, 불법시위였기 때문에 그 혼란에 대한 경찰 취체가 있었다. 이런 일은 그해 4월 서울에서 "조선공산당"의 창설되면서 6월 "치안유지법" 발효라는, 그런 타이밍과 겹쳐지면서 공산당 검색이 구체화하였던 때이다. 이런 일은 1927년 2월 해주에서도 있었

95) Suh Dae Suk, *The Communist Movement 1918-1948*, p. 67.

96) 졸저(拙著), 『정인과와 그 시대』, 서울, 한국교회사학연구원, 2002, pp. 29ff.

97) 금추(今秋)에 개최될 주교대회(主校大會), 〈기독신보〉, 1925. 8. 5일자.

98) 반기독교운동 금지, 〈조선일보〉, 1925. 10. 27일자.

다. 반기독교운동문제로 해주청년회원 등 다수가 검거되고 있었던 것이다.[99]

하지만 기독교를 방어하는 듯한 경찰 출동의 모양새가 "치안유지법" 발효의 과정과 교묘하게 교차하면서, 기독교는 반동일 뿐만 아니라, 일제와의 은밀한 결탁이라는 각본을 정당화시키는 일면을 보여주었다. 사실 선교사들은 공산주의의 가공할 만한 위협은 경찰이 아니면 제거되기 힘들다는 입장을 보인 일이 있었다.[100] 아닌게아니라, 〈개벽〉(開闢)[101]에 그 반응이 나타났다. 공산주의 사상의 논단(論壇) 정도의 성격을 가졌던 이 잡지에서 박헌영(朴憲永 1900-1956)은 "교회는 자본주의사회를 지지함에 있어서 절호(絶好)한 경찰기관"[102]이라든가, "미신과 허위를 선전하며 배후의 금력(金力)과 군벌(軍閥)의 군력을 의거하여 조선민중에게 소위 도덕 양심이라 하야 인종(忍從)과 유순(柔順)을 장려하며 선양[103]"한다고 주먹을 쥐고 있었다.

공산주의 기독교 박해에 대한 기독교인들의 반응

한국교회 1920년대 초기의 공산주의 인식문제에 대한 언급이 있었지만, 1920년대 중반에 이르러 이런 반종교적 과격시위나 폭언(暴言)이 있었는데도, 한국교회 변두리 일각에서는 묘한 흐름이 감지되었다.

국내외에서 공산당들이 교회를 박해하고 조롱할 때, 일부에서 기독교가 자성(自省)할 것이 있다는 말이 들린 것이다. 교회 변두리 기관

---

99) 번가독교운동문제로 청년 다수 검거, 〈동아일보〉, 1926. 2. 21일자.

100) R. H. Baird, Present Day Religious Problems, *The 50th Anniversary Celebration Jubilee Papers*, 1934, p. 138.

101) 1920-1926 간행된 천도교계 잡지, 그러나 공산주의계 논문이 다수 게재.

102) 배성룡(裵成龍), 「반종교운동의 의의」, 〈개벽〉, 1925. 11월호, p. 58.

103) 박헌영(朴憲永), 「역사상으로 본 기독교의 내면」, *ibid.*, (1925. 10. 29일자 논고) p. 76.

에서 특히 이런 종류의 반응이 흩어져 있었다. 서울 YMCA의 신흥우(申興雨, Hugh Heung-Wo Cynn 1893-1959)는 이런 공산주의자들의 비판이 "현재 조직되어 있는 기독교단이나 또는 개인에 대한 절요(切要)한 반성제(反省劑)가 되는 동시에, 사실로 반성하지 않으면 안 될 것입니다"라고 하면서, 공산주의나 사회주의가 "기독교를 배척하는 것은 사실 당연한 일"이라고, 그들 말에 찬동을 하였다. 그리고 한 가지 더 이상한 말을 한다. 곧 "반기독교운동과 반기독운동은 갈라서 보아야 하며, 기독교회를 반대할지언정 그리스도의 인격과 정신에 대한 반대는 아닐 것"[104]이라고 공산주의자들을 이해한다는 눈짓을 한다. 하지만 박헌영은 바로 그 앞 페이지에서 "그리스도의 미신과 허위"를 꼬집고 있었다.[105]

목회하던 목사 김경하(金京河 1895-?)도 이 반기독교운동이 "그리스도의 근본주의를 체행(體行)치 못한다고 각성시키는 말"[106]이라 하여 기독교인의 잘못을 우선 따지고 있었다. 우리를 자성케 하는 목소리는 우리보다는 고귀하고 진실한 데서 나와야 하는 것이다. 우리를 살상하고 조롱하고 경멸하는 데서 오는 것을 충고로 듣고 자성한다는 것은 우리 교회 영광의 역사를 외면하고 굴욕케 하는 것이요 자학하는 것이다.

공산주의자들은 이런 자성론의 센티멘탈리즘을 냉소하였다. 그 자성론이라는 것이 사실은 "자본주의와 군주제에 대한 동정에서 나온 것"이라고 매도한 것이다.[107]

---

104) 신흥우, 사실인 즉 우리도 고려 중에 있습니다, 「기독교인 및 비기독교인의 반기독교운동」, *ibid.*, p. 71.

105) 박헌영, *op. cit.*, p. 76.

106) 김경하, 「반기독교운동에 감(鑑)ᄒᆞ야 우리 교인의 자성을 촉ᄒᆞᆷ」, 〈기독신보〉, 1926. 1. 13일자.

107) Southern Presbyterian Mission, *The Christian Movement*, 1926, p. 269.

기독교와 사회주의를 연결시킨 듯한 "기독교사회주의론"이란 논문도 〈기독신보〉에 장장 9회(1927. 3. 9 - 5. 25)에 걸쳐 연재되었다. 일본의 기독교 사회운동가로 유명한 가가와(賀川豊彦 1888-1960)의 글을 적성학인(赤城學人)이란 필명의 인사가 번역한 것이었다. 다들 사회주의나 공산주의에 기웃거리고 있었다.

이런 사회의식 충천(衝天)의 시대에 들어서자 교회가 수세에 몰리고 있다는 생각을 하는 부류가 있었다. 계속 공산주의자들과의 공감 형성 가능성을 찾는 교회인이 있었다.

> 제군은 과연 기독교를 귀족적인 종교라 하여, 자본주의 옹호자라 하여, 민중을 우롱(愚弄)하는 마취제(痲醉劑)라 하여 절대 배격하려는가.
>
> 기독교는 본래 빈자(貧者) 약자의 종교운동이었느니라. 기독교는 본래 제군의 종교였던 것을 사(思)하라. 기독(基督)은 결코 굴종적인 무저항주의자가 아니다. 타협적 평화론자가 아니다. 건전(健全) 고투(苦鬪)의 용사였다.[108)]

기독교가 공산주의는 다른 목적을 가진 것이 아니라는 변명조의 말도 들렸다.

> 엇지ᄒᆞ야 목적이 동일ᄒᆞᆫ 기독교를 반대ᄒᆞᄂᆞᆫ가. 보라 조선의 현상에 대하여 기독교가 그 광란(狂瀾)을 만회(挽回)ᄒᆞ기에 얼마나 노력ᄒᆞᄂᆞᆫ가.
>
> 모(某)회 청년들은 엇지ᄒᆞ야 기독교를 반대ᄒᆞᄂᆞᆫ가. 이는 기독교를 반대ᄒᆞᄂᆞᆫ 것이 아니라 즉 동포의 전도(前途) 개척을 저희(沮戲)하ᄂᆞᆫ 것이 아닌가.[109)]

---

108) 김창제(金昶濟), 「민중의 종교」, 〈청년〉, 1926. 2월호, pp. 12-14.

109) 반기독교운동을 보고, 사설, 〈기독신보〉, 1925. 11. 11일자.

공산주의자들이 한국교회 그 역사적 공헌 몰라서 그렇다는, 계몽적 시도가 거기 있었다. 사실 일부 선교사들도 무지와 오해가 공산주의자들이 기독교 공격의 배경이라고 짚고 있었다.110)

하지만 그런 호소가 가닿을 공산주의자들의 이념의 틈은 없었다. 그들 이념은 절대 여유를 가지고 다른 이념과 가치를 생각하지 않는다. 그래서 적대의식만 가열되고 더욱 치열해지고 있었다. 그들은 1926년 2월 25일 김익두(金益斗 1874-1950) 목사가 간도 용정(龍井) 중앙교회에서 부흥회를 할 때 철근으로 폭행하고 시위로 난장을 이루어 예배를 못 보게 한 일이 있으며,111) 그해 5월 17일에는 전라북도 이리(裡里)에서 "전북민중운동자연맹"과 "이리청년회"가 역시 김익두 목사의 부흥회에 달려들어 거기에서 반기독교운동을 전개하였던 것이다.112) 더구나 4월 24일에는 경남 함양(咸陽) 안의면 석천리(石川里)에서 기독교 전도대회에 맞서 기독교 배척과 종교철폐 강연을 소란스럽게 열어 경찰이 출동한 일도 있었다.113)

공산주의와의 접근을 선구적(先驅的)으로 시도하던 일부 기독지식인들은 충격을 받았다. 기왕에 그들과의 동행을 타진하던 김창제는 결국 포기하듯 외쳤다.

> 철 업게도 맹목적으로 맑스 학설과 맑스 운동을 통째로 삼키려는 자가 있는가. 위험하게도 완악(頑惡)스럽게 무국가적(無國家的) 태도를 고집하는 친구가 있는가. 우리는 그 정문(頂門)에 통침(痛針)을 가하고자

---

110) J. G. Holdcroft, Work among Young People, *The Christian Movement*, 1926, p. 347.

111) 〈동아일보〉, 1926. 3. 5일자. 같은 일자의 〈조선일보〉.

112) 김익두목사 성토, 〈동아일보〉, 1926. 5. 21일자. 같은 날자 〈조선일보〉.

113) 종교철폐강연, 〈동아일보〉, 1926. 5. 1일자. 선교강연장에서 종교철폐 강연, 같은 날자 〈조선일보〉.

한다.

> 가증(可憎)하게도 발광(發狂)하여 망국적 사회주의를 그대로 열규(熱叫)하는 광우한(狂愚漢)이 있는가. 우리는 민족적 단결의 폭탄으로써 그 오류(誤謬)를 파열하여 버리지 않으면 안 된다.[114)]

마르크스이론을 소화도 못시킨 자들, 완악하고 위험한 자들, 가증하게도 발광한 자들, 망국적인 광우한들, 이들을 결국 민족 전체의 이름으로 폭발시킨다, 이런 극렬한 경고까지 갔던 것이다.

기왕에 사회주의자였던 김경식(金敬植)이 〈기독신보〉에 "그리스도의 예민한 해부력(解剖力)을 유(由)치 않고는 현 사회를 수술치 못하리라" 해서 "기독교로 사상을 돌이킨" 전향문을 3회에 걸쳐 연재한 것은 1927년 4월의 일이었다.[115)]

하지만 교회 밖 대세는 격렬해 가기만 했다. 현실적 도덕적 구원의 동력으로서 기능하여 온 기독교는 정치적 독립의 상실과 경제적 피탈의 결정적 위기에서 민족을 구출해 내지 못했다는 좌절감 때문에 심각한 타격을 받고 있었다.[116)] 그 수세의 교회를 공산주의가 맹공을 퍼부으면서 그 괴멸(壞滅)을 장담하고 나섰던 것이다.[117)] "신(神)을 사형집행"하는 "종교병근치(宗敎病根治)운동," "종교파괴운동"이 바로 그 목표였다.[118)] 그것이 "무자비한 투쟁"으로 구체화한 것이 1920년대 후반부터의 일이다.[119)]

---

114) 김창제, 「사회주의 활살론(活殺論)」, 〈사명〉, 1927, 제5권, p. 23.

115) 김경식, 「사회주의에서 기독교로 사상을 도리키기까지」, 〈기독신보〉, 1927. 4. 6, 20, 27일자.

116) J. D. van Buskirk, *op. cit.*, pp. 4-5, 147-148.

117) Suh Dae Suk, *The Korean Communist Movement*, pp. 36-37, 131, 235.

118) 이정윤, 「반종교운동에 대한 고찰」, 〈개벽〉, 1925. 11월호, p. 80.

119) Suh Dae Suk, *The Korean Communist Movement*, p. 23.

2.3. 국외에서의 기독교 박해

1928년 제3차 공산당 사건으로 국내활동에 타격을 받은 그들은 만주나 간도 및 시베리아에서 신경증적인 폭력을 교회에 가하기 시작했던 것이다. 남만주의 방화초 교회에서는 교우 40여 명이 무수히 난타를 당하고 장로 박찬성의 귀를 베고,[120] 삼원포에서는 주일예배에 가는 교인들의 성경책을 빼앗아 길가에 던지는 일이 다반사였다.[121] 그들은 또 교회당을 정치선전장으로 이용하자는 데 불응한 교직자들을 살상하고 있었다.[122] 특히 만주사변(滿洲事變 1931. 1) 이후 북만(北滿)에서는 "적당(赤黨)이 때를 가리지 않고 도발하여 우리 교회를 최대의 구적(仇敵)으로 몰아서 교회당을 강탈하고 목사와 장로들을 구타하여 축출(逐出)하고, 그렇게 활약하고 있으니 장래에 무슨 일이 일어날는지 이를 알 수 없는,"[123] 그런 공포 속에서 지나가고 있었다.

그 핍박은 계속되었다. 1931년 동만(東滿)지방에서는 교회당 13처가 방화로 파괴되고 4인의 교인이 피살되었다.[124] 1931년 찌린(吉林)에서는 최태봉(崔台奉) 외 7인이 순교 당했고,[125] 1932년 9월 15일에는 남만 마련둔(馬連屯)에서는 미국 북장로교 선교사 헨더슨(L. P. Henderson, 玄大善 1895-1932)이 일본군의 총격을 맞아 순교하였다.[126] 그해 1932년 10월 14일에는 간도 화첨자(樺尖子) 종성동(鐘城

120) 조선예수교장로회총회, 제17회 『회록』, 1928, p. 105.

121) *Ibid.*, 제19회 『회록』, 1930, p. 82.

122) Chosen Mission, *R.F.M.P.*, 1926, p. 96. Cf. *Ibid.*, 1930, p. 78. Cf. 남만노회 상황보고, 조선예수교장로회총회 제21회 『회록』, 1932, p. 120.

123) 북만노회 상황보고, 조선예수교장로회총회 제21회 『회록』, 1932, p. 121.

124) 동만노회 상황보고, *ibid.*, p. 103.

125) 김인서, 「7성도의 순교의 피」, 〈신앙생활〉, 1932. 10월호.

126) 남만노회 상황보고, *ibid.*, 제22회 『회록』, p. 103. Cf. 헨더슨선교사의 비장한 참화, 〈기독신보〉, 1932. 10. 26일자.

洞)에서 장로 김영국(金榮國 1884-1932)과 목사 김영진(金榮振 1887-1932)형제가 반동분자라는 누명을 쓰고 "탈피(脫皮)참살"을 당하였다. 공산당들은 김목사 형제를 포박하고 "너희들 예수교인은 아편흡연자와 같이 인류에게 해독을 끼치는 종교에 중독"되었다고 하면서 그렇게 참살하였는데, 그들은 김영국의 "고환(睾丸)까지 빼어갔다"고 한다.[127)]

용정(龍井) 서창희(徐昌熙)의 글을 여기 그대로 옮긴다. 여기 공비(共匪)와 병비(兵匪)의 차이를 당장 찾기 힘들다.

> 동만 각지에 산재한 동포들이 매일 무참히 살상과 피해당함이 보도되고 있는 바, 애매히 남모르게 피 흘리고 동분서주, 고생과 한숨의 눈물을 하나님 이외에 누가 알겠습니까. 그런 중에도 본 노회 하에 있는 각 교회에서 교인의 살상피해가 너무도 극한 고로 ... 대강 아는 대로 기재하나이다.
>
> 1. 연길현(延吉縣) 와룡동 예배당 소화(燒火)되고 교인은 다 이산(離散)
> 2. 연길현 적암동 노진성 영수(領袖) 공비(共匪)에게 피살, 교인 다 이산
> 3. 연길현 로티거우 교회는 21차나 병비(兵匪)에 습격당하는 중, 교인들 전체가 수천 원 약탈되고
> 4. 연길현 구세동 교회는 교인이 2차나 병비에게 피착(被捉), 수다한 금전을 주고 돌아오고
> 5. 화룡현 조양촌교회 교인 최모씨는 병비에게 피살되고, 권모씨는 피착되어가다가 전화(戰火) 중 귀환
> 6. 훈춘현 전선촌교회 교인 3인이 피살되었는고로 교인은 다현으로

127) 30여 무장 공당에게 김목사 형제피살, 〈기독신보〉, 1932. 11. 9일자. Cf. 김용해, *op. cit.*, p. 49f.

이사

7. 훈춘현 동흥진교회 소식은 두절된 지 5, 6개월이 되었고.

이 이외에도 총에 맞아 여러 달 앓다가 죽은 이와, 칼날에 상하여 병상에서 신음하다가 별세한 교인이 있사오며, 교회가 산촌과 먼 곳은 다 헤어져서 도시로 모여드는 형편 중, 살상 당한 유족은 생활할 도리가 없어, 할 수 있는 대로 사역자와 선교사 편으로 구제하나 그 얼마 되며, 위험을 무릅쓰고 다니는 사역자와 교인은 죽을 번하다가 살아가는 이도 적지 않소이다.

이 동만교회를 위하여기도로 도와 주시오며, 할 수 있는 한도에서 도와주심을 바라나이다. (1932. 10. 31일자).[128]

그렇게 황야로 이주한 도움 없는 겨레들을 이런 지경으로 참혹하게 살상하고 빼앗은 소위 동포들이 누구일까. 왜 자기 동포들을 그렇게까지 포악으로 대했을까.

다음해 1933년 1월에는 시베리아에서 감리교의 김영학(金永鶴 1877-1932) 목사가 순교의 면류관을 썼다.[129] 그의 순교소식이 국내에 전해진 것은 10개월이 지난 그해 1933년 10월말의 일이었다.[130]

1935년 1월 1일에는 만주 오소리(烏蘇里) 다목동(多木洞) 호림(虎林)에서 장로교 목사 한경희(韓敬禧 1881-1935)가 비족(匪族) 공산당 40여 명에게 붙잡혀 얼어붙은 오소리 강 구멍에 던져져서 순교하였다.[131]

---

128) 동만교회의 참화, 기도와 동정을 갈망, 〈기독신보〉, 1932. 11. 9일자.

129) 로령(露領) 김영학 목사 순교, 〈조선일보〉, 1933. 10. 31일자. Cf. 김영학 목사의 순사(殉死), 〈기독신보〉, 1933. 10. 25일자.

130) J. S. Ryang, A Martyr for the Cause of Christ in Siberia, *K.M.F.*, December 1933, p. 260.

131) 한경희 목사의 참변을 슬퍼함, 〈기독신보〉, 1935. 2. 20일자.

이런 사례들은 다만 알려진 사건들이고, 김영학 목사의 경우처럼 그 순교소식이 1년이 지나서야 알려지는, 그런 상황에서, 저 인적 드문 만주나 시베리아 그리고 몽고나 중국 어디에서 무슨 일이 어떻게 일어났는지, 더듬어 알 길이 없었다.

> 현재 각 교회 교우들은 공당(共黨)과 비족(匪族)의 불안으로 공포 중에 신음하오며, 심은 곡식도 잘 거두지 못하고, 방황하며 눈물로 세월을 지내는 교우가 많사오며...[132)]

간도의 한 기독교병원에는 "하루도" 공산당원에게 총상을 입고 입원하는 환자가 없는 날이 없을 정도로, 그 지경 살상이 처참하였다.[133)]

1936년 조선예수교장로회총회는 북만(北滿)교회가 겪은 공산당으로부터의 피해를 조사하도록 송창근(宋昌根 1894-1950)을 한 달 동안 파견한 일이 있었다. 그때 그 보고를 듣고 김인서가 남긴 글이 있다. 그런 것이 우리 교회의 지난날의 실상이였구나 생각하니, 우리 교회가 세계의 기적으로 우뚝 솟는데 이런 비탄이 있었다는 사실을 다시 깊이 생각하지 않을 수 없다.

> 북만교회는 순교의 피로 쌓은 교회입니다. 우리는 북만의 순교자라고 하면 한경희(韓敬禧) 목사를 알되 한목사 이외에도 순교한 신자의 이름을 다 셀 수 없이 많습니다. 잔악을 극한 공산당에게 몽치를 맞아 죽은 순교자, 정수리에 못 박혀 죽은 순교자, 머리 가죽을 벗겨 죽임 당한 순교자, 말 못할 학살을 당한 여 순교자 몇 백에 달한다고 합니다.
>
> 오! 참절(慘絶), 오 장절(壯絶) 만주의 순교자! 이는 이 백성과 교회를 위하여 주의 제단에 드리는 희생인저.

---

132) 동만노회 상황보고, 조선예수교장로회총회 제21회 『회록』, 1932, p. 103.

133) W. Scott, *Biographical Sketch*, p. 128.

> 죽임을 당하지 아니하였어도 김현점(金炫漸) 목사와 같이 공산당에게 살을 찌어내는 핍박을 당하는 등 여러 번 사경을 출입하는 이가 많습니다.
>
> 예배당은 공비(共匪)의 습격을 입어 마루를 깔지 못하여 토막나무에 걸쳐 앉고, 강단을 세우지 못하여 겨썽 위에서 설교하고, 성경과 찬송가를 빼앗기고 교인 중 태반이나 찬송가를 외워서 부르고 있습니다.
>
> 맨주먹만 가진 신자에게 하나님은 저의 산성(山城)이시오, 기도는 저의 무기요, 찬송가는 저의 군가(軍歌)입니다.
>
> 모지(母地) 교인이여, 북만의 형제들을 생각하고 계십니까. 북만주지역의 여 전도사는 한가자(韓佳子) 씨가 유일한 분으로 손수 말 수레를 몰아 천리(千里)에 내왕하여 정주(定住)가 없으며, 어떤 목사의 집은 거처하기가 힘든 토막(土幕)이요, 어떤 목사 부인에게는 옷다운 옷이 없고, 아이들은 바람 가리울 옷도 입지 못하였더라 합니다. ... 우리가 어찌 무심(無心)하겠습니까.[134]

국내에서 공산당 활동이 뜨음해진 것은 대개 1933년 정도라고 보고 있었지만,[135] 만주나 시베리아 및 간도에서는 계속 교회의 피해가 늘어만 가고 있었다.[136] 그런 만행이 점차 시들어간 것은 다만 1937년 이후의 일로 보였다.[137]

2.4. 기독교와 공산주의의 대결 구도

기독교는 공산주의와의 절대 차별성을 감지하기 시작한 것이다. 그 상상도 못할 공산주의자들의 기독교 핍박은 그 현실을 더 이상 무마

---

134) 「북만주교회에 나타난 하나님의 섭리」, 〈신앙생활〉, 1936. 4월호, pp. 3-4.

135) *Annual Report on Administration of Chosen*, Government-General of Chosen, 1937-1938, p. 180.

136) North Korea, *The United Church of Canada Year Book*, 1933, p. 122.

137) *Ibid.*, 1937, p. 78.

하거나 외면할 수 없게 만든 것이다. 교회는 기독교와 공산주의는 별개의 것이라는 논리를 체계화시키기 시작한 것이다.

그것을 세 가지로 요약하고 있었다. 첫째 기독교는 절대로 인류의 자유와 자조력을 저해하지 않는다는 것, 둘째로 기독교는 자본가 옹호가 아니란 것, 기독교의 공형(共亨)은 공산주의의 공산(共產)과는 전혀 다르다는 것, 셋째로 기독교가 비과학적이라고 하나, 과학이 전능은 아니란 것, 이런 것들이었다.[138)]

여기 공산주의에 대한 철저한 불신과 반발이 자리잡혀갔다. 다른 도리가 없다고 본 것이다. 그런 유혈을 짐짓 저지르는 악독이 한국의 미래를 약속할 수 없다는 것이었다. 무엇보다 앞서 정신적 혁신과 영적 갱생이 이루어지고 나서야, 그 다음 무엇이든 생각할 수 있다는 것이었다.[139)] 민족의 영고성쇠(榮枯盛衰)가 실로 이제 기독교에 달렸다는 확신이 확고하게 서게 된 것이다. 1926년 초 〈조선일보〉는 그 시대 문제의 핵심을 꿰뚫어 본 것이다.

무산계급의 새 요구주장과 기성종교가 과연 합치되어 나갈까.[140)]

여기 우리 기독교의 교세분포와 공산주의운동의 분포 및 소작쟁의의 지역적 분포를 견주어 기독교회의 사회적 기능을 가늠해 보고자 한다. 우선 소작쟁의의 경우 그 발생 수는 다음과 같았다.

---

138) 반기독교운동을 보고 (2), 사설, 〈기독신보〉, 1925. 11. 11일자.

139) L. T. Newland, Is the Church Meeting Korea's Economic Problem, *K.M.F.*, April 1929, p. 71.

140) 기독교청년회의 금일의 처지, 사설, 〈조선일보〉, 1926. 1. 17일자.

소작쟁의 발생 도별표[141]

도 별	발생건수	관계지주수	관계소작인수	관계면적	해결건수
경 기	3	12	332	불명	3
전 남	24	224	1.620	71	21
경 남	105	241	3.107	695	97
황 해	7	17	650	불명	6
평 남	12	26	278	52	10

* 면적 단위는 정보(町步)

호남과 경남의 소작쟁의 건수 129건에 비해 서북의 경우는, 여기 나와 있지 아니한 평북의 건수를 합친다고 해도, 21건에 불과하다. 129:21의 대조는 대단한 것이다. 더구나 그 관련 소작인 수에 있어서도 서북의 938명(평북 10명 포함)에 비해 호남과 영남의 총계가 5,107명(전북 309명, 경북 71명 포함)인데, 그 현격한 차이가 5 : 1로 나타나고 있다. 그런 것은 기독교인의 인구분포와 별개의 문제가 아니라는 생각이다.

다음 공산주의운동의 지도급 인사들의 지역별 분포는 1926년 제2차 공산당사건 때에 검거된 숫자로 보면, 남한에 300명, 북한에 45명, 국외가 130명의 분포비례였다.[142] 북한이 간도(間道)나 시베리아 접경지역이라는 사실을 고려한다면 이 6.7 : 1의 비율은 곧 기독교 교세의 분포구도와 절대 무관하지 않다는 사실을 곧 발견할 수 있다. 곧 복음의 씨앗이 파종된 곳에서 공산주의는 그 기를 펼 수 없었다는 것이 입증된 것이다.

그러나 공산주의자가 영남 호남지방에 특히 다수 퍼져있었다는 것

---

141) 각도 경찰보고에 의거 작성, 김경재(金璟載), 「조선농가의 운명」, 〈개벽〉, 1926. 5월호, p. 68.

142) Suh Dae Suk, *The Korean Communist Movement*, p. 136.

은 아이러닉하게도 그 많은 소작인 수 때문이 아니라, 그곳 대지주(大地主)의 자녀들이 그 부유 때문에, 특권층으로, 일본에 다수 유학할 수 있었고, 그리고 그 유학생들이 일본 지식인 사회, 특히 대학사회에 광풍처럼 유행하던 공산주의사상에 물들여져, 이를 도입한 것으로 분석되었다.[143)]

한국 공산주의는 그렇다면, 최소한도 국내(國內) 남한에서는, 대지주들과 부호(富豪) 부르주아 2세대의 공산주의였다. 지식 부르주아의 시대사상이었다. 그것은 그래서 기껏해야 흘러가는 시대사조일지는 모르지만, 절실한 우리 현실에 땅을 치는 구원의 메시지는 아니었다. 그래서 그랬을 것이다. 국제공산당 가입이 어려웠다는 말이 있었다.

국외 공산주의는 사상적으로는 무장을 단단히 하였고, 그래서 극도의 투쟁성을 그 특징으로 하고 있었다. 하지만 일제 병력과의 전투기록보다는, 무고(無辜)하고 힘없는 동족골육의 교회와 교인들을 증오로 학살하였다는 그 수많은 기록들을 볼 때, 주적(主敵)개념의 당돌하고 비상(非常)한 구도(構圖)설정이 좌익사상의 한 전략적 미스터리가 아니던가 하는 생각을 하게 한다.

3. 기독교회의 응전 양식

3.1. 김익두의 등장

이런 거대하고 종요한 한국 사회의 격변과 전환의 시점에 섰을 때 교회의 최초 반응은 복음주의적 부흥회적 신앙 경건이었다. 그 상징적 인물이 김익두(金益斗)! 한 지방의 소박한 목사, 교육적 배경이나

143) *Ibid.*, p. 159.

사상적 훈련을 받은 일이 별로 없는, 그 시대에는 야인(野人)이었다. "민족주의도, 유교식도, 시대도, 아무 것도 없고 제멋대로의 김익두"였다.[144] 시대적 배경의 복합성과 그 심각성에서 보았을 때, 다양한 자질과 시대감각에 뛰어난 지도력이나 판단력을 가진 인물이 보내져야 했다.

그러나 초개(草芥)같은 김익두가 온 것이다. 하지만 그는 그것만으로도 그 시대적 사명의 깊이를 알고 있었다. 그는 가난한 민중들에게 복음을 직설(直說)하는 야인으로 황량한 대지와 같은 1920년대 역사의 현장에 우뚝 솟았던 것이다. 그것은 한편으로는 국내외 무장독립운동을 지양하는 영적 차원의 민족지도원리의 선포이기도 하였다. 수많은 과격 독립운동 기독자들이 이때를 전후하여 민족구원의 방법을 다시 한번 복음의 선포에서 찾게 되었던 것이다.[145] 전형적인 한국의 서북형(西北形) 보수주의 신앙의 목사, 그가 이 격변의 시대에 전면에 나선 것이다.

1919년의 격동기가 지난 그 황량한 시대! 깊어만 가는 민족의 총체적 좌절의 아픔, 몰려드는 세속문명의 도덕적 황잡(荒雜), 신선한 바람으로 휩쓸어가는 사회 공산주의의 무신론적 투쟁의 깃발, 여기 신앙의 동요는 격류에 밀려 걷잡을 수가 없었다. 그날에 김익두, 저 지평 위에 거인처럼 선 것이다.

김익두의 등장은 한편으로는 공산주의에 대한 기독교의 응전 형태였고, 다른 편으로는 방황하고 있는 한국교회 자체에 대한 신앙부흥의 의미가 있었다.

우선 한촌의 시골목사를 1919년 이후의 사회격동기에 이 땅에 보

144) 김인서, 「70년사가 말하는 부흥의 예언」, 〈신앙생활〉, 1954, 12월호.

145) 가령, 함북(咸北) 연통제(聯通制)의 책임비서 김임서의 복음주의 전향이 그 한 실례이다. 『김인서저작집』, V, 서울, 신망애사, 1973, pp. 367, 369.

내신 하나님의 경륜이 따로 있었을 것이다. 사회개혁 운동의 근본적인 기독교 방향의 확인과 실천이라는 의미에서 그렇다. 그가 공산주의자들에게서 남달리 혹독한 피격을 받았다고 하는 것은, 그의 활동기간이 한국 공산주의 활동의 피크였다는 타이밍 문제도 있었지만, 사실은 그만큼 공산주의자들과의 대결구도가 김익두에게 있어서 정면적(正面的)이었다는 말이 되는 것이다. 곧 그의 메시지가 우리 사회 민중 초근(草根)에 접근한 기독교 복음으로서는 최초의 경우라고 보았을 때, 민중층을 겨냥한 공산주의 침투의 기선(機先)과 그들 해방 메시지의 파급력이 상당히 제어(制御)된다고 판단한 초조 때문이란 해석이 가능하다. 근대 사회 공산주의가 생성된 배경은, 기독교가 역사적 현실적 생의 문제, 특히 가난한 사람들의 아픔을, 피안(彼岸)과 초월(超越)세계에 옮겨놓아서 현실세계를 무시한, 그 공간이었다.[146] 그런데 김익두부흥운동은 가난한 서민들의 심정 속에 깊이깊이 파고 들었다. 프롤레타리아트 층에 호소한 것이다. 기독교의 복음을 그들의 생과 그 심벌에 밀착하는 메시지로 다가섰던 것이다. 그리고 그 영향력의 범위나 강도는 엄청났다. 한국기독교 사회운동의 정점이 김익두라고 해도 과언이 아니다. 공산주의자들이 신경증적인 반발을 일으켰으리라고 하는 것은 짐작하기 어렵지 않다.

김익두가 접촉했던 사회계층은 한국교회가 일찌이 광범위하게 침투하여 보지 못했던, 빈곤과 병고(病苦) 그리고 무뢰(無賴)와 무고(無辜)의 소외층이었다. 한국교회가 초기에 하류층에 전도하여 그들을 교회에 끌어드린 것은 확실하다. 한데 그들은 대개 다 그 신앙 결과로, 근대적 의식을 갖춘 중산층이 되었다고 하는 것은 이미 살펴 본 바와 같다. 그런데 여기 말하는 하류층이라고 하는 것은, 일제치하 특

146) R. H. Niebuhr, *The Social Sources of Denominationalism*, Living Age Books, New York, World Publishing Co., 1962, p. 74.

히 1919년을 전후한 사회변동기에 일제 자본의 침투와 산업사회 형성기에 형성된 프롤레타리아트 계층과 소작농들과 같은 빈농을 의미한다. 그들에게 김익두가 호소한 것이고, 그 메시지가 그들 언어 정서와 상통(相通)하고 더구나 치병(治病)기적으로[147] 엄청난 호응을 얻을 수가 있었다. 특히 그에게는 이들 계층의 사회적 행태와 심리, 곧 겸양, 가난, 소박 순수함, 이런 생태와 갈망에 대한 복음의 메시지를 활용하는 남다른 설교의 힘이 있었다. 복음적인 가난의 의미와 부(富)의 격원(隔遠)을 말하면서 현질서의 종말을 심판으로 외쳤을 때의 파장은 현상정이었다. 이러한 그의 종말론적 천년왕국설은 현실의 죄악성 강조 때문에 억눌린 피착취 소외층에 뜨거운 환영을 받고 있었다. 더구나 한 사람 한 사람의 영혼 속에 임재하시는 성령의 강림체험은 한 인간의 존엄성을 부여하는 계기가 되었고, 그래서 기존 사회 신분제에서의 해방을 종교적 감격으로 승화시킬 수 있었다.

그의 치병 기적은 병종(病種)으로는 1919년 12월부터 1921년 1월까지 조사한 것만도 반신불수나 자궁암 등 52종에 이르고 있었다.[148]

> 과학을 초월한 현대의 기적.
> 김목사라 하면 텬신ᄀᆞᆺ치 아동 주졸 ᄉᆡᆺ지 탄복!
> 문전(門前)에 위집(蝟集)ᄒᆞᆫ 군중 안수(按手) 치료를 원한다.[149]

김익두의 기사이적(奇事異蹟)은 세계 3대 불가사의(不可思議)[150]로 여겨졌다. 그것은 신앙의 큰 힘으로 이루어지고 있었던 신유(神癒)기적이었다. 그리고 이 치병기적을 하나님이 특별히 보여주시는 우리

---

147) 임택권 편저, 『죠션예수교회 이적명증』, 서울, 조선야소교서회, 1921, p. 3.

148) *Ibid.*, pp. 3ff.

149) 세계 3대 불가사의의 하나, 〈기독신보〉, 1920. 9. 15일자.

150) *Loc. cit.*

겨레에 대한 새 시대의 위로로 보는 사람들이 많았다.

그러나 한국교회는 이 기적이 가지는 다른 결정적 의미가 있다고 보았다. 3·1운동 이후에 닥쳐온 전 민족적인 빈핍과 거기서 오는 좌절을 하나님이 위로하시고, 또 교회가 시련에 빠지고 신앙에 동요가 왔기 때문에, 속히 회개하고 구원을 얻게 하기 위하여 하나님께서 이러한 기적을 보이신 것이라는 해석이었다.[151)]

> 하ᄂᆞ님씌셔 특별히 이 쌔에 이러ᄒᆞᆫ 일을 우리의게 보이시ᄂᆞᆫ 뜻이 그 무슴 뜻이뇨. ᄉᆡᆼ각컨ᄃᆡ 지금이 엇던 쌔이뇨. 작년 3월 1일에 만세ᄉᆞ건 이후로 온 죠션 전국에 신쟈들은 무쌍ᄒᆞᆫ 고난을 당ᄒᆞ엿스며 ᄯᅩᄒᆞᆫ 환란과 흉년으로 인ᄒᆞ야 굼ᄂᆞᆫ 쟈도 만히 잇나니, 이러ᄒᆞᆫ 곤고와 궁핍 환란을 당ᄒᆞᆫ 이 불샹ᄒᆞᆫ 신쟈들을 뉘기 무엇으로 위로ᄒᆞ며 그 밋음을 굿게 하랴.
>
> 이ᄂᆞᆫ 하ᄂᆞ님씌셔 그 이적을 보이신 ᄶᅡᄃᆞᆰ의 ᄒᆞ나이니 곳 "고난을 당ᄒᆞᆫ 너의 신쟈들아 나 하ᄂᆞ님의 너회와 함씌 ᄒᆞ노라 ᄒᆞ심이로다.[152)]

한데 김익두의 신앙부흥회와 기적에 대하여 교회 안팎의 공격이 있었다. 교회 안에서는 소위 신진기독자들의 반격이 억셌다. 우선 교회 안에서 일어난 것으로, 경남노회는 1921년 이런 결정을 한다. 곧

> 이덕으로 병고친다 하ᄂᆞᆫ 일로 인ᄒᆞ야 교회 손해되ᄂᆞᆫ 형편이 잇ᄂᆞᆫ 고로 사경회 때나 부흥회시에 병 곳치ᄂᆞᆫ 표방ᄒᆞ지 아니ᄒᆞ기로.[153)]

1925년 5월에는 김익두가 임시목사로 시무하는 남문밖교회(남대문

---

151) 임택권 편저, *op. cit.*, p. 4.

152) 인도ᄒᆞᄂᆞᆫ 말, 임택권, *op. cit.*, p. 3.

153) 경남노회, 조선예수교장로회총회 제10회 『회록』, 1921, p. 118.

교회)[154] 일부 지식 교인들이 김익두 배척운동을 일으킨 것이다. 성서해석을 우매(愚昧)하게 한다는 것, 각지에서 공격을 받아 목사로서의 명예를 실추한다는 것, 미신적 신앙, 현대과학에 대한 무지, 일반적 교양 결여, 언어구사의 불미성, 이런 것들이 그 이유였다.[155]

〈동아일보〉는 이 공격이 기독교 전반에 걸친 신·구의 충돌로 보고 있었다. 신·구 충돌의 현상으로 보는데 대한 근거는 우리로서도 〈기독신보〉가 김익두의 장기간에 걸친 부흥운동과 신유(神癒) 기적에 대하여 〈동아일보〉나 〈조선일보〉만큼의 보도도 하지 않고 있었다는 데에서도 찾아 볼 수 있다. 〈기독신보〉는 저 평양의 경이로운 사경회를 「교회통신란」에 보도하고, 반(反)김익두 과격 행동 보도는 전무할 정도였다. 여기 다시 서북교회와 비서북교회와의 갈등이 노출된 양상이 엿보였다.

다음은 일제 경찰의 취체이다. 이런 취체 명분은 대개 헌금과 관련된 미혹 사기혐의거나,[156] 상해임시정부에 대한 자금 및 군자금 모금 혐의였다.[157] 친일 언론 역시 반김(反金) 여론몰이에 앞장섰다. 1920년 11월의 승동교회 부흥회를 보고 한 말이 이런 것이었다.

> 조선 야소교(耶蘇教) 교역자의 동교(同教)에 대ᄒᆞᆫ 공부와 연구의 박약(薄弱)ᄒᆞᆷ에 대하여 한탄ᄒᆞᄂᆞᆫ 바이라. 그 신성무구(神聖無垢)ᄒᆞᆫ 세계적 종교인 야소교(耶蘇教)로 ᄒᆞ여금 일종의 사교(邪教)와 여(如)히 처리ᄒᆞᄂᆞᆫ 조선인 목사가 유(有)ᄒᆞᆷ을 시시로 접문(接聞)하더니 ... 저들은 전도ᄒᆞᆯ 때마다 우열(愚劣)한 촌민(村珉), 무지의 부녀의 미신적 호기심을 이용ᄒᆞ야 피등(彼等)으로 ᄒᆞ여금 개종케 ᄒᆞ나니라.

---

154) 이 교회에는 세브란스의학전문학교 학생들과 교수들이 많았다.

155) 기독교의 신구충돌, 표면은 김익두 목사 배척, 〈동아일보〉, 1926. 5. 15일자.

156) 김익두 목사의 과료(科料)처분, 〈동아일보〉, 1923. 8. 29일자.

157) 金正明 編, 『朝鮮獨立運動』, 東京, 原書店, I, 1967, 分冊, p. 305.

> 김모(某)란 목사의 전도ᄒᆞᄂᆞᆫ 수단이야 미상불(未嘗不) 교묘ᄒᆞ기 무쌍(無雙)ᄒᆞ도다. ... 진실로 가증(可憎)ᄒᆞ다 ᄒᆞ겟도다.[158]

당시 김익두의 부흥회는 남녀 1만여 명이 운집한 대성황이었고, 신유 은사가 터졌으며, 통회자복의 물결이 넘치던, 그런 대성회(大聖會)였다.[159] 그런 것을 "세계적 종교인 기독교"라 해서 그 비방을 객관화시키려는 간계(奸計)가 있었다.

하지만 가장 혹심한 반격은 공산주의자들에게서 왔다. 공산주의자들이 김익두를 집중적으로 공략한 것이다. 하류층과의 접촉을 "사기"로 매도하고, 그것이 그의 무식과 관계되어 있으며, 기적(奇籍)은 미신과 미망(迷妄)의 현혹이라고 난타하였다. 김명식(金明植)은 할 말은 다했다.

> 김익두는 미망자(迷妄者)이다. 그 언어가 미망이며, 행동이 미망이다. 원래 무식한 자니 지식이며 인격이며 사상이며 품격은 말할 것도 없다. 신성한 목사의 명의를 투(偸[160])하고 기독(基督)을 매(賣)하야 조선사회에서 활보한다.
>
> 이것은 조선의 수치이며 조선의 망조이다.[161]

김명식은 김익두의 혹세무민(惑世誣民), 허무맹랑한 언행, 무리한 뇌물 강요, 악행패담(悖談), 요언망행(妖言妄行), 사회의 공적, 이런 말로 계속 험담하고, 심지어 "여자의 신체를 무례히 무마(撫摩)하기"까지 한 "요물"이라고 비방한 것이다.[162] 더 이상의 악담이 없을 것이다.

---

158) 〈매일신보〉, 1920. 10. 28일자.

159) 차(此)세대의 완악함이여, 사설, 〈동아일보〉, 1920. 11. 10일자.

160) 도적질한다는 뜻.

161) 김명식, 「김익두의 미망(迷妄)을 논하고 기독교도의 각성을 촉(促)하노라」, 〈신생활〉, 1922. 6월호, pp. 5-6.

그런데 참 묘한 일이 진행되고 있었다. 그 기사가 실린 〈신생활〉의 발행인은 선교사 벡커(A. L. Becker, 白雅悳 1879-1978)였고, 사장은 박희도(朴熙道 1888-1951), 독립선언서 서명 33인 중의 하나요 YMCA에서 오래 봉사한 기독교인이었다. 한국교회는 이런 글이 그 잡지에 실린 데에 대하여 벡커에게 주의를 주었고,[163] 벡커는 그 글을 교열하지 못한 과오를 인정하고 발행인 직을 사면하였다.[164] 회오리바람이 불어 닥친 것이다.

문제가 더 격화된 것은 그해(1922) 11월에 이 잡지 사장 박희도와 인쇄인 노기정이 총독부 경무국에 구금된 것이다. 그 잡지 11월호가 "노국(露國) 혁명기념호"로 발행되었고, 더구나 소련 공산당의 선전비가 여기 유입되었다는 혐의 때문이었다.[165] 이 사건은 공산주의가 얼마나 교묘하게 교회 안에까지 파고들었던가 하는 사실을 밝혀주고 있다. 소위 신진 기독교인들이 당한 모습이 왠지 어리숙하게 보인다. 공산주의와 신진기독교인들이 서북계 보수주의 신앙에 반발하여, 의도하지는 않았다손 치더라도, 동조한 형태가 되었기 때문이다. 어느 형태의 기독교가 참 기독교적이고 참 한국적이었던가, 하는 문제는 반드시 규명되어야 할 것이다.

격동의 1920년대 한국교회와 한국사회에서 그 격랑을 맞서 복음의 힘으로 대결하였던 김익두! 기독교의 변증론이 그런 사회변동기에 적절하게 체계화하기 전, 아니 설사 체계화가 되었더라도, 과격 이데올로기의 공격 앞에서 우리 교회는 오직 신앙의 힘으로, 능력의 종교로, 그

162) *Ibid.*, pp. 6. 7.

163) 별위원회 보고, 조선예수교장로회총회 제11회 『회록』, 1922, p. 51.

164) *Loc. cit.*

165) 양지(兩誌)의 필화(筆禍)사건, 〈기독신보〉, 1922. 11. 29일자. Cf. 최준, 『한국신문사』, 서울, 일조각, 1983, pp. 226-227.

도도한 물결에 맞서 싸울 대표적 인물을 내세우고 있었다. 김익두였다.

> 기미 이후에 만일 김익두 아니더면![166]

이정심(李淨心 1901-1947)은 그렇게 정곡을 찌르고 있었다.

3.2. 사회변동이 교회에 끼친 영향범위

우리가 앞서 살펴본 농촌의 피폐는 그 서 있는 곳이 바로 농촌인 한국교회에 결정적인 타격을 주었다. 1923년 중반부터 밀어닥치기 시작한 재정압박은 교회 유지(維持)에 직접 암적으로 작용하기 시작해서, 헌금의 격감, 해외이주로 인한 교세의 감소, 그래서 교회당의 폐쇄까지 면하기 힘든 지역이 허다했다.[167] 그 "해로운 결과"[168]가 도처 감지되고 있었다. 그것은 그 구성원인 농민들을 마비케 하였던 때이기도 하지만, 도시에 있는 교회들이 교회가 이들을 실질적으로 돕지 못하였기 때문이기도 하였다.

일반 농가와 기독교인 농가의 경제적 수준은 기독교인이라 해서 특별히 나은 것이 없었던 것으로 나타났다. 1927년 한 지역에서 백 가구를 조사했던바 비기독교 농가에는 58마리의 소, 48마리의 돼지가 있었으나, 기독자 농가는 46마리의 소, 53마리의 돼지가 있어서, 그 형편이 일반 수준과 별 차이가 없었다. 지주의 경우에도 53개 촌락을 대상으로 한 조사에서 다음과 같은 실태가 나타났다.

---

166) 김인서, 「김익두 소전(小傳)」, 『김인서저작전집』, V, p. 52에서 인용.

167) J. S. Gale, The Christian Movement in Korea, *The Christian Movement*, 1922, p. 334.

168) V. T. Wachs, The Outlook for the Christian Movement in Korea, *The Christian Movement*, 1923, p. 481. Cf. *Ibid.*, 1924, p. 360.

기독교인과 비기독교인의 토지소유 비율표

지 역	촌락 수	비기독교인 농가		기독교인 농가	
		농가수	지주비율(%)	농가수	지주비율(%)
북 한	10	1,336	33.4	120	37.5
중 부	12	1,085	24.9	211	11.0
남 한	13	1,487	16.5	281	18.8
계	35	3,908	24.9	612	22.4

* 농가 35개 부락만 가지고 조사한 것.

농촌의 궁핍은 전국적이고, 기독교인이나 비기독교인을 가리지 않고 엄습하고 있었다. 따라서 기독교인 농가들 역시 격심한 타격을 받기는 마찬가지였다. 그런 것이 실제로 교회 전체에 끼친 영향이 교세가 비교적 크고 안전되었다고 하던 장로교회의 경우에 다음 표에서와 같이 나타났다. 1923년과 1926-1929년의 타격이 곧 눈에 잡힌다.

장로교회가 1913년부터 시작하였던 중국 산동성(山東省) 선교사업의

장로교회 교세 추세표[169]

연도 \ 항목	목사수	교회수	교인수	결산액(원)
1922	246	1,941	187,271	1,065,235
1923	234	2,097	93,850	998,009
1924	252	2,171	191,887	901,245
1925	315	2,232	193,823	1,000,779
1926	315	2,277	194,408	963,280
1927	330	2,265	159,060	883,453
1928	359	2,191	177,416	948,888
1929	404	2,451	186,994	905,214
1930	404	2,571	194,678	1,310,066
1931	429	2,612	208,912	1,117,703

169) 조선예수교장로회총회 『회록』 1922-1931 의거 작성.

감축을 심각하게 생각하지 않을 수 없었던 것도 1927년이었다.[170] 1923년에 그 축소 발의가 있었고, 몇 년을 끈 셈이었다.

이렇게 해서 한국교회가 1925년부터 겪기 시작한 감축추세를 "상상하기 힘든 누출(漏出)현상"[171]이라 진단한 사람이 있었다. 장감(長監) 양대 교회의 헌금액은 1923년의 1,164,717원에서 계속 감소하다가 1926년에는 1,187,067원까지 밑돌게 된다.[172] "날 연보"(獻日)의 형식으로 헌금이 대체된 것도 이때였다.[173] 성수주일(聖守主日)의 전통도 이때 상당히 흔들리기 시작하였다. 일손이 주일에 쉬지 못하게 하였기 때문이기도 하였지만, 헌금을 내지 못하는 교인들의 발길은 자연 뜨음해질 수밖에 없었다.[174]

> 현재 좌절의 분위기가 휩쓸고 있습니다. 그것은 절망이라고까지 말하기는 힘들지 모릅니다. 그러나 교회 안에서 기왕에 도도하던 낙관주의는 사라진 것 같습니다.[175]

시간이 지나면서 행여나 바라던 회복의 기미는 여전히 보이지를 않았다. 이 무력감은 교회가 근대사에서 기독교 서양문명 최선의 교육을 받아 왔고, 교육이나 사회에 대한 표준 높은 감수성을 개발하여 왔기 때문에 그 심도가 더욱 깊었다.[176]

---

170) 성산(聖山), 「조선장로회의 산동선교에 대한 나의 관견(管見)」, 〈기독신보〉, 1927. 5. 11일자. Cf. W. A. Noble, The Evangelic Situation, *The Christian Movement*, 1924, p. 361.

171) R. E. Speer & H. T. Kerr, *Report on Japan and China*, New York, Presbyterian Board of Missions, 1927, p. 65.

172) E. S. Brunner, *op. cit.*, p. 138.

173) *Annual Report of B.F.B.S.*, 1927, p. 255.

174) 조민형, 「농촌교회의 피폐와 구제책」 (9), 〈기독신보〉, 1931, 3. 18일자.

175) *Annual Report of B.F.B.S.*, 1927, p. 255.

176) E. S. Brunner, *op. cit.*, pp. 120-121.

거기에 설상가상으로 세계적 경제공황 때문에 선교본부의 선교비 지원이 1924년부터 계속 대폭 삭감되어 교회발전에 또 하나의 암운을 던진 것이다. 가령 미국 남감리교의 선교본부는 1923년까지만 해도 매해 270,000달러에 달하던 선교비를 1924년에 173,000달러, 1925년에 136,000달러, 그리고 1926년에는 115,000달러로 각각 현저하게 축소되고 있었다.[177] 이러한 선교비 감축은 사업의 축소, 인원의 감원이라는 사태를 몰고 온 것이다. 장로교의 경우는 충격적인 감소는 나타나지 않았다. 그러나 선교비 감세 현상은 정도의 차이는 있었다 할지라도 현저하였고, 따라서 한국교회 자체의 부담으로 그 압박이 전가될 수밖에 없었다.

가령 1925년경에 목사의 평균월봉이 48원 50전, 전도사가 18원 정도였다. 그런데 이런 교회의, 말하자면, 인건비는 보통 교회 예산의 46퍼센트 가량을 차지하는 형편이었다.

이제 장로교의 헌금액과 선교부의 선교비 추세를 보면 다음과 같았다.

장로교의 헌금액과 선교부 선교비 추세표[178]

항목 / 연도	한국교회 헌금	선 교 비	항목 / 연도	한국교회 헌금	선 교 비
1924-1925	$387,535	$343,995.42	1929-1930	$362,644	$382,782.74
1925-1926	288,051	403,159.90	1930-1931	444,731	357,549.19
1926-1927	342,122	379,628.68	1931-1932	516,743	354,859.93
1927-1928	177,787	381,648.80	1932-1933	572,843	285,090.66
1928-1929	365,369	368,371.99			

177) A. W. Wasson, *Church Growth in Korea*, p. 130.

178) H. A. Rhodes, *History of the Korea Mission of the Presbyterian Church in the USA 1884-1934*, Seoul, Chosen Mission of the Presbyterian Church, 1934, p. 555.

교회는 이렇게 뼈아픈 위기를 체감하고 있었다. 1931년에 와서 그 위기감은 아주 예각화하였다. 그러면서 동시에 내적인 신앙이 냉각되어 있었다. 성서에의 열의, 개인적인 전도열이 식어갔다. 신앙적 분위기 전체가 고갈되고 있었다. 사회문제에 대결할 영력이 시들고 있었다. 그러나 거기 교회의 남다른 점이 있었다. 교회는 동시에 거대한 사명감을 자각하고 있었다. "무릎"에서 문제를 해결한다는 결단만 있으면 "미래를 걱정할 까닭"이 없었다.[179]

> 한국의 모든 형편이 비상한 처지에 이슬 쩍에 우리 교회도 역시 그러한 중에서 그 생명이 겨우 업서질 거슬 의심하리만큼 되어 잇다.
> 아니 만일 교회가 이 한국에서 니러나 백성을 지도ᄒᆞᄂᆞᆫ 권위를 가지지 못하면 이 나라는 영원히 소망이 ᄭᅳᆫ허진 것이 될지며, 이 민중은 가장 불행ᄒᆞᆫ 운명에 농락되다가 사라져버리고 말 것이다.[180]

교회는 그 역사 40년에 이제 모질게 스스로를 직시하고 채찍질하는 순간을 가져야 했다.

> 농촌의 교회가 농촌을 육적(肉的)으로 영적(靈的)으로 구원할 사명을 스스로 지고 나서지 않으면, 농촌의 명망을 따라 교회도 자멸되고 말 것입니다.[181]

이 말은 지나쳤다. 그러나 교회가 그 핍절을 딛고 그 본래의 저력을 발휘할 찰나에 서 있다는 절실한 절규가 거기 있었다.

---

179) W. A. Noble, *op. cit.*, pp. 365-366.

180) 조민형, 「농촌교회 갱신운동」, 〈기독신보〉, 1931. 3. 25일자.

181) 이순기, 「농촌교회의 피폐와 구제책」, 〈기독신보〉, 1931. 1. 1일자.

> 만일 한국의 교회가 새 트럼펫을 불며 행진하려면 공세적인 진취적 정신으로 다시 불 타지 않으면 안 됩니다. 한국 기독교회의 역사는 교회가 유리한 경제적 조건이나 다른 우호적인 환경에 의해서 발전한 사실을 보여주지 않고 있습니다. 오히려 그것을 딛고 서서, 경건으로 뚫고 나간 발전과 영광을 보여 주고 있습니다. 지금은 절망할 할 때가 아닙니다.[182]

교회는 어차피 사회운동에 나서지 않을 수 없었다. 그것은 한국교화사의 새 영토였다.

3.3. 사회의식 전개과정

한국교회에서 미국의 남감리교 선교부는 그 사회의식 발표에 있어서 가장 앞서 있었다. "사회신경"의 선언이 그것이다. 비록 "미국 내 기독교회의 사회적 신경(信經)"을 "장정에 삼입"하는 형태였지만, 그런 사회신경의 공식적인 발표는 확실히 개척적이었다.[183]

> 하ᄂᆞ님의 교회가 밧은 사명은 예수 그리스도와 그 복음을 각 시대에 합당ᄒᆞ게 번역ᄒᆞ고 사역ᄒᆞ야 나죵에ᄂᆞᆫ 만물이 그이의게 굴복케 ᄒᆞᆯ 것이며, 또 이시대의 절박ᄒᆞ게 된 경제상 정리와 사회상 구속(救贖)ᄒᆞᆯ 문제가 교회의게 도전적으로 예수 그리스도의 주되심을 사회적으로 개인적과 ᄀᆞᆺ치 주장케 ᄒᆞ게 ᄒᆞ며, 또 이 시대의 복음을 사회으로 변역ᄒᆞ기를 개인적으로 ᄒᆞᆷ과 ᄀᆞᆺ치 ᄒᆞ기를 요구ᄒᆞᄂᆞᆫ지라.[184]

---

182) *Annual Report of B.F.B.S.*, 1929, p. 153.

183) 1918년 총회결의에 의하여 『남감리교회 도리(道理) 및 장정(章程)』에 편입. 양주삼 역술, 전요슬 발행, 『남감리교회 도리(道理) 및 장정(章程)』, 1919, pp. 60-61.

184) *Ibid.*, pp. 60-62.

이것이 그 서문이었다. 사회운동을 개인전도 방법의 정신과 확장 형식으로 이해한 데에 그 특징이 엿보인다. 그런데 이 신경(信經)에는 16개 항에 걸친 사회적 신경이 있는데, 곧 생활의 동등, 가정의 순결, 아동의 교육기회와 아동노동 폐지, 여자노동의 조건 개선, 빈곤의 예방, 금주, 건강과 노동자들의 위험에서의 보호, 강제노동의 금지, 퇴직노동자들을 위한 규정, 노동조합과 그 중재, 안식일의 휴식, 노동시간의 합리적 조절, 최고의 공전(公錢), 재산취득과 공정분배에서의 기독교의 원리적용, 대개 이런 것들이 그 골자였다.

한편 조선야소교장감연합협의회(長監聯合協議會 1918년 조직)는 1920년 4월 그 4차 총회에서 재한복음주의선교협의회에서 요청한 결의를 한 바 있는데, 거기 제4항에 다음과 같은 사회지향운동이 지향되고 있었다.

> 기독교가 사회적 봉사를 실행키 위ᄒᆞ야 정신병자의 보호원, 고아의 양육원, 걸아(乞兒)의 실업학교, 연로자나 불구자나 맹아(盲啞) 등의 양로원, 쇠약한 여자의 구호원, 나병(癩病)과 폐병 환자 등의 병원 등을 설립ᄒᆞ기로 권면(勸勉)ᄒᆞᆯ 것이며, 그 외 빈한자를 구제키 위ᄒᆞ야 공장에 노동자 등과 ᄀᆞᆺ치 일ᄒᆞ며, 그 가정을 심방ᄒᆞᆷ과 노동ᄒᆞᄂᆞᆫ 부인의 자녀들을 위ᄒᆞ야 일ᄒᆞᆯ 공장과 세가(貰家)를 준비ᄒᆞ며, 기타 전도사업의 필요ᄒᆞᆫ 종류를 권면ᄒᆞᆯ 것.[185)]

선교사들의 사회의식이 한국교회를 앞서고 있었다는 증거였다. 이들 선교사들의 선교사연합협의회는 1923년에 이미 공창(公娼)폐지운동을 일으켰고[186)] 1924년에는 다시 다음과 같은 결의를 하여 사회운

185) 비록, 조선야소교장감연합협의회 제4회 『총회록』, 1920, pp. 6-7.

186) C. I. McLaren, A Social Survey, *The Christian Movement*, 1924, p. 412.

동의 방향을 확인하고 있었다.

> 1. 세계의 구원과 모든 필요의 충족은 우리 주 예수 그리스도의 복음 안에서 제공된 용서와 신생 안에서만 찾을 수 있다고 믿는다.
> 2. 문제가 되는 사회적, 산업적, 경제적 개혁에 대해서는, 현재의 핍절과 부조리의 결정적 치유가 예수의 원칙과 주의를 산업경제의 질서의 표준으로 받아들이는 경제적 관계에서만 찾을 수 있다고 믿는다.
> 3. 개인의 방종이라든가 가정관계의 소위 자유라고 하는 위험한 시대적 사조에 대하여서는, 사회경제 문제들에 대해 건설적 시각으로 바라보는 문서의 간행을 서둘러야 한다고 믿는다.
> 4. 연합협의회로서 우리들은 사회봉사위원회나 여자절제회와 협력하여 공창과 같은 사회악의 박멸에 전진할 것을 확인한다.[187]

장감연합협의회는 1924년에 조선예수교연합공의회로 바꿔지면서 세 가지 중요한 일을 결정하였다. 곧 1925년에 사회부를 설치하고,[188] 1930년에는 여자절제회를 공의회에 가입하게 하고, 동시에 농촌부를 설치하면서 서울 YMCA 농촌부와 협동으로 농촌사업을 추진해 나가기로 했던 것이다.[189] 연합공의회의 헌법 제2장의 목적에는 "기독교의 원리로 사회문제를 해결"하는데 협조한다는 사실이 2항에 걸쳐 명기되어 있었다.[190]

그런데 교회의 사회의식 촉발은 사실상 사회 쪽에서 먼저 기대되어 왔던 것이다. 1917년에 이미 이광수(李光洙 1892-1950)는 이런 말을 하고 있었다.

---

187) E. T. Rosenberger, Social Service, *The Christian Movement*, 1925, p. 638.

188) 조선예수교연합공의회, 제2회 『총회록』, 1925, p. 9.

189) *Ibid.*, 1930, p. 11.

190) 조선예수교연합공의회, 헌법과 세칙. *Ibid.*, 1930, p. 25.

> 야소교인들은 하나님의 일이라 하여 교역(教役)만 신성하게 여기고, 상공업 같은 사업과 교육, 문예, 예술 같은 것까지도 세상일이라 하여 말류(末流)로 여기오. … 농 상 공업 어느 것이 하나님의 일이 아니리까.[191]

〈동아일보〉는 1922년 초에 이르러 교회의 사회참여를 간곡하게 호소하고 있었다. 사회참여에 나서지 않는 교회에 문제를 던지고 있었다.

> 제군(諸君)은 교회에서 친미가를 창(唱)하며 기도하고 예배를 인노함으로 능사를 작(作)하는가. 그 안하(眼下)에 전 세계는 불행에 누(淚)하며, 기아에 누하며, 불의와 폭학(暴虐)에 유린하는 바 되도다. 인생의 권위는 하(何)에 재(在)하며, 기아에 하등 애(愛)가 유(有)하며 불의와 포학과 비참에 하등(何等) 조화가 유한가.
>
> 제군은 절실한 세계를 부지(不知)하는도다. 제군은 참혹한 실상을 부지하는도다.[192]

교회가 몰랐던 것이 아니다. 알고 있었다. 그 도전과 기회도 알고 있었다. 그래서 선교사들이나 교회가 사회를 위한 선교에 나설 것을 여러모로 생각하고 있었다.

송창근(宋昌根)은 1921년에 이런 말을 한다.

> (조선교회를) 사회적으로 화(化)하라. 오인(吾人)은 도저히 현재를 부인하며 물질을 배척하지 못할 것이며, 교회는 세상 외계(外界)에 일종 단체로 조직하려 함이 아닌 것을 각성하라 하나이다.[193]

---

191) 이광수, 「금일 조선야소교의 결점(缺點)」, 〈청춘〉, 제11호, 1917. 11월호.

192) 종교가여 가두에 출(出)하라, 〈동아일보〉, 1922. 1. 7일자.

193) 송만우(宋晩雨), 「교회를 발전하랴면 우리난 엇지할가」, 〈청년〉, 1921. 3월호, p. 1.

김진헌(金鎭憲) 역시 〈청년〉을 통하여 1922년 대개 같은 의식을 전개하고 있었다.

> 금일의 신자는 일반사회에 혼재(混在)하야 암흑한 사회로 하여금 광명하게, 오예(汚穢)한 죄인으로 하여금 성결케 하여 지상에 천국을 건설하려는 것.[194]

그런 것이 교회의 새 시대상이라는 것이었다. 기독자들에 의한 사회주의 연구가 한때를 휩쓸어간 일도 있었다. 가령 채필근(蔡弼根)의 「사회주의와 기독교에 대한 고찰」,[195] 김강(金岡)의 「기독교사회사상연구」,[196]가 있는데, 특히 김준성(金俊星)은 「기독교와 사회주의」[197]란 논문을 〈기독신보〉에 14회에 걸쳐 연재하고 있었다.

앞서도 살펴보았지만, 사회주의에 대한 소박한 인식이 기독교 사회복음과 사회주의와의 연계를 가능하게 한다는 과정을 거쳐, 교회의 사회의식은 YMCA의 〈청년〉을 논단으로 해서, 이대위(李大偉 1896-1982), 김진헌을 비롯, 김창제, 정경옥(鄭景玉 1903-1945), 김태양(金太陽), 이건춘(李健春), 신흥우(申興雨)와 같은 감리교계 인사들을 거쳐 활발하게 전개되었다.

대다수의 경우 필자가 중복되던 〈기독신보〉에서는 1924년을 전후해서 강렬한 사회의식이 표방되었다.

> 우리가 그리스도교의 본질은 하ᄂᆞ님의 ᄉᆞ랑에 의ᄒᆞ야 만물을 갱개

194) 김진헌, 「시대의 진보와 교회의 각오」, 〈청년〉, 1922. 3월호, p. 17.
195) 〈기독신보〉, 1927. 10. 26; 11. 2; 11. 9; 11. 16일자.
196) *Ibid.*, 1927. 11. 16; 11. 23; 11. 30; 12. 7; 12. 14일자.
197) *Ibid.*, 1930. 1, l; 1. 8; 1. 25; 1. 22; 1. 29; 2. 5; 2. 12; 2. 19; 2, 26; 3. 5; 3. 19; 3. 26; 4. 2; 4. 9일자.

(更改)홀 수 잇는 거슬 아누니 그 갱개는 한 개인을 갱개홀 쑨 아니라 사회던지 쏘는 그 제도까지 갱개홀 수 잇음이라.[198)]

현재 우리 조선사회의 상태를 고찰훈건디 최고 이상사회의 실현을 고규(高叫)후는도다. 그 례(例)를 말후자면 현금 사회제도의 불만과 불평이 장중 탱중(撑中)후야, 그 무슴 주의든 사회주의에 경향되는 사실을 부인홀 수 업도다.

고로 최고 이상의사회를 조직홈에는 구원의 능력을 요구후며, 구원의 능력은 예수 그리스도끠 잇스니, 그의 일흠으로 이 사회는 구원되며 신(新) 이상적 사회가 실현후리라 후노라.[199)]

이런 사회의식 발효(醱酵)에는 자본주의에 대한 분석과 비판도 있었다. 이대위(李大偉)는 "사회에 해독을 주고 인류생활에 방해되는 제도이면 개수(改修) 아니면 파괴라도"[200)] 해야 할 것이 자본주의라고 보았으며, 자본의 인간행동 지배, 자본가의 노동자 착취, "인간관계를 공전(工錢)으로 잡아묶기," "인생 상조(相助)의 정신과 복무(服務)의 진리 망각, 인격의 기계화와 노예화"[201)]가 자본주의의 폐해라고 보았다.

소작인과 농주(農主)에 대한 문제의식도 날카로웠다.

쇼작인은 그 맛흔 바 토디를 남의 것으로만 싱각지 말나. 쇼작인 주긔들도 그 중에서 리히를 굿치후는 바인즉 여러분들은 남의 것을 내것굿치 보아 셩심셩력으로 농업의 여러가지 일을 힘써 힝후야 나가면, 굿

---

198) 사회에 대한 그리스도교의 본질, 〈기독신보〉, 1924. 2. 6일자.

199) 그리스도교의 사회성, 사설, 〈기독신보〉, 1924. 4. 2일자.

200) 이대위, 「기독교가 자본주의 제도에 대하여 취할 태도」, 〈기독신보〉, 1924. 1. 23일자.

201) *Ibid.*, 1924. 1. 23일자; 30일자; 2. 6일자; 1925. 6. 17일자.

흔 평수의 짜에서 더 만흔 추슈를 엇을 것이오, 또ᄒᆞᆫ 농쥬의 동정을 엇어 무거운 멍에가 여러분의 목에 메우지 아니ᄒᆞ리니 오직 순종ᄒᆞᆷ으로써 하라.

농쥬ᄂᆞᆫ 엇지ᄒᆞ야 그 리익을 서로 동일히 분ᄇᆡᄒᆞ지 안ᄂᆞᆫ가. 여러분이 그 과실을 ᄭᆡ닷지 못ᄒᆞ고 일향 젼과 ᄀᆞᆺ치 계속ᄒᆞ면 우리 죠션에도 공산주의가 불원간 치셩ᄒᆞ리니 이ᄂᆞᆫ 여러분의 무거운 멍에ᄅᆞᆯ 뎌들이 감당치 못ᄒᆞ야 부득불 그러케 된 것이라.[202]

공산주의 치성 만일 있다면, 그것은 지주들이 소작인들을 인간적으로 대우하지를 아니하고 무거운 멍에를 메웠기 때문이라는, 그런 말이었다. 인간관계의 우선, 소작인과 지주의 각각의 사명 충실, 그런 것을 주장한 것인데 종교적 문제의식의 범위가 그만한 정도에 머물렀다는 뜻이 되겠지만, 사실 그 이상 달리 할 일이 있었던 것도 아니다. 여기 근본적인 한계가 있었다.

있는 자와 없는 자에 대한 생각은 같을 수 없다는 조짐은 확실하였다. 사회개혁의 요구는 결국 있는 자들을 위한 것이 아니다. 가난하고 억눌리는 자 때문에 터진 문제의 해결을 찾고자 해서 출발한 운동인 것이다.

내리 눌르는 무지의 사람들의 바라는 것과 눌림을 당하는 불상한 사람네 바라는 것이 갓흘 수 잇게습니까. 만약 갓흐다고 할 것 갓흐면 우리는 예수의 종교의 진리성을 의심하지 안을 수 업다고 생각합니다.[203]

이것은 한국교회 사회의식 구성에 있어서 아주 중요한 접근을 시도한 케이스로 주목을 받기에 합당하다.

---

202) 쇼작인과 농쥬의 의무, 사설, 〈기독신보〉, 1925. 6. 17일자.

203) 송창근, 「우리 민족의 실생활과 예수의 종교」, 〈사명〉, 1926년호, pp. 8-9.

3.4. 기독교 사회의식과 운동의 한계

교회가 이 땅에서 사회와 문화 전체에 두루 작용하는 개혁적 동력이라는 막연한 과장이 있었던 것이 사실이다. 실상 교회를 세우면 독립이 오고, 십일조를 내면 부유해 진다는, 그런 생각으로 교회에 발을 들여 놓았던 사람들은 하나님의 역사 간섭을 마술적 기적의 믿음으로 대체시켜왔고, 따라서 1920년대에 경제적 궁핍과 시련이 엄습하자 신앙자체의 환멸을 겪은 교인들이 없지 않았다. 이러한 의미의 신앙은 가장 철저한 물질주의적 기복(祈福) 철학에 젖어 있었기 때문이라는 비판도 들렸지만, 그렇게 단순하게 볼 수 있는 문제도 아니었다.[204)]

어쨌든 사회적 시련의 광풍이 휩쓸고 지나갈 때 교회는 아직 "미비(未備)"였고, 안목도 "미시적"이었다는 생각이 일각에 있었다.[205)] 1927년 미국 북장로교 해외선교부 총무를 맡았던 스피어(R. E. Speer)는 "우리 나이든 선교사들이 새 정황에 맞설 준비가 되어 있지 않다"[206)]는 말을 할 때 브루너(E. S. Brunner)도 역시 선교사들이 교육배경이 미약하거나 지도력 발휘를 꺼려서, 사회변화에 적응할만한 새 프로그램을 수립하거나 운영하거나 하는, 그런 적극적 자세를 내보이지 못했다고 섭섭해 하였다. 그러면서 "오늘날 교회 최대 관심사여야 할 경제적 · 사회적 문제에 교회는 적절하게 대응하지 못하고 있다"[207)] 고 자책하고 있었다.

남감리교의 개성(開城) 송도고등보통학교 교장이오, 한국교회 성장사를 연구하여 책과 글을 많이 쓴 왓슨(A. W. Wasson)의 판단도 같

204) J. E. Fisher, Mission and the Economic Development in Korea, *K.M.F.*, October 1928, p. 200.

205) H. A. Rhodes, The Challenge of Capital, *op. cit.*, 1921, p. 365.

206) R. E Speer & H. T. Kerr, *op. cit.*, p. 67.

207) E. S. Brunner, *op. cit.*, p. 149.

았다. 동요하는 청년들이 교회 안에서 확신 넘친 새 이념이나 사회선교의 질적인 경륜을 찾지 못하고 있다고 지적한 것이다. 그리고 그렇게 된 이유가 전천년왕국설(前千年王國說)을 고집하는 선교사들이 피안적(彼岸的) 열복(悅福)에서 문제의 해답을 주고자 한, 몰(沒)역사성에 있다고 쓴 소리를 한 것이다.[208]

우리 교회는, 문제는 예민하게 감지하고 있었다. 하지만 현실적인 이데올로기나 구체적 정책을 마련할 그런 조직도 기구도 아니었다. 결국 종교적 입장의 확인밖에는 할 수 없었던 것이다. 가령 농토를 빼앗기고 북방 이국(異國)으로 이주하는 실향농민들에 대해서도 "토지비옥하야 물산(物產) 풍성한 땅을 어찌하야 동포들은 버리고 타국에 가야만 하는가"[209] 탄식할 때, 할 수 있는 말은 "근본적인 해답을 제공하자면 그 말이 장황할 뿐 아니라 또한 정치적인 까닭에 종교계에 있는 본 기자로서는 용이하게 말하기 어렵도다"라는 자책에서 더 나갈 수 없었다.

> 그러면 형제여, 우리가 먼저 우리 땅에서 이전함이 없이, 다시 말하면 우리 전택(田宅)을 우리가 방매(放賣)함이 없이 저들(일본농민과 지주)이 어떻게 내접(內接)하리오. 아! 그것은 물론 어떠어떠한 지시가 저들 배후에 있을 것이지만, 그러나 반부(半部)이상의 책임은 우리에게 있습니다.[210]

우리 농민들의 이주(移住)가 반은 그 책임이 그 당사자들에게 있다는, 그런 감상이었다. 곧 착실 근면했던가, 일은 부지런히 했던가, 담배 술에 빠지지 않았던가, 그런 것은 없었는지, 자성을 하자는 것이었

208) A. W. Wasson, *op. cit.*, pp. 136, 139.

209) 동포여 어디로 가는가, 사설, 〈기독신보〉, 1924. 11. 5일자.

210) *Loc. cit.*

다. 엄청난 사회 진통의 현장에서 이런 말을 하는 것이 교회였던가 하는 문제는 다시 검토되어야 할 것이다. 그래서 한 식자는 외쳤다.

> 여기는 철학도 종교도 그 무엇도 있지 아니하고, 오직 무산자가 있으며, 무산자로서의 문제가 있을 뿐입니다.[211]

굶주림만이 실재였던 때의 호소였다. 전영택(田榮澤 1894-1968)은 〈기독신보〉에 "19세기 기독교사회운동"[212]을 5회에 걸쳐 연재하였던 문인이요 목사였다. 그는 1927년 발표한 농촌빈곤 고발 문학 『화수분』에서 "어떤 때는 온종일, 그 이튿날 아침까지 굶는" 가난한 농부가 그 딸이 "그렇게 먹고 싶어 하는 연시 한 개 못 사주고" 칼날같이 바람이 빰을 치는 겨울 어느 날, 소나무 밑에서 부부함께 누더기 옷에 동사(凍死)하는, 그런 서러움과 아픔을 그리고 있다.

그의 글에는 물론 한국 농민의 비참을 당장 누구에게 책임 묻는, 그런 고발이나 혁명의 분노가 없다. 하지만 그 글 행간(行間)마다 예언자의 눈물처럼 젖어있는 누소(淚訴)가 가슴을 여인다. 그리고 빈곤과 고립, 자식들에 대한 사랑을 그렇게 하나 못 이룬 채 간, 무고(無告)의 저 변두리 인생이 무엔가 묻고, 함께 가고 싶은 내 이웃이 있었구나 하는, 동행의 정서 그 억누르기 힘든 감격이 스친다. 1943년 "어서 돌아오오, 어서 돌아만 오오"[213]해서 행여 내 겨레의 아픔이 우리 죄 때문이 아닐까 해서 읊던 그의 눈매는, 1927년 그날에 벌써 이처럼 깊고 그리고 격정에 차 있었다.

그때 우리 교회는 민족교회로서의 독립자주문제, 과학과 종교의 문

---

211) 무지와 무산의 인과관계, 사설, 〈동아일보〉, 1924. 12. 7일자.

212) 〈기독신보〉, 1931. 3. 18일자부터.

213) 찬송가 제317장.

제, 그리고 사회 경제문제, 농촌문제와 같은, 거대한 문제들에 직면하고 있었다. 아무리 종교기관이라 하지만, 전국적인 조직으로서는 아직도 유일한 거대 민족기관 교회가 한국에서의 매서운 사회 농촌문제에 외면하고 있기에는 민족 구원의 표방을 외쳐온 교회로서 할 일이 아니었다.

하지만 역사가 기껏 40년의 어린 교회, 그것도 기독교 조직에 급격한 사회변동과 농촌문제에 대응할 준비를 갖추라는 말은 실로 엄청난 주문이었다. 그때까지 교회가 사회개혁 의지나 이론을 체계화할 사회과학적 감수성이나 기독교적 사회개혁의 비전을 제시할 그런 신학적 훈련을 한 것이 아니었기 때문이다.[214] 기독교는 인간 구원의 복음을 들고 온 것이었다. 성경을 들고 온 것이었다. 『자본론』을 들고 온 것이 아니었다.

그런데 그런 미비나 직접적 소관이 아닌 것으로 취한 교회의 침묵이 기성 부르주아 층에의 동조, 아니면 통치기구에 대한 용인처럼 비쳤던, 그런 불행한 오해를 교회가 받고 있었던 것이다.

교회가 이런 비난에 시달리는 데에 까닭이 있었다. 교회 역시 그 구성이 73퍼센트가 농촌교회여서 그 참화의 현장에 더불어 얽매어 있었기 때문이다. 교회라고 해서 현실을 지양할 힘이 쉽게 주어지는 것이 아닌 것이다. "한 개인이나 기구로서는 해낼 수 없는 큰 문제"가 거기 있었다.[215] 그래 1932년 9월에 가서야 조선예수교연합공의회는 "사회신조"를 채택하였고, 거대 장로교회는 1934년에 가서야 비로소 사회조사방법의 연구를 위한 인사조치를 강구하고, 1936년에 이르러 "사회조사방법"을 작성 채택한다는 결의를 하고 있었다.[216]

---

214) J. D. van Buskirk, *Korea, Land of the Dawn*, p. 153.

215) E. Adams, Present Day Economic Problems, *The 50th Anniversary Celebration Jubilee Papers*, 1934, p. 197.

하지만 그런 사회운동지향 교회정책에 교회 안에서의 반발도 적지 않았다.

4. 예루살렘 국제선교협의회 이후의 교회 사회의식

4.1. 예루살렘 국제선교협의회

한국교회의 사회의식의 구조적 형성에 결정적 계기가 된 것이 하나 있었다. 그것이 1928년 3월 예루살렘에서 열린 국제선교협의회(International Missionary Conference)이다. 한국교회 사회의식이 사회과학적인 구조를 가지고 형질화할 수 있었던 것이 이때였다. 그리고 그 직접적인 전거(典據)가 된 것이 바로 그 전해에 한국에 와서 한국교회와 농촌의 사회경제학적 조사연구를 하여 이를 보고서 형식으로 그 국제선교협의회에 제출하였던 에드먼도 브루너(E. S. Brunner)의 『*The Rural Korea*』이다.[217)]

1925년에 실상 I.M.C.의 준비위원회 비슷한 성격의 회의가 서울에서 당시 W.S.C.F(World Student Christian Federation) 총무였던 모트(J. R. Mott, 穆德 1865-1955)의 내한을 계기로 모여 장차 예루살렘회의에서 어떤 범위에서 무슨 문제가 연구될 것인지를 두고 예비연구회를 가진 일이 있었다.[218)] 토픽은 당시 기독교와 한국 청년남녀, 한국

---

216) E. W. Koons, Present Day Social Problems, *The 50th Anniversary Celebration Jubilee Papers*, 1934 p. 188.

217) E. S. Brunner, *The Rural Korea, A Preliminary Survey of Economic, Social, and Religious Conditions.* I.M.C.는 1938년에도 다음 두 보고서를 받고 있었다. 곧 R. A. Felton, *The Rural Churches in the Far East*; J. M. Davis, *The Economic Basis of the Church, Preparatory Studies and Finding.* 브루너 박사는 미국 콜럼비아대학교 농촌사회학 교수.

기독교 사업방침의 재조정, 영적 동력, 국제선교협의회와 한국과의 관계 등 네 가지였다. 그때 한국교회의 경제적 시련과 한국민중의 일반적인 무항산(無恒産), 그리고 청년들의 혁명적 의식을 검토하면서 내린 결론이 이런 것들이었다.

> 정치상 경제상 생활이 날노 변함에 짜라 그 정신생활도 돌변하야 오날 우리 교회 압헤는 새 문제와 난(難)문제가 니러낫는 연고로, 우리 기독교회는 과거의 성적을 다시 고사(考査)하며 신시대를 엇더케 적합하게 대할 방침을 연구할 필요가 잇슴.[219]

그리고 "조선교회 제도가 부국(富國)의 표준을 모방하여 왔기 때문에 이 제도가 우리 조선에 합당한지 이 간난(艱難)한 사회의 요구를 수요(需要)하는지 조사"하기로 하였다. 그리고 선교사들이 재래 사업방침을 고수하고 있음으로 그것이 "시대에 불합(不合)한 방법과 태도"가 되고 있어서 교회 안에 가끔 거리감을 주고 있지는 않는지, 한국교회와 선교사와의 관계가 재고되어야 한다고 보았다.

그러나 브루너는 한국교회에서의 선교를 크게 성공한 케이스로 평가하고 있었다. 1927년 9월의 조선예수교연합공의회 석상에서 그가 한국농촌을 연구하게 된 동기 가운데 하나가 이런 연구가 수행된 나라는 한국이 유일한 나라인데, "한국교회가 농촌사회에 복음을 전도하는 데 가장 성공적인 나라였기 때문"이라는 말을 공언(公言)하고 있었다.[220]

---

218) 조선기독교 봉역자회의, 1925. 12. 28-29, 경성(京城), 조선호텔, n.d., p. 1. 참석자는 한국교회와 선교사들 각각 31명이었다. Cf. 국제선교연맹참가준비회, 〈기독신보〉, 1926. 1. 6일자.

219) *Ibid.*, pp. 4, 5.

220) Report of the Korean National Council, *The Minutes of the Korea Mission*

1928년 3월 예루살렘국제선교협의회는 전례 없이 현대산업사회와 농촌의 문제들을 포괄적으로 취급한 기독교 관계 국제회의였다. 더구나 국제기독교대회로서는 최초로 아세아에서 열린 회의여서, 아세아나 아프리카의 대다수 민중들이 농촌에 살고 있다는 현실 때문에 역점이 주로 농촌문제에 놓이게 되었던 것이다. 이때 우리나라의 예수교연합공의회가 국제선교협의회에 정식으로 가입되었다.[221)]

이 회의의 중요한 의제가 많았지만 본 문맥에서 중요한 것으로는 "농촌문제"에 대한 심층적 토론이 있었다.[222)] 여기 대하여 정인과의 인상을 그대로 옮긴다.

> 가장 흥미를 일으킨 것은 농촌문제이외다. 금번에 과연 농촌선교, 농촌교육, 농촌경제, 농촌위생에 대하야 교회역사상 초유의 원만한 토론을 하엿슴니다. 농촌사업이란 말은 근본적으로 현대과학적 법칙에 의하여 기초를 세우자는 말입니다. 쌔터필드씨와 쑤르너씨의 조사는 매우 요용(要用)이 되얏슴니다.[223)]

이 회의가 한국교회 사회의식 개발에 끼친 영향은 실로 막대하였다. 김활란을 비롯한 신흥우, 홍병선(洪秉璇 1888-1967)이 예루살렘 도상(途上) 덴마크에 둘러 그곳 농촌 실태를 두 주일 동안 관찰한 결실이 귀국 후 YMCA나 YWCA에서의 적극적인 농촌사업의 추진으로 나타났던 것이다.[224)] 홍병선은 귀국 후 〈청년〉에 「정말(丁抹) 감

Presbyterian Church in the USA, 1928, p. 103.

221) 정인과, 김활란, 양주삼, 신흥우, 홍병선, 모페트, 노불 등이 참석.

222) 양주삼, 「예루살렘회의의 특색」, 〈기독신보〉, 1928. 7. 11일자. "선교사업에 농촌과 농민을 중요시하여야 되겠다는 것".

223) 정인과, 「예루살렘대회에 참석하고」(3), 〈기독신보〉, 1928. 6. 20일자.

224) 김활란, 『그 빛 속의 작은 생명』, 서울, 이화여자대학교 출판부, 1973, p. 176. YMCA에서는 물론 1925년부터 농촌사업을 전개하고 있었다.

상담(感想談)」[225]과 「정말(丁抹) 시찰담」을 장기간 11개월에 걸쳐 37회 연재하고 있었다.

4.2. 예루살렘 국제선교협의회 이후의 한국교회

한국교회의 농촌사업 착수

이러한 사회의식의 전개를 위해서 1929년 4월 18일부터 20일까지 모트의 내한을 계기로 조선예수교연합공의회 대회가 개최되었던 것이다. 이 대회는 네 분과에서 토론을 진행하였는데, 그 중에서 "경제적 파멸을 당하고 있는" 현실이 비관점으로 지적되면서, 한국의 사회문제와 농촌문제가 심각하게 논의되고, 농촌사업의 발전 방안, "사회를 기독주의화"하는 문제가 진지하게 논의되었던 것이다.[226]

이런 시대적 배경을 두고 1928년에는 장로교회와 감리교회가 그 총회 안에 농촌부를 신설하였으며,[227] 장로교회에서는 1933년 배민수(裵敏洙 1896-1968)가 미국에서 확보하여 가지고 온 기금 6,860원으로 농촌부 상설사무국을 설치하고 배민수를 그 총무로 임명하였던 것이다.[228]

비족(匪族)과 공산당에 시달리던 동만(東滿)교회에서도 1928년 전도방침을 농촌사업으로 전환하고,[229] 남만(南滿)노회의 교회 안에서도 12929년부터 농촌사업을 전개하여 나갔다.[230]

---

225) 「정말(丁抹)감상담」, 〈청년〉, 1928. 11. 21 - 12. 19; 「정말시찰담」 1929. 1. 16 - 29. 9. 4일자.

226) 전필순, 「정신적 단합과 사업상 협동」, 〈진생〉(眞生), 1929. 7월호, pp. 14-17.

227) 조선예수교장로회총회 제17회 『회록』, 1928, pp. 39, 41. 처음에는 농촌권업부(勸業部)로 불렸다. 각 노회마다 농촌부 설치 결의.

228) *Ibid.*, 제22회 『회록』, 1933, p. 26.

229) 조선예수교장로회총회, 제17회 『회록』, 1928, p. 94.

230) *Ibid.*, 제18회 『회록』, 1929, p. 116.

> 교우와 민족의 생활을 위하여 농촌사업을 발면시키며 즁국에 입뎍(入籍)하고 토디를 매수하야 훗허진 민족으로 집단톄를 이루며, 짜라 항산(恒産)과 항심(恒心)으로 실업을 힘써 대즁의게 신생명을 수입시키고자 하오며...

북녘 만주의 교회는 흩어지고 있었지만,[231] 농촌개발사업으로 집단체를 이루고 함께 그 운명을 이겨나가겠다는 각오였다. 장로교회가 대대적인 농촌사업을 벌인 것은 1931년부터의 일이다.[232]

예수교연합공의회는 YMCA 농촌전문가요, 그 간사 클라크(F. O. Clark, 具乙樂)의 연설 내용을 장장 보고하며 농촌사업에 관심을 보인 것이 1928년, 그리고 다음해 1929년에 공의회 안에 농촌부를 역시 설치하였던 것이다.[233]

1928년부터는 농촌문제 간행물 추세도 눈에 띄었다. 그해 장로교회에서는 〈농민생활〉을 간행하기 시작하였고, YMCA에서는 1929년에 〈농촌청년〉, 그리고 1930년에는 윤치호와 홍병선이 〈농업세계〉를 간행하면서 농촌진흥을 민족의 문제로 연결하여 지도하고 있었다.

기독교농촌연구회와 예수촌

이러한 각성과 운동은 단체를 조직하는 데에서도 구체화하였다. 1928년 9월 장로교 총회에서 농촌부가 신설될 때에[234] "농우회" 조직을 별위원(別委員)에게 연구하도록 한 일이 있었다.[235] 한데 여기

---

231) Chosen Mission, *R.F.M.P.*, 1930, p. 78.

232) *Ibid.*, 1931, p. 77.

233) 조선예수교연합공의회 제6회 『회록』, 1929, pp. 11-12. Cf. *Ibid.*, 제23회 『회록』, 1930, p. 11.

234) *Ibid.*, 제17회 『회록』, 1928, p. 41.

235) *Ibid.*, 1928, p. 11. 농우회(農友會) 라고도 함.

농우회라고 한 것은 장차 문제가 되는 그 농우회가 아니라 농촌부 개념이었던 것이 후에 밝혀진다. 따라서 그것은 여기서 말하는 농촌 연구회와는 무관한 것이다.

기독교농촌연구회는 1928년 후반에 평양 장로회신학교와 숭실전문학교 학생들을 중심으로 해서 기독교사회주의 실현을 표방한 운동이었다. 실무형의 인사들이 아닌, 학생층이었다는 데에, 이운동의 이상형 구상(具象)과 신앙적 완전주의가 주도할 부분이 당연히 컸다는 사실이 주목된다. 교회나 기독교기관에 연계되지 않고 순수한 동지적 그룹으로 활동할 수 있었기 때문에 체제 비판적 자세도 자유로웠다. 최문식(崔文植)[236]과 같은 공산주의자가 안주(安住)할 수 있었을 정도였다. 목사 최문식의 공산주의 활동은 대개 해방 이후에 집중되어 있었기 때문에 여기서는 언급을 하지 않는다. 다만 송창근(宋昌根)나 김태묵(金泰默 1908-?) 그리고 배민수와는 아주 친근했다는 점이 주목된다.[237]

여기에 지도자 격인 조만식(曺晩植 1882-1950)과 그리고 배민수(裵敏洙), 유재기(劉載奇 1905-1949)[238] 등 36명이 참여하여, 전국 각지에 협동조합, 신용소비조합과 같은 조합을 결성하고, 이를 통해서 농

---

236) 공산주의자, 목사. 해방 후 경북 인민당 대표, 경북인민위원회 부위원장, 1946년 10월 대구철도 폭동 주동자 중 하나. 함께 주동하다가 사형을 받은 이재복 역시, 일본 동지사대학 출신 목사. 최문식은 그의 친구인 김태묵(YMCA전국연합회 총무) 목사의 탄원으로 사형을 모면. 1950년 6·25사변 중 서대문 감옥에서 나와 서울에 남아 있었던 목사들을 모아 "자수서"를 강요, 협박. 송창근이 "나의 사랑하는 친구"라고 소개. 유호준, 『역사와 증언』, 서울 대한기독교서회, 1993, p. 225. Cf. *Ibid.*, pp. 195, 225- 230.

237) 최문식에 대해서는 긍정적으로 접근한 홍동근, 「조선기독교의 사회주의 크리스찬들」, 연규홍, 「최문식목사의 정치노선과 신학」, 김홍수 엮음, 『일제하 한국기독교와 사회주의』, 서울. 한국기독교역사연구소, 1992, 참조.

238) 경북 영주 출신. 일본 유학시 가가와(賀川豊彦)의 영향을 깊이 받아 기독교사회주의에 심취. 숭실전문학교 중퇴, 1934년 장로목사 안수. 1938년 농우회사건으로 피체 1년 옥고.

민 각층에 생활 안전과 의식화 운동을 추진하기로 하였던 것이다.

이들 참여군 중에서 눈에 띄는 것이 서북출신이 반수 정도 차지하고 있다는 사실이다. 잘 알려진 인사들로서는, 위에 언급된 인사 이외에 노덕순(盧德淳)[239], 강태민(康泰民), 김준성(金俊星), 박윤선(朴允善 1905-?)[240], 송영길(宋永吉 ?-1950), 이유택(李裕澤 1905-1939), 전재선(全載先 1893-1969), 조택수(趙澤洙 1903-1979), 최문식(崔文植), 현성원(玄聖元 1895-1960) 등이다.[241] 구성은 기독교 공산주의자나 사회주의자, 보수주의 신앙인, 사회운동가 등의 복합조직이었다. 여기에 배민수와 절친하였던 박학전(朴鶴田 1905-1972)[242]과 김성원(金聲遠 1906-?)[243]이 동역하면서 주도 그룹이 된다.

기독교농촌연구회 활동목표는 한국 농촌에 대한 일반문제의 연구, 기독주의적 농촌사업의 실현, 회원 양성과 실제 사업에의 투신, 이런 것들이었다.[244] 여기에 적극 참여하였던 유재기는 1931년 농촌연구회의 목포가 결국은 "예수촌" 건설에 있음을 공개하게 된다.[245]

배민수 그룹은 장로교총회에 농촌부가 상설(常設)기구로 설치되던 1933년에 농촌운동 미래상에 대하여 그들 나름의 포부를 밝혔다. 곧 "총회 농촌부상설부 설치에 제(際)하여"라는 일종 매네페스토가 그것이다.[246] 이것은 장로교총회의 사업과는 무관한 배민수 그룹의 독자적 운동이었다. 총회 기록에 여기에 대한 언급이 전혀 없기 때문이다.

239) 공산주의자.

240) 지방교회에서 한때 소비조합운동.

241) 「농촌연구회 주소 및 씨명 및 그 사업」, 〈농민생활〉, 1929. 11월호, pp. 26-27.

242) 장로교 목사. 해방 이후 조선일보 취체역, 미군정 서울시 상임고문, 서울시 사회국장, 인천시장 등 역임

243) 함남 함주 출신. 수원 고등농민학교 출신, 해방 후 건국대학 학장 역임.

244) 농촌연구회 규약, 〈농민생활〉, 1929. 11월호, p. 27.

245) 방기중, 『배민수의 농촌운동과 기독교사상』, 서울, 연세대학교 출판부, 1999, p. 131.

246) 〈종교시보〉, 1933. 11. 1일자.

이 "예수촌"운동은 스스로 "전 세계가 아직 발견하지 못한 창조적 사업"이란 포부를 숨기지 않고 있었다.[247]

이 농촌연구회가 실천적으로 지향한 것은 신앙공동체로서의 기독교협동조합운동이었다. 이것은 농촌운동에 있어서 계몽이라든가 생활조건 향상이라는 인도적 개념보다는, 철저하게 협동정신으로 유기적 결속을 통한 기독농민들의, 격리된, 집단공동체 구성이 그 목적이었다. 이런 협동생활의 유통구조에서만이, 농민들의 자산이 그들 집단 안에서 유통하고 고율의 부채에서 모면할 수가 있었다.

> 신도 대중의 경제적 단결로서 자주를 기하고 기독교국 대조선을 건설키 위하여 힘쓰고서 사역자가 용출(湧出)하여야 할 것입니다.
>
> 벌써 기독주의로 구성된 신우은행(信友銀行)이 중앙에 설치하여야 겟고, 지방에는 신용조합, 협동조합, 산업조합 등의 경제적 단체로서 신도의 경제생활을 합리화시키고 교회의 사업이 내외적(內外的)으로 실천이 유(有)하여야 될 것입니다. 30만 신도이라면 30만 신도가 매인 1원씩만 출자한다면 30만 원의 거액을 집성할 수가 있습니다.[248]

문제는 일반 대중들의 경제적 단결이었다. 그것이 전국적으로 확산될 수 있다고 보았다. 전 국민의 각각 1원 투자로 조합이나 은행의 실질적 운영이 가능하다고 믿었다. 이것이 이들의 비전이었다. 배민수가 그린 "예수촌"의 모습도 의망에 부풀고 있었다.

> 약 백여 호(戶)의 농촌을 단위로 하고 각 농가에서 약 오륙천 평의 토지를 자작(自作)하고 부업을 장려하며, 소비 신용 구매 및 이용조합

---

247) 배민수, 「기독교농촌운동의 지도원리」 (2), 〈종교시본〉, 1936. 1. 21일자, 방기중, *op. cit.*, p. 177에서 인용.

248) 유재기, 「교회발전과 경제생활」 (8), 〈기독신보〉, 1931. 3. 4일자.

> (利用組合)을 조직하여서 경제적 시설의 원만하여서 매호 연산(年産) 6백 원 가량 수입이 되고, 전 동민의 교회에 참석하여 신실한 신자가 되고, 자녀교육기관이 완비되어 의무교육을 실시하고, 목욕탕, 이발소, 상점 및 일반 사회적 시설이 경제적 균형을 형성하여, 전체가 1인을 위하여 최선을 다하고 1인이 전체를 위하여 충성을 다하여 일반 민중의 생사가 오직 주 예수 그리스도의 뜻대로 되어간다고 하여 보자.[249]

소집단 영농형태의 이 자그마한 이상촌은 자작농의 자율이 있는 곳이며, 협동적 조합운영으로 공동의 이익을 추구하고, 전 교인의 기독교화, 의무교육 실시, 경제적 균형이 실현된 상업구조, 상호신뢰와 헌신, 거기서 확인된 예수님의 뜻대로 되는 세상, 여기에 지상천국의 아름다운 미래가 있다는, 그런 이상이었다.

그러나 그런 이상과 희망은 구체적 실천 단계에 이르기까지 거쳐야할 과정과 시간이 필요하였다. 그런데 그런 일들을 하기까지는 시간도 없었고 상황이 너무 혹독하였다. 1937년, 곧 일을 시작한지 3년도 채 못 되어서 중일전쟁(中日戰爭)이 발발하면서 일제의 가혹한 파쇼 통치가 강압과 억제로 교회와 민족을 억눌렀기 때문이다.

신우회(信友會)조직

1929년 5월에는 민족 사회운동 참여의 기독교인들을 대개 망라한 신우회(信友會)가 조직되기도 하였다. 일제는 이것을 "기독교계 민족주의자들의 전위(前衛)로 각파의 합동전선"[250]이라고 해서 정치적으로 시찰하려고 하였으나, 신우회 목적은 2천만 민족을 비애와 고통 그리고 불의의 세계로부터 구원하고자 한 원대한 거(擧)교회 인사들

---

249) *Loc. cit.* 방기중, *op. cit.*, p. 177에서 인용.

250) 「최근의 치안상황」, 『한국독립운동사』, V, 국사편찬위원회, 1669, pp. 307, 313.

의 결속 단결이었다. 그 선언문에 이런 글이 있었다.

> 우리는 기독주의의 진정한 견해를 가지고자 한다. 기독교인의 다수는 속죄 구령(救靈)의 개인복음주의만에 치중하고 인간천국 건설로서야 생령의 구활(救活)을 완전히 달(達)케 하는 사회복음주의를 경시하여 왔다.
> 우리는 기독의 사회복음주의를 중흥시키려 한다. 대아(大我)의 구활로서 소아(小我)의 활로를 개척코자 한다. 아모스선지와 같이 하나님께 번제(燔祭)와 찬송을 드리기 전에 먼저 인간사회에 정의의 공도가 강과 같이 흐르도록 함이 우리의 정신이다.
> 기독교의 민중화, 기독주의의 실제화가 우리 개체의 생명을 구하고 전 조선민족을 구할 수 있다는 우리는 기독주의 기치(旗幟) 하에 십자가를 등에 지기로 공약(公約)하고 ... 만천하의 기독교도는 다 와서 참가하라.[251)]

하지만 이런 전국적이 기독교인의 참여로 시작한 거대 조직이었지만 해 놓은 일은 없었다.

이 신우회 조직은 조병옥(趙炳玉 1894-1960)의 사회기독교사상에 많은 영향을 받았던 것이 확실하다. 그는 연희전문학교에서 권고사직을 당한 후 YMCA에서 사회복음을 강력하게 주장하고 있었다. 조병옥이 감옥에 갇히게 되자 그 주종인물이 사라짐으로, 창립 1년 반을 겨우 넘기고 해체되었다는 것이 조병옥의 회고이다. 그는 이 신우회가 비밀조직의 성격을 가졌던 것이라고 인정하였다.[252)]

이 신우회의 해체는 그해(1929) 11월에 발생한 광주학생 사건과

---

251) 기독교신우회 선언, 〈기독신보〉, 1929. 6. 12일자. 이사에 조병옥, 정인과, 김인영, 이용설, 이대위, 이시웅, 전필순; 평의원에 이승훈, 백남훈, 황치헌, 배덕영, 오화영, 정춘수, 장리욱, 조만식; 발기인은 88명이었다. 그중에서 소위 서북계 인사들은 많이 빠져 있다.

252) 조병옥, 『나의 회고록』, n.d., n.p., p. 99.

무관하지 않을 것이다. 바로 그해 5월에 조직된 신우회가 이 광주학생사건에 대한 강도 높은 일경(日警)의 검거선풍에 휘말리지 않을 수 없었기 때문이다. 조병옥은 그 광주학생사건으로 체포되어 3년의 옥살이를 하였던 것이다.[253)]

253) *Ibid.* p. 110.

XI 기독교의 농촌 사회운동

조선교회 농촌인구의 분포는 전 조선교회 구성원의 73퍼센트에 이르고 있습니다. 이는 조선인구의 80퍼센트가 농촌인구라는 비율에 버금갑니다. 여기 바로 조선이 선교의 남다른 대상지가 되는 까닭이 있습니다.

— Edmund de Schweinitz Brunner, 1928

1. YMCA의 농촌운동

1.1. YMCA 사회운동의 기원

YMCA 농촌운동의 배경을 이룬 것은 세 가지였다. 하나는 신흥우가 북경에서 개최된 만국기독학생연맹대회에 참석하였다가 1923년에는 서울 근교 자마당과 부곡리에서 농촌조사를 하고, 1924년 미국 레이크 풀레이시드(Lake Placid)에서 모트 박사와 만나 농촌사업의 착수를 확신하게 된 것이요,[1] 다른 하나는 미국교회에서 진행되고 있었던 사회과학적 관심의 점고(漸高)였다.[2]

또 다른 하나는 역시 1925년 12월 서울에서 개최된 국제선교협의회(I.M.C.)준비회의였다.[3] 그때 한국 농촌문제가 현안으로 상정되어 1928년 예루살렘회의에 한국교회 농촌보고서가 제출되도록 하자는

---

1) 전택부, 『한국기독교청년회 운동사』, 서울, 정음사, p. 334.

2) 사회문제에 대한 미국교회의 태도, 〈기독신보〉, 1925. 9. 9일자.

3) Federal Council Executive Committee Report. *The Minutes of the Korea Mission of the Presbyterian Church in the USA.*, 1926, p. 106.

건의가 있었고, 이것이 I.M.C. 계속회의의 결의를 거쳐 1928년 에드먼드 브루너의 『*The Rural Korea*』로 연구보고서가 나올 수 있었던 것이다.[4] 이 연구는 사회학적인 현지 조사연구의 성격을 띈 것으로 조선예수교연합공의회가 추천한 농촌 39개 촌락의 예비조사와 브루너 내방 이후의 6개 촌락, 계 45개 촌락에 대한 견본 집중조사로, 총독부 관리를 비롯, 선교사, 기자, 농부, 교사, 목사 등 각계의 인사들과의 면접과 병행하여 수행된, 대대적인 실제 조사연구였다. 그는 1926년 내한, 3개월 동안 머물면서 13도(道)를 편력하고, 3,300마일을 여행하면서 이 전인미답의 대업을 수행한 것이다.[5] 이 연구는 세계교회에서는 최초의 것이었다.[6]

1.2. 농촌사업의 착수과정과 그 정신

오랜 예비과정을 거쳤다. 자극도 팔방에서 거셌다. 해서 1925년 초부터 YMCA는 본격적인 농촌사업에 첫발을 내딛었다. 이것은 YMCA로서는 획기적인 전환이었다. 그때 신흥우는 전국 YMCA 연합회와 서울 YMCA의 겸임 총무였다. 이념과 실천을 함께 행사(行事)할 수 있을 위치와 실력이 그에게 있었다. 그는 1925년 신년 모두에게 이런 말을 공표한다.

> 금년부터는 사업의 입장을 바꾸어 도시를 버리고, 전농(全農)의 8할 이상이나 되는 농촌의 개발을 표준하고 일을 하려고 합니다.[7]

---

4) 이대위, 「금일 조선이 요구하는 인물」(2), 〈청년〉, 1927, 11월호, p. 15.

5) E. S. Brunner, *op. cit.*, pp. 84, 85-86. 이때 한국인으로 그 조사를 담당했던 학자가 하경덕(河敬德). Cf. 이만갑, 「나의 전공」, 〈조선일보〉, 1970. 7. 15일자.

6) *The Minutes. Report of the Korean National Council*, 1927, p. 102, 1928, p.103.

7) 신흥우, 「농촌계발에 진력」, 〈동아일보〉, 1925. 1. 1일자.

"도시를 버린다"는 단언은 대담하였다. 그러나 농촌에 대한 착안은 비록 아직은 대상층으로 농민을 인식하는 거리가 있었지만, 한국 현실인식의 바르고도 건전한 자세였다. 더구나 정신적 차원을 운동의 중추로 정립한 것은 YMCA가 일부 그 어간 가졌던 사회주의 개혁이념의 낭만성을 떠나 기독교사업의 핵심에 다시 파고 든, 가히 변혁적 선언이라 보지 않을 수 없었다.

농촌사업은 중앙기독교청년회에서 1925년 2월 9일부터 그 농촌부에서 "직접 착수"하기 시작하였다.[8] 첫해 1925년은 "착수와 준비의 시대"[9]였다. 처음 시작할 때의 사업 목표는 국문 교수, 간이 숫자의 가감법, 각 촌에 농우회 같은 것을 조직하여 부업 장려와 농사개량 추진, 물품 구매와 판매의 협동, 농촌생활의 개선과 재정 확보를 위한 노력, 그런 것들이었다.[10] 그 사업 규모와 목표의 세미함에 놀란다. 하지만, 이런 것조차 안 되어 있었던 우리 농촌의 후진성과 영세성에 더 놀란다.

줄잡아, 1925년 1년간의 사업 결실은 만만치 않았다. 곧 18개[11] 촌에서 남녀 1,114명에 대한 국문, 산술, 간이 한문자 및 농업 상식용어 교수, "마음을 정직히 하며 한국 국문을 배워 지혜를 넓히고, 노동을 힘써 실업을 장려하며, 신체를 건강히 하는 등의 삼강령"을 가진 삼각농우회(三角農友會)을 조직하고, 종돈(種豚), 종계(種鷄)의 우량종 원산지에서 수입하여 배분하는 일이었다. 그리고 팸플릿 형의 농촌교육문고를 발행, 정신, 교육, 위생, 도덕, 상업 등 문제를 해설 배부하도록 하였다. 그리고 강화회(講和會)를 통하여 농작물의 통계, 경작

8) 중앙청년회의 농촌사업 개시, 〈기독신보〉, 1925. 5. 6일자.

9) 홍병선, 「1년간 청년회의 신사업」, 〈청년〉, 1926. 1월호, p. 29.

10) *Ibid.*, p. 30.

11) 처음 7개 리(里)에 더하여 중계리, 월계리, 쌍문리, 신사리, 당산리, 양진리, 영등포리 등 포함.

개량방법, 부업장려, 가축통계와 수이입(輸移入)의 문제, 위생관념의 함양, 그리고 사회사정과 풍속교정의 상식 등을 보급하였다. 위안회도 가졌다.[12)]

위안회! 환등과 활동사진으로 순회하면서, 궁핍과 비탄에 가슴 저린 백의 내 겨레를 위안하려 했을 때, 피차 만나고 간 사람들이 누구였을까.

이심전심, 겨레가 나설 일이었다. 겹쳐서 수해지구를 순회하며, "빈 말로서나마 위로"해야 했던 이 가난의 겨레들, 너 나가 없이 다 같은 모진 운명에 시달리던 백성이었다. 그래서 여럿이 이 사업에 찬조하였었다.[13)]

하지만 우리는 여기에 농심신학(農心神學)의 한 면모를 본다. "신의 진리가 충만"하다든가, "신(神)의 왕국건설"이란 말들이 보고서에 넘쳐 있었다. 김창제 역시 "과연 오인이 신을 찾고자 하면 농촌으로 갈 것이다"[14)] 판단하고 있었다. 따라서 진정한 기독교의 정신을 가진 이가 농촌을 열애(熱愛)하지 않을 수 없다는 결론이었다.

> 그러면 농촌을 근본적(으로) 구제할 방침이 기독교의 정신을 흡입함에 불과할 줄로 압니다.[15)]

이런 신학을 민족사에 연결시킨 것이 신흥우였다. 한국 농민인구가 전체의 79%에 이른다고 하면, 그들의 건강, 지식, 정신을 향상하여서 그들 문제를 해결하기 전에는,

---

12) 중앙기독교청년회 농촌사업근황, 〈청년〉, 1926, 1월호, pp. 43-44.

13) 첫해 찬조자는 윤치호 등 45명. *Ibid.*, p. 4.

14) 김창제, 「농촌과 기독교」, *ibid.*, 1926, 8월호, p. 23.

15) *Ibid.*, p. 24.

> 전반사회의 문제를 해결하지 못한다 하겟도다. 왜 그러냐 하면, 우리 에게는 농민 사회가 즉 전사회라고 하겟는 리유라.[16]

대저 YMCA야 말로 "우리 조선농촌을 갱생시키고 민족을 살리는 이 운동(농촌운동, 문맹퇴치운동, 협동조합운동, 농사개량운동)[17]을 전 조선을 상대로 적극적으로 일으켜 민족사의 일대 기운으로 끌고 갔던" 거대한 기독교운동이었다.

1.3. 농촌운동의 기본방향 문제

YMCA가 농촌운동을 시작한지 1년이 되고 나서는, 일단 착수한 안도의 심정도 있었으나, 방향 확인의 필요성과 본래 정신의 다짐을 위해서, 협의회를 개최하여야 한다고 보았다. 그래서 1926년 4월 5일에서 9일까지 확대 농촌사업협의회를 가졌던 것이다.[18] 여기에서 농촌운동의 이념적 배경이 검토되고 그것이 체계화되었던 것이다.

이때 설정된 정책(政策)이 "한국과 같은 지역 농촌운동에 대한 포괄적인 원칙"[19]이라 보았기 때문에, 장황하지만 그 요점을 살펴 옮긴다. 모트는 한국에서의 "철저한 농촌 재건이 다른 모든 커다란 문제들의 해결에 기본이 되는 것"[20]이라 판단하고 있었던 것이다.

---

16) 신흥우, 「농촌계발에 대한 실제 요구」, 〈청년〉, 1927. 5월호, p. 1.

17) 신흥우, 「농촌지도자 시비에 대하야」, *ibid.*, 1932. 9월호, p. 3.

18) P. W. Lyon, *Notes of a Conference on YMCA Rural Work in Korea*, Seoul, April 5-9. 1926.

19) K. L. Butterfield, *The Rural Mission of the Church in Eastern Asia*, New York, International Missionary Council, 1931, p. 162.

20) Foreword, J. R. Mott, K. L. Butterfield, *ibid.*, p.2.

목적 : 우리는 한국에 있어서의 농촌운동이 정신적, 문화적, 경제적 목적이 있다고 본다. 우리는 우선 사람들이 하나님과의 올바른 관계, 이웃과의 진실한 관계에서 살아가도록 협조할 것이며, 그들 일상의 과제에서 정신적 가치를 실현하도록 도우려 한다. 우리는 촌락에서의 문맹 퇴치에 진력할 것이며, 아울러 농촌 인구의 수요에 적합한 다른 교육과정들을 촉진할 계획이다. 우리는 개선된 농업방법, 가정의 향상, 마을의 산업시설, 그리고 협동정신의 합법적이고도 우애 넘친 표현을 통해서 경제적 조건 향상을 기할 것이다.

교회와의 관계 : 농촌운동에서 YMCA는 도시사업이나 학생활동에 대해서 가지고 있는 것과 똑같은 관계를 교회에 대해서도 유지하고 있다. YMCA는 완전히 기독교인들에 의해서 구성되고 있다. 본래 YMCA는 교회를 돕기 위해서, 그리고 그 사업에 보조하기 위해서 생겨 난 것이기 때문이다.

총독부와의 관계 : 총독부가 농과전문대학이나 실험농장, 그리고 기타의 시설들을 통해서 농민들에게 끼치고 있는 봉사의 가치를 인정하면서, 우리 YMCA는 면(面)이나 군(郡) 또는 도(道)의 관리들과 접촉하면서 그러한 봉사의 혜택을 농민들이 알고 받을 수 있도록 노력할 것이다.[21]

한데 한국 YMCA가 농촌갱생의 모델로 삼은 것이, 전술한 바 있지만, 덴마크 농촌이었다. 〈청년〉지에는 이미 1925년 6월초부터 1926년 3월 초에 걸쳐 이기태(李基台)의 「정말(丁抹)의 농업」[22]이란 논문이 연재되고 있었다.

천혜(天惠)가 만족치 못한 국토의 주민이 스스로 자연에 대하여 분투를 하여 정말이 지금(至今)하야난 구라파난 그만 두고 세계에셔 제일로

21) K. L. Butterfield, *The Rural Mission of the Church in Eastern Asia*, International Missionary Council, New York, 1931, p. 163.

22) 이 글들은 이기태 역(譯)으로 되어 있어서 외국논문 번역이 확실하나, 원저나 원제에 대한 조회가 없다.

> 굴지하난 농업국으로 일변한 것인데, 이는 농산물의 과학적 처리방법, 및 농산물의 판매법에 관한 지식이 급격히 보급된 것에 기인한 것이요, 농촌의 요구에 적응한 교육제도의 철저에 기인한 것입니다.[23]

YMCA 농촌사업이 이런 과정에서 강조한 사실이 "협동"의 정신이었다.[24] 재정이나 학문이나 지도자가 설사 없다손 치더라고 우선은 "협동"이 있어야 한다고 본 것이다. 이것이 1926년에 이르러 공동조합이나 신용조합의 구체적 개념으로 발전하였던 것이다.

그 조직 현황으로는 대개 1928년부터 전국에 YMCA 주도의 신용조합이 결성되게 되었는데, 호남에서는 1929년 3월까지 광주, 장성(長城), 영광(靈光) 등에 산업신용조합이 11개소에 결성되었고,[25] 평남 대동군의 천동리에는 절약저금조합,[26] 원산의 협동소비조합, 호남의 협동신용조합[27]과 같은 협동기구가 전국에 설립되었던 것이다.

1.4. 동양척식주식회사[28] 구축운동

이 동양척식주식회사(東洋拓殖株式會社)는 1908년 12월 동경(東京)에서 자본금 1천만 원으로 창립하고서는, 이듬해(1909) 1월부터 한국의 토지매수에 착수하였고,[29] 창립 1년 만에 그 자신도 자랑하고 있듯이 "세계 제국주의 사상에도 유례없는"[30] 3만 정보(町步)를

---

23) 이기태, 「정말의 농업」(1), 〈청년〉, 1925. 6월호, p. 4.

24) 홍병선, 「협동」, 1925, *ibid.*, 5월호, p. 6.

25) 산업신용조합 결성, *ibid.*, 1929. 3월호, p. 41.

26) 지방청년회 활동, *ibid.*, 1929. 6월호, p. 92.

27) *Ibid.*, 9월호, p. 123; 10월호, p. 140.

28) 『東洋拓植株式會社 三十年誌』, 東京, 東洋拓殖株式會社, 1939 참조.

29) 창립당시 한국정부로부터의 제1차 불입의 출자: 답(畓) 1830 정보, 전(田) 606정歩로 발족.

점유한, 간악한 식민 착취기관이었다. 더구나 1926년 브루너의 조사에 따르면, 실질상으로 한국에서 일본인이 소유한 토지는 전국의 12퍼센트 내지 20퍼센트에 이르고 있었고, 남한의 어떤 지역에서의 조세(租稅)를 분석한 결과 50퍼센트 이상이 일본인 소유로 전락되고 있었다.[31)]

"철골(徹骨)의 원(怨)을 부르짖으며 읍혈(泣血)의 고(苦)를 비상(備嘗)하는" 백의 겨레가 등 기댈 곳은 없었다. 이런 배경에서 1926년 12월 나석주(羅錫疇)의 동척 투탄(投彈)사건이 발생하였던 것이다.[32)]

YMCA가 이 동척(東拓)의 비행을 고발하고 그 구축운동에 나선 것이다. 칼을 들어야 소용없었던 것이다. 고발과 여론 환기가 국제 인도적 정신에 호소하는 것이 중요하였다. 그리고 YMCA가 그 채널을 가지고 있었던 것이다. 1926년 2월, YMCA 간부 신흥우, 구자옥, 윤치호, 홍병선, 그리고 미국 선교사 빌링스(B. W. Billings, 邊永瑞 1881-1969)는 동척이 한국에서 "행하는 사업이 유해무익으로 공연히 조선인의 생업을 빼앗는 것인 것을 세계 각국에 선전하야 여론을 일으키고자 비밀리에 동척의 비인도적 행위를 묘사"하였던 것이다.[33)]

사실 모트가 1925년 12월 내한하였을 때 이미 그 심각한 죄악상을 고발한 자료를 제공하여 세계 여론에의 제출을 의뢰한 바 있었고, 1925년 7월 하와이에서 모였던 범태평양회의에 참석했을 때 신흥우가 이 문제를 이미 공개한 일이 있었던 것이다.[34)] YMCA에서는 그

---

30) 조동걸, 『일제하 한국농민운동사』, 서울, 한길사, 1980, p.33.

31) E. S. Brunner, *op. cit.*, p. 105. Cf. T. S. Saltau, *Korea the Hermit Nation and its Response to Christianity*, New York, World Dominion Press, 1932, p. 68.

32) 나응서(羅應瑞), 「나석주 의사의 동척투탄」, 〈신동아〉, 1969, 7월호 참조.

33) 기독교청년회 간부의 동척회사 구축운동, 〈조선일보〉, 1926. 2. 9일자. 언문(諺文) 신문차압기사집록, 조선총독부 경무국, 1932.

34) 전택부, 『인간 신흥우』, 서울, 기독교서회, p. 173. 〈동아일보〉, 1925. 7. 17일자; 7. 31일자.

해(1926) 8월 핀란드에서 개최되는 세계기독교청년회 대회에서 이 동척(東拓)의 "변태적 병참부(兵站部)"[35]기능을 문제 삼아 세계적 여론을 환기시켰던 것이다.

1.5. 농촌사업협동위원회와 그 사업

1929년 9월 16일 저녁 8시 반에 서울 피어선성경학원에서 "농촌사업협동위원회(農村事業協同委員會)" 창립 및 그 제1회 회의가 열렸다. 각 선교사 단체와 각 교회와 YMCA 및 YWCA에서 특별위원을 선정하여 농촌사업에 전념하는 연합기관의 창설이었다. 그 목적은 직접 농민에게 농업과 농촌사업에 대하여 과학적으로 정확한 지식을 주고 지도하기 위해서였다.[36]

그날 위원장에 윤치호, 한글 서기에 전필순(全弼淳), 영문 서기에 바른하트(B. P. Barnhart, 潘河斗), 협동총무에 클라크(F. O. Clark, 具乙樂), 그리고 실행위원에 윤치호, 김활란, 하리영(R. A. Hardie, 河鯉泳), 홍병선, 정인과(鄭仁果), 전필순, 바른하트가 각각 선임되었던 것이다. 그리고 1930년 1월 - 3월에 농사강습회를 실시하기로 결의하였던 것이다.[37] 이 강습회는 대구, 안동, 마산, 군산, 청주, 서울, 순천, 광주, 성진, 함흥, 원산, 철원, 재령, 해주, 평양, 개성, 선천, 영변에서 실시되었다.[38]

---

35) 재차 동척에 대하여, 사설, 〈조선일보〉, 1924. 11. 12일자 (압수분).

36) 농촌사업협동위원회, 〈기독신보〉, 1929. 9. 25일자. 실행위원: 북장로교선교부, C. S. Hoffman; 장로교, 정인과, 전필순; 북감리교선교부, F. E. C. Williams, C. A. Sauer; 남감리교선교부, R. A. Hardie; 동년회 윤치호; 남상로교선교부, L. T. Newland; 호주선교부, M. Trudinger; 캐나다연합선교부, D. A. McDonald; YMCA, 신흥우; YWCA, 김활란; 연합공의회, 홍병선, 김인구, 김수철; 협동총무, F. O. Clark.

37) *Loc. cit.* 그러나 실제로도 1929. 10. 19-21; 1929. 12. 3 - 1930. 3. 27 : 2기에 실시키로 함. 전필순, 「농촌사업협동위원회」, 〈기독신보〉 1929. 10. 2일자.

거기에서 교수된 과정은 토양학, 비료, 작물재배, 소채(蔬菜), 과수, 양계, 양돈, 양봉, 양우, 양양(養洋), 산양(山羊), 양잠(養蠶), 작물 병충해, 농가경제, 관개(灌漑), 시장, 위생, 조합, 가내공업, 가사, 농사계량, 농업공사, 식물배양, 가축병 치료, 목축, 이런 것들이었다.[39]

그런데 이 강습회에 등록한 인원은 4,280명이었고,[40] 야간 집회에는 평균 4만 명이 모여들고 있었다.[41] 그 강습회는 10일 기간이었고, 21개소에서 개최되었던 것이다. 이들 중 85퍼센트가 실제 농민들이었고, 또 전체의 75퍼센트는 기독교인들이었다.[42] 하지만 강습회가 전국에 산재해서 실시되었기 때문에 중앙에 하나를 두어 지방 강습회의 지도자들을 교육하였는데, 1930년에만 5천여 명이 수료하고 나갔던 것이다.[43] 이들은 2개월 동안의 집중교육을 받았던 것이다.[44] 이것은 "대중적인 실제적 농사 강습"이었다.[45]

이 농사강습회의 교육 중 강조한 특수한 점 하나가 여자 교육에 대한 관심이었다. 농촌생활 발전에서 여자는 대단히 중요한 요소로 작용하고 있었기 때문이고, 특히 "한국의 여자들은 부지런하여" 농촌생활 개선에 커다란, 그리고 신속한 공헌을 할 수 있다고 보았기 때문이다.[46]

이 농촌운동은 이제 전국적 운동으로 확산되어 가고 있었다. 그 충

---

38) 농사강습회 경과보고, 〈기독신보〉, 1930. 5. 14일자.

39) 농촌강습회에 대하야, 〈청년〉, 1929, 11월호, p. 6.

40) 이들은 일당 5센트(1엔)의 등록금을 내고 있었다.

41) F. O. Clark, Helping Koreans Out of Poverty, Christian Farm Schools in Korea, *The Missionary Review of the World*, October 1931, p. 737.

42) A. W. Wasson, *Church Growth in Korea*, 1934, p. 148.

43) K. L. Butterfield, *The Rural Mission of the Church in Eastern Asia*, 1931, p. 163.

44) T. S. Soltau, *Korea the Hermit Nation and its Response to Christianity*, p. 70.

45) *With the Tenant Farmers of Far Chosen*, *R.F.M.P.*, 1931, p. 14.

46) F. O. Clark, Farm Schools for Korea, *K.M.F.*, January 1930, p. 3.

실성은 클라크의 신앙과 전문지식, 그리고 열정으로 기약되고 있었다. 당황한 총독부가 전문가를 파견하여 그 방법을 살피게 할 수밖에 없었던[47] 이 강습소는 반드시 기독교적 운동이란 정신을 확인하여 강습회 때마다 20분씩의 기도시간, 그리고 저녁의 기도회를 꼭 지켰던 것이다.[48] "실제적 기독교"의 모습이 바로 그런 것이었다.

YMCA는 1931년 12월에 가서 이 농촌운동의 3대 강령을 다시 확인한 바 있다. 마침 11월 13-14일에 중앙기독교청년회에서 40여 처 농촌 출품의 각종 우수 농산품, 통계표, 계획안, 도본, 농기구 등을 체계화하여 전람회를 열었던 것인데[49] 그때 신흥우는 농촌운동이 농산물 증수(增收) 그 자체에 있지 않다는 것을 실감한 것이다.

다만 한국교회로서 가슴깊이 새겨진 문제는 "우리 중에서도 클라크 같은 웅위(雄偉)한 농정가가 하루바삐 배출되어 좀 더 조화화, 보편화, 실제화"[50]의 농촌운동 주도의 날을 맞는 것이었다.

2. YWCA의 농촌운동

2.1. YWCA 농촌운동의 성격

YWCA는 1923년 창설되었다. 그 이후 1928년에 농촌사업에 적극적으로 나섰는데, 대개는 YMCA와의 공동사업이었고, 그 운동의 정신도 YMCA와 더불어 경영하던 〈청년〉에서 촉매되고 있었기 때문에,

---

47) J. D. van Buskirk, *Korea, Land of the Dawn*, p. 84.

48) 구을락, 〈기독신보〉, 1930. 5. 14일자.

49) 각 청년회소식, 농촌부, 농촌사업전람회, 〈청년〉, 1930. 11월호, p. 16.

50) 귀농운동과 기독교, 사설, 〈기독신보〉, 1930. 1. 15일자.

방법과 방향에서 동질적인 데가 많았다.[51]

YWCA가 등장할 때는 지방 YWCA가 다섯, 학생여자기독교청년회가 열하나, 그리고 회원이 2천 명이 넘는, 강력한 여자기독청년들의 전국적인 조직체로 이미 굳혀 있었다.[52]

한데 이미 그때, 곧 1924년에 선천(宣川) 여자기독교청년회에서는 농촌 농민들을 위한 야학(夜學)을 개설하고 있었고, 1927년에는 평양에 농촌부녀자들을 위한 초보적인 계몽운동 형태의 사업이 착수되고 있었다.[53] 하지만 김활란의 글에서도 지적되고 있지만, 그들 사역은 "부인야학, 하기강습, 아동교육기관, 여자들의 정신계발, 회원들의 정신적 사교적 수양의 도모" 정도의 수준에 머물고 있었다.[54]

농촌사업에 대한 자극이 구체화한 것은 역시 YMCA의 경우와 마찬가지로 예루살렘국제선교협의회가 열리던 1928년부터의 일이다. 그해 YWCA에서는 농촌부가 설치되고[55] 8월에는 YMCA와 조선남녀학생 기독교청년회연합회 하령회(夏令會)가 열려 농촌문제에 대한 대책을 숙의하고, 모범농촌 실시와 양봉(養蜂) 및 직조제사(織造製絲)에 대한 자유토론회를 가졌던 것이다.[56] 이때로부터 YWCA에서는 농촌위생사업, 농촌협동문제, 농민교육, 농촌개량에 대한 구체적인 사업에 임하였던 것이다. 1928년도의 예산지출에 의하면 총예산액 880원 중에서 농촌사업비가 280원으로 31.8퍼센트를 차지하고 있었다.[57]

---

51) 이효재, 『한국YWCA반백년』, 대한YWCA연합회, 1976 참조.

52) Pilley Kim Choi, The YWCA of Korea, *The Christian Movement*, 1925, p. 603.

53) H. K. Kim, The Young Women's Christian Association, *K.M.F.*, January 1929, p. 8.

54) 김활란, 「조선여자기독교청년회의 자기담(自己談)」, 〈청년〉, 1926. 3월호, p. 31.

55) 이효재, *op. cit.*, pp. 47, 56.

56) 제 2회 조선남녀학생 기독교청년회연합회 하령회 통지서, 〈청년〉, 1928. 9월호, pp. 95-97.

그런데 YWCA가 농촌사업에 힘을 기울일 때에는 대개 릴레이 중계식(中繼式) 전달교육 방법을 썼다. 당시 미국 YWCA와 긴밀한 연락을 하면서 구상한 사업이기 때문에 농촌 쪽에서 받아드릴 만한 프로그램이 되기 위해서는 이러한 중계적 전달방식이 가장 효율적이라고 보았던 것이다. 다시 말하면 미국식 농촌사업의 구조를 한번 어딘가에서 거르는, 그런 방법이었다. 다른 한 가지 더 고려된 것은 당시 이 사역에 나선 지도급 인물들이 당시 한국여성으로서는 상상도 할 수 없는 최고의 교육을 받았던 여성들이어서,[58] 그들과 농촌여성들과의 직접 교육관계 형성은 효과도 문제지만 바람직하지도 않았다. 이것은 농촌 현실과의 대결 구도에는 아직 이르지 못하고 있었던 YWCA로서는 가장 효과적인 방법이었다.

그러나 전반적으로는 농촌여성을 상대로 한 프로그램은 그 참여도가 극히 미진하였다.

> 어느 나라든지 농촌운동 발전에 잇서서 여자가 중요한 일을 하는 것이니, 특히 조선에 잇서서 그러한 것이다. ... 녀자는 농사에도 큰 부분을 맛게 되는 연고라.[59]

농사강습회에 여자 참여의 수가 적었음을 안타깝게 여긴 클라크(具乙樂)의 진정이었다.

---

57) 이효재, *op. cit.*, p. 56.

58) 가령 김활란(金活蘭), 김필례(金弼禮), 신의경(辛義卿), 홍에스더, 방신영(方信榮), 김합나(金合拿), 유각경(兪珏卿), 등이었다. 김갑순, 「YWCA60년사」, 〈중앙일보〉, 1982. 6. 30일자.

59) 프란시스 오 클락, 「농사강습회에 대하여」, 〈기독신보〉, 1930. 1. 15일자.

2.2. 샘골(泉谷) 농촌사업의 의의

1931년 10월 YWCA에서는 개성(開城) 호수돈여학교 출신 최용신(崔容信 1909-1935)을 수원 부근의 샘골에 파송하여 농촌사업에 임하게 하였다.[60]

> 내가 절실히 느끼는 바로는 농촌의 발전도 필경은 여성의 분투에 있다는 점입니다. ...
>
> 문화의 눈이 구여성만 모인 농촌으로 하여금 어둠 속에서 걸어 나오게 못한다면 이 사회는 어느 때까지는지 완선한 발전을 이루지 못할 것입니다. 농촌여성의 향상은 우리들의 책임임을 알아야 할 것입니다. ... 거듭 말하노니 우리는 손을 잡고 농촌으로 달려가자.[61]

"한국 농촌여성운동의 선구자요 모델케이스"라고 할 수 있었던 최용신은 이렇게 해서 샘골에 찾아갔다. 그리고 거기서 한글, 산수, 초보의 재봉, 수예, 가사, 노래공부들을 가르치는 데 헌신하였다. 그는 1933년에는 샘골학원을 설립하고 건물까지 마련할 수 있었다. 하지만 YWCA가 보조하던 경비가 1934년에 단절된 데다가 일은 겹쳐, 마침내 장중첩증(腸重疊症)에 시달리다가, 1935년 1월에 세상을 떠났던 것이다. 그의 나이 스물여섯이었다.

한데 그의 죽음은 그것으로 끝나지 않았다. 땅에 떨어진 밀알처럼 결실을 많이 맺었다. 심훈(沈薰 본명 沈大燮 1901-1936)[62]이 그를 주인공으로 하여 소설 『상록수』(常綠樹)를 써 최용신의 불굴의 정신을 한국의 희망으로 모델화하였고, 무교회주의 계의 성서조선사(聖書朝鮮

60) 이 사업을 위한 재정적인 후원은 미국 YWCA 농촌부 간사 S. Eddy가 제공.

61) 유달영, 『최용신양의 생애』, 서울, 아카데미, 1956, pp. 29-31.(원본은 1939년).

62) 심훈은 KAPF 곧 조선 프롤레타리아트예술동맹의 맹원.

社)에서는 유달영(柳達永 1911-2004)이 『최용신양 소전』을 간행하였기 때문이다. 사회주의계 작가와 부르주아 시민 중산층의 도덕적 신앙을 내세우던 김교신(金教臣 1901-1945) 무교회주의 계에서 함께 그렇게 추앙된 데에 최용신의 역사적 위치 그 중요성이 밝혀진다.[63]

최용신과 무교회 신앙과의 연결은 무교회주의 신앙이 표방하는 순수한 신앙과, 무교회주의계 역시 농촌사업에 한국의 미래를 걸고 있었다는, 이 두 국면 때문이었던 것으로 보인다. 농촌운동은 사실 농민계층과의 초근(草根)에서의 밀착이 있어야 했던 절실한 운동이었다. 하나님께 대한 돈독한 신앙과 겨레에 대한 역사적 사명, 이런 것이 분명해야만 거기 밀착할 수 있었다는 말이다. 바로 이런 것이 〈성서조선〉 그룹에 의해 최용신이 젊은 층이지만 투시(透視)되었다는 데에 이 샘골 사업이 가지는 가능성과 민족사적 심벌이 있는 것이다.

1934년 YWCA에서의 보조경비 단절과, 처녀로서의 무리하고 고독한 사업으로 그렇게 일찍 간 그 모습에서, 우리는 한국 농촌사역의 한계가 통절하게 나타나 있는 것을 보지 않을 수 없었다. 김교신이 그것을 목격하고 있었다.

> 오후 1시 샘골 도착. 구산(丘山)에 덩그런 학원은 고(故) 최양이 창자가 꼬여지도록 애써 지은 건물이라 하매 널 한 쪽 흙 한 줌도 무슨 신성한 물건 같게 보인다. 형의 희생된 자리에 그 동생이 수업하고 섯는 자태도 눈물겨움이 없이는 볼 수 없는 광경이다. ...
>
> 당시의 광경을 목도한 노파 한 분이 고 최양의 사적(事蹟)을 말하려 함에 감탄과 눈물이 조리(條理)를 흐리게 하는 양(樣)을 보면 최양의 감화가 얼마나 심각하였던 것을 짐작하기 어렵지 않다. 십수 년 지난 옛날 이야기였마는 듣는 자로 하여금 어제까지도 최양이 그 고개를 오르내렸

63) 하지만 김교신은 심훈의 최용신 해석에서 그 신앙 차원을 왜곡한 데에 반발하고 있었다. 「김교신일기」, 1939. 2. 19일자. 『김교신전집』, VI, 서울 경지사, 1975, p. 279.

> 고 그 학원에 종(鐘)쳤던 것 같은 느낌을 준다. 참으로 산 자는 하루를 살았어도 영원한 것이다.
>
> 이 학원도 인가문제로 인하여 한 달 후에는 폐쇄하게 되리라 하니 한심할 뿐이라.[64]

최용신이 남긴 흔적은 사람들 가슴 깊이 삭여져 있었다. 그러나 거기 시대와의 단절이 있었다. "나는 갈지라도 사랑하는 샘골 강습소를 영원히 경영하여 주시오"[65]란 최용신의 유언은 보존되었지만, 그에게서 실현되었던 YWCA의 농촌운동은 일제하에서 한계에 부딪치고 있었다. 따라서 그 연속은 해방 이후로 접속될 수밖에 없었다.

3. 교회의 농촌진흥운동

3.1. 교회 안의 농촌운동

조선예수교연합공의회 농촌 진흥책

1929년 4월에 열린 조선예수교연합공의회는 한국 농촌의 진흥책으로 다음과 같은 방향을 제시하고 있었다.[66]

> 1. 신도의 경제적 생활을 풍족케 할 기독교적 도덕, 즉 검약(儉約), 저축, 원려(遠慮),[67] 근면(勤勉), 상업도덕을 가르칠 일.
> 2. 신도들의 생산물 처리와 구매 방법을 돕기 위하여 지방 형편이 요

64) 성조(聖朝)통신, 〈성서조선〉, 1939. 4월호, p. 92.

65) 이효재, *op. cit.*, p. 59.

66) 브루너 박사의 보고서를 읽고 수립. K. L. Butterfield, *The Rural Mission of the Church in the Far East*, p. 164.

67) 남을 깊이 생각하는 것.

구하는 협동조합을 설치할 일.

3. 신도들은 저축회를 조직하고 여러 가지 방법으로 토지를 매수(買收)하여 개인이나 교회의 소유로 만들되 특별 연보 등을 이용할 일.
4. 전국 내 중요 구역마다 기독교회 주최로 산업적 · 직업적 교육기관을 설치할 일.
5. 시대적 요구에 응하여 농업전문선교사를 각 선교부마다 1인 이상을 속히 파송하라고 청구할 일.
6. 교인의 고리대금업을 방지하고 저리(低利) 대부를 장려할 일.
7. 신도의 연보정신을 고취하고 십일조도 장려할 일.
8. 조선교회 재정형편과 그 대책을 연구하기 위하여 본 공의회 안에 연구위원을 상설(常設)할 일.[68]

전국교회의 연합기관인 공의회의 결정인 만큼 한국교회 농촌운동은 대개 이런 노선을 따랐을 것임이 확실하다.

장로교회의 농촌사역

한국의 장로교회총회 안에 농촌부가 설치된 것은 1928년의 일이다. 그해 봄 예루살렘 국제선교협의회대회에 다녀온 정인과(鄭仁果 1890-1972)가 그해 9월에 소집된 총회에서 일약 농촌부 부장으로 임명된다.[69] 긴박한 한국 농촌의 피폐상은 농촌을 지반으로 하고 있는 한국교회의 가장 긴급한 사역으로 그 착수를 서둘게 하였다. 그리고 최소한도 예루살렘 국제선교협의회 대회의 가장 중요한 안건으로 부상되었던 농촌문제에 직접 가서 토론에 참여였던 인물인 정인과 이상 적격자가 없다고 본 것이다.

---

68) 「실천방침 제의안, 조선예수교연합공의회 후보(後報)」 (1), 〈기독신보〉, 1929. 4. 24 일자.

69) 조선예수교장로회총회 제17회 『회록』, 1928, p. 41.

당시 농촌부의 조직은 부장에 정인과, 서기 겸 회계에 전필순, 사무국원에 정인과, 전필순, 윤산온(G. S. McCune, 尹山溫 1872-1941)이었다.[70] 이 농촌부에서는 우선 국제선교협의회에서 결의된 문제들을 다 역술(譯述)하여 전국교회에 보내기로 하고, 장래계획으로는 농촌사업전문가 1인을 청빙하기로 하고, 〈농민생활〉을 간행하기로 하며, 모범농촌을 설치하고, 농학교를 설립하기로 하였던 것이다. 경비는 "유지의 연보"[71]로 충당한다는 조건이었다. 〈농민생활〉은 1929년에 5만여부를 발행할 만큼 그 수요가 컸다. 1930년에는 59,999를 발행하고 있었다.[72]

1929년 장로교회에는 평북, 평양, 황해, 경북, 경안, 충청, 전남, 함중 노회에 농촌부가 신설되었으며, 사업계획으로는 농촌전도, 농촌위생, 농촌교육, 농촌교풍(矯風), 농촌조합운동을 목표로 하고 있었다.[73] 이렇게 해서 가령 1928-29년도에만도 전국을 통하여 20개소에서 농사강습을 진행시키고 있었다.

여기에다 중앙신용조합을 설립하여 그 조합장에 역시 정인과가 들어서고, 서기에 송광범, 회계에 이용설(李容卨), 간사에 송관범과 이용설이었다.[74]

총회는 농촌사역의 거교회적 지원을 확보하는 것이 중요하다고 믿었다. 그래서 총회는 매해 10월 셋째 주일을 "농촌주일"로 작정하고 그날의 헌금은 반액은 각 노회 농촌사업비로 반액은 총회농촌사업비로 충당하기로 결의하였다. 1930년 총회 때의 일이다.[75] 그때부터

---

70) 농촌부보고, 조선예수교장로회총회, 제17회 『회록』, 1928, p. 41.

71) 각 노회의 연보.

72) 농촌부보고, 조선예수교장로회총회, 제20회 『회록』, 1931, p. 29.

73) *Ibid.*, 제18회 『회록』, 1929, p. 41.

74) 농촌부, 조선예수교장로회총회 제19회 『회록』, 1930, p. 40.

75) *Loc. cit.*

신용조합 설치를 위한 추진기관으로 신용조합추진위원이 총회 안에 임명되었고, 각 노회에도 신용조합 설립을 위한 조치가 취하여졌다.[76] 유재기(劉載奇)나 이기태(李基台)의 협동조합론이 이미 상당한 호응으로 언론을 통해 읽혀지고 있어서 일의 추진이 빨랐다.

한데 이 장로교회의 농촌운동에 한 획기적인 전기가 마련된 것이 1931년 맥큔이 교장으로 있었던 평양 숭실전문학교에 농학과가 설치된 일이었다. 따라서 농촌부와 이 농학과는 밀접한 연락을 취하면서 한국교회 농촌사역의 최고 전문성을 확보할 수 있었다.

농촌교육은 1932년에 이르면 그 규모나 체계가 큼직하게 자리를 잡아간다. 고등농사학원이 평양의 숭실전문학교 안에 개설하고[77] 원장에 숭실전문학교 교수인 이훈구(李勳求)가 일하게 된다. 이런 인사배치는 농촌부 사역의 커다란 기여를 하였다.[78] "교회 내 청년 중 재능이 있고 조선농촌 갱생운동에 취미를 가진 사람들에게 정말(丁抹) 국민고등학교와 같은 교양을 베풀어 교회 내 농촌운동에 실제적 지도자가 되게"하기 위한 설립이었다.

다른 한 사람은 "한국농업선교의 선구자"[79] 루츠(D. U. Lutz, 柳韶 1890-?)이다. 그는 1920년에 내한해서 과수재배의 혁신적 개량, 언덕진 산전(山田)의 개간과 콩류의 재배 및 목축, 토양분석, 깡통산업, 이런 여러 분야에서 눈부신 공헌을 남긴 인물이다.[80] 그의 "Morning-Calm" 식품은 일품이었다. 지방교회치고 과수원을 가지지 않은 교회

---

76) *Ibid.*, 1931, p. 29.

77) 이훈구, 「고등농사학원 개설에 대하여」, 〈실생활〉, 1933, 7월호, pp. 12-13.

78) 조선예수교장로회총회 제22회 『회록』, 1933, p. 24.

79) K. L. Butterfield, *The Rural Mission of the Church in the Far East*, New York, I.M.C., 1931, p. 162.

80) H. A. Rhodes, *History of the Korea Mission of the Presbyterian Church in the USA.*, p. 520.

가 없을 정도로 보급된 것도 다 그의 영향 때문이었다.[81] 그를 돕기 위해서 쳄네스(O. V. Chamness 車米秀)가 선교부에서 파송되어 왔던 것이다. 그때 함께 파송된 사람이 캠벌(E. L. Campbell, 甘茂悅) 이었다.

캐나다연합교회 선교부에서도 1936년 매킨논(M. J. MacKinnon, R. N.)과 버비지(W. A. Burbidge)의 지도 아래 "실습고등농사성경학교"[82]를 원산에 설립하였다.[83] 남만, 간도 및 북한의 농촌지역에 풍요한 삶을 이루어 놓을 지도자를 파송하기 위해서였다.

그런데 1933년 장로교총회에서 농촌부 청원 건이 상정된다. 바로 농촌부 상설(常設)의 건의안이다.

> 본부에서 매년 6천여 원 예산으로 좌와 여히 상설사무소를 설치코저 하오니 허락하심을 바라오며 ...
>
> 본부 전무 총무는 배민수(裵敏洙)씨[84]로 허락하실 일이오며, 본부 예산은 총수입금 7,240원 ... (그 중) 의연금 6,860원.[85]

---

81) C. A. Clark, Fifty Year of Mission Organization Principles and Practice, *The 50th Anniversary Celebration Jubilee Papers*, p. 65.

82) M. J. MacKinnon, Mission Rural and Social Institute, *The Korean Echoes*, Korea Mission of the United Church of Canada, 1938. 5월호, p. 1.

83) W. Scott, *Biographical Sketch*, p. 137.

84) 1886년 충북 청주 출신. 1912년, 숭실학교 예비반 입학, 김일성의 친부 김형직(金亨稷)이나 공산주의자가 된 취문식 노덕순 등과 교우(交友). 1918년 일경에 체포, 징역 1년형. 1928년 숭실전문학교 영문과 졸업, 기독교농촌연구회 결성. 1833년 미국 매코믹신학교 졸. 1933년 장로교총회 농촌부 총무, 고등농사학원 총무. 1938년 미국행. 1943년 미국 프린스톤신학교 졸. 1945년 귀국. 1953년 자유당 중앙위원, 동 국민부장. 1954년 숭실대학교 이사장. 1954년 대전기독교농민학원 설립. 1967년 삼애농업기술학원 설립. 1968년 8월 25일 서거.

85) 조선예수교장로회총회 데 22회『회록』, 1933, p. 26.

이 의연금이라는 것은 배민수가 미국에서 확보한 것이었다. 그는 4천 달러에 해당하는 기금을 얻어 가지고 1933년 여름에 귀국하였던 것이다. 그런데 그 가을 9월 총회에서 상설 농촌부 총무로 발탁되었던 것이다. 협동총무는 쳄네스요 서무간사에 박학전(朴鶴田), 농촌부 간사는 김성원(金聲遠)이었다.[86] 쳄네스가 1년 후에 미국에 돌아가자 뉴랜드(L. T. Newland 南大理)기 후임으로 일했다.

다만의 농촌운동이 아닌 농촌교회(農村敎會)운동이란 것이 이들의 주목적이었다. 모범농촌도 필경은 예수의 정신으로 가꾼 기독왕국의 구체적인 모습으로 나타나야만 했다. 한데 이 궁핍의 유랑민들이 찾는 것은 현실적으로는 영생이나 진리나 신앙 혹은 복음보다는 구급(救急)한 손길이었다.

> 고로 오등(吾等)은 호상(互相)부조하되, 물질은 그리스도의 애(愛)를 표현하는 매개물로 하고, 애는 영생을 소개하는 중매로 삼아 유물지상주의 흑암에서 헤매이는 인간사회에 그리스도의 박애의 광명으로써 발휘하자는 것입니다.[87]

그것은 경제사회적 운동이 아니었다. 기독교의 사랑의 현실적인 실현이었다. 그런데 이 농촌사역에 특징이 있었다. 농촌순회 지도는 1934년 11월부터 1935년 3월까지 5개월간 만주와 국내 13개 노회 지경에서 4천5백 인에게 지도한 바, 새 신자 88인을 얻게 되고,

> 본부 지도정신 곧 신(神)의 존재, 기독의 속죄, 기독교의 사랑을 듣고 영적 감격에 넘쳐 통회함과 농사지도를 받은 대로 실시하여 얻은 바 농

86) *Ibid.*, 제23회 『회록』, 1934, p. 57.

87) 배민수, 「복음주의와 기독교농촌운동」, 〈농촌통신〉, 1935, 3, 1일자.

촌교회에 직접 간접으로 경제상 윤택을 얻은 것을 볼 수 있었습네다.[88)]

농촌사역이 가지는 이중적 구조, 곧 신앙운동과 경제운동이 병행한 것을 볼 수 있다. 이 양자의 결합이 기독교 농촌운동의 불가피한 방향이었다.

교회 농촌선교나 농촌운동의 자립 자금이 문제였다. 농촌부의 예산 집행은 처음 맥큔(G. S. McCune, 尹山溫 1872-1941) 선교사의 의연금으로 시작하다가 배민수가 미국에서 독지가의 의연금 4천 달러로 충당되고 있었다. 그러다가 1936년에 갑자기 그 송금이 중단되는 사태가 발생하였던 것이.[89)] 사사로운 개인 의연금에 매달린 거교회적 사역의 모양새가 한국교회 일면을 보여주고 있었다.

3.2. 기독교농촌운동의 기본정신

그 기본정신

그 기본정신은 복음주의였다. 성서학원에 농사강습과 실습을 덧붙인 형태의 농촌선교 교육 기관이 전술한 바 있는 실습고등농사성경학교(Mission Rural and Social Institute)였는데, 거기에 들어나 있는 복음주의적 색채는 뚜렷하였다. 농촌사업에서 때 따라 "정신적 차원의 재건"이 밀려난 일이 없지 아니하였다.[90)] 남감리교회의 양주삼(梁柱三)이 1929-30년의 강연회에서 농촌운동에 "위대한 정신적 · 영적운동이 퍼지고 있음"[91)]을 증언한 것도 그런 면을 강조하기 위한 것이

88) 농촌부, 조선예수교장로회총회 제24회 『회록』, 1935, pp. 35-36.

89) 농촌부, 조선예수교장로회총회 제26회 『회록』, 1937, p. 39.

90) R. A. Felton, *The Rural Church in the Far East*, New York, I.M.C., 1938, p. 171.

91) A. W. Wasson, *Church Growth in Korea*, p. 147.

었다. 교회의 농촌사역이 사회주의나 민족운동 차원의 계몽이나 총독부의 미곡 증산정책과 차별되는 것이 없다면 그것은 교회의 명예를 근본적으로 훼손하는 일이 아닐 수 없었을 것이다.

사실 한국 민중이 교회 리더십에 바란 것도 그런 것이었다. 언제나 "영육의 지식"이 빠진 일이 없고, "순회강연 및 부흥회"의 형태는 예외가 없었다.[92] "영적 감격", "통회(痛悔)", "농사지도", "농촌교회 경제상 윤택", "농촌교회 경제유지", "추수감사의 정신 고취", "촌락전도", "농촌교회 부흥전도", "농촌수양회, 전도, 성경지식 보급, 일반농사지식 보급", "농촌전도주간", 이런 구성으로 농촌사역에 임하고 있었던 것이다.

이런 사역의 방향은 농촌문제에만 치중하다가 교회 본연의 사역 곧 복음전도에 소홀(疏忽)해서는 절대 안 된다는, 그런 다짐이 확인된 것이었다. 조선예수교연합공의회에서도 그런 말을 해야 할 필요가 있었다.

> 교역자들이 너무 여러가지 사업에 여러 방면으로 활동함으로 인하여 영적 방면에 지중하던 것이 경감되거나 손실될까 염려하는 것입니다. 농촌사업의 결과로 안일하고 풍부한 생활을 일반 인민이 누린다고 할지라도, 모든 것이 기독의 정신의 지배 하에 있지 아니하면, 인민에게 유익이 많다고 볼 수 없을 것입니다.[93]

장로교회농촌운동 기본정신

농촌사업에 대한 평가에서 북장로교 선교부가 "농민들의 경제 확보, 교회 보조 확립, 그래서 겨레에의 복음전파"를 고수한 것 역시 마

92) 농촌부, 조선예수교장로회총회, 제23회 『회록』, 1934, p. 24.

93) 「농촌교육, 조선예수교 연합공의회, 후보(後報)」, 〈기독신보〉, 1929. 5. 1일자.

찬가지였다.[94] 한국교회 농촌사역에 장로교회가 취했던 원칙은 복음주의적 자세, 그것이었다. 루츠가 1928년 연합공의회에 제출한 보고서에 그런 정신이 이렇게 나타나 있었다.

> 우리들 사업의 목표는 기독교의 메시지를 봉사의 차원에서 해석하는 데에 있습니다. 농촌사업이나 경제적 활동의 실천은 다만 그 메시지의 표현 양식 하나에 불과합니다.
>
> 우리의 기본적 목표는 결국 아직 복음을 듣지 못한 수백만의 백성들에게 복음을 전할 교회를 설립하는 데 있습니다.[95]

교회 농촌운동의 기본자세가 이런 것이었다. "정의와 경제조직을 고치고 이상화하는 것은 지금 어떤 형편으로 보든지 속히 실행할 수 없는" 꿈이었다.[96] 목전의 과제는 곧 "좌절의 심리"를 뿌리 뽑고, 정치적 패배주의를 희망과 사기(士氣)로 변형시키는 일이었다.[97]

그때 대다수의 기독교인들은 "새로운 인격의 창조"가 그 전환의 관건이 된다고 확신하였다.[98] 농촌사회를 좀먹게 해온 악습과 미신적 숙명론을 극복하는 강인한 의지의 결단력을 가진 인격으로 변혁시켜 나가는 데에 교회사역의 목표가 있었던 것이다. 한국인에게 경제적 독립을 성취하게 하기 전에 필수적인 것이 정신적 갱신이었다. "경제적 메시지 이상 더 중대한 것이 정신적 메시지"였다.[99] 교회는 현실적 빈곤이나 고통이 다 사회 · 경제적 행태 속에 숨어 있는 도덕적 ·

---

94) Economic Condition, *R.F.M.P.*, 1933, p. 88.

95) K. L. Butterfield, *op. cit.*, p. 162.

96) 김강(金岡), 「천오백 여의 농촌형뎨들씌」, 〈기독신보〉, 1926. 1. 27일자.

97) J. D. van Buskirk, *op. cit.*, pp. 78, 116.

98) 서상현, 「신 인격창조와 신 사회건설」, 〈진생〉, 1929. 9월호, p.44.

99) 김성원, 「농촌에서 농촌으로」(3), 〈기독신보〉, 1935. 2. 6일자.

정신적 몰락과 그 독소들 때문이라는 것을 진단해서 척결함으로 훨씬 조속하게 농촌문제를 해결할 수 있다고 확신하고 있었다. 그리고 그것은 실증되고 있었다.

> 이 절망의 농촌에서 그나마 다소의 생기라도 유지되고 또 적은 희망이라도 놓지 않는 한 개인 한 촌락이 있다면, 그래도 그것은 그리스도인이나 교회에서 뿐 찾을 수 있습니다. 오직 한 길은 민중으로 하여금 그리스도의 사랑과 믿음과 소망의 산 종교 속으로 인도하는 것밖에 다시 구할 길이 없습니다.[100)]

1934년 조선예수교연합공의회가 "농촌운동에 관한 일체 사항은 그리스도의 정신 아래서 신앙생활에 절대 합치하도록 도모할 일"[101)]이라 다짐한 것은 여러 해의 경험과 교회 본래의 선교론 때문이었다.

감리교농촌교회 자립운동

감리교회의 농촌운동은 예수교연합공의회나 장로교회의 사역과 대개 같은 방향으로 움직이고 있었다. 그러나 감리교회가 취하였던 독특한 농촌운동 중에 무급 평신도 전도자 활용이란 것이 있었다. 1937년의 통계에 의하면 112명의 설교자 중에서 26명만이 연회(年會) 회원이요, 다른 26명은 보조 강도자(講道者) 그리고 나머지 60명이 무급 평신도 전도자였다.[102)] 이 60명의 직업은 농민이 34명, 상점경영 11명, 무직 6명, 교사 4명, 그리고 의사, 노동자, 면 서기, 이발사가 각각 1명이었다. 1937년 공주(公州)지방 조사에서는 예배를 45회 보았을 때, 35회를 무급 평신도 전도자가 인도하고 있었다. 펠톤(R. A.

---

100) 별지 제15호, 농촌부위원 보고, 조선예수교연합공의회, 제11회 『회록』, 1934, p. 41.
101) 김낙구, 「조선사회 개량에 대훈 기독교의 처지」, 〈기독신보〉, 1925. 6. 3일자.
102) *Ibid.*, p. 116.

Felton)은 이런 인원활용이 "농촌교회의 경제적 문제"를 해결할 수 있다고 보았던 것이다.[103] 농촌교회 목회자의 봉급문제가 얼마나 커다란 짐이었던가 하는 사실이 여기 밝혀지고 있다. 1931년 전국의 234교회 소재 마을에서 그 3분지 2가 이러한 무급전도자들이 목회하고 발전시키고 있는 교회였다.[104] 여기 그런 보조자의 비율을 도표로 살펴보겠다.

보조자와 연회회원의 비율표

연도	보조사		연회회원
	수	퍼센트	
1930	25	14	176
1931	37	23	161
1932	27	16	165
1933	39	27	147
1934	36	26	139
1935	49	37	135
1936	—	—	—
1937	59	45	131
1938	64	49	132

* (—) 표는 불분명

감리교회의 다른 한 농촌사역의 형태는 "교회농토"실용이다.[105] 노블(W. A. Noble, 魯普乙 1866-1945)은 1927년 교회재정 확보를 위해서 교회 일대의 농토를 구입하였다. 전국 교회에 걸친 통계는 현재로

103) J. M. Davis, *The Economic Basis of the Church*, 1939, p. 166.

104) A. W. Wasson, *op. cit.*, pp. 148-149.

105) R. A. Felton, *The Rural Church in the Far East*, p. 126. 거기에는 *tsubo*(町步)로 나와 있으나, 한 *tsubo*가 36평방피트라는 자신의 각주가 있는 것을 보아 평(坪)이 확실하다. 한 평은 36평방피트이다.

서는 찾아보기 힘들다. 그런데 한 조사연구에 의하면 1933년경 52 감리교회 중에서 거의 3분지 1에 해당하는 교회가 이러한 농토를 가지고 교회 재정을 돕고 있었던 것으로 나타났다. 어떤 교회 농토는 2백 평,[106] 혹 어떤 곳은 2만 평에 이른 곳도 있었다. 평균 면적이 그러니까 교회당 2,544평이었다. 약 2에이커(acres)였다. 적지 아니한 농토였다.

이들 교회 농토들은 대개 반 정도가 그들 교회 교인 스스로가 구매한 것이고, 반(半) 가량은 선교부나 선교사가 기부한 것이었다. 노불 선교사가 그 농토들의 3분지 1가량을 회사한 것으로 되어 있다.[107] 처음 사들이기 시작한 것이 1916년인데, 1927년에 이런 농토 구입은 노불선교사의 기부금 밑천으로 해서 다 시작하고 있었다. 전국에 교회 농토가 29군데 있었는데, 26곳이 감리교회, 3곳이 장로교회에 속해 있었다.

이들 교회 농토 중에서 4분지 3이 소작농가에게 대여되었고, 그 소작료가 각 교회 예산에 들어갔다. 그리고 그 나머지 4분지 1이 교인들 자신의 협동농장으로 이용되었다. 이러한 농토로부터의 수입은 반드시 많은 것은 아니었다. 1937년의 경우 그 평균 수입은 74원이었고, 그것은 한 교회의 목사 연봉의 5분지 1에 겨우 미치고 있었다. 그러나 어떤 교회는 그 수입으로 목사의 연봉 전부를 충당한 케이스도 있었다. 하지만 어떤 교회는 그런 수입을 교회자체에서 쓰지 않고, 유치원이나 주간 실업성서학교와 같은 사회봉사 기관에 헌납하고 있었다.

하지만 이런 제도는 헌금을 낼 현금(現金), 그리고 노동으로 드리는 헌금, 협동정신, 새로운 형태의 농사개량과 실습이란 점에서 실질적인 농촌교회의 경제발전에 크게 공헌하고 있었다.

---

106) A. R. Felton, *op. cit.*, p. 126.

107) *Ibid.*, p. 127.

3.3. 기독교농촌운동의 여러 형태[108]

협동조합운동

전국적 조직인 교회이기는 하였지만 전체 인구의 2퍼센트에 미달하는 교세로서는 한국의 경제적 곤경이 가지고 있는 정치적 식민통치의 구조나 세계경제 공황에 얽힌 어려운 문제들을 해소할 능력이 사실상 없었다. 다만 당면한 문제에 대한 목전의 지혜로운 처리, 아니면 협동에 의한 단결의 힘과 그 성원들의 상호보조나 방어, 그런 방법밖에는 없었다. 협동조합 형성의 배경이 이런 것이었다.[109]

이 방면에서 눈부신 업적을 남긴 사람이 유재기(劉載奇)이다. 그는 1933년 2월에 〈조선일보〉에 19회에 걸쳐 「협동조합론」을 장장 연재하여 그 이론을 전개하고, 아울러 조직의 구체적 방법론을 자세하게 설명하고 있었다.[110] 그는 "기독교의 진리로서 사회적 생활의 유일애적(唯一愛的)시설을 필요(로)한다면 협동조합인 운동과 그 실현에 있을 것"[111]이기 때문에 한 교회에 반드시 한 조합을 설치하자는, 그런 운동을 전개하고 있었다.[112] 그것이 토지회수의 유일한 방법이요, 고리선(高利線)을 끊고 중간이할(中間利割)을 조절하는, 소비조합적 성격을 아울러 갖추고 있었기 때문이다.[113] 1934년 그는 스스로 목사로 시무하던 칠곡(漆谷)교회에서 4백여 원을 들여 정미기(精米機) 5

108) 이순기는 1918년 김창제와 함께 함흥 YMCA 창설, 그 총무.

109) 그는 이 논문이외에도 「세계협동조합운동고찰」, 〈기독신보〉, 1929. 11. 27일자 (이후 연재); 「교회발전과 경제생활」, *ibid.*, 1931. 1. 9일자(이후 연재); 「농업조합이야기」, *ibid.*, 1935. 1. 1일자(이후 연재) 등이 있다.

110) 유재기, 「산업조합 이야기」, 〈기독신보〉, 1935. 1. 1일자.

111) 유재기, 「애의 사회적 시설과 산업조합」, 〈기독신보〉, 1935. 1. 30일자.

112) *Loc. cit.*

113) 박태일(朴泰一)도 합성상회에서 같은 실험을 하였다. 그의 글 「교회에 산업기관 설치로써」, 〈진생〉, 1929. 9월호, p. 51.

마력짜리를 구입하여 교인들의 협동조합 운영에서 크게 성공하였던 실례를 들어 한 교회 한 조합운동에 나섰던 것이다.

교회가 만주에 거류하는 동포농민들의 "농민호상사"(農民互相社)의 토지매수와 압조(押租)의 협동, 농산물 제조의 협동, 금융대부 협동, 기구 사용 협동, 부업(副業) 협동, 교육 협동, 풍화(風化) 향상 협동, 보위(保衛)의 협동, 이런 것들에 대한 협동에 관심을 기울인 것은 1927년부터 일이다. 상당히 앞선 조치였다.[114] 남감리교회가 철원(鐵原)에 "농민조합"을 설치한 것 역시 이때의 일이다.[115]

이상촌운동

배민수가 꿈 꾼 것과 같은 예수촌 운동, 이상촌 운동이 여러 형태로 전개되고 있었다. 예수의 주의대로 살고 농사를 짓는 기독교 농촌 공동체 곧 지상천국으로서의 분파적(分派的 sectarian) 이상촌이 그런 것이었다.

1938년 김용기(金容基 1912-1988)는 여운혁(呂運爀)과 함께 경기도 양주군 봉안리(奉安里)에 산지를 개척하여 이상촌을 건설하였다. 일제 말기의 시련에 함께 이겨나갈 희망을 품고, 자립적으로 경제활동을 도모하는 기독교사회주의 실현이 그 목포였다.[116] 이상촌을 새로 건설할 때에는 남녀 40명에 불과하였다. 그러나 1943년에는 73명에 이르렀고, 논의 평수도 6천5백 평에서 15,608평, 밭은 9천 평에서 21,588평으로 증대하고 있었다.

이들은 함께 모여 공동체 생활 형태를 취하면서 가축 기르는 부업

114) 농민호상사 발기문, 〈기독신보〉, 1927. 6. 8일자.

115) A. W. Wasson, *op. cit.*, p. 147.

116) 김용기, 『참 살 길이 여기 있다』, 서울, 창조사, 1973, p. 369.

을 의무로 하였고, 협동조합이나 소비 공매조합 같은 것을 설치하여 경제적 생활 향상과 자존의식을 심어주고 있었다.[117] 금주, 금연, 관혼상제의 간소화와 같은 도덕적 기풍의 철저에도 아울러 힘을 기울였다.

더구나 이들은 1944년 10월에 용문산 부근의 농민 대표들로써 "농민동맹"을 결성하고, 일제의 미곡 공출(供出)과 징용(徵用) 그리고 징병(徵兵)에 저항하는 운동에도 감히 나서고 있었다.[118] 여기에 한때 여운형(呂運亨 1885-1947)이 참여한 일이 있다.[119]

다른 한 경우는 황해도 신천(信川)의 서부농장이었다. 서너 사람의 지기(知己)들이 공동작업으로 생활하면서 신식농사 개량을 하고 있었고, 1935년 평양에는 숭실전문학교 졸업생 두 사람과 일본 고등학교 졸업생 두 사람, 이렇게 넷이서 합작으로 이상농촌을 건설하여 작업하고 있었다. 조만식(曺晩植)은 이들 이상촌이 "실로 유망하고 과연 이상적"이라고 찬탄을 보내고 있었다.[120]

유호준(兪虎濬 1914-2003)이 승동교회 이덕흥 목사이나 왕십리교회 이성규 장로와 함께 양평군 양동에 과수원을 하면서 이상촌 건설을 하였다는 혐의로 경찰에 검속된 일이 있었다. 이들은 "나날이 어려워지는 식량문제를 해결하고 과수원에 들고나는 품팔이 농민들에게 그리스도의 사랑을 전해 그들로 하여금 상부상조하는 공동체운동을 펼치게 하는 이상적인 교회운동"을 한 것이었다.[121] 유호준은 여기에

---

117) 조동걸, 『일제하 한국농민운동사』, 서울, 한길사, 1972, p. 311.

118) 김용기, *op. cit.*, p. 368.

119) 여운홍, 『몽양 여운형』, 서울, 청하각, 1667. p. 131.

120) 조만식, 「기독교인의 생활」 (4), 〈기독신보〉, 1935. 10. 2일자.

이상적이 한국교회 건설도 함께 구상하고 있었다. 하지만 일경은 이 이상촌이 상해임시정부 자금을 대기 위한 경영이라고 해서 취체하고 있었다.[122]

호주 선교사 보아랜드(F. T. Boreland, 夫五蘭)는 한국농촌의 문제는, 농부들이 농사하는 일 말고는 할 일이 별로 없다는 데 있다, 그런 것을 착안하였다. 권위 있는 한 통계에 의하면 한국 농부들은 1년에 대개 125일 일한다는 것이었다. 그렇다면 나머지 240일은 빈둥빈둥 논다는 것이 된다. "시간을 채울 어떤 일이나 업(業)에 대한 지식이 없다"는 것이었다.[123] 그러니 동네사람들과 잡담을 하거나 계속 앉아, 담배나 술에 빠지고 투전(投錢)이나 하고, 아니면 그저 계속 앉아 있는 것이었다. 이들에게 일하게 하는 것이 필요하였다. 그런 일을 하는 것이 이상촌의 한 꿈이었다.

보아랜드는 한국농촌의 활로가 바로 기독교적 이상촌에 있다는 확신을 가지게 되었던 것이다.[124] 기독교는 여기에 놀라운 구원의 힘으로 다가서고 있었다. 교회 모임에 사람들은 떼 지어 몰려들었다. 우선 소년 소녀들에게 할 일을 주는 것이었다. 가르치는 것이었다.

소년구락부

킨슬러(F. Kinsler, 權世烈 1904-?)가 1930년 평양에서 시작한 "소년성경구락부"(Children's Bible Club)라는 것이 있었다. 처음에는 그

---

121) 유호준, 『역사와 교회』, 서울, 대한기독교서회, 1993, p. 189.

122) *Ibid.*, p. 191.

123) F. T. Boreland, The Rural Problem in Korea and Some Ways in Which It Is Being Faced, *K.M.F.*, July 1933, p. 134.

124) F. T. Boreland, The Rural Problem — A Model Village, *KM.F.*, August 1933. p. 159.

이름이 “개척자구락부”(Pioneer Club)였으나 곧 바꾸었다. 그 일과는 성서, 역사, 지리, 언어, 산술, 자연학습, 구급방법, 기도 그리고 체조를, 1주 5일의 수업으로 교육하였다. 이 사역은 선교사들이나 한국 교회인들 심지어 총독부 관리들에게서 조차 “높이 인정”을 받고 있었다.[125]

그런데 이런 구락부가 한국교회 농촌운동에 있어서 “매우 유력한 사업으로, 그 수확이 실로 막대”하다고 본 것이 조만식이었다.[126] 언듯 이해가 가지 않는 말이지만, 그의 말을 인용하여 그 의미를 찾아볼 수 있을 것이다.

> 현재 (구락부 학생)수는 1천6백 명, 구락부 수는 17개 소, 교원 수는 30여 명, 매(구락)부(每部)에 평균 비용 연 2백 원(대개 교월 봉급), 매 구락부 연 평균 2백 원으로 백 명을 교육함인데 그 수확은 실로 막대하다. 복음전도로 문학보급으로 청년사역자 양성으로—
>
> 만일 우리가 여차(如此)한 사업을 동리마다 한다면 비용도 그리 들지 않고 충분히 할 것이다. 경제문화 정신적 운동은 문학보급의 일이려니와 조합운동, 농사부업, 소년운동, 일반문화운동, 실로 다대하고 무한한 사업이다. 이는 남녀노소 각층을 통(通)하는 것으로, 우리는 현재를 위하여 제2세 조선인을 위하여 과연 실익(實益)있는 근본적 봉사를 하자.[127]

조만식이 평양에 있으면서 이 구락부의 성격을 잘 알고 있었을 터인데, 그것이 반드시 직접적인 농촌운동이 아니라는 사실을 잘 알고 있었을 것이다. 그런데도 불구하고 그가 이 운동에서 본 것은 이러한

---

125) H. A, Rhodes, *History of Korea Mission Presbyterian Church in the USA 1884-1934*, p. 517.

126) 조만식, 「기독교인의 생활」 (4), 〈기독신보〉, 1935. 10. 2일자.

127) *Loc. cit.*

2세 소년교육이 "경제문화 정신적 운동, 문학보급의 일, 조합운동, 농사 부업, 소년운동 일반문화운동"이고, 따라서 그는 그 의미를 엄청나게 확대하여 부여하고 있었던 것이다. 로즈(H. A. Rhodes, 魯解理 1875-1965)가 이 구락부를 "사회복지사업" 항에 삽입한 것이라든가, 조만식이 이것을 "농촌사업 간의 유력한 사업"이라 본 것이라든가 하는 것은, 이 두 사람이 다 같이 이 구락부가 다 한국 농촌사회 갱생과 그 발전에 "막대한 수확"이 된다는 것을 확신하고 있었다는 뜻이 된다.

이밖에도 만주의 길림(吉林)신학교에서의 농촌사역자 교육이 있었다. 길림신학교는 감리교의 변성옥(邊成玉 1892-1950)이 그를 거기 파송한 감리교회총리원에서 탈퇴하고 현성원(玄聖元 1895-1960)이나 한동규(韓東圭 1898-?) 등과 함께 1935년 2월에 조직한 "조선기독교회"에서 1937년 2월에 설립한 신학교이다.

그 신학교는 설립목적에서 "기독교의 일반교직자를 양성하되 특히 자작자급(自作自給)의 정신으로 농촌교회를 지도하기에 적당한 교역자를 양성하는 것"을 천명하고, "농기간(農期間) 농사를 필요 과목으로 제정"하였으며, "농사실습을 필수과목으로 하여 6개월간 실습에서 1년 학비를 충당할 수 있는" 교육을 실시한다고 밝히고 있었다.[128)]

기독교노동조합의 발상

한국교회는 한때 기독교노동조합 결성을 생각하였던 일이 있다. 세계기독교노동조합이 그 제5차 세계대회를 1932년 10월 벨지움 안베루수에서 개최하고 거기서 토의된 문제들을 보도한 의도가 그런 것으

---

128) 길림신학교 일람(一覽), 〈기독신보〉, 1937. 3. 10일자.

로 추측된다. 벨지움에서 결의된 항목들을, 신문에 보도된 그대로, 여기 옮겨 싣는다.

> 1. 식민지를 가진 모든 국가는 그 식민지에 본국의 사회입법을 적용할 것.
> 2. 아직도 미개한 모든 나라에 적당한 방법으로 인하여 또는 특별히 국제노동조합의 협력으로 사회입법을 창설할 수 있음.
> 3. 강제노동에 관한 약관은 관계되는 모든 국가로 말미암아 확실히 비율할 것.
> 4. 단결권은 치안유지의 피치 못할 한도 내로 일반 토인(土人)[129]노동자에게 부여할 것.
> 5. 기독교노동조합운동과 토인노동자 간에 관련을 만들어서 노동조합 조직의 창조를 할 만한 비용을 줄 것.[130]

그러나 그 이상의 논의는 시작된 것이 없었다.

농촌조사연구

농촌운동에 대한 연구도 있었다. 농촌사회 조사 연구란 것이 그것이다. 농촌전도를 충실하게 수행하려면 농촌사회에 대한 충분한 지식이 있어야 한다고 본 것이다. 거창한 농촌운동을 한다고 하면서 "생각하고 있는 그 태도가 극히 단순하고 취급이 아주 표면적이어서 내부에 잠재되어 있는 그 복잡다양한 구성에 대하여는 심히 천단(淺短) 이해를 가지고 있을 뿐"인 것을 반성한 것이다. 따라서 농총운동은 "농총사회의 내부구조에 예리한 해부(解剖)의 칼을 가지고 충분한 과

---

129) 식민지 민족을 의미.

130) 전반적으로 그 문장 구성이 애매하고 난삽(難澁)한데, 한역(韓譯)의 문제로 보인다. 「실업(實業), 식민문제에 대하여 기독교노동조합은 어떤 태도를 취하는가」, 〈기독신보〉, 1932. 11. 9일자.

학적 이해에 도달하지 않으면 안 된다"고 확신하였던 것이다. 1937년의 일인데. 이런 것을 주장한 사람은 김근석(金根錫)이다.[131)]

> 농촌사회조사는 철두철미 과학적 방법에 의하여 농촌생활을 분석하고 그 특질을 인식하고 이 인식으로부터 출발하여 개량의 구분을 정하야 농민들에게 농촌의 실상과 장래 의도를 명백히 표시하여서 공동의식을 환기케 하는 것.[132)]

그 농촌 실지 조사연구의 기초적 항목은 지문학적(地文學的) 사항, 인구에 관한 사항, 경세적 사항, 사회적 사항, 도시가 농촌에 미치는 영향 등 다섯 가지였다. 그리고 그가 제시한 조사 항목을 그 제목만 옮기면 대개 다음과 같았다.

I. 촌락의 개황
　1. 촌락을 중심으로 한 지역 일대의 자연적 상태
　2. 취락(聚落)의 위치와 형체
　3. 촌락의 연혁 및 현황
II. 촌락의 경제적 구성
　1. 촌락의 경제적 사정
　2. 농가의 경제
　3. 토지 이용 상황 및 변천
III. 주민의 가정생활 및 사회생활
　1. 가정
　2. 사회생활[133)]

---

131) 김근석, 「농촌사회 조사」 (1), 〈기독신보〉, 1937. 3. 10일자.
132) *Loc. cit.*
133) 김근석, 「농촌사회 조사」 (2), 〈기독신보〉, 1937. 3. 17일자; (3), 3. 24일자.

농촌사회의 농업, 위생, 종교, 그리고 계급분열의 형태, 농민의 정치적 태도, 사회 경제 변천의 농촌파급 영향, 이런 것까지를 "내부기구"에서 과학적으로 조사 분석하려던 것인데,[134] 그 목적은 결국 "조선사회 현실에 최적절한 전도방침을 수립"하는 데 있었다.[135] 그는 이 농촌사회조사가 "농촌사회에 있어서 중요한 사회활동의 재산목록"[136]이라 판단하고 있었다.

이것은 브루너 박사가 1927년 시행한 한국 농촌교회 및 사회의 조사연구에 버금하는 철저한 조사 계획이었다. 하지만 당시 면려청년회 임원진들이 치안유지법에 저촉되어 검거되고 있었고, 또 장로교총회가 농촌부를 폐지하여 농촌사역이 붕괴되는 혼란, 일제 국민정신총동원 체제 하에서의 교회 자체의 심각한 존폐의 시련, 이런 것들이 겹쳐서 결국 착수하자마자 곧 유야무야되는 사태를 맞았던 것이다. 하지만 한 가지 눈에 띄는 것은 이 조사방법이 동경 제국대학(帝國大學) 농정학(農政學) 연구실의 조사방법을 응용하였다는 것이[137] 자칫 총독부의 사주(使嗾)였지 않았는가 하는 의구를 사게 한 이유일지 모른다는 생각이 든다.

3.4. 브루너 진흥방안의 문제

브루너의 한국 농촌조사보고가 국제선교협의회에 제출된 일과, 한국 안의 여러 선교부나 연합공의회 및 YMCA나 YWCA에서의 적극적인 호응에 대하여서는 앞서 이미 언급한 바 있다.

---

134) 김근석, 「농촌사회 조사」(3), 〈기독신보〉, 1937. 3. 24일자.

135) *Ibid.*, 1937. 3. 10일자.

136) *Loc. cit.*

137) *Ibid.*, 1937. 3. 17일자.

한데 그의 연구가 영감과 정확성, 그리고 비전에 있어서 탁월하기는 하였지만, 교회 안에서의 반론이 없지 아니하였다. 그의 기본 방향이 교회와 교회농촌운동과의 구조적인 병행을 지향하고 있었기 때문이다. 브루너의 방법을 요약하면 대개 다음과 같았다.[138]

곧 농촌의 절실한 경제적 문제에 교회가 참여해야 할 의무가 있으며, 그것을 인정해야 한다는 것이었다. 그래서 농업선교사가 한 선교부에 한 사람은 꼭 있어야 하며, 그들이 있는 자원을 활용하는 방법을 가르치고 실습을 수행하며, 총독부의 시책이나 선전이 일본어의 연막 속에 시장되지 않도록, 자세하게 습득하고 이를 농민들에 전달하여야 한다는 것이었다.

그 다음은 농업협동과, 지주 소작인의 협의를 위한 위원회를 연합공의회 안에 설치하여, 지난 10년 어간에 자작농 11퍼센트 격감과 소작농 20퍼센트 격증으로 인한 "농촌의 영구한 노예상태 가능성" 제거를 위한, 한국교회의 참여가 절실하다는 점이 강조되고 있었다. 그러기 위하여서는 농민들의 토지 매각에 대한 교회의 반대의사를 강력하게 시위하고, 예수교연합공의회 안에 특별위원회를 두어 그것이 주동이 되어 소작인과의 협력을 추진하고, 교인 지주들을 설득하여 토지를 소작인들에게 돌려주게 하는 방법을 연구하여야 한다는 것이었다. 동시에 협동조합과 가내(家內)산업의 장려가 권장되었다. 산업화에 따른 농촌 인구의 이동과 이민에 대처한 교회의 산업정책 수립 역시 권고되었다.[139] 시장의 유통구조에 대한 조사와 판로(販路)의 전국적 확보를 위한 연구도 필요하였고, 총독부의 시설이나 정책도 가능하면 활용한다는 것이었다.[140] 그리고 농민들이 빚을 걸머질 수밖에

138) E. S. Brunner, *op. cit.*, pp. 150–170.

139) *Ibid.*, p. 155.

140) *Loc. cit.*

없지만 수입 이상의 생계형태 소비유형을 개혁해 나가는 방법도 제시되었다.[141]

이밖에도 브루너는 산업교육의 체계적 발전, 농촌실습장, 프로젝트 사업, 특수 농촌훈련센터, 사업 분담, 모범농촌, 기존 여러 기관과의 협력, 현대사조나 산업사회의 경향 연구, 교회당의 사회센터로서의 개방, 커뮤니더스쿨, 설교 내용의 사회학적 감수성 구성, 성경학원에서의 농촌교육, 선교사들의 전문가들과의 대체, 이런 것들을 제안하고 있었다.

하지만 그의 이런 수많은 방법들 중 한국현실에 실용될 수 있는 것으로 평가를 받아 활용된 것도 있으나, "성서도 가르친다"라든가,[142] 재래 선교사들을 비판하여 "놀랄 만큼 미래사업에 대한 관심과 문제의식이 없다"[143]고 꼬집는다든가, 빈번하게 그들의 무능과 대체를 말한다든가 하는, 그런 대목이 한국교회 전반의 수용에 저항을 일으킨 것이 사실이다. 솔타우(T. S. Soltau, 蘇悅道)가 브루너의 보고서에 실망하고 "사상의 어떤 혼란"[144]이나 그 발상의 "위험성"을 지적한 것은 지나쳤는지 모른다. 그러나 이만한 체계와 광범위성을 가진 농촌사업을 그때 한국교회가 실천할 수 있었겠는가 하는 문제, 교회가 실제 그런 일까지 하여야 하는가라는 문제, 이런 것들이 우선 해결되어야 했었다.

농촌운동에 대한 이러한 교회의 양분형상은 교회 전체의 이른바 "신·구 충돌"[145]이라는 맥락에서 그 단서를 잡을 수도 있을 것이다.

---

141) Cf. 채무를 청장(淸帳)하자, 사설, 〈기독신보〉, 1930. 1. 22일자. 조민형, 「농촌교회 갱생운동」, 〈기독신보〉, 1931. 4. 8일자. "비록 한때는 벗을지언정, 굶을지언정, 움막에서 살지언정, 빚을 얻어 쓰지 말자."

142) E. S. Brunner, *op. cit.*, p. 156.

143) *Ibid.*, pp. 149-150

144) T. S. Soltau, *Korea the Hermit Nation and its Response to Christianity*, p. 101.

간혹 그것이 교회와 교회 주변기관 곧 YMCA라든가 기독교신문사들, 기독교학교 등과의 경계선으로 갈라 볼 수도 있을 것이다. 하지만 양쪽 생각과 신앙의 관통과 중복이 있어서 그렇게 딱 구분하기도 쉽지 않다. "만일 경제문제를 말한다든가, 혹 경제운동을 말한다든가 함은 마치 마귀의 유혹에 빠진 것 같이" 생각한다 해서[146], 이를 불행하다고 고발한 한 기독자의 글 속에서 실상 양쪽의 주장 그 핵심이 고루 표현되어 있다고 볼 수 있다.

한국교회 사회의식 발효기에 브루너(E. S. Brunner)나 버터필드(K. L. Butterfield) 그리고 펠톤(R. A. Felton)과 같은 세계적 석학들이 한국교회 농촌사역에 이렇게 직접 참여하고 연구한 결과를 우리들에게 남겨준 공헌, 그리고 국내에서 조만식, 이훈구, 조민형, 신흥우, 배민수, 정인과, 유재기, 박학전, 김성원, 김근석, 그리고 선교사 반버스커크, 루츠, 클라크, 브록크만(F. M. Brockman, 巴樂萬 1878-1929) 로즈, 피셔, 쳄네스, 뉴랜드, 도리스(A. S. Dorris, 都信女 1876-1956), 국제기관으로서는 국제선교협의회, 그리고 시세 따라 많은 논문들을 기고하였던 김준성, 이대위(李大偉), 김창제, 전치화(田致禾) 등 여러 인사, 그리고 각 교단의 농촌부와 YMCA, YWCA, 예수교연합공의회, 〈기독신보〉사와 숭실전문학교와 연희전문학교의 농학과, 이 밖의 여러 기관과 인사들이 한국 농촌사회운동에 끼친 공로는 실로 막대하여 이를 오래 기념하여야 할 것이다.

---

145) 기독교의 신구충돌, 〈조선일보〉, 1926. 2. 15일자. Cf. 이영한(李永漢), 「조선교회의 신기운」, 〈진행〉, 1929. 5월호, p. 23.

146) 전치화(田致禾), 「경제생활의 궁핍과 교역자 결핍」, 〈진행〉, 1929. 9월호, p. 41.

XII 기독교사회운동과 민족의식

엄청난 정신적 영적 변화가 한국에서 일어나고 있습니다. 그 하나는 산업 쪽에서 일어났습니다. 한국인들은 이제 입맛이 달라졌습니다. 현대감각에 맞는 물질적 생활수준의 향상을 꿈꾸고 있습니다. 대소 자본이 여기저기 투자할 곳을 찾고 있습니다. 교육에 대한 갈망도 급격하게 높아가고 있습니다.

—L. T. Newland, 1927.

1. 사회구제 복지 봉사활동

1.1. 사회구제활동

극빈자 노약자 구호

우리 교회의 사회운동은 언제나 민족의식과 함께 병행하고 있었다. 한국교회 사회사역의 시대의식은 이런 의미에서 민족구원의 폭을 가지고 있었다는 특수성을 가진다.

1920-30년대 농촌 궁핍의 심각성과 전통사회 변화의 가속화,[1] 총독정치의 가시적인 물질적 산업사회 발전에 오히려 심리적으로나 실질적으로 궁핍을 더해가는 상황, 이런 것들 때문에 교회는 민족에 대한 시대적 사명을 정면 걸머지고 나서지 않을 수 없었다. 그것은 우

1) "The greatest problem is the extreme poverty of the mass of the people," Survey Korea, *The International Review of Mission*, 1928, p. 19. Cf. *Annual Report on the Administration of Chosen 1934-1935*, Government-General of Chosen. 116. Cf. L. T. Newland, Korea Awake, *The Missionary Review of the World*, September, 1927, pp. 673-675.

선 목전의 궁핍과 병약, 의욕상실 때문에 쓰러지는 겨레에 대한 구제의 사업이었다. 제도나 조직의 개편, 이런 것이 있기 전에 당장 눈앞의 비참을 치유하고 동행하고 위로하는 일이었다. 원대한 사회적 개혁의 약속은 따로 있어도 이 현실은 시간적으로 미래를 담보로 미루어질 성질의 것이 아니었다. 미래는 그래도 여유 있는 사람들에게 있는, 좀 먼 날의 일이다. 기독교는 현장의 종교이다.

동사자(凍死者)들에 대한 구호가 그 하나였다.

> 금일까지 조선총독부가 경성(京城)에서 매년 불소(不少)히 발생하는 동사자를 구제하여야 하겠다는 염려나 하여 본 적이 있는가. 없었다![2]

구세군은 1919년 이미 추위에 떠는 거지들을 위한 시설을 그들 사관학교 안에 마련하였고,[3] 1923년에는 총독부에 진정서를 내서 서대문 밖에 토지를 마련하여 동사자 구제를 위한 시설을 설치할 수 있었다.[4] 동사위험에 있는 자들을 밤중에 찾아 나서서 데려다가 "야간숙소"에서 따뜻이 자고 먹게 한 것도 이때였다. 그리고 그해 겨울에는 "크리스마스 식사의 날"을 정해서 1천여 명 극빈자들에게 따뜻한 식사를 베풀었다. "그들 모습은 글로써는 표현 못할"[5] 눈물겨운 장면이었다. 구세군의 "자선남비"는 1928년 크리스마스 때 처음 등장하였다. 그때 곧 첫해 모금액은 848원 67전이었다.[6]

---

2) 동사자와 사회악, 사설 (압수분), 〈동아일보〉, 1924. 12. 4일자.

3) The Salvation Army, *The Christian Movement in Japan, Korea and Formosa*, 1920, p. 244f.

4) W. E. Twilley, The Salvation Army, *The Christian Movement*, 1925, p. 251. 개관식 때 조선총독 사이토(齊藤實) 참석.

5) *Ibid.*, p. 522.

6) 장형일. 『한국구세군사』, 구세군 대한본영, 1975, p. 109.

이런 형태의 사역이 구세군에 의해서 진행되는 동안에 1936년 12월 1일에는 윤치호, 김익두(金益斗) 등이 중심이 되어 삼동회(三同會)를 피어슨기념성경학원 안에 세웠다. "가로에서 동사의 경우를 당한 사람을 위하여 수 칸의 온방(溫房)과 약간의 음식을 준비하고 3일간 무료로 숙박하게 하여 급경(急境)을 면하게"[7]하고자 한 일이었다. 회장에 윤치호, 서기에 김상돈(金相敦), 상무(常務)에 배민수, 현동완(玄東完)이었으며 자본금은 2천 원이었다. 여기를 거쳐간 사람은 1937년 봄까지 152명에 달하고 있었다.[8]

예수교연합공의회 역시 이런 구제사업에 동참하고 있었다. 구세군과 협력해서 극빈자들을 위해 "구제의 집"을 마련하기로 한 것은 1926년의 일이었다.[9] YMCA가 이런 곳에 관심을 기울여 "걸인소년학교"를 세운 것은 1936년 이상문(李相文)이 원산 YWCA에 세운 것이 그 처음 케이스였다.[10] 성공회는 이보다 앞서 1922년에 이미 이런 형태의 고아원을 수원에서 경영해 오고 있었다.[11]

1919년 1월 오긍선(吳兢善 1878-1963)은 윤치호나 김병찬(金炳贊), 김광준(金光俊) 등과 함께 서대문의 옥천동에 있는 옛 언더우드 구제원[12] 터 3천여 평을 구입하여 "경성보육원"을 설립하였다. 이는 오긍선이 거의 사재(私財)로 운영하였는데 그는 1913년에 "경성양로원"도 설립하여 무의탁 노인들의 말년을 위로하여 주고 있었다.[13]

---

7) 행려(行旅) 극빈자 구급기관 삼동회 설립, 〈청년〉, 1936. 12월호, p. 12.

8) 삼동회보고, 〈청년〉, 1937. 4월호, p. 13.

9) E. T. Rosenberger, Social Service, *The Christian Movement*, 1926, p. 638.

10) The Begger Boy's School in Wonsan Run by YWCA, *The Korean Echoes*, 1936. 5월호, p. 2.

11) E. H. Arnold, The English Mission in Korea, *The Christian Movement*, 1923, p. 455.

12) L. H. Underwood, *Underwood of Korea*, 1918, p. 130. 1936년에 안양에 이전(移轉).

13) 『해관(海觀) 오긍선』, 해관오긍선기념사업회 편, 연세대학교 출판부, 1977, pp. 89-92.

평양에서도 이런 일이 있었다. 1935년 감리교의 정지강(鄭志强 1900-?)이 설립한 "애린원"(愛隣院)은 우리나라 사회사업 발전에 한 초석이 되었다. 사회사업이라든가 사회복지라든가 하는 말을 널리 쓰이게 한 사람이 정지강이었다. 그 설립 취지는 이러하였다.

> 평양을 가르켜서 종교의 중심지라고 말합니다. 그런데 주위의 농촌들이 피폐하여지는 것과 평양이 상공의 도시로 약진하는 것을 이유로 하여, 빈민과 노동자들이 많이 모여드는 것도 사실입니다.
>
> 적극적으로 그들에게 활로를 개척하여 주는 것이 무어보다도 필요한 일입니다. 이제 통절히 느낀 바가 있어서 시대를 순응하는 종교적 시설인 사회사업을 하려고 분기한 것이 기독교조선감리회 평양애린원 설립의 운동입니다.[14)]

여기에서는 〈애린〉이라는 사회사업지(誌)도 간행하면서 탁아소와 여자숙박소를 설치, "협동봉공(協同奉公)으로서 사회에 복지를 이루려"하였다. 그는 1940년에는 평양맹아학교도 세운다.

서울에서는 연동교회 장로였던 이강혁(李康爀)이 당시 경기도 고양군 숭인면에 대지 1,216평을 확보하여 수용인원 40명의 양로기관인 자혜원(慈惠院)을 설립운영하고 있었다. 이강혁이 거의 사재로 운영하던 곳이다.

> 아무 효과를, 아무 유익이 없는, 미구에 별세를 예기하는, 아무 것 없는, 노인들을 위하여 그들의 한술 밥이나 한 모금의 물, 한때의 잠자리를 편하게 하는, 또 부끄러움을 가리고 방한(防寒)할만한 의복을 제공하는 곳…[15)]

---

14) 애린원 창립취지서, 1935. 7. 18일자. 정경옥, 정지강, 『그는 이렇게 살았다, 그는 이렇게 외쳤다』, 서울, 고향서원, 1982, pp. 250-251.

서울의 숭이동(崇二洞)교회가 여기 가서 전도를 하고 있었다. 당시 서울 인구 40만에 양노원 성격의 복자시설은 청운동에 여자들만의 것이 하나 있었을 뿐이었다. 교회가 아닌들 이런 기관이나마 들어섰을까.

나병원(癩病院)

"가난은 비참합니다. 하지만 가난에 문둥병[16]이 겹치면 세상 이보다 더한 비극은 없습니다."[17] 전주에서 나병환자들을 치료하던 선교사 윌슨(R. M. Wilson, 禹越淳 1880-1963[18])의 말이다. 집에서, 동내에서 나가라는 눈치와 혐오로 떠나 방활 끝에 사고무친(四顧無親), 그 치료에 인육 효험이라는 소문까지 돌아 비참인데, 상처 노출로 강요한 돈량 얻다가 죄까지 짓는, 그 서러움은 나락(奈落)의 것이었다. 그런데 이들이 선교사 경영의 나병원에 들어오고, 그리고 반가이 맞아진다.

> 그들은 갑자기 친구들 틈에 있는 것을 알게 됩니다. 진실과 사랑으로 대하는 사람들에 의해 따듯한 방과 음식과 적절한 치료를 받게 됩니다. 그러다가 예수를 믿게 되고, 성경을 보게 되고, 하나님을 찬양하게 됩니다. 그러지 않는다면 이상한 겁니다.[19]

나병원은 미국북장로교에서 1910년 부산(釜山)에 세워진 것이 처

15) 양로기관 자혜원 방문 〈기독신보〉, 1935. 7. 24일자.

16) 얼마 전까지는 나병(癩病) 그러다가 현재는 "한센병"이라고 한다.

17) R. M. Wilson, Correspondence, *K.M.F.*, December 1920, p. 245.

18) 1880년 미국 알칸소 출신, 1901 알칸소 주립대학교 졸업, 1905년 워싱턴대학교 의과대학 졸업, 1908년 남장로교 선교사로 내한, 미국 워싱턴대학교에서 의학박사, 1912년 광주나병원 개원, 1926년 여천 율촌에 애양원(愛養院) 개설, 1940년 일제에 의해 병원 폐쇄, 추방. 1946년 재내한 애양원에서 구라(救癩)사업 1948년 미국에 귀국.

19) R. M. Wilson, Leper Work In Korea, *The Christian Movement*, 1920, p. 302.

음이다. 어빈(C. H. Irvin, 魚乙彬 1862-1933), 빈톤(C. C. Vinton, 賓頓 1856-1936), 스미스(W. E. Smith, 沈翊舜 1874-1932)가 그 설립에 공이 컸고 환자들을 돌보는 데에도 희생적으로 하였다.[20] 그것이 1914년 교계예양(comity arrangement)에 의해서 부산지역이 호주 장로교선교부에 이전될 때, 이미 수용환자가 80여 명이었다. 호주 선교부에 이관되면서 매켄지(J. N. MacKenzie, 梅見施 ?-1956)가 여기 일하게 되었고, 향후 28년간 이들 환자들을 돌보게 된 것이다. 매켄지가 정년으로 은퇴할 때 환자들은 6백여 명에 달하고 있었다.

1924년에 이 병원 구내에 벽돌집 교회당이 들어섰는데 이는 매켄지의 지도아래 환자들 자신이 세운 것이었다. 209명의 기독교 환자들이 그 힘이었다. 사실 병원 구내에 있는 벽돌 건물들은 다 이들 자신들이 건축하고 있었다. 이들 기독교 환자들은 그들 미미한 수당에서 헌금을 모아, 건강한 전도사 한 사람을 세워 비기독교인들을 위해 전도하게 하고 있었다.[21] 이 전도사가 손양원(孫良源 1902-1950)! 얼마 후 평양신학교를 졸업하고는 순천(順天)나병원교회를 시무하였던 것이다.[22]

그런데 나병원의 전국적 실태는 안타까울 정도로 빈약하고 미진하고 미달이었다. 총독부 경영의 소록도(小鹿島), 그리고 장로교계 선교부 경영의 부산(1911),[23] 대구(1913),[24] 여수(1911)의 나병원 수용환자는 1933년 현재 전국 전체 추정 환자 2만 명 중에서 2,771명에 불과하였고, 선교부 병원에는 1,724명이 수용되고 있었다.[25] 병원에 수

20) H. A. Rhodes. *op. cit.*, p. 513.

21) E. A. Kerr & G. Anderson, *The Australian Presbyterian Mission in Korea 1889-1941*, Australian Presbyterian Board of Missions, 1970, p. 83.

22) *Ibid.*, p. 84. Cf. 김교신, 「나환자(癩患者)의 음신(音信)을 받고, 〈성서조선〉, 1935. 4월호.

23) 창립 이래 차료환자 총수 4,260여 명. 〈기독신보〉, 1929. 2. 13일자.

24) 1929년 현재 수용인원 4백 명. 경상북도 추정 나변환자 5천5백 명.

용된 환자는 전체 환자 중 대개 14퍼센트인데, 그 중에서도 63퍼센트가 교회시설에서 수용하고 있었다.

한데 선교부는 이 나병원 운영에 아주 어려운 재정의 압박을 받고 있었다. 대부분의 재정적 보조가 "인도동양나병선교회"(The Mission to the Lepers of India and the East)에서 오고 있었다.[26] 무명의 영국인이 5천 달러를 이 선교회에 보내어 큰 도움이 되었다. 한국장로교회가 이 나병선교와 농촌선교에 보낸 연보의 연도별 추이를 알아보자. 1933년에서 1936년까지 한국교회는 나병선교에 그나마 가장 많은 헌금을 보내고 있었음이 들어난다.

장로교총회 농촌 및 나병사업 연보 액수

항목 / 연도	농촌사업 연보	나병사업 연보	병원수용 나병환자수
1928	–	684.08	1,283
1929	–	627.33	1,207
1930	–	611.25	1,655
1931	–	600.59	1,684
1932	531.05	723.51	1,724
1933	593.10	836.77	1,330
1934	677.06	845.28	1,700
1935	803.75	1,039.79	1,864
1936	753.22	833.97	1,999
1937	205.96	361.01	치료 243,417
1938	–	407.10	〃 1,983
1939	–	282.95	〃 660
1940	–	–	–

* 조선예수교장로회총회『회록』에 의거 작성

25) *Annual Report on Administration of Chosen* 1932-1933, Government-General of Chosen, p. 98.

26) H. A. Rhodes. *op. cit.*, p. 514.

1920년대 5달러이면 한 환자를 한 달 치료 요양할 수 있었다.[27] 하지만 환자들을 선교사 나병원에서는 다 받아들일 수가 없었다. 시설과 재원이 없었기 때문이다.

한데 묘한 일이 진행되고 있었다. 1923년 일본황실(皇室)에서 대구병원에 2백 달러, 서울 관립병원(Government Hospital)에서 1백 명 환자에게 쓸 대풍자유 곧 콜무그라(chaulmoogra oil),[28] 그리고 조선총독 사이토(齊藤實)가 3천5백 달러를 희사하였던 것이다. 그리고 일본황태후가 1930년에서 1935년까지 매해 1천 원씩, 특히 1932년에는 6천 원을 은급으로 주었다.[29] 더구나 부산의 매켄지, 대구의 플레쳐(A. G. Fletcher, 繁離湫 1881-?), 광주의 윌슨 등은 그들의 박애적·인도적 헌신에 대하여 1930년 11월 동경에까지 초청을 받아 황실에서 은배(銀杯)와 상금을 받았다.[30] 자선사업에 대한 감사의 표시는 정치적으로 볼 필요가 없을 것이다. 하지만 식민통치 하의 민족의 비참이 통치압제의 상징인 황실에서 은급으로, 은배로, 시상(施賞)된 곳에 당혹감을 감출 수 없다.

하지만 이들 선교사들의 희생적 봉사와 헌신은 실로 눈물 없이는 볼 수 없는 것으로, 값싼 비판을 무색하게 한다. "이 병을 이 땅에서 내어몰겠습니다. 지금 그 일을 우리는 하고 있습니다."[31]

윌손의 병원 운영은 완전히 자율이었다. 치료를 자수(自手)로 하게 하며, 공장을 두어 목수(木手), 석수(石手), 미장이, 땜장이, 철공들로 일하게 하며, 병원 안의 모든 건물을 환자들 스스로 건설하게 하며,

---

27) R. M Wilson, Correspondence, *op. cit.*, p. 245.

28) 인도지방에서 나는 식물.

29) *Annual Report on the Administration of Chosen* 1932-1933, Government-General of Chosen, pp. 96-97.

30) 조선 나환자의 은인 우월순박사 구제사업, 〈기독신보〉, 1932. 7. 20일자

31) R. M. Wilson, Leper Work, *The Christian Movement*, 1925, p. 586.

채소밭과 벼농사 모든 것을, 재미있게, 스스로 열심히 일하게 했다. 그리고 꽃나무, 꽃씨, 서양채소종자를 배양도 해보게 하는, 그런 자율과 참여의 생활을 하게 한 것이다.

> 우리 병원을 훌륭한 농사병원이 되게 합시다.[32]

그뿐이 아니었다. 환자들에게 간호술(看護術)을 교수해서 수술이라든가 약 처방까지 다 환자들이 맡아하였는데, "심히 어려운 수술 이외에는" 다 환자들 자신들이 하고 있었다.[33] 놀라운 사실은 그렇게 해서 훈련된 환자 중 "간호술이 한숙한 사람"이 부산나병원 매켄지의 청구를 받고 가서 그곳에서 한 달 동안 지내며 "20명 환자에게 수술을 하였으며 썩는 수족을 많이 잘라서 여러 환자로 하여금 고통을 면케 한" 일이 있었다.[34]

〈기독신보〉 기자는 이런 병원의 상황을 이렇게 그렸다.

> 그러므로 모든 환자들은 힘써 일하므로 마음이 자연히 기뻐지고, 정신이 깨끗해지며, 육체도 따라서 건강하게 됩니다. 그러니 자연히 병은 물러가고 말게 되는 것입니다. 그러므로 (이곳은) 병원이 아니라, 아름다운 한 농촌부락이며 그 우에 예수를 믿는 한 교회가 된 것입니다.
>
> 아! 이곳이 과연 지상의 파라다이스가 아니겠습니까.

그리고는 동포들을 향하여 외쳤던 것이다.

> 아! 조선동포 여러분들, 북풍처럼 쌀쌀하고 빙설(氷雪)같이 찬 우리사

---

32) 조선 나환자의 은인 우월순박사 구제사업, 〈기독신보〉, 1932. 7. 20일자

33) 월손, 「광쥬문둥병원 상황, 본보 독쟈 제씨의게」(3), 〈기독신보〉, 1924. 6. 25일자.

34) *Loc. cit.*

회에서 구축(驅逐)을 당하고 쫓겨난 저 불쌍한 수만(萬)의 나환자들이, 저 먼 태평양 건너의 이국(異國) 자선가들에게 구제함을 받아, 육신의 병을 고치고 심령에 예수를 맞아 들여, 영혼 육신 아울러 활로로 나서게 된 그 희비극의 한 장면을 보고 싶지 않으십니까.[35]

윌슨(R. M. Wilson)의 광주나병원에서 하는 일과는 다음과 같았다.

1. 골무라그 기름에 "장뢰"[36]를 섞은 약을 1주일에 한 번씩 주사
2. 운동과 목욕과 위생
3. 매일 작업: 환자들에게 채소 심을 밭을 주어 일용할 채소를 배양케 함으로, 저들 신체를 활동하게 하여, 뻣뻣하게 되었던 손과 손가락을 능히 자유로 운동[37]

이렇게 해서 실제로 치유를 받아 퇴원한 환자들이 있었다. "우리의 치료방법은 대단한 효력이 있어서 다수한 환자가 고침을 받았도다!" 1924년에는 75명의 환자가 퇴원하고 있었다. 윌손이 이 나병선교에서 보인 투철한 사명감과 감격은 우리나라를 찾았던 미국선교사들의 공적을 결코 잊지 못하게 한다.

그 병원의 환자 성분 통계는 아주 인상적이다. 거기서 어떤 일이 진행되고 있었는지 알 수 있기 때문이다. 1924년 3월 1일의 것이다.

기능을 가진 환자가 50명이었고, 신자 수는 겹치는 부분이 있는 것 같아서 최소화하더라도 445명으로 전체의 80퍼센트에 이르고 있었다.

---

35) 조선나환자의 은인 우월순박사 구제사업, 〈기독신보〉, 1932. 7. 20일자
36) 무엇인지 찾지 못하였음.
37) 월손, 「광쥬문둥병원 상황, 본보독쟈 제씨의게」(3), 〈기독신보〉, 1924. 6. 25일자.

환자들 종교 및 작업종류 (1924. 3. 1일자)[38]

항 목	인 원 수	항 목	인 원 수
주일 학교 반	53	목 공	7
주일학교선생	53	토 공	9
세례 받은 자	62	제 화 공	20
세례인 총수	285	야공 (冶工)	5
학 습 인	160	벽돌 제조공	9
장 로	1	건축한 건물	4
집 사	1	**환자 총수**	**565**

다른 한 가지 주목하고 싶은 것이 있다. 그 병원에 전문의들이 있는 것이 아니어서 중요한 진료나 수술은 곳에서 때에 따라 전문의들이 와서 치료나 수술을 한 것으로 나타나 있다. 가량 치과(齒科)는 레비(J. K. Levie 呂桂南),[39] 안과(眼科)는 세브란스병원의 노톤(A. H. Norton 魯敦)[40] 박사가 그런 의사들이었다.[41] 한국의사들의 이름이 눈에 띄지 않아서 이런 말을 하는 것이다.

결핵병원

결핵은 당시로서는 치명적인 병환이었다.

> 오 조선에 재(在)하야 결핵병은 인구의 도시집중, 사회의 공업화, 경제곤난으로 생기는 가옥의 왜소(矮小), 영양부족, 가옥의 밀집 등 각종의

38) 월손, *ibid.*, (3), 〈기독신보〉, 1924. 6. 25일자.

39) 1922년 남감리교 선교사(치과의사)로 내한, 광주 그래함 병원에 치과 개설, 순천의 알렉산더병원에서도 활동.

40) 1907년 미북감리교 의료선교사로 내한, 1913년 해주에 그의 모친 기념 노톤기념병원(후 구세병원으로 개명) 개설, 1922년 세브란스의학전문학교 안과 교수, 1928년 건강악화로 미국에 귀국.

41) 월손, 「광쥬문둥병원 상황, 본보독쟈 제씨의에」(3), 〈기독신보〉, 1924. 6. 25일자

> 원인으로 년년 증가하야, 자세한 통계는 구득(求得)하기 어려우나 15퍼센트 아래로는 내려갈 것 같지 않습니다.[42]

결핵병원은 세브란스병원의 내과 교수이던 스타이츠(F. M. Stites)[43]가 1920년 병원과 세브란스의학전문학교에 결핵예방 시설을 갖춘 것이 한국 최초의 것이었다.[44] 그리고 1926년에는 평양에 결핵진료소가 들어섰다.[45] 시설이 월등하게 좋았던 해주(海州)의 감리교 "폐병요양원"은 1928년에 10월 27일 감리교 의료선교사 홀(S. Hall, 賀樂 1893-?)에 의해서 설립되었다.[46] 개원식에는 세브란스의학전문학교 교감이던 오긍선(吳兢善)과 황해도지사 박중양(朴重陽) 그리고 황해도 경찰부장 겸 위생과장 사사키의 축사가 있었다. 바로 그날 세브란스병원에서는 항결핵학회가 조직되고 있었다.[47]

우리나라 2천3백만 인구 중 약 5할이 결핵 감염자이고 그 중에서도 1백만 명 가령이 결핵환자로 추정되었다고 한다.[48] 교회는 한국인의 가장 무서운 치사율을 가진 병이 결핵병, 나병, 그리고 화류병(花柳病)이라고 보았는데, 결핵이 더욱 무서운 까닭은 그 전염에 있다고 판단하고 있었다. 이 결핵이 공기전염이나 침에서 오는 것이고, 한국인은 일단 걸리면 그 7할이 사망한다는 통계가 나와 있었다. 더구나 이 결핵에 걸리는 연령층의 7할 내지 9할이 18세에서 30세에 이르는 청소년이라는 데에 충격이 더 컸다.

---

42) 〈세브란스교우회보〉, 1929. 11월호, 『연세대학교사』, 1969, p. 136에서 인용.

43) 1917년 미국 남감리교 의료선교로 내한.

44) 『연세대학교사』, p. 134.

45) T. S. Soltau, *op. cit.*, p. 45.

46) 한국 초기 북감리교선교사 W. J. Hall(胡乙 1860-1894)의 장남.

47) 해주 폐병요원 헌당식, 〈기독신보〉, 1928. 11. 7일자. Cf. J. D. van Buskirk, *op. cit.*, p. 111

48) 크리스마스씰을 기회로 결핵병 박멸운동에 협력하라, 〈기독신보〉, 1932. 12. 14일자.

이러한 결핵의 박멸을 위해 해주 구세병원의 홀 부부가 덴마크결핵박멸방법을 따라, 크리스마스씰을 발행하기 시작한 것이 1932년 성탄 때의 일이다.[49] 그것을 처음 산 사람이 배재학당의 아펜젤러(H. D. Appenzeller)였고, 다음 해에는 미국 32대 대통령 루즈벨트(F. D. Roosevelt 1882-1945)에게 보내어졌고, 거기 대한 감사답장이 온 일도 있었다.[50]

이처럼 교회는 결핵병 치료에 먼저 손을 대고 있었다. 하지만 결핵병원 이외에 전국에 1919년 현재 30여 처의 일반종합병원을 가지고 있었다. 그리고 그해의 입원환자는 9천여 명이었다. 이런 것은 교회가 스스로 "신성한 사명"으로 알고 수행하고 있었으며, 사랑과 희생의 정신으로 봉사하고 있었다.[51]

어린이복지

어린이들의 질병에 대한 교회의 관심은 그들 생명이 10세 미만에 사망률 45.5퍼센트라는 엄청난 통계로 해서 더욱 높아지고 있었다.[52] 더구나 18퍼센트는 한 살도 못살고 죽어간다는 비참이었다. 상상도 못할 환경의 비위생 때문이었다. "이러한 비위생이라면 생존자가 있다는 것이 오히려 이상한 일"[53]이라 할 정도의 무방비상태였다. 어린이들을 구하여야 했다.

우선 교회는 어린이들의 생명의 소중함과 그 아름다움을 인식시키고 널리 알리는 것이 중요하다고 보았다. 남감리교회가 여기 앞장섰

49) S. Hall, *With Stethoscope in Asia: Korea*, Missionary Council of Laymen Association, Virginia, 1978, p. 346.

50) *Ibid.*, p. 478.

51) J. D. van Buskirk, *op. cit.*, p. 112.

52) *Ibid.*, pp. 88-89.

53) *Ibid.*, p. 91.

다. 1916년 송도(松都 - 개성)에서는 "베이비 쇼"를 개최하고 포스터에 음식, 휴식, 위생, 신생아의 육아법에 관한 지식을 요약 선전하며,[54] 호응도에 따라 "우량아 운동"도 전개하여 나갔던 것이다. 이러한 "베이비 쇼"는 그후 서울에서도 계속되고 있었다.[55] 공주(公州)에는 "유아복지센터"를 설립하여 육아에 관한 보건상의 지식들을 가르치고, 치료도 하고 있었다. 건강을 위해서 우유를 생산하고 보급한 일이 있는데, 1935년에는 7만 6천 병의 유유를 생산해서 보급한 일도 있었다.[56]

캐나다연합교회 선교부에서는 1929년 원산(元山)에서 매킨논(Mary J. MacKinnon)이 "유아복지센터"(Child Welfare, Better Baby Clinic)를 세운 이래로 장족의 발전을 보였다. 1933년에는 1,612명의 유아들을 진료 양육하였던 것이다. 이 선교부에서는 35개 처에 센터를 세우고, 224개 처의 진료소를 개설하였으며, 정기적으로 가정방문을 하였는데, 통산 7,147명의 어린이들에게 진료를 할 수 있었다.[57]

미국북장로교에서도 전 스테이션에[58] 걸쳐서 어린들을 위한 복지시설을 다 설립하고 있었다. 가령 1930년 대구의 어린이복지시설에는 150여의 어린이들이 등록되어 있었다.

영아의 지력발전을 위한 논문이 〈기독신보〉에 6회에 걸쳐 연재된 일이 있었다.[59] 그리고 「부모들의 알아야 할 어린아이의 발육과 건

---

54) C. Erwin, Baby Show at Songdo, *K.M.F.*, April, 1916, pp. 113-114.

55) E. T. Rosenberger, Social Service, *The Christian Movement*, 1925, p. 641. Cf. 우량아동 시상식, 경성연합영아보건회 주최, 〈기독신보〉, 1935. 6. 5일자.

56) R. A. Felton, *op. cit.*, p. 198.

57) *Annual Report of the Women's Missionary Society*, The United Church of Canada, 1933-1934, p. 261, Cf. M. J. MacKinnon, Social Evangelism as Carried on in Wonsan District, *Korean Echoes*, August 1933, p. 3.

58) 현지선교부는 전국적인 본부로서의 선교부와 지방 주재소가 있었는데, 이 지방 주재소를 Station이라 하였다.

강을 돕는 영양소」라는 글을 2회에 걸쳐 연재하고 있었다.[60] 어린아이들의 건강과 발육을 위하여서는 먼저 어린아이들에게 적당하고 필요한 영양소가 무엇인가를 알아둘 필요가 있다고 보았기 때문이다. 여기에는 보건증진용과 저항력 증진 양질(養質)로 나누어 설명하되, 비타민이나 철(鐵), 린(燐), 동(銅), 칼슘 같은 요소들이 어디에 많은지, 자세하게 소개되어 있고, 식품은 고기, 채소, 생선, 곡식, 과실, 과자 등 수없는 식품들을 종류별로 분류하고, 그 요리법도 날것(生,) 삶기(煮), 찌기(蒸), 불에 쬐기(焙), 태우기(燒), 달이기(煎), 부들하기(蒲), 면(麵), 죽(粥) 등으로 아주 자세하게 설명하고 있었다.

그 글은 현대에 읽어도 좋을, 그런 내용이다. 그때 우리가 이 수준으로 살았는가 할 정도로 우리와 아무 거리감이 없다. 그런 것을 그 글을 쓰는 사람이 몰랐을 리가 없다. 그래서 비고(備考)한다. 곧 "이 글은 넉넉한 가정에서는 물론이려니와 좀 어려운 가정에도 어느 정도까지 할 수 있는 것들입니다." 이론은 우선 알고 있는 것이 좋지 않겠느냐 하는 생각이었다.

이런 어린이 진료시설은 1925년 현재, "복음센터"(Evangelical Centre) 곧 태화여자관(泰和女子館)에 로젠버거(Miss E. T. Rosenberger 盧仙福)가 아동복지부를 설치하여 5백 명의 어린이들을 상대로 진료하며, 육아와 공중위생 계몽에 힘썼고, 에비슨(D. B. Avison 1893-1951)[61]은 세브란스병원 소아과 교수로 있으면서 소아복지와 어린이 질병 및 소아병예방에 관한 많은 도서들을 수집하고 있었으며, 반 버스커크(J. D. van Buskirk, 潘福奇 1881-?) 역시 세브란스병원에서 어린이

---

59) 북문인, 「가정에 있어서 지육(智育)은 어떻게 할까」, 〈기독신보〉, 1932. 11. 2; 9; 16; 23; 30일자.

60) 〈기독신보〉, 1932. 11. 30; 12. 7일자.

61) O. R. Avison의 아들. 세브란스병원 소아과 교수 및 병원장

들의 식생활과 음식에 대하여 많은 연구실적을 남기고 있었다. 그는 한국 어린이들의 사망률에 대하여 유익한 통계자료들을 다수 남기고 있었다.[62)]

여자복지

우리가 앞서 말한 "태화여자관"은 여성복지를 위해 1920년 9월 남감리교회가 서울에 세운 여자복지기관이다. 처음에는 마이어스(M. D. Myers, 瑪義是 1875-1934)가 맡아왔으나 1923년부터는 북장로교와 연합하여 기기서 피송된 킨슬러(M. Kinsler)와 함께 "이 땅의 부녀자들을 섬겨 그들이 더 훌륭하게 하나님과 사람을 봉사할 수 있는" 사역에 힘을 기울이고 있었다.[63)]

사업내용은 성경연구와 교화, 무산아동교육, 학령 초과 부녀교육, 유치원경영과 아동보호, 유아보건 운동, 공중위생사상보급, 영양우유 공급, 직업부녀클럽, 체육과 오락, 요리와 재배, 음악 강습, 가정 강좌, 무료목욕 등 구제사업이었다.[64)] 교육의 기회가 없었던 상류층의 여성들도 여기에 몇 참여하고 있었다.[65)]

그래함(A. Graham, 具禮咸)이 송도에 이런 유형의 "고려여자관"(高麗女子館)을 세운 것은 1922년 5월의 일이다.[66)] "사회 그 자체의 결함을 보충하려는"[67)] 이러한 노력은 사회의 도덕적 병폐 시정이나 구제에서 상당한 기여를 하였다.

---

62) J. F. Genso, Child Welfare Observations, *K.M.F.*, May 1926, pp. 94-95.

63) Southern Methodism in Korea, *Thirtieth Anniversary*, ed. by J. S. Ryang, Board of Korea Annual Conference, Methodist Episcopal Church South, 1926, p. 153.

64) 심명섭, 「애린(愛隣)운동의 이론과 실제」, 기독교사회사업, 〈기독신보〉, 1935. 5. 15일자.

65) F. K. Gamble, South Methodist Mission, *The Christian Movement*, 1923, p. 448.

66) 『조선남감리교회 30년기념보』, 양주삼 편, 조선남감리교회 전도국, 1926, p. 36.

67) 심명섭, *op. cit.*, (1), 1935. 4. 3일자.

> 조선생활의 최대 결함인 적당한 운동의 부족, 노역(勞役)과 휴식의 관계에 대한 무지, 불규칙, 무절제한 음식과 일상생활, 위생학적 지식의 결핍과 의료기관의 불완전, 이런 것이 모두 민족적 몰(沒)건강의 원인입니다.
>
> 이번 여자관의 유아진찰과 순회산파사업은 우리에게 한안(汗顔)의 교훈을 주는 것입니다.[68]

불건강이 민족에 대한 죄악이라 단정했던 〈동아일보〉의 치사였다. 교회가 아니었던들 최소한도 이러한 인간적인 사회적 사역의 역사는 한국현대사에서 찾아보기 힘들었다.

이제 이러한 복지운동은 농촌사회운동에서와 같은 "삶" 곧 생의 문제보다는 "생활"의 차원으로 건너간 듯한 인상을 준다. 농촌사회운동에서는 "사는 것"이 문제였다. 하지만 복지운동에서는 그래도 "살아 있는 사람"이 문제가 된 운동이었다. 사는 것이 문제였던 데서, 살아가고 있는 것이 문제가 된, 그런 전환이 눈에 띄었다. 한결 환한 역사가 눈에 보인 전환이었다.

2. 절제운동의 민족적 차원

2.1. 절제운동의 조직화

한국에서의 절제운동은 한국에 중·상층이 있다면 그들에게 민중의 비극에 눈 뜨게 하는 민족운동이요, 다른 한편 가난하고 절망에

---

68) 시급한 보건문제, 사설, 〈동아일보〉, 1924. 1. 26일자.

빠진 민중의 삶에는 성실과 희망 그리고 책임을 가지게 하는 거대한 민족 양심의 운동이었다. 구습악폐를 근본적으로 개조해서 성실한 삶과 신성한 의무 그리고 상황을 극복하는 희망과 의지를 갖춘 민족사를 형성해 나가려는 획기적 기도(企圖)였다. 그런 것을 통 털어 절제운동(節制運動)이라 할 수 있었는데, 그것은 기독교가 내적인 동기가 된 역동성에서만 가능한 운동이었다.

절제운동형의 여러 프로그램들은 한국 초기 선교시기부터 있어 왔다. 가령 북장로교선교부는 1919년부터 한 사회복지 상임위원회를 두어 마약, 음주, 기타 사회악에 대항해온 운동체들을 집결시키고 있었다.[69] 1920년의 보고에서도 절제운동과 그 강연회가 전국에 활발하였다는 기사가 많았다.[70] 강계(江界)에서만도 1930년에 백여 명의 기독청년들이 이 운동에 가담하고 있었다. 선천이나 전주 및 재령에서도 절제나 위생에 관한 소책자나 포스터, 리플릿을 뿌리고 있었다.

하지만 그것이 조직적인 운동으로 구조를 갖추기 시작한 것은 1923년 9월 18일의 일이다. 세계여자기독교절제회의 크리스틴 팅링(Miss C. I. Tingling)이 방한하여 거의 3백여 회(回)의 강연을 하였고, 그러고 나서 조선여자기독교절제회가 조직되었던 것이다.[71] 그 조직이 분회(分會) 형식으로 전국에 다 조직된 것은 1930년까지의 일이다.[72]

1932년 5월 5일에는 평양에서 "조선기독교절제운동회"가 정식으로 창설되었던 것이다. 임원은 회장에 채필근(蔡弼近 1885-1973)과 조만

---

69) H. A. Rhodes, *History of Korea Mission Presbyterian Church in the USA 1883-1934*, 1934, p. 517

70) R. C. Coen, General Survey of 1920, *The Christian Movement*, 1921, p. 339.

71) Chosen, *R.F.M.P.*, 1925, p. 133. Cf. Social Reform Committee, *Minutes of the Korea Mission Presbyterian Church in the USA.*, 1926, p. 102.

72) *Ibid.*, 1930. p. 78

식, 서기에 우호익(禹浩翊 1897-1983)과 이권찬, 회계에 정두현과 강봉우, 총무에 송상석(宋相錫 1896-1980),[73] 그리고 고문에 클라크(C. A, Clark, 郭安連 1878-1961)와 편혜도였다. 그 창설 취지가 이렇게 천명되고 있었다.

> 그러나 주류, 연초, 아편, 창기, 악질(惡疾), 폐습 등이 우리 신체와 정신에 다대한 해독을 준다는 것은 상하현우(上下賢愚)가 다 공인하는 것입니다.
>
> 그런 독물들은 흉악한 파괴성과 잔혹한 살육성(殺戮性)을 가지고 생명 재산을 약탈하되, 개인에나 사회에나 한번 침습(侵襲)하면 백번 천번 침습하고, 또한 한없이 번식증대하여 필경에는 건전한 대장부를 약한 불구자로, 부유한 가정을 빈핍한 걸인배로, 평화의 세계를 수라장으로, 성결의 전당을 죄벌(罪罰)지옥으로 화하고야 마는 것입니다.
>
> 자아의 영원한 인격 건설을 위하여, 타인의 가련한 생명 구제를 위하여, 사회의 일반 복지증진을 위하여, 인류의 공동 이상 실현을 위하여, 진신(眞神)의 무한한 존귀영광을 위하여, 예수에게로 나올 자가 누구냐.[74]

2.2. 금주단연(禁酒斷煙) 운동

주초소비의 심각성과 민족경제

금주단연 운동이 그 첫 캠페인으로 떠올랐다. 피셔(J. E. Fisher)같은 이는 "주색잡기, 나타, 시기, 계급투쟁 등은 다 생활의 결함과 불합리를 상징"하는 것이기 때문에, 먼저 생활에 필요한 내용과 건전한

---

73) 1932년 5월, 조선여자기독교절제회 현상논문에서 1등 당선, 상금 10원 수상. 〈기독신보〉, 1932. 5. 25일자. 절제운동에 관한 자료집 『한국절제교육연구사료집』, 서울 성광문화사, 1979 편집.

74) 조선기독교 절제운동회 창립, 〈기독신보〉, 1932. 5. 25일자.

일거리를 마련하고 합리적 개혁을 충실하게 하면 "또한 일반이 근정할 만한 종교생활을 발달시키면 이 세상에 존재하는 사회상 불행과 불의는 부지부식 간에 소멸"될 것이라고 낙관하고 있었다.[75] 다시 말하면 가난과 사회부조리가 없었던들 주색(酒色)이나 계급투쟁 같은 사회적 악이나 갈등은 없었으리라는 해석이었다. 하지만 이런 이론은 사회주의적 요소가 강하게 풍기는 해석이었고, 기독교적인 사회적 선과 그 윤리와는 거리가 있었다.

한국인의 음주량은 실로 심각하였다. 앞서도 살펴보았지만 1923년의 조선총독부 통계에 따르면, 일본에서의 주류 수입이 3,913,061원, 외국에서의 수입이 57,426원, 한국 내에서의 생산 소비가 45,376,983원으로, 총합계 49,347,470원이었다.[76] 거의 5천만 원 수준이었다. 당시 한국인 인구가 1,760만 명 정도였다. 1인당 2원 98전의 소비였다.

오긍선은 한 마디 했다. "요새 뭐 경제침체와 가난을 말한다구요?" 그는 이런 형편에 무슨 가난을 말할 수 있는가라고 반문한 것이다. 이제 금주운동은 "오직 조선을 위하여, 이 백성을 위하여" 반드시 수행하여야 한다는 절실한 민족의식으로 바뀌어갔다.[77] 1925년 가을 반기독교운동에 충격을 받았던 기독교회는 겨레가 "노숙혈거(露宿穴居) 초근목피(草根木皮)를 씹는" 참상인데도 "필수적 음료가 아닌 주초(酒草)"에 연 2억 원의 낭비라는 사실을 피눈물 나는 눈으로 바라보지 않을 수 없었다.[78] 주대(酒代)가 약 1억 3천만 원, 연초대가 약 7천만 원이었다는 것이다. 1년 교육비는 해당 연도에 1천만 원이었다.

---

75) 쩨. 이. 피쉬어, 「기독교사회개량의 원리와 방법」, 〈기독신보〉, 1931. 6. 10일자.
76) Oh Keung Sun, Prohibition for Korea, *K.M.F.*, April 1926, p. 70.
77) 조만식, 「기독교인의 생활」(2), 〈기독신보〉, 1935. 9. 18일자.
78) 반기독교운동을 보고, 사설, 〈기독신보〉, 1925. 11. 11일자.

> 우리는 주초를 자녀보다 더 사랑한다. 언념(言念)이 이에 미치매 방성(放聲)의 곡(哭)을 금하기가 난(難)하다![79]

그렇다면 기독교가 이런 낭비를 정복하고 회개의 길을 전파하여 구령(救靈)과 금주단연까지 실행한다면, 그것이 바로 우리 동포 일반의 행복이 아니겠는가 장담하고 있었다. 금주단연으로 생긴 2억 원은 연간 생재(生財) 곧 생돈으로 빈민 구제의 길을 트고, 오랜 현안인 민립대학도 건립하고, 전국 13도에 도립실업학교와 사범학교도 세울 수 있다는 생각에, 더욱 초조한 마음에 불타지 않을 수 없었다. 이런 기독교를 반대한다면 그것은 단순히 기독교를 반대하는 것이 아니라 "동포의 만도(萬途)개척을 저희(沮戱)하는 것"이라 격하게 반발하고 있었다.

주초나 잡기(雜技)는 "오락이 아니라 반사회적" 범죄라는 것이 기독교의 입장이었다.[80] 당시의 음주에는 그 나름대로의 사회심리학적 문제가 도사리고 있었을 것이다.[81] 반드시 범죄로만 볼 수 없는, 그 고통을 잊으려는, 동정할 만한 마음의 문제들이 없지 아니하였을 것이다. 그러나 나라나 사회나 가정, 그리고 개인이 그 빈궁 때문에 생사가 달려 있는, 그런 찰나에 주초에 드는 낭비는 심리학이나 정신건강 운운으로 변명할 여지를 남겨 놓을 만한 그런 문제가 아니었다. 생존과 현실의 문제였다.

> 동포여, 죠션 안에서 술 담배로 소비되는 돈이 총합 101,893,824원입니다.
>
> 동포여, 우리의 당면한 대 문제를 해결함이 오직 금쥬 단연함에 잇는 것이 아니겠습니까.[82]

---

79) *Loc. cit*.

80) H. K. Kim, *Rural Education for Regeneration of Korea*, New York, 1931, p. 16.

81) 금주호 발행에 제(際)하여, 사설, 〈기독신보〉, 1928. 1. 11일자.

이 액수는 백 평 집터의 열 칸 기와집 94,448채와 519,469명의 1년간 생활비,[83] 8백의 소학교, 6백 중학교의 교육비로 각각 환산되었다. 이런 유형의 주초비용 대비 민족경제의 대조 호소는 파격적이었다. 가슴을 터지게 하는 것이었다. 1927년 11월의 여자기독교절제회 선전전단에는 비수처럼 박히는 글을 쓰고 있었다. 곧 당시 경제난으로 해외 이주하는 겨레와 자살하는 사람이 전민족의 50분지 1에 이르고 있다는 고발이었다. 그런데 연간 소비되는 술값만 83,429,170원으로, 우리 민족 전체 1년 생활비의 5분지 1에 해당하는 액수라는 것이었다. 그렇다면 피눈물로 고국을 떠나는 이민자들과 자살자들을 50년간 구제할 수 있다는 것이었다.[84]

1930년대에 이르러서도 사정은 하나도 달라진 것이 없었다. 김교신은 1932년의 통계를 들면서, 담배대(代)를 제외한 주대(酒代)만 1인당 4원 50전, 교육비 1인당 1원 20전으로, 초등학교 1면(面) 1교(校)가 요원하고 문맹율 8할인데, 어떻게 이런 낭비인가고 통박하고는 극언을 한다. 곧

> (금주단연의)논리의 조리를 세우기 전에 분노(憤怒)의 열정을 억제하지 못합니다.[85]

우리 교회는 이 금주단연 운동에 온 교회가 나서서 "승리의 개가"를 불러야 할 것이라고 다짐하고 있었다. 그것이 "우리 할 일 중에 한 큰 것"이라는 책임감도 통렬하였다. 겨레가 변화되는 것을 꼭 보

---

82) 「조선에서 금주할 이유」, *loc. cit.*

83) J. D. van Buskirk, *op. cit.*, p. 79. 이런 유형의 환산법에 대하여서는 송상석, 「주초의 해독을 알자」, 〈신동아〉, 1933. 1월호 참조.

84) 금주삐라 선전, 〈기독신보〉, 1927. 11. 16일자.

85) 「금주와 단연」, 〈성서조선〉, 1933. 7월호.

고 싶었다.

조선여자절제회의 초창기 순회 총무로서 전국에 여자절제회를 16개소 조직하여 1천5백여 회원을 참여케 하고 전국 방방곡곡 순회하면 절제 강연회를 가졌던,[86] 손메례(孫袂禮 Mary Song 1885-1963)는 호소하고 있었다.

> 이 술을 박멸합시다. 우리 죠션에서 새 가명을 건설하려면, 우리 사회의 아름다운 운명을 개척하려면, 우리 죠션의 새싹을 보려면, 먼저 금주함에 잇습니다.[87]

식민통치의 간교한 도덕적 해체 술책과 그 불의에 대한 저항이 우리 교회 절제운동의 민족사와 접속하고 있었다.

이런 운동에서는 역시 구세군이 발 빨랐다. 1910년에 그들 발행의 〈구세신문〉에 「단음(斷飮)함이 가함」이란 글을 싣고 체계적인 운동을 전개하여 왔던 것이다.[88] 그리고 1920년에는 이를 더욱 강화해서 〈Anti-Drink War Cry〉라는 정기간행물을 계속 내면서 1925년에는 5만 부의 발행을 실현할 수 있었다.[89]

그러나 이런 운동이 장성한 사람들을 향해서 할 때 즉각적인 해결의 어려움을 알아, 어렸을 때부터의 교육이 첩경이라 해서 "영아절제회"라는 것을 조직한 것이 절제운동 절정기인 1933년,[90] 그리고 "어린이주일공과"에서의 금주 취급이 권장되었던 것이다.

---

86) 「순회강연 일긔중에서」, 〈기독신보〉, 1928. 1. 11일자.

87) 손메례, 「금주의 필요」, 〈기독신보〉, 1928. 1. 11일자.

88) 송상석, 『한국절제교육연구사료집』, 서울 성광문화사, 1979, p. 148.

89) W. E. Twilley, The Salvation Army, *The Christian Movement*, 1920, p. 523. Cf. *Ibid.*, 1926, pp. 298-299.

90) 김양선, 『한국기독교회사 연구』, 서울, 기독교문사, 1971, p. 158.

주마정벌(酒魔征伐) 시위 행군

한데 많은 사람이 동원되고 열기 넘친 금주운동은 특히 서북과 영남지방에서 활발하게 진행되고 있었다. 그것은 선교사들 눈에 강렬한 인상을 주고 있었다.[91] 그 중에서 가장 주목할 만한 것 가운데 하나가 황해도 황주(黃州)에서의 "조선금주운동단"의 대대적인 "주마정벌행군"(酒魔征伐行軍)이었다. 〈기독신보〉는 "세계적으로 된 황주 금주선전"이라 대서특필하고 있었다. 대구에서도 그런 행진은 있었다.

1927년 11월초 황주에서는 전(全)황주주일학교연합대회 형식으로 그곳 주일학교와 금주동맹, 그리고 동경의 금주동맹과 〈동아일보〉 등 19단체의 후원으로,[92] 홍성창(洪性昌), 이동희(李東熙), 이학봉(李學鳳, 회장), 한몽연(韓夢淵), 송상석(宋相錫, 금주운동본부장) 등과 함께 자동차와 자전거 그리고 악대(樂隊)를 앞세워 5일간 순회선전을 하였다. 그리고 11월 3일에는 "특히 전투식으로 주마정벌행군"에 1천2백여 명이 참가하여 선전대기(大旗)를 휘날리며 시가를 일주 행렬시위를 하였던 것이다. 그리고 그날 저녁에는 "창세 이래 처음 되는 주마(酒魔)공판이 김화식(金化湜 1894-1947) 주재로 열리고 있었다.[93] 그 기간 동안의 금주강연회에는 수천 명이 회집되고 있었다.

이들은 이 운동을 중국과 일본 러시아, 심지어 미국에까지 확대할 계획을 세우고 있었으며, 곧 조선민중금주운동총동맹을 조직하고 국제금주연맹에도 가입하며, 주정(酒精)문제연구소의 개설과 〈금주신문〉 발행, 금주법안 적용운동, 알콜중독자치료부 설치, 금주운동총동맹에는 1만 명에서 10만 명까지의 회원 모집, 이런 활발한 계획을 실천해 가고 있었다.[94] 그만한 민족적 요구가 있었기 때문이다.

---

91) R. C. Coen, General Survey of 1920, *The Christian Movement*, 1921, p. 339.

92) 송상석, *op. cit.*, pp. 142-146.

93) 세계적으로 된 황주(黃州) 금주선전 전말(顚末), 〈기독신보〉, 1927. 12. 10일자.

교회 연합의 절제캠페인

조선예수교연합공의회에서는 1930년 폐창 금주운동을 동시에 전개하면서 전국교회의 동참을 주도하고 있었다.[95] 그리고 1933년에는 몇 가지 중요한 일을 계획하였던 것이다. 곧 첫째는 "유년공과"에 1년에 세 번 금주문제를 취급하고, 한 주일은 "금주주일"로 지키기로 결의하였던 것이다.[96] 그리고 둘째로는 조선기독교여자절제회와 공동주최로 음력 정월 보름날 곧 그해 2월 9일에 "전 조선교회가 무장을 갖추어"[97] 서울과 지방 여러 곳에서 대대적인 거교회적 금주캠페인을 벌이기로 한 것이다. 이 캠페인에는 연합공의회 소속 교회들과 여자절제회, 전국 주일학교, YMCA, YWCA, 장로교의 면려청년회, 감리교의 엡 청년회, 교회관계 학교들, 다시 말하면 전국의 "기독교 각 기관 총동원"의 대사회운동으로, "조선 안에 전에 보지 못하던 큰 움직임"으로 기(旗)행렬을 전개하는 일이었다. 그 준비는 그 전해 곧 1932년 12월부터 진행하고 있었다.[98]

2월 9일 당일에는 서울의 기독교회와 기독교기관에서 동원된 2천여 참가자들이 시내 북쪽 거리들을 오후 3시반부터 5시반까지 행진하였으며 "주연(酒煙)의 도(都) 경성(京城)을 흔들어" 놓았던 것이다.[99]

금주단연만이 아닌, 생활 전체의 절제도 함께 고려되었던, 교회의 사회운동의 모습이었다. 금주 단연 역시 절제의 한 분야로 본, 광범위한 우리 민족 갱생의 도덕적 · 윤리적 생활의 정착을 향한 기도(企圖)들이었다.

---

94) 조선금주운동단 금후계획, 〈기독신보〉, 1928. 1. 11일자.

95) 조선예수교연합공의회 제7회 『회록』, 1930, p. 20.

96) *Ibid*, 제10회 『회록』, 1933, p. 48.

97) 절제운동에 총동원하라, 사설, 〈기독신보〉, 1933. 2. 1일자.

98) 전선금주운동 준비, 〈기독신보〉, 1932. 12. 21일자.

99) 기독교 각 기관 총동원, 금주단연색의 가두선전대행진, 〈기독신보〉 1933. 2. 15일자.

이런 절제운동에 대개 선교사 부인들로 결성된 "서양인연합절제회"가 있어서 역시 우리 교회의 시대적 예언운동에 동참하고 있었다. 이런 조직은 전부터 있어 왔던 것으로 보이는데, 1920년대 후반부터의 한국교회 열기에 호응한 것으로 볼 수 있다. 회장에 태화여자관 관장 빌링스 부인(P. M. Billings 1928-?)으로 그 임원들 속에는 에비슨 부인(K. R. Avison), 본위크 부인(C. A. J. Bonwick), 홉스 부인(T. Hobbs) 틴슬리양(H. Tinsley, 千實羅 1883-1940), 밀러 부인(N. Miller), 어윈 부인, 쿤스 부인(L. F. Koons) 등이 있었다.[100)]

폐창운동

이 금주 단연운동은 폐창(廢娼)운동과 함께 진행되고 있었다. 이런 운동이 민족적 차원을 가졌다는 뜻은 술이나 담배 및 공창(公娼) 유곽(遊廓)이 총독부의 정책에서 은근히 공인되고 있다는 사실이 교회의 신경을 민족적 양심에서 공분(公憤)으로 자극하고 있었다. 1927년 브루너는 "조선에서 총독부의 행정적 영향이 실상 금주 금창(禁娼)의 문제 이상의 차원에서 파급되고 있다"고 하여 식민통치의 범죄상을 예리하게 파헤친 일이 있다.[101)] 〈기독신보〉도 생각은 같았다. 총독부가 "노골적으로 정책상 허가한 공창제도가 우습고 부끄러운"[102)] 일이라 하여, 체제에 정면 대결하였던 것이다. 신후승(辛厚承)도 〈기독신보〉에 기고한 글에서 총독부가 정책적으로 민족도덕을 퇴폐하게 하는 술책을 쓰고 있다고 맹타하면서,[103)] 절제운동이 민족구원문제라고 외치고 있었다.

---

100) 서양인 연합절제회총회, 〈기독신보〉, 1927. 12. 7일자.

101) E. S. Brunner, *Rural Korea*, p. 135.

102) 편집인, 「금주문제의 근본적 해결책」, 〈기독신보〉, 1928. 1. 11일자.

103) 신후승, 「공창폐지에 대하여」, 〈기독신보〉, 1927. 7. 20일자.

이 운동은 장로교 계의 면려청년회(勉勵靑年會 Christian Endeavours)가 1921년 조직되면서 계독부(戒毒部)를 설치할 때나, 각 지방의 여자절제회가 연합해서 조선기독교여자절제회를 창설하던 1923년을 전후해서 본격화하기 시작하였다. YWCA에서는 1923년 창설 당시부터 폐창운동을 전개하였고,[104] 1924년 그 하령회(夏令會)에서 금주회를 조직하고 폐창운동과 동시에 추진해 나갔던 것이다.[105] YWCA에서도 1924년 그 학생 하령회에서 금주 단연, 공창폐지, 축첩(蓄妾)반대 운동 전개를 결의하고 있었다.[106]

우리 교회는 1928년 현재 기생 창기 작부 등의 총수가 3,588명이었으나 일본 기녀(妓女)까지 합하면 만여 명이 될 것이라고 추산하고 있었다.[107] 교회는 공창폐지가 이런 총독부 시책에 대한 민족양식의 저항이란 것 말고도, 두 가지 중점적인 사명이 있다고 보았다. 하나는 그런 타락, 아니면 가난 때문에 빠졌던, 여자들을 보호하고 지도하는 시설의 건립이고, 다른 하나는 남자들의 여자의 정조에 대한 도덕적 감각과 여자들에 대한 존경심, 가정의 신성, 및 남녀 성관계에 대한, 엄격성의 사상 계발이라고 보았다.[108]

교회 안에서의 절제운동은 감리교회가 적극적이었다. 1929년 1월에 "감리회절제회"를 조직한 바 있다.[109] 장로교회는 그 총회 안에 절제부 신설 동의안이 1934년과 1935년에 각각 접수되었으나, 1936

---

104) Pilley Kim Choi, YWCA of Korea, *The Christian Movement*, 1925, p. 604.

105) Kak Kyung Lee, A Brief History of the Korean YWCA, *K.M.F.*, November 1923, p. 231.

106) 우리 학생하령회의 결의안, 〈청년〉, 1924. 10월호, p. 11.

107) 창기와 인도문제, 사설, 〈기독신보〉, 1928. 11. 28일자.

108) *Loc. cit.*

109) 장로교회와의 협동청원과 "미성연자 금주안"에 협동안을 낸 바 있다. 조선예수교장로회총회, 제18회 『회록』, 1929, p. 48.

년 총회에서 결국 부결되고, 각 교회가 형편에 따라 후원하여 주면 된다는 입장을 취하였다.[110)]

절제운동 시련의 시작

면려청년회 조선연합회에서는 1930년 5월 4-5일을 "조선의 금주선전일"로 정하여 전국 교회의 호응 속에 전국적으로 금주캠페인을 벌인 일이 있었다.[111)]

그런데 1937년 5월 면려청년회가 절제금주운동을 위해 각 지회(支會)에 발송한 격문 속에 "멸망에 빠진 민족을 구출하는 기독교인 역할"이라는 글귀가 들어 있었다. 이것이 일제의 보안법 위반이라 해서 면려청년회 조선연합회의 서기 이양섭(李良燮)을 검거한 일이 있었다.[112)]

또 그해 8월에는 선천(宣川)에서 면려청년회 평북연합회와 YMCA 인사들이 금주금연운동에서 불온(不穩) 문서와 불온 노래를 인쇄 발표했다고 해서 강신명(姜信明 1909-1985)과 주덕균(朱德均) 등 6명을 보안법과 출판법 위반혐의로 검거하였던 것이다.[113)]

절제운동의 민족사적 연계를 뚫어 본 일제의 취체였다. 그런 협박이 이제 절제운동의 시련을 예고하고 있었다.

교회가 절제운동을 한 데에는 대개 세 가지 문제가 고려되고 있었다. 하나는 건강의 문제이다. 담배의 경우만 하더라도 암(식도, 폐, 위)에 걸리기 쉽다는 것과, 협심증이나 관상동맥, 신경장애, 지력(知

110) 조선예수교장로회총회, 제25회 『회록』, 1936, p. 70.
111) 면려청년회 금주운동, 〈기독신보〉, 1930. 4. 16일자.
112) 「최근의 조선치안상황」, 『한국독립운동사』, V, p. 487.
113) *Ibid.*, p. 488.

力)의 손상, 질병에 대한 저항력 소진, 이런 것들의 위험 때문이었다.[114] 둘째로는 교육의 시대적 요구를 충족할 만한 그런 재정의 낭비를 주초에서 엄청나게 낭비하고 있다는 비분이었다. 그리고 마지막으로는 금주단연으로 민족의 건실성을 길러, 도덕적으로 민족의 경륜을 높여, 세계를 향해 진출하는 선진적 민족으로 단련하여 나간다는 이상(理想), 그런 것들이었다.[115]

2.3. 여권(女權)운동의 전말(顚末)

1926년 1월에 캐나다연합교회 선교부의 맥도날드(D. A. MacDonald, 梅道捺 1883-1938)는 한국 여성의 인적 자원에 대하여 이런 말을 남기고 있었다.

> 졔도의 결함이 잇서 그 녀ᄌᆞ의 숨어 잇ᄂᆞᆫ ᄌᆡ질을 발달케 못ᄒᆞᆫ다면 이ᄂᆞᆫ 샤회 ᄌᆞ톄가 그 위대ᄒᆞ고 유용ᄒᆞᆫ 국민을 ᄲᅢ아슴이 될 ᄲᅮᆫ 아니라, 졍신샹과 도덕샹으로 ᄉᆡᆼ기ᄂᆞᆫ 직졉 손실을 ᄌᆞ취ᄒᆞᆷ이라.[116]

캐나다연합교회는 캐나다 본국에서 1925년 6월 10일 장로교회, 감리교회 그리고 회중교회가 연합하여 캐나다연합교회(United Church of Canada)로 태어난 교회이다. 이러한 교파간의 기구적 통합은 신학적으로는 자유주의적 성향을 가지지 않을 수 없게 만들고, 따라서 그들의 선교구역으로 배정된 함경도나 간도(間道)에서는 자연히 신학적으

---

114) 담배 좋아하는 사람과 암종; 협심증이나 신경장애도 일어난다, 〈기독신보〉, 1932. 6. 29일자.

115) 금주운동의 의의, 〈기독신보〉, 1933. 2. 22일자.

116) 매도날(梅道捺), 「사회문제에 대ᄒᆞᆫ 기독교의 태도를 재고ᄒᆞᆷ」, 〈기독신보〉, 1926. 1. 20일자.

로 자유로운 분위기가 조성되고, 그래서 한국 자유주의나 근대주의 신학은 대개 이 지역에서 출현하게 되었던 것이다.[117)]

이런 일이 있고나서 1933년 6월 22일, 한국장로교회 "최초의 여권운동(女權運動)"이 이 지역에서 일어났던 것이다.[118)] 함흥교회 최영혜(崔永惠) 외 103명이 서명해서 "여자로서 교회 치리하는 권한 부여"를 요청하는 청원서를 함남노회(咸南老會)에 제출하였고, 이것이 접수되어 통과되자, 이를 그해 9월의 장로교총회에 상정하였던 것이다.[119)] 그러나 총회는 여자 장로 자격이나 총대 자격 부여 청원을 다 부결하고 말았던 것이다.[120)]

하지만 문제는 여기서 끝나지 않았다. 성진(城津)중앙교회 목사 김춘배(金春培 1900-?)가 "장로교총회에 올리는 말씀"이란 공개서한을 제출한 것이다. 그는 그 속에서 "여자는 조용히 하라"란 바울의 말은 "2천년 전 한 자방교회의 교훈과 풍습"에 불과하다고 반박하고, "감리교회에서는 여목사까지 있다"는 비교를 하면서, 장로교회가 "공공연하게 남녀를 차별한 헌법을 만들어 놓고 여권의 신장을 막고 있는 것은 참 모순도 심한 모순"인데, 그런 까닭으로 "영리(怜悧)한 자는 다른 교파로 옮기게 된다고" 불평한 것이다. 그리고는 총회가 "여자치리권을 마침내 주고야 말 것이며, 그같이 될 줄 굳게 믿는 바이 올씨다" 확언하고 "우리 정신에 어긋나는 헌법조문을 그대로 두고 여권부여를 지연함은 후일에 스스로 배꼽을 쥐어뜯는 한(恨)을 남길 뿐"

---

117) 김재준(金在俊), 김관식(金觀植), 김영주(金英柱), 송창근(宋昌根), 조희염(曺喜炎), 최태용(崔泰瑢), 김춘배(金春培), 강원용(姜元龍), 안병무(安炳茂), 문익환(文益煥), 정대위(鄭大爲), 조향록(趙香祿), 전경연(全景淵) 등이다. 이들 배후에 있었던 전형적인 캐나다 선교사로 자유주의 신학자는 윌리암 스코트(W. Scott, 徐高道 1886-1979)였다. 1951년 예수교장로회총회에서 김재준과 함께 제명 처분됨.

118) 조선기독교장로회 최초의 여권운동, 〈동아일보〉, 1933. 7. 1일자.

119) 조선예수교장로회총회 제22회 『회록』, 1933, p. 65.

120) 〈동아일보〉, 1933. 9. 13일자.

이라고 단호한, 그런 입장을 보였다. 할 말을 다하였던 것이다.[121)]

총회의 여권(女權) 부결에 정면으로 도전하였을 때 김춘배는 자신에 넘쳐 있었다. 최영혜 역시 그들이 제안한 글의 근거를 대었다. 그는 장로교회의 신도 중 75퍼센트 이상이 여성이고, 따라서 여성교인 치리(治理)에는 여성을 이해하는 여장로의 치리가 있어야 하며, 성신의 은사는 각각인 까닭에 여성이 그가 받은 은사를 표현하는 길이 있어야 한다는, 이런 여러 이유를 들어서 치리권에의 참여와 총회에서의 언권(言權)문제를 강력하게 주장하였던 것이다.[122)] 때를 같이하여 함남노회 22여 교회 여신도 639명의 연서(連署)로 재차 1934년 총회에 청원하였던 것이다.

총회는 강경하였다. 1934년 9월 총회에서는 박형룡(朴亨龍 1897-1978), 염봉남(廉鳳南 1875-1936), 윤하영(尹夏榮 1889-1956) 그리고 로버츠(S. L. Roberts, 羅富悅 1881-1946) 불(W. F. Bull 夫偉廉 1876-1941) 등의 연구위원을 임명하여 김춘배의 신학을 조사하게 하였으며,[123)] 그 다음해 1935년 총회에서는 결국 김춘배를 "성경의 파괴적 비평, 시대사조에 맞도록 자유롭게 해석"한 것을 들어 "성경의 신성과 권위에 대한 막대한 능욕이요 성경을 경멸히 여기는 일"이라 판정하고, "우리 교회 신조 제1조에 위반하는 자임으로 우리 교회의 교역자 됨을 거절함이 가(可)"하다는 판결을 내렸던 것이다.[124)]

김춘배는 이렇게까지 총회가 강력하게 나올 줄 몰랐던 것 같다. 그 조사연구위원회의 진행을 보고는 갑자기 그는 총회에 사과하는 글을 올렸다. 1935년 2월 20일자, 총회 개최 7개월 전의 일이었다. 서둔

121) 김춘배, 「장로교총회에 올리는 말씀」 (2), 〈기독신보〉, 1934. 8. 22일자.

122) 최영혜, 「채정민목사의 '여자에게 언권 없다'에 대하여」, 〈기독신보〉, 1933. 9. 5일자.

123) 정치부 보고, 조선예수교장로회총회 제23회 『회록』, 1934, p. 52.

124) 「창세기 저작문제와 김춘배목사의 성경해석문제 연구위원회 보고」, 1935. 9. 9 조선예수교장로회총회 제24회 『회록』, 1935, pp.83-89.

흔적이 역력하다. 〈필자의 석명(釋明)〉을 총회에 제출한 것이다. 거기에서 그는 자신의 글이 성경을 해석하려는 의도가 없었음을 확인하고, 자신의 문구가 "만약 성경의 권위와 신성(神聖)을 손(損)하고 교회에 폐해가 미칠 염려가 있다면 책임의 중대함을 감(感)하고 취소하기 주저하지 아니 하나이다"[125] 물러섰던 것이다.

총회는 김춘배 문제를 그가 속한 함남노회에 명령하여, 그의 〈석명서〉를 참고해서 처리하게 하였던 것이다.[126] 그 이후의 처리는 기록상으로는 찾아볼 길이 없다. 일단 그런 형식으로 막이 내려졌던 것이다.

이런 와중에서 조용기(趙龍基)라는 목사가 김춘배 목사를 옹호하는 글을 〈기독신보〉에 3회에 걸쳐 연재하였다.[127] 총회의 의사에 반대되는 이런 대담한 글을 〈기독신보〉에 실었다는 것은 이 〈기독신보〉가 당시 전필순(全弼淳)을 비롯한, 반서북교권의 근대주의자들에 의해서 1935년 9월 18일부터 장악되고 있었다는 사실[128]을 알아야 비로소 납득이 간다. 조용기는 총회 조사연구위원회를 대놓고 매서운 비판을 가하였다.

> 동 보고서에서는 대담하게도 교회 내 여권 운동자를 자기들이 소지한 모든 자미롭지 못한 문구를 나열하여 단안을 나리였다.
>
> (이 총회의) 단안(斷案)은 동(조사연구)위원 제씨들이 성경을 능욕하

---

125) 김춘배, 「필자의 석명」, *ibid.*, pp. 89-90.

126) 「총회의 태도」(3), 〈기독신보〉, 1935. 10. 30일자.

127) 「교회 내 여권허락의 정당성을 논함」, 〈기독신보〉, 1935. 12. 4; 12. 11.; 12. 18일자. 일본 경도 同志社大學 문학사로, 대구에서 1929년 설립한 작은 자유교회에서, 역시 同志社大學 출신인 공산주의자 이재복과 함께, 목회. 한규무, 「1920-30년대 대구기독교청년회의 동향과 대구노동자협의사건」, 〈한국기독교와 역사〉, 제29호, 한국기독교역사연구소, 2008, pp. 86-88.

128) 완전히 따로 서면서, 본보 재혁신에 제(際)하여, 사설, 〈기독신보〉, 1935. 9. 18일자. 예수교서회 주관이었으나 "순연히 조선사람의 손"으로 만든다는 구실로 거의 구데타식으로 장악.

> 지 아니한 정당한 해석을, 전 역사와 전 세계를 통하여 자기들만이 할 수 있는 것 같이, 전 세계 대다수의 신학자, 교역자, 신도들을 대담무쌍한 확신 하에서 판정하여 버린 것이다.[129)]

이것은 당시로서는 한 개인으로 대담한 발언이었다. 이 밖에도 최영혜(崔永惠)가 「여권문제에 대하여」라는 글을 역시 〈기독신보〉에 2회에 걸쳐 게제하고 있었다.[130)]

> (성경을 문자 그대로 해석하여야 한다면) '너희가 거룩히 입맛춤으로 문안하라' 하여스나 현하 죠션 남녀 교우가 입맛춤으로 문안할 수 잇슴니까.[131)]

개별적으로 이 여권운동에 반대하는 글을 썼던 사람은 채정민(蔡廷敏 1872-1953)[132)]과 이찬갑(李贊甲)이었다.[133)] 여자의 교회 치리권 참여는 시대적으로 아직은 한국 거대교회인 장로교회에서 용납되지 못하고 있었다.

---

129) 조용기, 「교회 내 여권허락의 정당성을 논함」(1), 〈기독신보〉, 1935. 12. 4일자.

130) 최영혜, 「여권문제에 대하여」, 〈기독신보〉. 1936. 1. 22; 1. 29일자.

131) *Ibid.*, (1), 1936. 1. 22일자.

132) 채정민, 「전통의 교회도 속염(俗染)은 가외(可畏), 여지에게 언권 없다」, 〈기독신보〉, 1934. 8. 22; 8. 29일자.

133) 이찬갑, 「부녀자는 교회가운데서 잠잠하라」, 〈성서조선〉, 1936. 3월호. 역사학자 이기백(李基白) 박사의 부친.

XIII 교회의 사회운동의 붕괴과정

> 과거 50년 동안에 조선기독교로써 철저하게 주장해 오던... 사업, 사업하던, 그 사업을 중지하고 줄이며, 깎으며, 잘르며, 야단하는 양(樣)을 보면, 한참 시절에 누구의 돈을 가지고 했든지 간에, 서실이 푸르던 것에 견주어 보면, 거의 파산(破産)의 비운(悲運)을 직면한 감이 없지 아니합니다.
>
> — 송창근, 1934

1. 교회 안의 비판

1930년대 중반 이후부터의 한국교회 사회운동의 붕괴는, 그 이유가 대개 교회 안의 반대, 사업의 불가피한 정체(停滯) 그리고 밖에서부터 오는 일제 관헌의 간섭, 이런 세 방면에 있었다고 할 수 있다. 이런 반대운동이 처음부터 있어 왔다는 것은 이미 상술한 바 있다. 하지만 결정적인 붕괴의 요소들이 이때쯤 해서 표면에 나타나 작용해서 결국 그 종말이 오게 된 것이다.

1.1. 보수주의계의 비판

1935년 묘하게도 교회자체 안에서 교회의 농촌 및 사회운동에 대한 강력한 비판이 일기 시작한다. 더구나 농촌운동의 추진 인물 중의 하나이던 신흥우(申興雨)가 적극신앙단(積極信仰團)사건과 박인덕(朴仁德 1897-1980)과의 관계 등으로 해서 1935년 1월 YMCA 총무 직을 사임하는 사건도 겹쳐서 그 비판세력이 때를 놓치지 않은 것 같았다.

바로 그해 1월 김인서(金麟瑞)는 가장 체계적인 교회 농촌운동 반론을 제기하면서 장로교총회 농촌부의 해체를 강력하게 주장한 것이다. 우선 그는 교회의 농촌운동이 그 지도 원리에 있어서 그때껏 공언된 신학상의 정리가 없음을 비판한 것이다. 그리고 그 지도방법에 있어서는, 가령 미산증식(米産增殖)과 같은 정치적 · 경제적 문제에 대한 교회의 정책 부재(不在), 소작문제에 대한 교회의 사회경제학적 해석 방법의 미숙, 신용협동조합의 경영 관리 부실, 이런 것들로 해서 방법론적 결함이 있기 때문에 실효가 없다고 갈파했던 것이다.[1] 그러고서도 농촌문제를 해결한다고 나서는 것은 "민중을 기만함이 되는 동시에 성회(聖會)의 위신을 실추"시킨다고 보았던 것이다.[2] 그는 기독자 개인의 농촌운동 참여나 그런 그룹의 동조까지 부인한 것은 아니었다.

> 그러나 교인이 할 일과 교회가 할 일이 다릅니다. 교회 전체가 지도 원리에 모순되는 농촌부와 지도방법이 없는 농촌운동, 실행 능력이 없는 부실한 농촌부[3]를 두는 것은 크게 불가하다고 진언합니다.[4]

농촌운동을 개인이 자유로이 시도한다든가 이상촌을 건설한다든가 하는 일에 반대하지 아니한 그는 교회가 전도와 사랑에 충실할 것만을 역설하고 있었다. 그는 애소(哀訴)하듯 외치고 있었다.

---

1) 「총회농촌부 폐지를 제언함」, 〈신앙생활〉, 1935, 1월호. 『김인서저작전집』, 1974, II, p. 157-159.

2) *Ibid.*, p. 159.

3) 1934년 총회농촌부 총지출은 4,568원 86전인데 사업비는 397원 3전, 고등농학교 경비는 488원 71전으로, 실제 사업비는 천 원 미달이었고, 나머지 3천7백 원이 사무비, 통신비, 보육비 등 행정비용이었다. 조선예수교장로회총회 제23회 『회록』, 1934, p. 23.

4) *Ibid.*, p. 160.

> 농촌운동 등 세속 사업을 교회가 아니하여도 세인(世人)이 잘하는 일이거니와, 전도는 교인이 아니하면 할 사람이 없습니다."[5)]

채정민(蔡廷敏, 1872-1953) 역시 강경한 총회농촌부 폐지론자였다. 그 역시 농촌운동을 YMCA나, 아니면 정말 필요한 경우, 교회의 구제부(救濟部)가 하는 데 찬동하였다. 구제차원에서 하는 데에는 교회의 명분이 선다는 것이었다. 하지만 교회가 직접 농촌사업을 한다는 데에는 교회의 본분 이탈이 있다는 것이고, 따라서 그는 교회의 신성이 훼손될 것을 걱정하였다. 교회 뜰에 창고, 농촌강습소는 성단(聖壇)에서 짐승 교미법 강좌,[6)] 이런 것은 실로 "무례 막심이요 모순, 범성(犯聖)"이라고 대갈(大喝)한 것이다.[7)]

> 내 구주 예수는 당신의 몸된 교회를 만민에게 떡을 난화주는 생산기관으로 만들지 아니하였소. 쌀 만들기를 기다리는 구제보다 내 상(床)밥을 난화먹자는 것이 예수의 구제외다.[8)]

하지만 그는 정치적 문제에 더 예민하였다. 당시의 농촌문제가 "정치상 중대 문제"인데, 농촌부 때문에 교회가 총독부의 행정적 간섭과 지도를 받아야 하는 처지에 떨어진다고 본 것이다. 현실적 문제에 직접 관여하는 교회의 어떤 운동도 불가피하게 통치기관의 행정지도를 받게 된다는 그의 판단은 탁견이었다. 실상 이 경고는 일제 말 사회운동군(群)의 전향을 예시하는 듯하였다.[9)] 김성탁(金聖鐸,

5)「교회의 할 일과 교인의 할 일이 다르다」, 〈신앙생활〉, 1936. 7월호, p. 1.
6) 채정민,「교농(敎農)운동의 가부(可否)」, 〈신앙생활〉, 1936. 6월호, p. 9.
7) 채정민,「정통교회」, 〈신앙생활〉, 1937. 1월호, p. 30.
8) 채정민,「교농(敎農)운동의 가부」, 〈신앙생활〉, 1936. 6월호, p. 8.
9) *Ibid.*, p. 9.

1875-1939)은 조선인으로 농촌사업을 시비할 사람이 없다고 전제하였다. 그러나 이러한 사업이 "신령체(神靈體)인 교회를 이용할 필요 없이, 독립기관으로 경영"할 것을 제안하고, 교회가 거기 보조하는 형식이 바람직하다고 보았다.[10] 한데 최혁주(崔赫宙, 1905-1977)가 "순복음 전도, 성신의 능력, 성령의 권위를 무시하고 농촌사업이나 꾀하는 자 모름지기 조선교회를 파멸의 와중으로 도입"[11]한다고 힐난한 것은, 이런 비판 중에서는 가상 극렬한 것이었다.

"세상일과 성회 사업을 혼합"하는 것이 농촌사업이라 비판한 여러 사람들의 여론 때문인지는 몰라도, 장로교회총회는 마침내 1937년 농촌부를 폐지하기로 가결했던 것이다.[12] 설립 9년 만의 일이었다. 중일전쟁(中日戰爭)이 발발하여 일제 군부가 대륙 침략에 첫발을 내딛던 해였다.

1.2. 시민기독교의 반발

한국의 전형적인 시민기독자로 알려진 송창근(宋昌根)은 조만식(曺晩植), 오윤선(吳胤善 1878-1950), 김동원(金東元 1884-1950)과 같은 부르주아 지식 인텔리 민족주의 기독자들이 모여 있었던 평양의 산정현(山亭峴)교회 목사로 1931년 부임하고 있었다. 그는 "교회의 정결(貞潔)과 순백(純白)"을 지키고자 한, 경건과 순결의 중산층 기독자를 대표하고 있었다.

그런 그가 다음과 같은 글을 남긴 일이 있다. 그가 오늘날 한국근

---

10) 김성탁, 「총회 농촌부 존폐 문제에 대하여」, *ibid.*, 1936. 7월호, p. 12.

11) 최혁주, 「이종법씨의 고언(苦言)을 듣고」, 〈기독신보〉, 1935. 11. 6일자.

12) 조선예수교장로회총회 제26회 『회록』 (1937), p. 42. 배민수 총무의 발언 중 갑자기 폐지결정.

대주의신학 표방의 "기독교장로회 – 한국신학대학교"의 실질상의 선구자라고 한다면, 이 글의 의미는 더욱 심장하다.

> 우리 기독교가 소위 시대사상과 악수를 하여가지고, 피차에 형이야 아우야, 매우 갓가운 친교가 생기엇습니다.
>
> 우리 기독교는 가장 웃듬되는 근본적인 초자연적 방면은 제절로 종적을 감추게 되고, 정조를 헌신짝 갓치 차버리고 살아가는 여성보다도 더 추잡.[13)]

그런 것이 되었다는 비탄이었다. 그는 우리 교회 안팎에 한참 사회 농촌운동이 대세로 치닫던 1933년에 이미 다음과 같은 대담한 비판을 하고 있었다.

> 교회는 결코 사회문제, 노동문제, 평화문제, 국제문제를 론(論)하는 곳이 아니외다. 복음(福音), 즉 예수 그리스도의 복음, 중생(重生)의 복음이 우리 교회의 중심(中心)이외다.[14)]

그는 참 예배라고 하는 것은 "지극한 동경과 경건의 신비와 정열과 엄숙과 생명의 움직임이 있는 예배"여야 한다는, 근본적인 순수한 기독교의 모습을 잃지 말자고 외치고 있었다.[15)] 이것은 안정된 시민사회 기독교의 경건과 신앙의 진수였다. "조선교회의 신자의 큰 결함은 교양의 부족"[16)]이라 했을 때에도 시민사회 질서의 보존과 전통에의 향수를 바라보는 눈길이 역력하였다. 그는 산정현교회 목회자로

13) 송창근, 「진리를 말하는 사도」, 〈신학지남〉, 1936. 5월호, p. 35.

14) 송창근, 「오늘 조선교회의 사명」, 〈신학지남〉, 1933. 11월호, pp. 21. 22.

15) *Ibid.*, p. 22.

16) *Ibid.*, p. 13.

초빙될 만한, 한국 전통의 흐름에 합류하고 있었던 신앙인이었다.

따라서 그는 예수를 사회주의자로 보는 데에 성서에 대한 연구의 기초마저 없다고 공격하고, 그리스도의 목적이 "경제상태의 개선이 아니고 구령(救靈)"이란 점을 재삼 확언하고 있었던 것이다.[17] 사회봉사니 사회복음이니 하는 것들이 다 사회과학의 충동에서 나온 것이지, 성서적 근거에서 나온 것이 아니라고 꼬집고, "총회 안에 농촌잡지는 있는데 30만 교도들을 거느린 조선교회에 어린 양들의 영을 먹여줄 성경잡지는 없는," 그런 사실을 매섭게 공박한 것이다.

> 사회나 농촌이나 민족운동은 예수를 믿는 것이 목적이 아니요, 결과입니다. 말하자면 교회가 사업할 것이 아니라 예수를 믿는 그 개인들이 나아가서 제 장기(長技)대로 믿음을 주장하여야 실제 사업할 것인 줄 압니다.
>
> 교회는 그저 믿고 영을 구하는 데요, 하나님께 예배하는 것으로 지상의 목적을 삼는 곳입니다.[18]

다른 한 시민 기독자는 김교신(金教臣 1901-1945)이다. 전형적인 칼비니즘의 청교도적 윤리와 시민의식에 살았던 그는 철저한 성서적 신앙을 고수한 한국기독교의 전형적인 복음주의적인 기독교인이었다. 그는 노동자 농민의 궁핍보다도 심각한 것이 그들의 도덕적 불신, 나타, 불평, 그런 것으로, 이는 실로 "가공가탄(可恐可歎)"이라 대놓고 책망하였다.[19] "30여세가 되도록 독립생활을 못할 자여든 다시 성령을 논(論)치 말고 성서를 의(議)치 말라"[20]고 하면서, 경제적 독립을

17) 「사회문제에 대한 예수의 기여」, 『만우 송창근』, p. 168.
18) 「조선교인의 신앙을 논하여 성서적 신앙에 급(及)함」, *ibid.*, p. 241.
19) 김교신, 「직인의 근성」, 〈성서조선〉, 1936. 9월호, p. 2.
20) 「현실생활과 이상」, *ibid.*, 1938. 1월호, p. 2.

못한 신앙은 살아 있지 못한 신앙이라고 규정하는 데, 추호의 주저가 없었다.

교인이라는 사람들은 "신사(紳士)로서의 처세"[21]에 티끌만큼의 가감이 없어야 했다. 이런 말을 할 때에 그의 판단과 의지에 신앙의 힘을 발휘하는 무서운 책임의식과 인간적 수련을 강조한 것이 당장 느껴지는 데, 여기 제도적 교회 무시로 교회론까지 거부한 무교회주의의 완전주의가 언뜻 떠오른다. 농민이나 공인(工人) 한 개인의 정신과 인격에서 일제 치하 우리 겨레의 빈부문제 그 근원을 찾았던 김교신, 그는 대단한 신앙 절대의 기독자였다. 순수한 신앙의 수준은 이런 데까지 가야 한다는, 한 시대의 음성이 여기 울려 퍼지고 있었다.

하지만 그가 농촌 궁핍의 그 깊이와 아픔을 몰랐다고 보아서는 안 된다.

> 우리의 빈곤상이 세상에서 칭하는 빈자(貧字)나 곤자(困字)와 동일의 것이 아닌 것을 다시금 느낍니다. 혹시 천만인 중에 유여(裕餘)한 자 있다면 그들은 이른바 "밥이나 먹는다"는 정도에 불과합니다. 실로 "밥이나 먹는다"는 말은 조선의 부(富)의 절정을 표시하는 명구(名句)입니다.[22]

"밥이나 먹지요!"

이 기가 막히는 말에 우리 겨레 그 긴 역사의 비탄과 눈물이 젖어 낯설지가 않다. 우리 체질 속에 그 고난과 탄식의 흔적이 이제 DNA 한 인자(因子)로 묻혀 있을 것이다.

김교신인들 밝은 미래를 생각하지 않았겠는가. 그는 농촌의 핍절이

---

21) 「교회에 대한 우리의 태도」, *ibid.*, 1935. 4월호, p. 1.

22) 「조선의 빈궁상」, *ibid.*, 1934. 9월호, p. 2.

국토 7할 여의 산림을 개간하고, 거기 목축을 하는 방법으로 극복할 수 있을 것이라고 일가견을 내놓은 적도 있었다. 하지만 신앙이 불타면 된다고 역사 그렇게 강조한 것이다. "만주의 평원도 고구려의 후예의 힘을 기대함이 간절"하다고 해서 한국인의 미래를 멀리 저 북방으로 돌리고 있었던 김교신이다. 그렇게 하는 데 필요한 것은 "생활의 불안이 없음을 신앙으로써 증거"[23]하자는 것이었다. 그의 이러한 신앙지상(至上)의 자신 있는 외침은 그 자신의 도덕적 성실과 결단에서 이해되어야 했다.

여기 만주선교에 대한 김인서와의 신앙적 · 역사적 궤도 병행이 그렇게 정확하게 보인다. 만주이민에 대한 저러한 역사해석은 민족사를 거대한 신앙동력으로 방향을 바꾸는 소신 없이는 할 수 없었던 말이다. 그런 거대 인물들이 살았던 1930년대가 빛난다.

김교신에게는 신앙이 전부였다. 한국을 그 사회나 농촌에서 구원하는 것은 필경 신앙 그리고 회개밖에 없다는 것이었다. 그것이 외연(外延)하여서 일을 추진하는 동력이 된다는 것이었다. 내연-외연(內燃-外延)의 구도가 그 골근(骨筋)이었다.

이런 순서가 뒤바뀐 것이 당시 한국교회의 농촌 및 사회운동이라고 이들은 지탄한 것이다. 교회가 영적 신앙의 정도(正道)에 들어서지 아니하고, 다시 말하면 "하나님을 믿고 그와 함께 걷고 함께 노역(勞役)"하지 않고, 또 그들을 성서로 돌아오게 할 생각은 하지 않고, "근간(根幹)과 지엽(枝葉)을 전도(顚倒)하고서는 농촌사업 등에 열중한 데에"[24] "가소로움"을 느꼈던 것이다. 영적 양식을 구하는 것이 산업문제에 반드시 선행하거나, 아니면 신앙이 넘치면 저절로 산업문제에 당도해서 해결하는 절차가 있다는 것이었다.[25] 김교신은

23) 「현실생활과 이상」, *ibid.*, 1938. 4월호, p. 2.

24) 「교회의 진흥회」, *ibid.*, 1935. 6월호, p. 2.

YMCA의 "정말(丁抹)시찰담 성행(盛行)"을 유행이라 여겼다.

> 먹는 일과 사는 일에 관하여는 기독교보다 더 유력한 종교와 사조(思潮)가 많습니다.
> 여배(余輩)는 단언하기를 주저하지 않습니다. 인생의 중요 목적이 먹고 살라는 것이라면, 어서 기독교를 버리고 유행하는 모모 주의로 개종할 것이라고. 기독교를 현세 살림에 이용하여 윤택(潤澤)을 가하려니 무능력하게 되어 버렸습니다.[26]

한 시대의 변증론으로 이 이상 강력하고 명쾌한, 그야말로 콕 찌르는, 그런 논박이 없었다. 그는 장로교총회 농촌부의 폐지와 YMCA 농촌사업의 좌절을 목격하고서는 후에 이런 말을 남긴다.

> 그리고 우리의 소망은 우리 주 예수 그리스도의 재림입니다.[27]
> 우리가 창도(唱道)할 일은 이것입니다. 곧 너희는 먼저 그의 나라와 그의 의를 구하라, 그것입니다.[28]

지적 윤리적 중산층 기독교의 전형이던 한국 기독자들이 농촌운동과 사회운동에 저항하였던 원인은, 어떤 일에서든지 신앙 주도나 선도가 분명하지 아니하고서는, 그것이 경박하고 심지어 방법론적 결함이 들어나서 수치를 당하고 마침내 기독교회의 면모에 손상을 입힌다는, 그런 인식이었다. 교회는 교회만이 할 일을 하고, 그리고 그 본연의 자세에 서 있을 때 막강할 수 있다는, 그런 소박한 진리를 고수하

---

25) 「복음의 산업」, *ibid.*, 1935. 6월호, p. 2.
26) 「살랴 죽으랴」, *ibid.*, 1932. 5월호, p. 1.
27) 「재림을 갈망함」, *ibid.*, 1939. 10월호, p. 1.
28) 「창도할 진리」, *ibid.*, 1940. 3월호, p. 1.

던 사람들이 이들이었다.

2. 항일에너지로 저지된 사회운동

2.1. 민족운동과 사회운동

총독정치 아래서 농촌사회문제는 본질상 민족문제로 귀착될 수밖에 없었다. 일제 농민들의 대거 한국 내 이주(移住)나 토지의 전국적인 수탈, 사회악의 은연중 방조, 소작인 문제, 한국농민을 이농(離農)하여 국외 황무지로 이주하게 만드는, 이런 모든 정책들이 다 "총독부 당국의 시종일관하는 조선인 경제의 도태(淘汰)정책"이었다.[29] 따라서 한국경제의 파탄은 정치적인 구도 안에서 그해법이 잡혀져야 할, 그런 문제였다. 가장 심각한 소작인(小作人) 문제만 하더라도 물권(物權), 채권(債權)의 구속을 받는 법률만을 적용하는 간교한 정책을 씀으로써 민족문제를 떠올리게 하였고,[30] 농산물 가격을 낮게 조정하여 농촌 부채를 5억 원 이상 부담하게 한 것도 "일본 농산물가를 주(主)로 하고 조선의 그것을 종(從)으로 삼는 물가정책" 때문이었다.[31] 조선 빈곤과 그 핍절의 책임은 결국 일본 총독정치 때문이었다. 따라서 시대의 대세로 취하게 된 사회 농촌운동도 한국에서는 민족운동의 가닥을 잡고서야 그 성격과 의미가 이해되게 되어 있었다.[32]

---

29) 경제파멸의 원인, 현상 및 대책, 사설, 〈동아일보〉, 1925. 8. 18일자.

30) 조선의 소작인 문제, 사설, *ibid.*, 1926. 11. 22일자.

31) 농촌부채 5억 원, 사설, *ibid.*, 1931. 9. 7일자.

32) 조선인의 빈곤문제, 사설, 〈동아일보〉, 1924. 11. 11일자. 이 밖에도, 동양척식회사의 철폐를 논하노라(1923. 3. 13), 일본자본과 조선 부원(富源)(1925. 5. 29), 일본인의 인

> 우리는 아직도 민족적으로 자유와 행복의 생활은 고사하고 도리어 불합리한 전제정치 하에서 신음과 고민(苦悶)으로 루명(縷命)[33]을 근보(僅保)[34]하는 것이 불무(不誣[35])의 사실이 아니냐. 조선에 한하여는 민중의 생명과 자유를 창달하는 근본적 방법이 자본세력의 배제보다도 권력관계의 제한이 급선무인 것은 소연(昭然)한 사실이다.[36]

한국교회 사회운동 역시 이런 민족사적 흐름 안에서 추진되고 있었다. 브루너가 1927년 "총독부가 피치민을 염치없이 착취"하며 토지를 약탈한 까닭에 그 참담한 빈곤이 엄습하게 되었다고 판단한 이유가 여기 있었다. 실제로 "조선은행"이 "조선에 이주한 일본 농상민(農商民)에 대해서 베푼 경제적·상업적 특별 혜택"을 그 은행 행장(行長) 스스로가 1922년 8월에 발표한 담화문에서 시인하고 있었다. 그것을 브루너가 직접 인용하였던 것이다.[37]

반 버스커크(J. D. van Buskirk) 역시 같은 해 한국 내의 농상공업 대부분이 일제 상인의 손아귀에 장악된 사실을 입증하고, "조선경제의 비참이 총독부에 의한 조선인의 적대감을 심화시키고 있다"[38]고 직언한 일이 있었다. 일제 상인과 농민의 체계적 자금동원이 경제적 활동의 기회를 확대시킬 뿐만 아니라 총독부의 보호 아래 전국 도처에 방자(放恣)하였기 때문이다.

장로교회 역시 "민족문제로서의 적대감"이 일제의 편향된 경제정책 때문에 증대하고 있다고 판단하였던 것이다.[39] 이것은 대 교회

구정책과 조선의 생활불안(1925. 6. 1), 조선과 조선인(1928. 11. 20) 등 참조.

33) 실낱같은 생명.

34) 근근이 보존한다는 뜻.

35) 사실을 굽히지 않는다는 뜻.

36) 우리 운동의 방향, 사설, 〈동아일보〉, p. 1925. 9. 27일자.

37) E. S. Brunner, *Rural Korea*, 1927, pp. 116-117.

38) J. D. van Buskirk, *Korea, Land of the Dawn*, pp. 65-67.

로서의 온건책에 시종하던 역사에서 보았을 때는 극렬한 것이었다. YMCA의 클라크(F. O. Clark) 역시 농촌문제를 "민족문제"로 연결시키고 있었다.[40]

연희전문학교의 피셔(J. E Fisher)도 역시 일제정책과 한국경제에 얽힌 모순과 그 의도적 악폐를 조사하여 공개하여야 한다고 외쳤다.

> 교회는 늘어나고 있는 일본 이주민의 경제를 조사해서, 그들이 조선인보다 왜 월등하게 부유한지 그 원인을 밝혀서 공개하여야 합니다. 총독부 시책에 한 계층과 한 민족에 대하여서만 경제적 불리를 강요하는 것은 없는지, 조선민족을 착취하는 총독부의 정책적 구조는 어떤 것인지, 이런 것들을 조사해서 천하에 공개하여야 합니다.[41]

2.2. 항일에너지로서의 취체와 그 붕괴

일제가 한국교회나 YMCA의 농촌운동에 대하여 경계를 하기 시작한 것은 1931년경부터의 일로 보인다.[42] 일제는 교회가 조선의 장래에 있을 일대 민족운동의 주력이 농민이라고 보고, 그 세력 집결을 확보하는 공작으로 농촌개발과 농민각성을 촉진하고 있다고 보고 있었기 때문이다.[43]

YMCA의 신흥우가 총독부에 불려가서 농촌사업의 중지를 요청 받은 것이 1933년[44]인데, 1936년부터 〈청년〉지에 실리는 그 사업보고

---

39) E. Adams, Present Economic Problem, *The 50th Anniversary Jubilee Papers*, 1934, p. 189.

40) 「농업기사 구을락씨를 마즘」, 〈청년〉, 1929. 3월호, p. 7.

41) J. E. Fisher, *Democracy and Mission Education in Korea*, New York, Columbia University Teachers College, 1928, p. 112.

42) 협동조합운동, 「최근의 조선치안상황」, 『한국독립운동사』 V, p. 241.

43) 「민족운동」, *ibid.*, pp. 248, 249-290

에 침체 현상이 나타나기 시작하다가 1937년 7월에는 "농번기임으로 회합 등은 불가능, 개인 심방에 주력하야... 질문에 응하며 지도,"[45] 이런 식으로 축소된다. 그리고는 같은 10월에 가서 "종래 시행하던 농촌을 순회 지도하던 것을 현하 시국의 다단(多端)함을 인하여 당분간 중지하기로"[46] 보고하게 된다. 1938년부터는 농촌부 보고가 아예 없어지고 만다.

1937년이면 면려청년회 간부들이 치안법 위반 혐의로 피검되던 해이다. 그리고 1938년은 YMCA계의 농촌지도자들이 관여된 흥업구락부(興業俱樂部)사건이 터져 그 근간(根幹)이 찍히던 때이다.

농촌운동 자체 때문에 검거가 시작된 것은 1938년 6월, 유재기(劉載奇)나 배민수(裵敏洙)를 검속 대상으로 쫓던 때이다. 유재기의 경우 기독교사회주의의 실현을 위해서 각지에 신용협동조합이나 소비조합을 결성하면서 "농민 각 계층에 투쟁의식을 주입"했다는 치안유지법 위반 혐의였다.[47] 장로교 총회 농촌부 총무였던 배민수는 농촌연구회를 조직하여 독립운동 음모를 하였다는 구실로 유재기와 함께 의성(義城)경찰서에서 체포에 나섰으나,[48] 1938년 6월 수배 중에 미국으로 간신히 피신하여 화를 면했다.[49]

이렇게 해서 1937년의 조선예수교연합공의회 해체로 인한 "사회신조"의 폐기와 함께 1938년까지 교회의 농촌 및 사회운동은 대개 그 종막을 고하고 말았던 것이다. 1936년부터의 총독부 국체명징(國體明徵) 시책, 1937년의 중일전쟁, 1938년 일제 제국의회(議會)에서의 국

---

44) 전택부, 『인간 신흥우』, p. 220.

45) 일반 회무, 농촌부, 〈청년〉, 1937. 7월호, p. 28.

46) *Ibid.*, 1937. 10월호. 그 이후는 이주민들을 위한 만주어 강습으로 명맥 유지.

47) 민족주의 운동」, 『한국독립운동사』 V, pp. 305. 313.

48) E. S. Brunner, *Rural Korea*, p. 307.

49) 박노원 역, 『배민수자서전』, 연세대학교 출판부, 1999, p. 271.

가총동원법 제정, 그리고 그로 인한 일제의 독재권 확립과 무헌법 상태, 이런 소용돌이를 배경으로 그 종막이 이해되어야 할 것이다.

3. 전향(轉向)과 하청(下請)의 회오리

3.1. 농총사회운동 전향의 위험과 실제

앞서 여러 곳에서 우리가 주목한 바가 있지만, 농촌운동과 같은 아주 구체적인 사업, 더구나 전국적인 현안의 문제로 등장한 농촌 빈곤 문제와 같은 현실적인 문제를 교회가 구체적인 프로그램이나 조직을 통하여서 손을 대기 시작하면, 거기 이미 체제협력의 위험은 뒤따를 수밖에 없다. 총독부가 여러 방면으로 농민의 형편을 개선하겠노라 말하는 데, 교회가 그런 운동에 영향을 미칠 만한 일을 하지 않겠노라고 거절한다는 것은 앞뒤가 맞지 않는, 그런 형태가 될 것이다. 농민들을 경제적으로 돕는 일은 무슨 일이든 나서서 해야 할 일로 다가서는 것을 부인할 수 없었기 때문이다.[50]

그럴만한 이유가 따로 있었다. 1933년 3월 총독부가 농촌진흥운동에 착수했을 때의 일이다. 그 기본정신은 농민들의 물질적 향상에 앞서 정신적 각성과 자기 신뢰를 확보하며, 진흥운동에는 공사(公私) 단체가 다 참여하도록 동원한다는, 그런 점이 명시되어 있었다.[51] 여기 교회의 농촌운동과의 경계선은 아슬아슬하였고, 더구나 당시 정치 현실에서는 그 구획(區劃)이 용납되지도 않았다.

---

50) E. S. Brunner, *Rural Korea*, pp. 155, 160-161.

51) Rural Revival Movement, *Annual Report on the Administration of Chosen*, Government-General of Chosen, 1933-1934, pp. 164-166.

그렇다고 교회가 그런 민족의 사활문제에 수수방관(袖手傍觀)할 수도 없는 노릇이었다. 민족사의 현실을 언제나 눈앞에 보면서 신앙을 굳혀왔기 때문이다. 따라서 신앙의 초월성이 전통적으로 취약했던 것이 한국교회였다. 이런 의미에서 김인서나 채정민 및 김교신이나 송창근의 신앙차원 강조는 그 역사의식과 함께 사건의 핵심을 투시한 예언자적 명쾌성으로 높이 평가되어야 마땅하다. 그것은 실제 체제저항의 본질적인 형태였기 때문이다. 체제협력의 조건 앞에서 신앙의 초월성이나 그 영적 차원을 강조한다는 것은 교회를 그런 현실적인 목표를 위해 동원할 수 없다는, 강렬한 변증이 되었기 때문이다.

3.2. 미성년자 금주금연법의 반포와 교회의 처지

한국교회가 발의한 "미성년자 금주금연법"이 일제말기 일본의회를 통과한 것은 그 자체로서는 절제운동의 한 커다란 구체적 성과라고 할 수 있었다. 송상석, 윤치호, 백낙준(白樂濬 1895-1985), 양주삼, 오긍선 등이 주축이 된 "미성년 금주금연법" 법안 촉성회가 조직된 것은 1935년 12월의 일이었다.52)

이 촉성회의 끈질긴 노력 끝에 이 법안이 1937년 6월 총독부 심의실에 제출되었고, 1938년 8월에 동경(東京)의 내각(內閣) 법제국 심의회에 회부되어 거기서 통과되었고, 그해 3월 22일에는 각의(閣議)에서 통과되었다. 그것이 소위 황실(皇室)의 칙령(勅令) 제145호로 공포되고, 4월 1일부터는 그 시행이 발효되었던 것이다. 조선총독 미나미(南次郎)와 일제 내각의 척무대신(拓務大臣) 오오다니(大谷尊由)가 여기 축사를 보낸 것은 그해 4월 18일의 일이다.

---

52) 미성년 음주흡연 금지법안 촉성회, 〈매일신문〉, 1935. 12. 18일자.

일제의 황실과 내각, 총독부와 척무성(拓務省)이라는 천황 헌법기관을 거친 이 법안의 통과, 더구나 한국교회의 신사참배가결, "조선육군특별지원병제"의 실시, "조선사상보국연맹"의 결성, 중일전쟁의 격화, 한국 YMCA의 일본 YMCA 종속, 〈기독신보〉 폐간, 기독교학교들의 신사참배 반대로 인한 폐교조치, 아니면 한국인에의 인계, 조선예수교연합공의회 해체, 흥업구락부사건, 수양동우회사건, 농우회사건, 친일적인 조선기독교연합회 조직, 이런 숨가쁜 일제 한국교회 탄압의 절정 그 와중에, 조선총독과 식민지 주무대신의 축사를 받았던, 이 사업의 민족사적 위치를 심각하게 질의하는 사람들이 없지 않을 것이다.

간단한 답변이 나오기 힘들게 꼬인 문제이다. 그러나 한 가지 기본적인 것, 그런 것이 기독교에는 있다. 기독교가 아무리 신앙외연의 역사적 기능을 다 한다 할지라도 체제도전이나 사회변혁과 같은 대규모적인 혁명적 투쟁은 할 수 없다는 점이다. 왜냐하면 거기에는 신앙외적인 방법과 과정들이 동원되어야 하기 때문이다. 일제시대 황실이나 일본정부를 상대로 한 투쟁이나 적대행위는 국내 교회로서는 상상도 못할 일이었다.

3.3. 전향의 모습들

1938년 이후 한국기독교가 일제 황국체제(皇國體制)에 예속하게 된 것은 불가피한 일이었다. 오늘날에 와서 그 시대 교회를 향해 친일로 매도하는 것은 역사를 문맥이 아닌 이념으로 보려는 경색된 사고의 폐쇄성 때문이다.

전향의 모습들은 여기저기서 아프게 나타나기 시작하였다. 〈기독교보〉[53]에는 1937년 10월에 벌써 "기독교인은 여력(餘力)이 없도록 황실을 봉대(奉戴)하고, 만분지일이라도 황은(皇恩)을 봉답(奉答)"[54]한다는 글귀를 내걸었다. 1938년 가을에는 장로교총회가 신사참배를 가결하고,[55] 그 다음해 곧 1939년에는 "국민정신총동원장로회연맹" 사업의 강화를 다짐하고, 1939년에만 "무운장구(武運長久)기도회"를 전국에 걸쳐 3,793회 열고 있었다.[56] 그리고 1940년에는 일본기독교로서의 지도원리를 확립하는가 하면,[57] 감리교회 역시 그해에 전시체제 확립을 선언하였다.[58] 한국의 구세군이나 천주교 역시 그해 11월에 국민정신총동원 및 충량(忠良)한 제국 신민(臣民)으로서의 새 출발을 서약하고 있었다.[59]

무헌법 상태로 대정익찬(大政翼贊)의 황국체제로 굳혀간 일제말기, 교회의 생존은 공적 기구로서는 다른 길을 택할 수가 전혀 없었다. 더구나 거대기구로서는 자폭도 방임되지 않을 정도의 공포분위기가 살벌하였다. 전향이든 은둔이든 선택이 가능하였던 부류는 그래도 기독자 개인(個人)의 경우였을 뿐이다.

그런데 농촌 사회운동에 투신했던 이들, 곧 현실적인 문제에 기독교의 명분을 가지고 뛰어들었던 이들, 특히 교회 주변기구의 인사들, 그런 이들의 전향현상이 눈에 띄게 많았다는 데에 주목이 간다. 국민총동원의 전체주의 체제 밑에서 농촌운동이라는 대의는 이미 증발되고, 따라서 그 전향은 전시체제에의 용역 동원으로 변형되면서 거기

---

53) 〈기독교보〉는 〈기독신보〉가 1935년 9월 18일부로 전필순계에서 불법으로 장악하자, 1936년 장로총회 제25회 총회에서 총회기관지로 창간한 것. 편집인은 정인과. 〈기독신보〉는 한국교회 내의 복잡한 남북관계라든가 장감문제로 1937년 7월에 종간된 상태.

54) 기독교인의 국가봉사, 사설, 〈기독교보〉,

55) 조선예수교장로회총회 제29회 『회록』, 1938, p. 9.

56) 일본적 기독교로 발족, 〈매일신보〉, 1940. 11. 10일자.

57) 조선예수교장로회총회 제29회 『회록』, 1940, p. 88.

58) 감리교혁신안 발표, 〈매일신보〉, 1940. 10. 4일자.

59) 천주교의 신체제, 구세군의 새 출발, *ibid.*, 1940. 11. 10일자.

뜻밖에 동승하게 된 것이다.

그 하나가 중일전쟁을 "대 이상의 성전(聖戰)"[60]이라 찬양하고 "황군(皇軍)의 위대한 공로"[61]를 감격해 한 일이다. 일제가 전쟁의 광란을 통해서 동양 패권의 길로 질주하는 것을 성전(聖戰)이라 치켜 세운 모습에 파탄과 비굴의 변형이 보인다.

다음은 공산주의 배격에서의 일제와의 동조였다. 공산적화 사상이 인류 공동의 적이며, 특히 한국교회로서는 그 견디기 어려웠던 핍박 때문에 반공(反共)의 기치를 높이든 것, 그런 것은 당연하였다. 하지만 그것이 일제의 "아(我) 국풍(國風)과 절대로 불합(不合)"[62]한다 해서, 일제 군국체제와 동조하여 단죄한 형태는 완전히 전향의 극치가 아닐 수 없었다.

다른 하나는 신사참배 찬양이다. 참배에 대한 공교회의 결의가 어쨌든 있었다. 하지만 전향군(轉向群)에서는 소리를 더 높이고 있었다. 체제 하청 역할을 앞당기고 자처하고 있었다. 그들은 참배에 대한 교회안의 론(異論)을 협박하였다.[63] 그런 반론이 불경죄(不敬罪)에 해당한다고 위협하였다.[64] 이것은 일제 사정기관에 우리 교회를 고발하는 일이었다.

한데 이들 전향군들은 이런 용역을 성서를 동원해서 왜곡 자행하기를 서슴치 않고 있었다. "우리의 위대한 구주 예수는 먼저 그 '나라'를 사랑하라 가르치셨다. 그 나라는 대일본제국이다."[65] 성서의 남독(濫讀)이 이런 데에까지 가 있었다. 당시 서울 YMCA의 총무였던

60) 홍변선, 「국민정신총동원과 총후(銃後) 후원, 〈청년〉, 1938. 6월호, p. 7.

61) 구자옥(具滋玉), 「한구(漢口) 함락에 제(際)하여」, *ibid.*, 1938. 7월호, p. 1.

62) 국민정신총동원 조선연맹 강령 실천요목, *ibid.*, 1938. 7월호, p. 8.

63) 홍병선, 「기독교도와 시국」, *ibid.*, p. 7.

64) 강백남, 「조상숭배는 우상이 아님」, *ibid.*, 1939. 3월호, p. 8.

65) 신흥우, 「조선기독교도의 국가적 사명」, 〈동양지광〉(東洋之光), 1939. 2월호, p. 74.

구자옥(具滋玉)은 1943년 4월 한국 YMCA의 일본 YMCA 종속을 찬양하여 "분리에서 합하여짐은 예수께서 최후 제자들에게 유훈(遺訓)으로 교훈하신 말씀"[66]이라고 자의(恣意)주석까지 하였다.

이런 전향군을 안타까이 바라본 신실한 주의 종이 있었다. 김교신의 말은 그때 민족기독교 양심의 창창한 울림이었다.

> 전쟁의 일, 신사문제, 현실 총독정치를 성서로써 증명, 찬동, 아첨을 강요당함에 옥쇄(玉碎)하고 맙니다.[67]

십년이 한뉘라 하거든, 좌편에 천인이 우편에 만인이 거꾸러지는 동안, 10년 한참 넘게 "주 예수 그리스도의 그 십자가의 복음만을 증거"할 수 있었던 일에 감사할 수 있는 기독교인들이 있었다.

기독교가 구체적 현실문제를 해결할 생각으로 운동을 하게 되면 항상 그 시간의 직접성에 끌려 그 실천의 가시적 성과 여부에 기대게 되고, 따라서 경륜과 섭리의 신앙은 오히려 무디게 되며, 개혁 가능한 능력을 가진 정책 주무 체제에 협력할 압력을 쉽게 받아 결국 거기에 예속하게 된다.

하지만 일제 말기 한국교회는 기독교를 결정적으로 와해시키고자 한 일제의 가공할 만한 공작에 의해서, 여러 다른 형태의 굴종과 박해, 전향과 괴멸, 이런 수모와 시련을 겪었던 역사로 보는 것이 가장 정당한 해석방법이다. 그 강력한 공포의 국가 체제 안에서 다른 길이 있었을 것이라고 기웃거리는 것은 역사를 희곡화하는 일이고, 현장을

---

66) 〈청년〉, 1938. 6월호.

67) 가타야마(片山徹)에게 보낸 서한, 1938. 1. 1; 1. 14일자. 〈성서조선〉, 영인본, 별권, 노평구 편, 서울, 일심사, 1982.

멀리 두고 관망하는 방자이다. 그리고 그런 역사는 그때까지도 수없이 많았고, 앞으로도 역시 그럴 것이다.

다음 페이지에 일제 말 한국교회 조직 변천의 계보를 참고로 싣는다.

4. 저항의 원점문제

사회적 기독교의 일제 말 변질과 전향은 필경 저항의 원점문제를 검토하게 한다. 변질하여 총독정책 수행에 용역되거나 동원되지 아니한 순수 신앙은 저항이나 은둔에서만 유지되었기 때문이다. 문제는 기독교가 지켜야 할 핵심적인 것, 기독교의 근본인, 복음의 핵심 내용은 사회역사 안의 구체적 인 구조나 제도 및 사상의 변혁에서가 아닌, 예수님의 복음과 영적인 신앙을 보수하는 데 있었다는 점이다.

그런데 일제하의 기독교의 생존은 천황을 주축으로 한 일제 헌법 아래에서는 존재 자체가 이미 위협을 받고 있었던 셈이다. 일본의 메이지유신(明治維新)에 그 헌법을 초안한 이토(伊藤博文 1841-1909)는 그 "기안(起案)의 대강(大綱)"에서 이런 글을 쓴다. 곧

> 구주(歐洲)에 있어서는 기독교라는 것이 있어서 이를 기축으로 하여, 이것이 인민에 침윤(浸潤)하여 여기에 인심이 귀일(歸一)하고 있다.
>
> 그러나 아국(我國)에 있어서는 종교라는 것이 없고, 다만 황실(皇室) 있을 뿐이다. 이를 가지고 이 헌법에 있어서는 단독으로 이 점을 유의한다 ...[68]

---

68) 隅谷三喜男, 『近代日本の形成とキリスト教』, 東京, 新教出版社, 1993, pp. 109-110.

일본제국헌법이 기독교와 막 바로 대치된다는 점이 여기 분명히 나타나있다. 헌법의 중추가 하나는 기독교이고, 다른 하나는 황실이라고 한다면 그 대치는 불가피하다. 1890년 반포한 "교육칙어"(敎育勅語)의 경우도 마찬가지였다. 그 칙어는 국가주의를 기본원리로 하고 충효주의를 중핵으로 하고 있는데, 하나님이 존재한다고 하여 부모보다도 하나님의 계율을 중히 여기는데, 이는 충효주의에 반하는 것이고, 더구나 기독교가 말하는 세계주의와는 당장 상치되는 것이었다. 따라서 기독교는 교육칙어에 반하고 일본의 교육원리와 충돌하게 되어 있는 것이다. 이런 과정에서 기독교인들은 황실에 대하여 감히 불경(不敬)을 저지르는 난신적자(亂臣賊子)들이고, 기독교는 그래서 일본 국체와 상용(相容)할 수 없다는 이단이 되었던 것이다.[69]

이런 상황아래에서는 자본주의의 모순이라든가 도덕적 황폐라든가 하는 문제는 부차적인 데에 머물고 마는 것이다. 이런 의미에서 기독교는 한 시대의 근본적인 저항의 원점을 정확하게 포착하는 것이 중요하다. 그것은 교회 저항 형식이 역사적으로 어떤 것이 적절한가라고 하는 것을 결정하여 줄 것이다.

기독교가 결정적인 순간에 가서 그 핵심을 들어내고 힘을 발휘하는 곳은 사회운동에서가 아니라 그 신앙을 지키고 선양한 곳이었다.

---

69) *Ibid.*, p. 123.

—일제말 한국교회 조직 변천도—

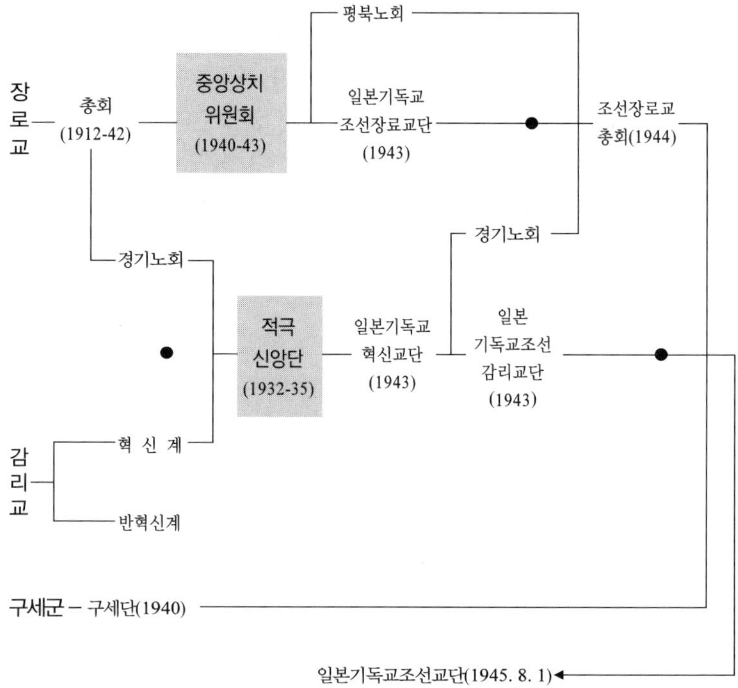

침례교 – 해체(1943)

성결교 – 해체(1943)

안식교 – 해체(1943)

조선예수교연합공의회 – 해체(1937) – 조선기독교연합회(1938) –
국민종신총동원기독교연맹(1940)

▌나머지 말▐

초기 역사를 비교적 자세하게 다룬 이유

본서의 앞부분에서는 초대교회 사회운동이 비율로 보아서 많이 기울어진 듯한 분량으로 자세하게 다루어졌다. 그것은 한국 기독교의 사회운동이나 참여의 어떤 형태가 이미 거기에 나타나 있었고, 또 향후의 사회운동에 한 원형을 이루어 놓았다고 보았기 때문이다.

오늘날의 사회 그 복잡한 구조 구석구석까지 교회가 그 선교의 손길을 직접 다 뻗칠 수는 없다. 하지만 그 개연성은 거기 있다. 근대화 초기의 한국에서 교회가 그 사회적 기여의 국면을 선택해서 프로그램화시킨 것은 없었다. 그런데도 기독교는 실로 여러 방면에 걸쳐서 엄청난 사회적 기여를 하고 있었던 것이다. 교육, 사회, 의료, 문화, 문서, 산업, 복지, 학문, 농업, 공업, 자본주의, 청년, 여성 등 실로 전 영역에 거친 공헌이었다. 초대교회에서 기독교는 근대사회가 여러 방면으로 발전하고 있는, 그 사회구도 도처에 진리와 정의, 그리고 자유와 민주주의의 신선한 입김을 불어 넣고 향후의 진로를 지시했던 것이다. 복음의 힘으로써 그렇게 한 것이다

역사를 이끌어 가는 것은 물리적 힘이 아니라, 이러한 내적 정신과 신앙의 힘이라는 사실이 한국 기독교 역사에서 감동적으로 입증된 것이다.

시대적 특징

한국교회 사회운동의 첫 단계에서는 대개 그것이 선교의 전초적 성격을 띠고 있었다. 척사위정(斥邪衛正)의 격랑과 소위 왜양일체(倭洋一體)로 지목되어 거기 대한 저항의 물결이 거셀 때, 직접적인 복음 전도는 가능하지도, 현명한 것도 아니었다. 따라서 교회는 반드시

그런 것을 의도하지는 않았다고 할지라도, 근대화 추진군의 곬을 따라서 그 실효성을 입증하며, 앞질러 근대화를 추진하여 기독교 정착의 교두보를 확보하여 나갔던 것이다.

다음 단계, 곧 기독교가 적대적 환경에서 어느 정도의 합법적 위치나 협조를 얻을 수 있는 여건이 조성되었을 때, 교회는 사회운동이나 그 공헌이 복음에 의해서 내적으로 변화된 신앙의 사회적 표현이라는 사실이 줄곧 확인되었다. 이른바 내연-외연(內燃-外延)이라는 전개형식을 복음의 사회운동 공식으로 굳혀 놓았던 것이다.

다음 단계에서는 복음과 사회의 이원성(二元性)이 선교의 특징이 된다. 이것은 의료선교의 경우에서 우선 나타나기 시작하였다. 가령 세브란스병원의 의료선교사들은 의료행위 자체에 복음의 힘이 나타난다고 보고, 의료행위를 복음 전도의 예비단계로만 보는 듯한 주장에 반대하였던 것이다. 그래서 한때 의료와 복음 선교사들 간의 의견 조정이 필요한때가 있었다. 의료나 교육 및 사회복지나 청년의 기독교운동에 이미 신앙의 외연현상이라고 했다면, 한국교회 전통의 궤도에 이들이 함께 서 있었다는 말이 된다.

다음, 곧 1920년대 말에서 1930년대 초반에 이르러서는 사회 농촌운동이 우선 교회의 외곽조직인 YMCA라든가, 연합기관인 조선예수교연합공의회, 그리고 농촌연구회와 같은 일종의 유지들 그룹, 이렇게 세 방향에서 진행되었다. 그리고 그런 인맥과 접속된 인사들을 중심으로 공교회 안에도 농촌부 상설(常設)이란 형태로 자리 잡고 추진되었다.

이런 농촌운동이나 절제운동은 역사적으로 한국현대사의 한 대세

(大勢)로 교회에 밀려들고 있었다. 한국교회사가 민족사에서 사회사로 전환하는 것 같은 커다란 변화가 눈에 띄었다.

하지만 이런 경향은 교회 내 보수주의계와의 신앙적 거리감을 형성하면서 진행되었다. 운동권의 인사들은 이들 교회의 피안성(彼岸性)을 나무랐고, 교회 안에서는 이들을 세속과의 영합으로 지탄하였다. 그래서 피차의 갈등이 멈추지 않았다.

하지만 신앙내연-사회외연(內燃外延)의 구도를 떠난, 그런 사회운동에는 두 가지 위험이 따를 수 있었다. 하나는 프로그램의 현실성과 구체성 때문에 체제와의 협력, 아니면 반대로 통치기관의 강력한 행정 간섭을 받지 않을 수 없었다는 점이다. 다른 하나의 위험은 신앙동기가 결여된, 기독교 명분의 사회운동이 될 수 있었다는 위험이었다.

1930년대 중반 일제의 소위 전시체제가 굳혀지고 군(軍) 파쇼의 무헌법 상태로 돌입하면서 교회의 사회운동은 어차피 민족운동의 성격을 풍겼다. 사회 농촌의 생존과 그것을 지탱하려는 모든 노력은 결국 민족생존과 밀접하게 연결된 것으로 일제는 판단하고 있었다. 농촌수탈에 저항하는 일이라든가, 금주금연운동이라든가, 미성년자 금주금연법, 이런 것들은 결국 피치민의 최소한도의 생존을 위한 몸부림이었다.

일제말기의 사회운동의 붕괴는 이런 각도에서 이해할 때 그 정곡에 이를 수 있다. 대개 사회운동은 민족운동 곧 불온(不穩) 비국민(非國民)의 불령(不逞)[70]으로 취체(取締)되고 검속되었다. 교회는 신사참배 위협 때문에 그 전통이 유린당하고 있었고, 사회 민족운동의 주체라는 압박과 시련에 그 존속이 위협받고 있었다.

---

70) 일경(日警)이 한국인의 불온과 비협조를 말할 때 흔히 쓰던 용어.

해방 이후 한국교회의 사회운동은 잠시 멈칫한 느낌이었다. 해방과 그 격동기의 민족이동, 과거 일제 잔재의 청산문제, 남북 분단, 남한에서의 좌우충돌과 거대 파업 및 여순(麗順)사건, 제주도 사건, 그리고 무엇보다도 8.15해방 감격의 폭발적 정서로 인한 모든 생활 질서의 변화와 재편성, 이런 것들 때문에 한국사회는 상당기간 동안 혼돈과 무의식 상태가 계속하고 있었다.

회고

한국교회 역사 백년에 남긴 공적은 실제 엄청나기 때문에 이를 과장할 필요가 전혀 없다. 사실만 그대로 써도 산적할 업적이다. 그리고 그런 것이 미국에서 온 기독교 때문이라는 사실을 반드시 명기하여야 한다.

그 하나는 신앙이 사회적으로 퍼져나가서 사회를 변모시키고, 잠재한 숱한 가능성들을 발굴하고, 그것들을 신장(伸張)시킨, 그런 영역은 엄청나게 많고 넓다는 것이다. 그리고 다 긍정적이었다. 사회계층을 평준화해서 인간존엄의 전통을 확립한 것이 그 하나이다. 이런 것이 기반이 되어서 근대사회 건설에 필요한 민족 동력을 동원할 수 있는 채널을 구축(構築)하였던 것이다. 특히 일제의 한국통치 그 시련기에 그 압제에 대한 민족 정서와 동력의 동원은 전국적인 네트워크를 가진 유일한 민족조직인 교회를 통해서만 가능하였던 것이다.

다음은 근대적 책임 시민의식을 수반한 중산층의 형성이다. 나라나 겨레를 지탱하는 집단은 반드시 전 민족을 망라하는 것이 아니다. 사회구성은 여러 단층을 가진 집단들로 형성되는데, 그 중심에 있는 중추층(中樞層)과 기조층(基調層) 그리고 동조층(同調層)이 실질적인 민족 에너지의 중심층이고 그들의 수가 많을수록 민족의식과 역량의 강도는 상승하는 것이다. 주변층과 무관층, 그리고 불만층과 적대층은 민족발전에 도움을 주는 경우가 적거나 때로 위험하다. 교회는 이런 중산층을 형성하고 양산(量産)한 것이다.

그 양상의 지리적 배경은 기독교가 대치(大熾)하던 지역이었다. 이들이 우리 민족교회 형성의 활력이 되었을 뿐만 아니라, 근대 한국의 가장 무거운 부담과 고통을 안겨다 준 일제(日帝)에 대한 가장 효과적인 저항과 그 근거를 제공한 저력으로 작용할 수 있었다.

다른 하나의 공헌은 신앙외연의 사회운동을 통해 윤리감각이 분명해지고 도덕적 감각이 예민하게 되었다는 사실이다. 내면적 세계의 혁신을 통하여 뚜렷한 목표의식을 가지고, 자기에게만 주어진 남다른 사명이 있다는 숙연한 마음의 자세, 그런 것이 우리 사회 안에 자리잡기 시작하였던 것이다.

우리가 만일에 이런 면에서 더 실질적인 영향력을 발휘하여야 한다고 생각한다면, 그것은 아직도 우리의 신앙적 변혁력이 사람들에게서 실질적으로 역동하지 않고 있기 때문이라고 보아야 할 것이다. 여기가 바로 교회의 사회운동이 다른 이념적 사회운동과 차이가 나는 대목이다. 우리의 주제는 그래서 한국기독교의 사회사(社會史)이다.

향후의 과제

앞으로의 과제는 한국교회의 역사를 그 외연(外延)사회사로 보는 좀 더 깊이 있는 연구가 착수되어야 한다는 생각이다. 사회경제사적인 시각에서의 연구가 그 하나일 것이다. 막스 베버(M. Weber)의 『*The Protestant Ethic and the Spirit of Capitalism*』과 같은 연구의 시도가 있어야 할 것을 보인다.

그래서 우선 한국기독교회를 지탱한 사회층의 분석이 있어야 할 것으로 보인다. 기독교 수용이 가능했던 어떤 사회계층 심리가 있었을 것이다. 최초로 기독교 신앙을 수용한 계층의 신앙 유형이 한국교회 초기의 신앙구도를 설명할 수 있다고 보고, 그것이 장로교회나 감리교회 그리고 다른 교파교회의 경우 어떤 상호작용을 하였는지, 계층 신앙과 교파 신앙과는 유기적 견인력이 없었는지, 그런 것이 교파교회 특성화와 관계가 있었는지, 검토되어야 할 것이다.

한국교회가 복음의 진수에 충실해서 성육신적 선교에 임한다면 그 사회사는 이제 앞으로도 계속 신앙내연의 사회외연사(外延史)로 인식되어야 할 것이다. 그 한 예증이 한국교회사 안에 있음을 우리는 지금껏 살펴보았다.

> 그러므로 염려하기를 무엇을 먹을까 무엇을 마실까 무엇을 입을까 하지 말라.
> 너희는 먼저 그의 나라와 그의 의를 구하라. 그리하면 이 모든 것을 너희에게 더 하시리라.
>
> 마태복음 6: 31, 33

▌연대표▐

서기	중 요 사 항
1884. 9월	미국북장로교 선교사 의사 알렌 입국
1885. 4월	광혜원(廣惠院) 설립, 두 주일 후 제중원(濟衆院)으로 개칭
1886	배재학당에 자조부(自助部) 설립
1893	짐 페리양과 멘지스양 부산에서 고아원사업 착수
1894	로제타 홀 여사 어린이 맹인교육 실시
1895	"프리데리크·언더우드 시료소(施療所)" 설치, 호열자 방역(防疫) 감리교 소실(小室)있는 자의 교회원 자격 인정
1897. 12월	감리교 정동교회에서 최초로 남녀동석 토론회 황해도 장연교회 인도의 기아(飢餓)에 구조금 보냄 로제타 홀 여사 맹인용 점자초등교본 간행 진 페레 서울에 "불구아동을 위한 집"설립 배재학당에 제본소 설치
1898	감리교회에서 송도(松都) 남성(南星)병원 설립 숭실학교에 자조부 설립 새문안교회 성탄(聖誕) 때 태극기 게양
1899	대구 동산(東山)병원 설립
1902	해주에 불법 천주교인을 위한 재판소 설치 12월 서울 감옥서(監獄署)에 첫 예배, 감옥선교 시작 서울 감옥서에 성서공회 성서 비치
1906	평양 숭실학교에 "안나 데이비스기념공작소" 설치 송도 한영서원(韓英書院)에 농사실험장 및 송도실험장 설치
1908	장로교회 첩(妾)있는 자의 원입(願入) 금지 구세군 호가드 정령(正領) 내한, 참전(參戰)시작 정부의 위생법 에비슨과 협의 제정 평양 도자기주식회사 설립

1910	부산나병원(癩病院), 여수나병원 설립 새문안교회 축첩(蓄妾)문제로 교인 치리(治理) 북감리교 연회(年會) 흡연금지
1912. 6월	소위 105인사건 재판
1913	구세군 구세군가 발행
1914	장로교회 결혼연령을 남자 만17세 여자 만15세 이상으로 결정 수양남매, 데릴사위, 민며누리 금지
1916	대구 나병원 설립 송도에서 최초의 베이비 쇼
1917	국채보상운동과 단연운동 북감리교회 한국에 산업혁명 시대 도래 선언 이광수, 한국교회의 사회의식 부재 공격
1918. 6월	남감리교회 "사회적 신경"을 도리장정(道理章程)에 편입 이동휘, 조선사회당, 로령(露領) 하바로스크에서 창당
1919. 6월	재한복음부의선교사연합협의회 하세가와(長谷川好道) 총독에게 건백서(建白書) 제출 오긍선, 김광준, 김병찬 등 경성보육원 설립
1920. 3월	세브란스병원에 결핵병원 설립 장감연합협의회에서 시회사업 전개 10월 노루바위(獐岩敎會) 학살사건 태화여자관(泰和女子館) 개관
1921	구세군 기관지 〈금주신문〉 찬간
1922. 5월	송도에 고려여자관 개관
1923	선교사연합공회 공창(公娼)폐지운동
1925	평양결핵진료소 설치 4월 국내 공산당 조직 6월 조선청년동맹 사회주의화 선언 10월 한양청년동맹의 반기독교운동 조선예수교연합공의회 사회부 설치 서울에서 국제선교협의회 대비 준비회의 YMCA YWCA 농촌운동 착수
1927. 11월	황주에서 주마정벌행군(酒魔征伐行軍), 1,200여 명 참가

	브루너박사, 한국농촌 조사연구, 국제선교협의회(IMC)에 제출 예루살렘 국제선교협의회에 양주삼, 정인과, 신흥우, 김활란, 홍병선, 모페트 등 참석 장로교총회 감리교총회에 농촌부 설치 YMCA YWCA 농촌운동 본격 추진 장로교회에서 〈농촌생활〉 창간 기독교농촌연구회 조직 해주 구세 결핵요양원 설치
1928. 9월	장로교총회 농촌부 설치
1928. 12월	광주에 농촌사업연구회 결성
1929. 4월	조선예수교연합공의회, 모트박사 내한 계기, 선교협의회
5월	신우회(信友會) 조직 교파 연합의 농촌사업협동위원회 조직
1929-1930	농사강습소 실시
1929. 4월	조선예수교연합공의회, 농촌진흥책 발표 매킨논양, 원산에 유아복지센터 설립 YMCA, 〈농촌청년〉 찬간
1930	킹슬러, 소년성경구락부 시작 윤치호, 홍병선 〈농업세계〉 창간 조선예수교연합공의회 농촌부 설치 조선예수교연합공의회, YMCA와 농촌사업 협동 추진
1931	헨더슨, 김영학, 김영진, 김영국, 최태봉 공산당에 순교 오긍선 경성양노원 설립 10월 YWCA에서 샘골농촌사업, 최용신양 파견
1932. 9월	조선예수교연합공의회 "사회신조" 제정
11월	농민수양소 설립
12월	해주구세병원에서 크리스마스 씰 발행 평양 고등농사학원 설립 영아절제회 조직
1933	장로회 최영혜, 김춘배의 여권운동
9월	장로교총회 여자치리권 부결 장로교총회에 농촌부 상설, 총무에 배민수

1935		한경희, 만주에서 공산당에 순교
1936		장로교총회 사회봉사정책 발표 원산에 실습고등성경학교 설립
	12월	윤치호, 김익두 동사자(凍死者) 구제위한 삼동회 설립 이상문, 원산에 거지학교 설립
1937.	5월	면려청년회 간부 절제운동의 치안유지법 위반혐의 피체
	7월	장로총회 농촌부 폐지 YMCA 농촌운동 중지 조선예수교연합공의회 해체
1938.	3월	미성년 금주금연법안, 송상석, 윤치호, 백낙준 등의 노력으로 일제 각의(閣議) 통과, 칙령으로 반포 김용기, 경기도 양주군 봉안촌에서 이상촌운동
	5월	면려청년회 해체
	6월	농촌연구회 사건, 유지기, 주기철 등 연루 피체 YMCA, YWCA 해체, 일본 YMCA에 종속
	9월	장로교총회 신사참배 가결
1944		주기철, 이영한 등 순교, 김교신 병사
1945		8월 해방

▌참고문헌▐

• 한국 및 일본 참고도서

加藤房藏, 朝鮮騷擾の眞相, 京城, 京城日報社, 1920.

高等警察關係年表, 朝鮮總督府 警務局, 1929.

高等警察要史, 民族運動史料, I, (영인본) 1967.

近藤釼一 編, 萬歲騷擾事件, 朝鮮近代史資料, 東京, 友邦協會, 1970.

近藤釼一 編, 齊藤總督の文化政策, 東京, 友邦協會, 1970.

김교신, 신앙저작전집, 노평구 편, 서울, 김교신저작간행회, 1965.

김명구, 월남 이상재의 기독교사회운동과 사상, 서울, 시민문화, 2003.

김남식, 한국기독교면려운동사, 서울, 성광문화사, 1979.

김병조, 한국독립운동사, I-II, (아세아문화사 영인본).

김승태 편역, 일제강점기 종교정책사 자료집, 기독교편, 1910-1945, 한국기독교 역사연구소, 1996.

김양선, 한국기독교사연구, 서울, 기독교문사, 1971.

김영희, 좌옹 윤치호선생약전, 서울, 기독교조선감리회 총리원, 1934.

김용해, 대한기독교침례회사, 서울, 대한침례회, 1964.

김윤식, 음청사(陰晴史), 국사편찬위원회, 1958.

김인서, 전집, I-VI, 서울, 신망애사, 1973.

김정순, 한국기독교여성운동사, 장로교 전국여전도회 연합회, 1990.

김활란, 그 빛 속의 작은 생명, 서울, 이화여자대학교 출판부, 1973.

김흥수, 일제하 한국기독교와 사회주의, 한국기독교사연구소, 1992.

남감리교회 교리 급 장정, 서울, 조선야소교서회, 1919.

노평구 편, 김교신과 한국, 서울, 김교신저작간행회, 1976.

독립운동사, 서울, 독립유공자사업기금운영위원회, 1976.

민경배, 대한예수교장로회백년사, 대한예수교장로회총회, 1984.

閔庚培, 神の榮光のみ, 東京, すぐ書店, 1989.

민경배, 알렌의 선교와 근대한미외교, 연세대학교 출판부, 1991.

민경배, 정인과와 그 시대, 서울, 한국교회사학연구원, 2002.
민경배, 서울YMCA운동백년사, 서울YMCA, 2004.
민경배, 교회와 민족, 서울, 연세대학교 출판부, 2007.
민경배, 한국기독교회사, 서울, 연세대학교 출판부, 2007.
민경배, 한국민족교회형성사론, 연세대학교 출판부, 2008.
박은식, 한국통사, 하와이, 권업동맹단, 1917.
박은식, 한국독립운동지혈사, 서울, 서울신문사, 1946.
박형우, 제중원, 서울, 몸과 마음, 2002.
박형우, 세브란스와 한국의료의 여명, 서울 청년의사, 2006.
방기중, 배민수의 농촌운동과 기독교사상, 연세대학교 출판부, 1999.
방기중 편, 북음주의와 기독교농촌운동, 연세대학교 출판부, 2000.
배민수 자서전, 박노원 역, 연세대학교 출판부, 1999.
백낙준, 한국개신교사, 연세대학교 출판부, 1973.
서명원, 한국교회성장사, 이승익 역, 서울, 대한기독교서회, 1966.
서정민, 제중원과 초기 한국선교, 연세대학교 출판부, 2003.
서울YWCA 50년사, 서울YWCA, 1976.
송길섭, 민족운동의 선구자 전덕기 목사, 서울, 상동교회역사편찬위원회, 1979.
송상석, 한국절제교육연구사료집, 서울 성광문화사, 1979.
明石博隆, 松浦總三 編, 昭和特高彈壓史, 上, 中, 下, 東京, 太平出版社, 1976.
양주삼, 남감리교 30년기념보, 조선남감리교회 전도국, 1926.
이효재, 한국서울YWCA 반백년사, 대한 서울YWCA연합회, 1976.
오재식, 민족대표 33인전, 서울, 동구문화사, 1959.
유영렬, 개화기의 윤치호연구, 서울, 한길사, 1985.
윤경로, 한국근대사의 기독교사적 이해, 서울, 역민사, 1992.
윤치호, 일기, I-V, 국사편찬위헌회, 1973-1975.
윤치호일기 1916-1943, 김상태 편역, 서울, 역사비평사, 2001.
이광수, 전집, 제17권, 서울, 삼중당, 1962.
이덕주, 한국감리교여선교회의 역사, 기독교대한감리회 여선교회전국연합회, 1991.
이만열, 한국기독교문화운동사, 대한기독교서회, 1987.
이연옥, 대한예수교장로회 여전도회 100년사, 대한예수교장로회 여전도회 전국연합회 출판사업회, 1998.

이영헌, 한국기독교사, 서울, 컨콜디아사, 1978.
이우정 & 이현숙, 여신도회60년사, 한국기독교장로회 여신도회전국연합회, 1989.
이원화, 서울 YWCA50년사, 서울YWCA, 1976.
장병욱, 한국감리교 여성사, 서울, 성광문화사, 1979.
장형일, 한국구세군사, 대한구세군 본영, 1976.
전택부, 인간 신흥우, 서울, 대한기독교서회, 1971.
전택부, 한국기독교청년회운동사, 서울, 정음사, 1978.
조기준, 한국기업가사, 서울, 박영사, 1973.
조동걸, 일제하 한국농민운동사, 서울, 한길사, 1979.
조병호, 한국기독교학생운동100년사, 서울, 땅에 쓴 글씨, 2005.
주요한, 안도산전서, 서울, 삼중당, 1963.
坪江汕三, 朝鮮獨立運動秘史, 東京, 勞動新聞社, 1959.
한국감리교회사, 대한기독교감리회, 총리원 교육국, 1975.
한국독립운동사, I-V, 국사편찬위원회. 1969-1970.
한국성결교회100년사, 서울신학대학교 성결교회역사연구소, 2007.
홍이섭, 한국근대사, 연세대학교 출판부, 1975.

조선예수교장감연합협의회 회록, 1918-1924.
조선예수교연합공의회 회록, 1924-1934.
조선예수교장로회 여선교회, 평양, 1934.
조선예수교장회사기(史記) 상, 차재명 편, 서울, 신문교회당, 1928.
조선예수교장회사기(史記) 하, 한국교회사학회 정서 평집, 1968.
조선예수교장로회총회 회록, 1912-1941.

감리교회보, 감리회총리원, 1933-1938.
개벽, 1924-1926.
그리스도신문, 1897-19051.
그리스도회보, 1911-1914.
기독교보, 1937-1938.
기독교신문, 1942-1944.
기독신보, 1924-1937.

대한그리스도인회보, 1899-1905.
대한매일신보, 1905-1909.
동아일보, 1921-19138.
동양지광, 1921-1938.
매일신보, 1941.
사명, 1926-1936.
성서조선, 1927-1942.
신앙생활, 1931-1938.
신학지남, 1918-1930.
예수교신보, 1907-1910.
예수교회보, 1910-1914.
조선일보, 1923-1932.
죠션그리스도인회보, 1897-1899.
진생, 1925-1929.
청년, 1921-1938.
현대, 1920-1921.

• 구미 참고도서

Allen, H. N., *Things Korean*, New York, Fleming H. Revell, 1908

Baird, A. L. A., *Day-Break in Korea*, New York, Fleming H. Revell, 1909.

Baker, R. T., *Darkness of the Sun*, New York, Abingdon-Cokesbury, 1947.

Barnes, A. M., *Tatong, The Little Slave, A Story of Korea*, Richmond, The Presbyterian Committee of Publication, 1899.

Beach, M. P., *A Geography and Atlas of Protestant Missions*, New York, Student Volunteer Movement for Foreign Missions, 1901

Bernheisel, Ch. F., *The Apostolic Church as Reproduced in Korea*, n.p., 1912.

Bishop, I. B., *Korean and Her Neighbours*, London, John Murray, 2 Vols., 1898.

Blair, W. N., & Hunt, B., *The Korean Pentecost and the Sufferings Which Followed*, Edinburgh, Banners of Truth, 1977.

Brown, A. J., *The Foreign Missionary*, New York, Fleming H. Revell, 1907.

Brown, A. J., *The Nearer and Farther East*, New York, Charles Scribners', 1919.

Brown, A. J., *The Mastery of the Far East*, New York, Macmillan, 1931.

Brown, G. T. B., *Korea for Christ*, New York, Fleming H. Revell, 1910.

Brunner, Ed. S., *Rural Korea, A Preliminary Survey of Economic, Social and Religious Conditions*, International Missionary Council, 1927.

Butterfield, K. L., *The Rural Mission of the Church in Eastern Asia*, New York, International Missionary Council, 1931.

Carles, C. A., *Life in Korea*, London, Macmillan, 1888.

Chung, H., *The Case of Korea*, New York, Fleming H. Revell, 1920.

Clark, C. A., *Extending the Firing Line in Korea*, New York, The Board of Foreign Missions of the Presbyterian Church in the USA, 1914.

Clark, C. A., *The First Fruits in Korea, A Study of Church Beginning in the Far East.*, New York, Fleming H. Revell, 1921.

Clark, C. A., *The Korean Church and the Nevius Methods*, New York, Fleming H. Revell, 1930.

Cooper, S. K., *Evangelism in Korea*, Nashville, Board of Missions, Methodist Episcopal Church South, 1931.

Curzon, G. N., *Problems of the Far East*, London, Longman's Green, 1894.

Cynn, H. H. W., *The Rebirth of Korea*, New York, Abingdon Press, 1920.

Davis, G. T. B., *Korea for Christ*, London, Christian Workers Dept, 1911.

Davis, J. M., *The Economic and Social Environment of the Younger Churches*, Edinburgh, Oliphant Anderson & Ferrior, 1939.

Davis, J. M., *The Economic Basis of the Church, Preparatory Studies and Findings*, Meeting of the International Missionary Council in Madras, 1938.

Dennis, J. S., *Christian Missions and Social Progress*, 3 Vols., Edinburgh, Oliphant Anderson & Ferrior, 1899.

Dennis, J. S., *Foreign Missions after a Century*, New York, Fleming H. Revell, 1893.

Dennis, J. S., *Centennial Survey of the Foreign Missions, A Statistical Supplement to Christian Missions and Social Progress*, New York, Fleming H.

Revell, 1902.

Dennis, J. S., *Commerce and Missions*, New York, Laymen's Missionary Movement, 1909.

Drake, H. B., *Korea of the Japanese*, London, John Lane, Dodd, Mead, 1930.

Felton, R. A., *The Rural Church in the Far East*, New York, International Missionary Council, 1938.

Fisher, J. E., *Democracy and Mission Education in Korea*, New York, Columbia University Teachers College, 1928.

Fulton, C. D., *Now is the Time*, Richmond, John Knox, 1946.

Gales, J. S., *The Vanguard, A Tale of Korea*, New York, Fleming H. Revell, 1904

Gales, J. S., *Korea in Transition*, New York, Laymen's Missionary Movement, 1909.

Gifford, D. L., *Every-Day Life in Korea*, New York, Fleming H. Revell, 1898.

Grajdanev, A. J., *Modern Korea*, New York, John Day, 1944.

Griffis, W. E., *Corea the Hermit Nation*, New York, Charlers Scribners', 1899.

Grierson, R., *Diary of Robert Grierson*(1898. 8. 1-1901. 3. 25), Toronto, United Church of Canada Archives, Victoria University.

Hall, R. S., *The Life of William James Hall M.D., Medical Missionary of the Slum of New York: Pioneer Missionary to Pyeng Yang, Korea*, New York, Eaton & Mains, 1897.

Hall, S., *With Stethoscope in Asia*, Virginia, M. C. L. Associates, 1978.

Harrington, F. H., *God, Mammon and the Japanese, Dr. H. N. Allen and Korea-America Relations 1884-1905*, University of Wisconsin, 1944.

Hulbert, H. B., T*he Passing of Korea*, New York, Double-Day Page, 1906.

Jones, G. H., & Noble, W. A., *The Korean Revival*, Board of Foreign Missions of the Methodist Episcopal Church, 1910.

Jubilee Papers, The, Fiftieth Anniversary Celebration of the Korea Mission of the Presbyterian Church in the USA, Seoul, 1934.

Kendall, C. W., *The Truth about Korea*. San-Francisco, Korea National Association, 1919.

Kerr, E. A., & Anderson, G., *The Australian Presbyterian Mission in Korea*, Australian Presbyterian Board of Missions, 1970

Kim. K. H., *Rural Education for the Regeneration of Korea*, New York, 1931.

Korea, The Wonder Works, Chicago, Bible Institute Colportage Association, 1917.

Korean Situation, 1-2, The Commission on the Relation with Orient, Federal Council of the Churches in America, 1919, 1920.

Lowell, P., *Chosen, The Land of Morning Calm, A Sketch of Korea*, Boston, Ticknor, 1886.

MacKenzie, F. A., *Korea's Fight for Freedom*, London, Hodder & Stoughhton, 1920.

McCune, S., *The Mansei Movement*, University of Hawaii, 1976.

Martin, N., *The Japan's Attempt to Exterminate Korean Christians*, Milford, 1919.

Miller, F. S., *Our Korean Friends*, New York, Fleming H. Revell, 1935.

Min, K. B., *A History of Christian Churches in Korea*, Seoul, Yonsei University Press, 2005.

Moose, J. R., *Village Life in Korea*, Nashville, Publishing House of the Methodist Episcopal Church, 1911.

Mott, J. R., *The Evangelization of the World in This Generation*, New York, Student Volunteer Movement, 1905.

Noble, M. W., *Victorious Lives of Early Christians in Korea*, Seoul, Christian Literature Society, 1927.

Norman, H., *Peoples and Politics in the Far East*, London, T. Fisher Union, 1895.

Oppert, E. J., *A Forbidden Land, Voyages to Corea*, London, Sampson Low, Marston, Searle & Rivingston, 1880.

Quarto Centennial Jubilee Papers read before the Korea Mission of the Presbyterian Church in the USA, Pyeng Yang, 1909.

Rhodes, H. A., *History of the Korea Mission of the Presbyterian Church in the USA 1884-1934*, Seoul, 1934.

Saur, G. A., *Within the Gate*, Seoul, Korea Methodist News Service, 1934.

Savage-London, A. H., *Corea or Chosen, The Land of Morning Calm*, London, Macmillan, 1895.

Scott, W., *Conditions in Korea: A Brief Historical Sketches of the Canadian Mission Work in Korea,* Toronto, United Church of Canada Archives, Victoria University,

Scott, W., *Biographical Sketch,* Board of Foreign Missions, United Church of Canada, 1975.

Sheldon, R. A., *Day-Break in Korea,* Nashville, Southern Publishing Association, 1965.

Soltau, T. S., *Korea the Hermit Nation and Its Response to Christianity,* New York, World Dominion Press, 1932.

Suh, D. S., *The Korean Communist Movement 1918-1948,* Princeton University Press, 1967.

Suh, D. S., *Documents of Korean Communist Movement 1918-1948,* Princeton University Press, 1967.

Taylor. A. W., *The Social Work of Christian Missions,* Cincinnati, Foreign Christian Missionary Society, 1914.

Thriving Chosen, A Survey of Twenty-Five Years Administration, Seoul Government-General of Chosen, 1935.

Tyochen Industry Leaps Ahead, Government-General of Chosen, 1939.

Underwood, H. G., *The Call of Korea,* New York, Fleming H. Revell, 1908

Underwood, H. H., *Tragedy and Faith in Korea,* New York, Fleming H. Revell, 1951.

Underwood, L. H., *Fifteen Years Among the Top-Knots, or Life in Korea,* New York, American Tract Society, 1904.

Underwood, L. H., *With Tommy Tomkins in Korea,* New York, Fleming H. Revell, 1905.

Van Buskirk, J. D., *Korea: Land of The Dawn,* Toronto, Missionary Education Movement of the USA and Canada, 1931.

Wagner, E., *Korea, the Old and New,* New York, Fleming H. Revell, 1931.

Wasson, A. W., *Church Growth in Korea,* New York, International Missionary Council, 1934.

With the Tenant Farmers of Far Chosen, Rural Mission Series, Board of Foreign

Missions of the Presbyterian Church in the USA, n.d.

The Annual Report on Administration of Chosen, 1933-1934, Government-General of Chosen.

The Annual Report of the British and Foreign Bible Society, London: Bible House, 1880-1942.

The Annual Report of the Executive Committee of the Foreign Missions of the Presbyterian Church in the U.S., 1892-1943.

The Annual Report of the Foreign Missions of the Presbyterian Church in the U.S.A., 1909-1942.

The Annual Report of the Korea Mission of the Presbyterian Church in the U.S.A., 1910-1915.

The Annual Report of the National Bible Society of Scotland, Glasgow, 1868-1920.

The Annual Report of the Women's Missionary Society, Presbyterian Church of Canada, 1925-1929.

The Christian Movement in Japan, Korea and Formosa, Kobe, 1905-1926.

The Continent, 1912.

The International Review of Missions, Edinburgh: 1912-1961.

The Korea Echoes, 1926-1940.

The Korea Magazine, Seoul, 1917-1919.

The Korea Mission Field, Seoul, 1905-1942.

The Korean Repository, Seoul, 1892-1896.

The Korea Review, Seoul, 1901-1906.

The Messenger, Shanghai, 1895-1896.

The Minutes of the Council of the Canadian Presbyterian Missions in Korea, the Annual Meeting of, 1913-1926.

The Minutes of the Federal Council of Protestant Evangelical Missions in Korea, the Annual Meeting, Seoul, 1912.

The Minutes of the General Council of Protestant Evangelical Missions in Korea, Seoul, 1905-1911

The Minutes of Korea Mission Presbyterian Church in the U.S.A., 1910-1956.

The Missionary Herald, 1893-1931.

The Missionary Review of the World, 1888-1931.

The Official Minutes of the Korea Mission, the Methodist Episcopal Church, 1885.

The Peking Gazette, 1917.

The Report of the World Missionary Conference, Edinburgh, 1910.

The Seoul Press, 1910-1920.

The United Church of Canada Year Book, 1931-1942.

▌찾아보기 ▌